FREKANS

Kişisel Titreşimin Gücü

Penney Peirce

Önsöz: Michael Bernard Beckwith

Türkçesi: Duygu Günkut

kuraldışı

Penney Peirce
Frekans
Frequency
Türkçesi: Duygu Günkut

Yayın Yönetmeni: Nil Gün
Yayına Hazırlayan: Çağlayan Erendağ

ISBN 978-975-275-177-4
6. Baskı, Ocak 2019, İstanbul
1. Baskı, Eylül 2011, İstanbul

Kapak Tasarımı ve Sayfa Düzeni: Ebru Öner

İnkilâp Kitabevi Baskı Tesisleri
Çobançeşme Mah. Altay Sok. No: 8 Yenibosna-Bahçelievler-İstanbul
Tel: 0212 496 11 11
Sertifika No: 10614

Kuraldışı Yayıncılık
Fener Kalamış Cad. No: 93/8 34726 Kadıköy-İstanbul
Tel: 0216 449 98 05 pbx Faks: 0216 348 00 69
kuraldisi@kuraldisi.com
Sertifika No: 10540

Dağıtım
Alemdar Mah. Çatalçeşme Sok.
No:25 Çatalçeşme Han Cağaloğlu-İstanbul
Tel: 0212 513 81 57 Faks: 0212 511 62 52
İnternet Satış: www.kuraldisi.com

En çok ıstırap çeken,
kendilerini kapana kısılmış ve çaresiz hisseden,
hayatın anlamsız ve son derece
acımasız olduğunu düşünenler için-
her anın merkezinde,
şu an emrimizde,
özgürlüğün ve sevecen bir gerçeğin
bizi evimize buyur etmek üzere beklediği
bir yer var.

İnsan kurallara sığmaz!

İçindekiler

İnsan kurallara sığmaz!

Teşekkür

BU KİTABI ORTAYA ÇIKARIRKEN, bana özellikle birkaç kişinin yardımı oldu. Rod McDaniel, "içsel frekansı" tanımlamamda "ev frekansı" gibi derhal yerine oturan ve bana taze bir kavrayış katarak yeni bir bilgi kapısı açan birkaç önemli terimle katkıda bulundu. Ayrıca metne açıklık getiren fikirleri, yorumları ve çok orijinal, nefis Rainer Maria Rilke çevirileri için kendisine müteşekkirim. İlk taslağı sabırla okuyup bana müthiş fikirler veren başkaları da oldu. Darryl Lundhahl, Cameron Hogan, Pam Kramer, Henry Smiley, Anne Lewis, Barbara Haury, Anthony Wright, Jim White ve Joan Charles'a takdirim sonsuz. Ayrıca annem Skip Eby'ye ve kardeşim Paula Peirce'e her zaman neden bahsettiğimden pek emin olmasalar da gösterdikleri ilgi, gerçek hayatla yaptıkları kontroller ve hakikatli destekleri için en derin teşekkürlerimi sunarım. Monroe Enstitüsü'nden (Moore Institute) Chris Lenz ve Karen Malik'e de son derece yerinde katkıları için teşekkürler.

Cynthia Black ve Beyond Works Yayınevi ekibiyle çalışmak son derece hoş bir deneyimdi. *The Intuitive Way* adlı kitabımı basarak bana uzun zaman önce bir şans tanımış, riski göze almışlardı ve yeniden onlarla birlikte olmaktan mutluyum. Bu sofistike ve sıcak insanlar ile Cindy bu yeni sahaya geçtiğimden beri bana gerçekten büyük destek oldular. Marie Hix her zaman neşesini ve yardımseverliğini koruyup projenin parçalarını oya gibi işleyerek bir araya getirdi. Julie Steigerwalt'dan daha yetenekli, bilgili ve düşünceli bir editör bulamazdım. Lindsay Brown, Sara Blum, Devon Smith ve Bill Brunson'a da teşekkürler.

Son olarak, Michael Bernard Beckwith'e bu kadar nefis bir önsöz yazmaya zaman ayırdığı için müteşekkir olduğumu ifade etmek isterim.

Önsöz

Şu an elinizde tuttuğunuz kitap durağan bir cisim, özel bir font ve format kullanılarak üzerine mürekkep sürülmüş önemsiz bir kâğıt yığını değildir. Hakikat; gözle gördüğünüz, elle tutabildiğiniz ve aklınızın alabildiğinden çok daha derinlere iner. Her şeyden önce, bu kitabı sizin elektromanyetik sahanıza çekendir: Sizinle sayfalarında bulunan irfan dolu mesajlar arasında enerji boyutundaki bir rezonans... Bu enerji sahası Penney Peirce'nin "ev frekansı" diye tanımladığı içsel frekansınız, içinizdeki kişisel enerji titreşiminizdir. Elinizde tuttuğunuz kitabın sayfalarındaki, kaynağını varoluşa hayat veren ve sürekli kılan kozmik Zekâ'dan alan sözcükler de belli bir enerjiye sahip bir frekansta titreşmektedir ve size tüm lütuf ve güçlerini aktarabilirler. Penney Ruh ile Madde'nin birlikte nasıl da coşkuyla dans ettiklerini betimlerken, siz de bu kutlamaya katılabilmek için onun kişisel dönüşümün dokuz evrensinde anlattığı adımları öğrenmeye can atacaksınız.

Dünyamızın bilim toplulukları enerjinin her şeyi kapsadığına ve enerji sistemlerinin bilinç sahibi olduklarına katılmaktadır. Bize dünyanın sonsuz bir elektromanyetik alanda döndüğünü söyleniyor. Her şey bu türbülanslı, salınan ve titreşen enerjiye katkıda bulunur. Ne ilginçtir ki, genelde hepimiz kozmik enerjiye üzerinde yürüdüğümüz toprağın ötesine yayılmış, çok uzaklarda bir yerlerde hışırdayan, *bizim dışımızdaki* bir şey gözüyle bakarız. Hakikatte ise, o *buradaki* enerjiyle aynı şeydir, bireysel benliğimizle sürdürdüğümüz varlığımızın tam içinde ve yaşadığımız amosferin her tarafında mevcuttur. Bizler yaşayıp hareket ederken, kapladığımız yerle kozmosun her köşesini enerji boyutunda etkileyen varlıklarız. Bu nedenle enerji frekansları konusuyla uğraşırken bunların stratosferde titreşen gizemli bir "şey" olmadığını, hemen *kendi içsel alanımızda* bulunduğunu bilmemiz gerekir. Cizvit Rahibi ve paleontolog Pierre Teilhard de Chardin, içimizdeki bu alana "içeride olma durumu" der. Bu sözcüğü, doğal dünya ile sezgisel ilişkisi sonucu türetmiştir. Ona göre, bu maddi karmaşıklık ve bilinçliliğe doğru sürekli evrimleşen enerji boyutunda bir kozmolojidir.

Chardin teorilerine karşılık yüksek bir bedel ödedi: Vatikan çalışmalarını yasakladı ve doğduğu ülke olan Fransa'da genellikle pek hoş karşılanmadı. Bu yüzden de önce Çin'e, daha sonra da New York kentine taşındı. Bugün Penney gibi insanların bilinç laboratuarlarında gerçekleştirdikleri kendi iç keşiflerinin sonuçlarını dini veya resmi sansür ve kınamalara maruz kalmadan, suçlamalara uğramadan, özgürce paylaşabilmeleri evrimsel gelişimimizin bir kanıtıdır. Yirmi birinci yüzyılda çığır açan ruh-beden-zihin arasındaki bağlantıları ve kozmosla iç içe geçmişliğimizi anlayabilmemiz bakış açılarımızı değiştirerek Dünya'nın yaradılışında bulunan bilgiyi fark etmemizi sağladı. İnsanlık anlayışında gelişim kaydetti ve bunun sonucunda Toprak Ana ile aramızdaki enerji boyutundaki bağlantı –hatta buna birlik demeli- ve yaşamın bütününü destekleyen görünmez enerji boyutundaki yasalar konusunda çok daha bilinçli bir hale geldik. Penney, benim "enerji boyutlu şablon" demeyi yeğlediğim, günlük hayatımıza hünerli araçlar, pratik uygulamalar ve insan şeklinde cisimleşmiş spritüel bir varlık olmanın daha derin yönlerini sunan bir eser yaratmış.

Penney'nin ayrıntılı Hindu *çakra* enerji sistemi tanımı bize kendi enerji sahamızı berraklaştırmak, pıhtılaşmış enerjiyi serbest bırakmak için yol gösterebilir. Modern yaşamın zorlukları karşısında böylesi kadim gerçekleri uygulamaya koyarak, Bilgi Çağı'ndan kolektif bilincin benim "Hakiki Benlik" dediğim daha yüksek bir frekanstaki "genişlemiş benlik" ile aynı frekansa bağlanma konusunda doğuştan gelen yeteneğimizle gitgide daha rahata ereceği, Sezgi Çağı'na geçebiliriz.

Penney'nin dâhiyane günlük titreşimler skalası gün boyunca bedenimizi, duygu ve düşüncelerimizi nasıl etkilediğimize kadar varıyor. Penney'nin açıkladığı dönüşümün dokuz aşamasıyla birlikte bizi mevcut vibrasyonumuzun enerji frekansına ayarlayacak, sonra da daha yüksek oktavlı frekanslara doğru ivme kazandıracak kestirme becerileri hayata geçirebiliriz. Belli ki Penney kendini bilgisini en mükemmel biçimde ve tüm cömertliğiyle paylaşarak okurlarına anatomimizin enerji boyutu konusunda derin bir anlayış aktarmaya adamış. En yüksek amacımıza ulaşmış olarak yaşamak için sadece kapasitemizin "ev frekansımızı" tekrar tekrar ayarlamaya yetmekle kalmadığını, aynı zamanda da böyle bir sorumluluğumuz olduğunu ortaya koyan haklı bir argüman sunuyor.

Sezgisel enerjimizin kullanılmasının fizik bilimi ya da mistik öğreti ile sınırlı kalmadığını fark etmek insanı ne kadar da yüreklendiriyor. Hepimizin sahip olup bireysel gelişimimize bağlı olarak bilinçli ya da bilinçsiz bir şekilde farklı derecelerde kullandığı bir yetidir bu. Penney bizlere öğretisini uygulayarak sezgi yetimizi bilinçli olarak geliştirebileceğimizin müjdesini veriyor ve böylelikle içgörü, sezi ve esin gücümüzün orijinal deposundan; çevremizdeki ve tam içimizdeki Yaşam Kaynağı'ndan bilinçli olarak enerji çekebileceğimizi söylüyor.

Düşünce gücünün bilinçli bir şekilde terbiye edilerek uygulamaya koyulması kişisel dönüşüm açısından en etkili araçtır. Bu da Carl Jung'un on iki yaşındayken yaşadığı bir şeyi şöyle dile getirmesine yol açmıştır: "Birdenbire, yoğun bir bulut kümesinin içinden çıkmışım gibi, içimi muhteşem bir his kapladı. Birdenbire anlamıştım: Artık kendimim! Sanki arkamda buğulu bir sis duvarı vardı, onun arkasında ise henüz bir "ben" yoktu. Ama o anda kendime geliverdim. Daha önce de vardım ama sadece bana olan bir şeyler vardı. Artık ben kendim olmuştum, işte şimdi bendim."

Enerji boyutlu varlıklar olarak gerçek doğamıza aydığımızda, içimize dönüp içeride olmaya adım attığımızda ve bilinçli olma halinin gizemini keşfetmeye bilinçle başladığımızda "kendimiz olacağız". Tefekkürü, meditasyon ve benzeri içe dönük uygulamaları halen insanların tamamen kendi rahatları için yaptıkları faaliyetler olarak görenler var. Ancak modern bilimin çeşitli disiplinlerindeki devrimsel nitelik taşıyan gelişmeler ve klinik çalışmalar, içsel egzersizlerin insanların enerji frekanslarını olumlu yönde etkilediğine dair ampirik/deneysel kanıtlar ortaya koymakta. Elektromanyetik olsun, yer çekimine veya kuantuma dayalı olsun, bilim bizlere zamanın ta başından beri tüm zamanların en devleşmiş spritüel kişilikleriyle gelenek ve göreneklerin söylediklerini açığa çıkarıyor: Biz, yaratıcı zekâya, ışık saçan enerji boyutuna sahip varlıklarız, evrenin evrimsel itkisine bilinçli olarak katılma ve kendimizin tamamen farkına varma konusunda tam bir donanıma sahibiz.

Frekans'ta Penney Pierce tüm zekâsını, sevgi ve şefkatini ortaya koyarak güçlü öğretileri, kişisel deneyimleri, danışanlarıyla yaşadıklarını, ev frekansımızı düzeltmeyi ve sadece bireysel yaşamımızı değil tüm kozmostaki yaşamı da kalkındırmanın metotlarını bir araya getiriyor. Peirce'inki son derece mükemmel enerji boyutlu bir ilaç, şu anda yaşadığımız zamana evrensel olarak uygulanabilecek bir şifa yöntemi.

Michael Bernard Beckwith,
Spiritüel Özgürleşme (Spiritual Liberation)'nin yazarı

Okuyucuya

Mistisizm ile yeni fiziğin aynı noktada buluşması
bizi insan olmanın ana kapısına kadar getirdi.
Bunun ötesinde, kelimenin tam anlamıyla,
kendi lisanımızda dile getiremeyeceğimiz bir şey yatıyor.

MICHAEL TALBOT

ŞÜPHESIZ Kİ, KAOTİK OLDUĞU KADAR müthiş potansiyel yüklü bir zamanda yaşadığımızı fark etmişsinizdir. Aynen yaklaşan bir depremi hissedip huzursuzlanan hayvanlar gibi siz de patlak verecek büyük bir değişimin gizliden gizliye hazırlandığını hissediyor olabilirsiniz. Günümüzde her şeyin kaynama noktasına gelip buharlaşmaya başlayan su kadar istikrarsız olduğunu fark etmemek zor. İşin olumlu tarafı, bu patlamaya hazır durumun bizi sarsarak yukarı iterek tamamen yeni bir şekilde yaşamaya zorlamakta olduğudur: Aralarında uzay boşluğu bulunan maddi bedenlerden ziyade titreşim halindeki bir dünyada bizim gibi titreşimlere sahip varlıklarla karşılıklı bağımlı bir yaşam süren enerji boyutunda vibrasyonlara sahip varlıklar olarak...

Gitgide iç ve dış enerjinin, bu enerjilerin niteliklerinin ve hangi prensiplerle (frekans, vibrasyon/titreşim, rezonans, dalgalar, salınımlar, döngüler, oktavlar ve spektrumlar gibi) işlediklerinin daha çok farkına varmaktayız. Bu kavramların her şeyi bilmek, yapmak ve her şeye sahip olmak konusundaki en yeni tekniklerin tam kalbinde yattıklarını keşfediyoruz. Başka bir deyişle; *kişisel titreşiminiz*, yani bedeninizde, hisleriniz ve zihninizde anbean tuttuğunuz enerji frekansı ideal yaşamınızı kurup sürdürmenizdeki en önemli araçtır. Enerji frekansınız yüksek, hızlı ve berraksa yaşam önünüzde kendiliğinden açılacak ve yazgınızla aynı hizaya oturacaktır. Oysa daha alçak, daha yavaş ve bir bakıma deforme olmuş bozuk bir frekans pürüzler, tökezlemeler ve hayal kırıklıklarıyla dolu bir hayata yol açacaktır.

Frekanslar Yükselişte!

Anlaşılması gereken bir takım kilit noktalar var: (1) Belli aşamalardan geçen bir evrim sürecinin etkisi altındasınız ve bu süreç bedeninizin, hisleriniz ve zihninizin enerji frekansına ivme kazandırıyor, (2) enerjinizdeki frekans artışı farkındalık seviyenize paralel olduğu için, yavaş yavaş daha uyanık, daha hassas, vizyonu daha açık, daha fazla empati kurabilen ve daha sevgi dolu biri haline geliyorsunuz, (3) önünüzdeki birkaç yıl içinde sizi bekleyen en büyük zorluk duyarlılığınızı geliştirmek, kişisel titreşiminizi berrak tutmak ve gelecekte daha başarılı bir yaşam sürmek için "frekans prensipleri"ni kullanmayı öğrenmek olacak.

Görünmeyen âlemlere açık insanlar –ki kendimi bunlardan biri sayarım- uzun zamandır bedenlerimizdeki ve bu dünyadaki güç fark edilen frekansın hızla yükselmekte olduğunu sezmekte. Bu öncelikle nedenini bilmediğimiz bir huzursuzluğa yol açarak içimizi kıpır kıpır yapar. Daha sonra dış dünya ivme kazanarak bize gittikçe daha tiz ve hatta daha kaotik gibi gelmeye başlar. Sonunda bu daha yüksek enerji seviyesine uyum sağlarız ve farkındalığımız da aynı dereceye yükselir. Bu yükselen enerjinin algımızda bir değişime yol açacak şekilde farkındalığımızı artıran bir dizi dalgayla geldiğini, benlik duygumuzun ayrılık, ölüm, korkular ve ego üzerine inşa edilmiş kimliğimizden çıkıp birlikte var olmaya, sevgi ve ruha dayalı bir kimliğe doğru evrim geçireceğini içgüdüsel olarak biliyorduk. Dünyamızın o yüksek frekansta daha zarif ve etkin yeni prensiplerle işleyeceğini hissetmiştik.

Düşünce şeklimiz ve tarzımız bir devrim geçirdi...
Artık eskiye göre farklı gözlerle bakıyor;
farklı kulaklarla duyuyor ve farklı düşünüyoruz.

THOMAS PAINE

Sindirmemiz gereken veri miktarından işimizi tamamlamak için uyanık kalmamız gereken süreye, artık bize normal gelmeye başlayan olumsuz enerji dalgasına kadar her şeyin tırmanışa geçtiği bir ortamda işlevimizi sürdürmeye çalışırken, bu değişim başlamıştır ve toplumun çoğunluğu tarafından görülmektedir. Bugünlerde sırf konsantrasyonumuzu korumak bile kâbusa dönüşen bir iş olabilir! Bilgi Çağı'ndan çıkıp Sezgi Çağı'na giriyoruz ki, bu da gerçeği algılama biçimimizde önemli bir değişimden çok daha fazlasını getiriyor.

Şimdi karşımızdaki sorular: Bu yaygınlaşmış titreşim içindeki dünyanın kurallarını nasıl öğrenir ve böyle bir dünyada işlevimizi sürdürebilmemize yarayacak enerji ve bilinç becerilerini nasıl geliştirebiliriz? Bir yandan eski yaşam tarzımız can çekişirken yeni algımız, kimliğimiz ve davranışlarımızı nasıl sabit ve dengeli bir hale getireceğiz?

Frekanslar Sizi mi Çağırıyor?

Birçok insan gibi siz de yaşamın ivme kazanan frekansında dengenizi bulmak, güvenliğinizi sağlamak ve stresinizi atmak için kendi enerjinizi çeşitli şekillerde, hem sağlıklı hem de sağlıksız, ayarlamaya çalışarak tepki veriyor olabilirsiniz. Ya da ağır karmaşasıyla bu yerinde duramayan heyecanlı dünyada nasıl serpilip gelişeceğiniz hakkında ipuçları peşinde büyük bir iştahla koşuyorsunuzdur. Bunların cevabı daha fazla veri işlemek için kullanılan teknoloji destekli yöntemler ya da marifetli küçük araçlarda ve ıvır zıvırda yatmıyor. Sezgi Çağı'na geçmek tamamen enerji hakkında ne bildiğiniz ve neler yapabileceğiniz ve gelişmiş ve etkin bir hassasiyeti nasıl geliştirebileceğinizle ilgili bir şeydir.

Bu kitabı, hayatınızın ileriye akışını bloke eden duygusal kargaşalar sizi hasta ettiği ve bu bunalımlara bir son vermek istediğiniz için seçmiş olabilirsiniz. Fazlasıyla tepki veren, depresyon geçiren, duygusuz ya da lakayt olan hasta tipler veya rahatsız kişiler içinizi kurutmuş olabilir. Belki de dur durak bilmeyen uyarıcılardan boğulmak üzeresiniz ve ne hissiz olacak kadar uyuşmayı ne de fazla elektrik yaymayı istiyorsunuz. Belki de pek kimselerin fark etmediği, dile getirilmeyen başkalarına ilişkin bilgiler, başkalarını ilgilendiren haberler, hayatınızda olup bitenler veya geleceğinizle ilgili duyumsamalar yüzünden dağılmışsınızdır. Bunlardan bir anlam çıkarmaya çalışıyor ama sizi etkileyen şeyin tam olarak ne olduğunu bir türlü tespit edemiyorsunuzdur.

Belki de akademik, idari ya da materyalist arayışlar arasında yitip giden o hassas, spritüel doğanızın size iade edilmesini istiyorsunuz. Analitik zekânız size iş hayatında başarı getirmiş olabilir ama şimdi çılgıncasına yaratıcı olmak, insanları içerden fethederek motive etmek ve dinozorlaşmış sistemleri kökten değiştirmek ihtiyacı içindesiniz. "Çekim Yasası"nı anlayarak aşama kaydettiniz ve şimdi yeni yeşeren gerçekliğimizin prensiplerini daha detaylı olarak mı öğrenmek istiyorsunuz? Yaşamınızı kurmak için istek ile inanç arasındaki doğru dengeyi mi yakalamaya çalışıyorsunuz?

Berrak düşünebilmek veya hızla değişebilmek arasında kalmanın zorlukları karşısında kendinizi paralize olmuş mu hissediyorsunuz? Üzülmeyin ve merak etmeyin: Her şey doğru zamanlamayla ilerliyor ve bu süreçte hepimiz birlikteyiz, daha yüksek frekanslara uyum sağlamayı beraberce öğreniyoruz. Kendimizle başkaları arasında olduğunu varsaydığımız hayali boşluklara köprüler atarak akılcı olmayı ve irade gücünü kullanmayı –ve istediklerimizi elde etmeyi öğrendiğimiz bir dünyadan geçilecek hiçbir köprünün olmadığı, sevginin ve desteğin, kolayca elde edilen sonuçların ve özgürlüğün hemen elimizin altında bulunduğu bir dünyaya geçiyoruz.

İşin gerçeği şu ki; en güzel şeyler genellikle son derece mutsuz, huzursuz olduğumuz ya da tatmin olamadığımız anlarda başımıza gelir. Çünkü ancak böyle anlarda huzursuzluğumuzun itici gücüyle rutinimizden çıkıp farklı yollar ya da daha doğru cevaplar aramaya başlarız.

M. Scott Peck

En Yüksek Frekansınız Normal Olabilir

Sizi daha yüce bir Benlik deneyiminden mahrum bırakan ve çok daha iyi bir yaşamdan alıkoyan kabuğunuzu kendi kendinize kırabileceğinizi kesinlikle biliyorum. Gurulara ihtiyacınız yok ve dramatik olaylar sonucu doğaüstü deneyimlere gark olmanız da gerekmiyor. Şu anda burada bedeninizde bulunarak o kadar yüksek bir frekansa yükseliyorsunuz ki eskiden *meta*fizik, ben*ötesi* ve *para*normal görünen artık sıradan sayılır. Büyük resmin eksik parçaları şimdi bilincinize doğru yola çıktı –ve bu yeni anlayış hepimiz için Sezgi Çağı'na bir "dönüm noktası" teşkil ediyor.

Konuştuğum pek çok kişi Yuva'yı asla terk etmediğimizin ("cennet" deneyimi) aynı zamanda da "dünyada yaşam" denilen son derece şaşırtıcı, büyüleyici bir Rüya'da olduğumuzun farkında. Bu rüyadan tamamen uyanabilmek için ruhunuzu, en yüksek seviyedeki frekansınızı her gün yaşayabilmeli ve bunu normal kabul etmelisiniz. Başka şeylerin yanı sıra bu bir empati ve şefkat deneyimidir ve bu noktada yüksek kaliteli hisler doğrudan içinize saplanıp ıstırabın baştan çıkarıcılığının, mantığın sınırlarının ve dünyanın bulanık hipnozunun ötesine geçer. Aydınlanmış kimliğinizin gerçeğini kavramadan, bir olmayı anlamadan ve daha genişlemiş bir yaşam tarzını benimsemeden önce kendinizi sevilebilir, sevebilir ve değerli –tüm hücrelerinizle- hissetmeniz gerekir. Enerji frekanslarında kodlanmış bu herkesin anlayamayacağı bilgilere karşı bilinçli bir hassasiyet geliştirmek sizi hızla aşk, sevgi ve ruh ile ilgili bu sonuna kadar doymuş hali yaşamaya götürecek.

En saf titreşimlerimizde saklanan bilgi ve deneyimi keşfetmek için hayata kafa tutan sert bakış açımızdan "aşağılara", bedenlerimizde depolanmış bilgiye doğru devrimsel nitelikte bir hareket yaşamaktayız. Yine de bunu yaparken duygularımızla karşı karşıya kaldığımızdan, ve duygular kafa karışıklığını, direnci ve paniği artırdığı hem de insanı olağanüstü mistik bir baygınlığa taşıyabildiği için bundan kaçınmaya çalışırız. Duygulardan kaçınarak tam benliğimizi deneyimlemediğimiz bir kör nokta yaratırız. *Frekans*'ı tamamen uyanmanızın önünde duran son engellerin de içinden kayıp geçmenize ve Sezgi Çağı'ndaki normal haliniz olacak genişlemiş benliğinizi yaşama deneyimini gerçekte *hissedebilmenize* yardımcı olmak için yazdım.

Çekim Yasasından Daha Fazlası Var

Son yıllarda içinde bulunduğumuz şu dürtü dolu zamanlarda ekmek kırıntıları ile iz bulma örneğindeki gibi, bize yolumuzu bulmakta yardımcı olacak bir sürü kitap ve DVD çıktı . Önde gelen bilimsel ve metafizik fikirleri halkın kalbini kazanacak ve hayal gücünü ele geçirecek bir şekilde popüler hale getirdiler. Bunların arasında *The Way of the Peaceful Warrior (Dingin Savaşçı), The Celestine Prophecy (Onuncu Kehanet), The Intuitive Way, Your Life Purpose, The Field, What the Bleep Do We Know?, The Hidden messages in Water (Suyun Gizli Mesajı), The Da Vinci Code (Da Vinci Şifresi), The Law of Attraction (Çekim Yasası) ve The Secret* da var. Bu eserler de başkaları da bize göze görünen âlemlerde yaşandığını hissettiğimiz olayların ne olduğunu anlamamızda yardımcı oldu ve bizi enerji ve farkındalık çalışmalarımızda becerilerimizi geliştirmeye teşvik etti.

Aynı zamanda bu malzemeler tanıtılış biçimleri yüzünden, bu kadar geniş yelpazedeki bu kadar birbirine bağlı konunun çok kısa bir zaman zarfında sunulması ve dünyayı saran korku atmosferi nedeniyle, içerikleri birçok bakımdan yanlış anlaşıldı. Ben bunu numaralandırılmış kareleri boyayarak yapılan resimlerdeki noktaları ve sayıları önünüze yaymanıza benzetiyorum. Bunu yaptığınızda bile sanat eserinizin iskeletinin ortaya çıkması için noktaları birleştirmeniz gerekir ve resmi ancak ondan sonra en sevdiğiniz suluboya ya da mum boyalarla doldurarak istediğiniz hale getirebilirsiniz. *Frekans*'ı size resmi tamamlayabilmenizde yardımcı olabilmek için yazdım.

Dönüşüm Sürecinizi Kolaylaştırmak İstiyorum

Kendi sezgisel uygulamalarımın bir yan ürünü olarak, 1970'lerin ortalarından itibaren günümüzün yoğun yaşamında arka planda olan bitenle ilgili birçok önsezim oldu. Daha önce kişisel bir dönüşüm yaşamaya başladığımızı fark etmiştim ve bu sürecin binlerce yıldır bir benzerinin daha yaşanmadığını ve belki de global bir düzeyde olmadığını anlamıştım. 1980'lerde yükselen frekans süreciyle ilgili "Geleceği Tahmin Etmek ve Gelecekteki Trendler", "Holografik Algı ve Yeni Paradigma" ve "Benlik ile Ruh Arasındaki Boşluğu Gidermek" gibi başlıklar taşıyan konferanslar vermeye başladım. Bu konuşmalarımda dönüşüm sürecinin unsurlarını kabataslak çizdikten sonra dinleyiciler bana, "Bundan yararlandım. Ne yaşadığıma dair daha geniş bir anlayış getirdi. Bu sürecin daha yüce bir amacı ve pozitif sonuçları olduğunu bilmesem kafam karışmış/korkmuş/depresyonda olacaktım" derlerdi.

Radikal bir içsel dönüşüm ve yeni bir farkındalık düzeyine yükselmek, Batılı mekanik paradigmanın hâkimiyetinin getirdiği küresel krizdeki tek umudumuz olabilir.

STANISLAV GROF

Bu nedenle etkisi altında olduğunuz bu yarı görünür süreci anlamanıza ve aşamalardan kolayca geçmenize yardımcı olmak istiyorum. Sayısız titreşimsel durumların içerdiği mesajları deşifre edebilmeniz için, size bloke edilmiş duyguları ince bir hassasiyete dönüştüreceğiniz teknikler vereceğim. Kendi ruhunuza uygun frekansınızı elinizde tutabilmenizi, en yüksek ve en doğal kişisel titreşiminizde yaşamayı seçmenizi kolaylaştırmayı arzu ediyorum. Başkalarının daha alçaktaki titreşimleri sizi aşağılara çektiğinde kendi frekansınıza nasıl odaklanabileceğinizi bilmenizi istiyorum. Sağlıklı bir şekilde "hassas" olmanın bir yolu var ve kendi evfrekansınızla nasıl yaşayacağınızı bilmek size *kesinlikle* büyük bir güç katacaktır.

Günlük Tutmak Gelişiminizi Daha Bilinçli Kılar

Günlük tutmak kendi kişisel gelişiminizin takibinde kesin bir yöntemdir. Bu bilgi yumağına girmeye başladığınızda neler olduğunu yazmayı isteyebilirsiniz. Bölümler arasında dağınık olarak size verdiğim kavramları çalışmanızda yardımcı olacak çeşitli basit egzersizler bulacaksınız. Bunları yapmayı deneyin ve sonuçlarını yazmaya çalışın. Ne gibi sezgiler edindiniz? Ne tür zorluklar ya da sürprizlerle karşılaştınız?

Tam içinizden geldiği gibi yazma tekniği ile yazarak, spontane akışta sansürsüz bir şekilde gelen kelimelerle oyunlar oynayabilirsiniz. Ortaya farkındalığınızın derinliklerinden gelen bir cevabı mıknatıs gibi çekecek bir soru atarak başlayın. Ne dendiğini önceden düşünmeyin veya tahmin etmeye çalışmayın. Bırakın ilk kelimeler kendiliklerinden gelsin, diğerleri de onları takip edecektir. Aklınıza tuhaf bir sözcük gelirse bunu da yazın. Bu sözcüğün ardından her ne gelmesi gerekiyorsa gelecektir. Akışı sürdürebilmek için en iyisi yazdıklarınızı bitene kadar hiç okumamaktır. Yazdıklarınız sizi şaşırtacak çünkü son derece net ve doğru olacaklar.

Bir şeyi bilmek istiyorsanız, kendinizi onun içine
kalem ve mürekkep gibi sokun,
bırakın o kendi kelimeleriyle size yazsın.

ELIZABETH AYRES

Farkındalığınızı Her Bölümün Sonunda Değiştirebilirsiniz!

Her bölümün sonuna yüksek farkındalığın sakin bir halindeyken yazdığım kendi ev frekansımdan, asıl benliğim ya da ruhumun vibrasyonundan gelen birer yazı ekledim. Mesajların tonu sadece bizlerin bir olmasındaki sesin tonu –hepimizin eşit olarak erişebileceğimiz bir ses; bir ruha kanal olan ses tonu değil... Bu biraz daha ilham dolu parçaları yazdığımda kişiliğim ve normal yazma tonum ön planda değildi ve kelimeler daha derinlerde yatan gerçekleri –ya da duygu durumlarını- en basit ve direkt biçimde ifade ederek geldiler ve ben yazarken açığa çıktılar. Kelimelerin pek azında nefesimi boşa harcamışımdır, her cümle ise sizi başka bir yerlere taşıma gücüne sahiptir. Bu mesajları kitaba koymamın bazı sebepleri var:

1. Bunlar sizin sessizleştiğiniz veya hassaslaştığınız zamanlarda iç benliğinizin erişebileceği bir tür bilge, odaklanmış rehberlik örneği oluştururlar. Umarım bu mesajları okumak sizi içinizdeki berrak kaynağa doğru yönlenmeye ve cevapları araştırmaya teşvik eder.
2. Her insanın ruhundan ve yüreğinden gelen iletişimin, zihnimizdeki her an değişen fikirlerin yarattığı kakofoninin tersine evrensel bir cazibesi olduğunu ve evrensel gerçeği içerdiğini anlamanızı istiyorum.
3. Verilen mesajlar, genellikle bulundukları bölümde ortaya atılan noktaların anlamını genişleten niteliktedir ve yürekten gelen sezgilerle doludur. Bu mesajlar da düzyazı ya da teknik değerlendirmelere kıyasla şiirin yaptığı gibi sizi safi mantığın ötesine taşır ve size bütün bildiklerinizin bir şey ifade etmesi için küçük kutucuklara mükemmel bir şekilde oturmaları gerekmediğini hatırlatır.
4. Her bölümü hızlı çalışmayı seven analitik sol beyninizle anlamak ile, özellikle daha yavaş ve "yüreğinizin sezgisel sesi" ile okuyarak daha derin, daha az entelektüel, daha kişisel anlamlar çıkarmak arasındaki *farkı tatmanızı* istiyorum. Yüzeyden kökene, o alışık olduğumuz "eski"doğrusal mantıklı algılamadan, bu okuma parçalarının gerektirdiği "yeni", hepsi bir çırpıda, deneysel bilişe geçişi deneyimleyerek, *Frekans*'ta anlattığım gibi, dünyayı tanımanın yüksek titreşimli, anında ve dönüşmüş yoluna nasıl gireceğinizi anlamaya başlayacaksınız.

Bu mesajları normalden *çok daha* yavaş ve bilerek okursanız ya da kendi kendinize yüksek sesle okur veya gözlerinizi kapatıp başka birinden size okumasını rica ederseniz, normal metinden çok daha farklı bir ritim ve titreşim naklettiklerini fark edeceksiniz. Fazlasıyla zihinsel , ince eleyip sık dokuyan bir şekilde okursanız size çok bayat –hatta oldukça New Age- gelebilir ama metinlerle "birlikte" olabilmek için hızınızı yavaşlatır ve içinizde hissederseniz daha büyük, başka bir boyut kazanacak ve size yeni gerçeklerin kapılarını açacaklardır. Bazen bir cümle ya da terimi aklınızda normalden şöyle biraz daha fazla tutmak, oradaki gizli anlamın ortaya çıkmasını sağlayacaktır. Gerçeğin sadece akılla algılandığında akıl, yürek ve beden birlikteliğinde algılandığından ne kadar farklı görünüp ne kadar farklı gelebileceğine dair küçük bir örnektir bu.

Bu *ev frekansı mesajların*ı atlayabilir veya onları kendi ev frekansınıza girmek için kullanabilirsiniz (5. Bölümde açıkladığım gibi). Kitabı bitirdikten sonra bütün parçaları arka arkaya okumak isteyebilirsiniz, fark etmez... Asıl ilginç olabilecek; okuma hızındaki, titreşimlerdeki değişime nasıl tepki vereceğiniz ve mesajların üzerinizde nasıl bir etki bırakacağı. Mesela bir mesaj sizi sinir eder ya da içinizi rahatlatırsa, bu size kişisel evrim sürecinizdeki ana değişimlerden nasıl geçtiğiniz hakkında fikir verebilecek bir ipucu olabilir.

Sezgilerinizi Kullanmak, Daha Fazlasını Deneyimlemenizi Sağlar

Frekans'ta anlatılanları yer yutar ve sindirirken sezgilerinize dikkat etmek yararlı olabilir. Sezgi, farkındalığınızın beden, duygular, zihin ve ruh gibi ayrı parçalarından gelen tarafsız, doğrudan bir algıdır ve içinde bulunduğunuz ana konsantre olduğunuzda, uyanık ama gergin olmadığınızda, bedeniniz ve hislerinizle bağlantıya geçtiğiniz ve iradenizi kullanmadan kendinizi sade ve açık hissettiğiniz zaman yükselir. Sezgi sizinle, beyninizin farklı seviyelerinden beş duyunuzla hissettiğiniz ya da karmaşık bir anlamı, bir sistemi, bir rüyayı ya da bir bilgi dizinini birden anlayabildiğiniz gibi, anlık bir çekim ya da geri tepme olarak konuşabilir. *The Intuitive Way'*de [Sezgisel Yol] yazdığım gibi; "Kendi özel sezgimiz kendimizi geliştirmek ve gerçekleştirmekte bir katalizördür çünkü insan hayatında köklü ve kalıcı değişikliklere gittiğinde karşısına gerçek olarak çıkan, olgular değil sadece öznel deneyimlerdir".

Okumaya biraz ara verip biraz kendi âleminize daldığınızda aniden sezgisel bir takım kavrayışlara varabilirsiniz. Dış dünyaya açıldığınızda okumakta olduğunuz bölüme benzer deneyimler yaşayabilirsiniz. Sezgileriniz size "hah" dedirtecek ve bilgiyi sizin için gerçek kılacaktır. Çoğu zaman sunulan kavramları tam olarak anlamak için bir şeyin nasıl işlediğini hissetmek isteyebilirsiniz. Duyarlılığınızı geliştirdikçe, hissettiğiniz vibrasyonların anlamları hakkında size içgörü getirecek olan, sezgilerinizdir. Sezgiler yüce bir gerçeği ve Kutsal'ı daha berrak bir şekilde yaşama deneyimini açan kapılardır. Ve sonunda da eyleme geçip büyüme kabiliyetinizi ortaya çıkaran ya da durduran, sezgilerinizin size verdiklerini yorumlama şekliniz olacaktır.

İnsan kurallara sığmaz!

Frekansı Bulmak

Görünmez evrenin görünür olandan daha gerçek olduğu,
deneyimli bilim insanları nezdinde, hiç bu kritik
yüzyılda olduğu kadar yaygın bir şekilde kabul görmemişti.
Ama bu, geleceği görenler ve filozoflar için yeni bir kavram
olmaktan çok uzaktır çünkü unutmayınız ki Aristo hayata
"maddeyi saran ruh" derdi ve bu büyük dinlerin hepsi
tarafından yürekten kabul görmüş bir kavramdır...
mistisizm felsefesi de aynı şekilde akla yakın biçimde yükselişte...
maddi olmayan dünyanın yeni farkına varılan gerçekliği,
etkili enerji sahaları, enerji taşıyan dalgalar ve
her şeyi sarıp sarmalayan, her şeye hâkim zihinler de öyle...

GUY MURCHIE

SEZGİNİN GELİŞİMİ ve Budistlerin *becerikli algı* dedikleri şeyle (temelde zihninizi kullanarak ıstırapları gidermek) 1970'lerin başlarından beri derinden ilgiliyim. Sezgilere ve sezgilerin gizemine karşı duyduğum coşku hiç azalmadı ve bu konudaki araştırmalarımda tüm dinler ve spritüel yollarda hayatın akışını en yüksek düzeyde kolaylaştıran bir sürü sır ve ortak gerçek buldum. "Sorgulama sanatı" ile çalışmak, bildiklerimin hep daha kapsamlı, daha spesifik ya da tamamen farklı bir şeye dönüşmek isteyip istemediklerini sorgulamak, benim sezgisel uygulamamın bir parçası oldu. Yıllarca dünya görüşümün büyük bölümünü oluşturan reenkarnasyon ya da geçmiş hayatlarım gibi ilgi alanlarım o kadar büyük ve kişisel olmayan bir şeye açıldı ki artık aynı anlam ya da önemi taşımaz oldu ve ben de bunların üzerinde fazla yoğunlaşmayı bıraktım. O anda nötr görünen bir şeyin büyüsüne kapılmak hep şaşırtıcıdır –ama sezginin dürüstlüğümüzü ve esnekliğimizi koruduğumuzda son derece kesin olduğunu öğrendim.

Sorgulayarak ilerlememe rağmen sezgilerin gelişiminin ötesinde bizi insanlık potansiyelimizin daha derinlerine götürebilecek başka bir aşama, daha belirgin bir beceri olabileceği aklıma gelmemişti. Geçenlerde birden sadece sezgilerimin güçlenmekle kalmadığını, aynı zaman da rehberlik mesleğim dolayısıyla vibrasyonlara, enerji dokularına, bilinç frekansları ve iç içe geçmiş duygu, inanç ve amaç örgülerine karşı empatimin de geliştiğini fark ettim. Ve bir sonraki adım bunlarla çalışmaya başlamak oldu.

Hepimiz Yükselmiş Bir Hassasiyete Doğru Evrim Geçiriyoruz

Hepimiz hassas ve empatik kişiler olarak doğarız ama doğrulanma ve uygulama eksikliği yüzünden bu yetenek genellikle kapanır veya üzerinde "İleriki bir tarihte Kullanılmak Üzere" etiketi bulunan bir rafa kaldırılır. Benimki hayatta kaldığı için şanslıyım. Hassasiyet tohumlarını erken yaşlarımda içime ektiği için annemi kutluyorum. Eskiden cumartesi günleri Chicago'daki ofisine uğrayacağı zamanlarda arabada oturup babamı beklerdik ve vakit geçsin diye "Şu yoldan geçen insan bu anda ne düşüyor?" diye bir oyun oynardık. Gelen geçenin aklını okuyup hayalimizde onlara birer yaşam kurardık. Annem bana terbiye verirken sıklıkla, "Ya sen onun yerinde olsan ve biri sana böyle yapsa ne hissederdin?" diyerek Altın Kural'ı yardımına çağırırdı. Bu soruyu sözlük anlamında alarak kendimi hayal gücümün yardımıyla zarar uğrayan arkadaşımın gerçeğine taşırdım. İnsanları "içlerine girerek hissetmeyi" öğreniyordum.

Yirmili yaşlarımda profesyonel olarak sezgimle çalışmaya başladığımda, bilgiler bana çoğu kez içsel görsel ve işitsel duyularım yoluyla gelirdi, kişisel değillerdi ve hızlıydılar. Çok geçmeden sezgi gücüm daha ustalaştı, daha hislere dayalı bir hale geldi. Metafizikte buna "çakraları açık olan insanların gaipten haber alabilmesi" denir, altıncı hissin kuvvetine işaret eder. İnsanları sadece kafamla değil, tüm bedenimle hissettiğimi fark ettim ve bilgiyi işlemem yavaşlamış olsa da, kişisel olarak temasa daha güçlü bir şekilde geçebildiğimi hissettim. Danışanım ne hissediyorsa ben de onu hissetmeye başladım. Bir danışanımın yüzünü biraz buruşturduğunu görsem kendi yüzüm de aynı kas gerilmesiyle buruşuyordu. Ne acılar içinde yaşadığını anında hissedebiliyordum. Çökmüş, omuzları düşmüş bir müşterimin karşısında otursam, kendimin de çöktüğünü hissederdim ki bu onun neden üzgün ya da yılmış hissettiğini anladığımı ortaya koyardı.

Denizdeki adalar gibiyiz,
yüzeyde ayrı ama derinlerde birbirine bağlı...

William James

Okuma yaparken sıkça fiziksel semptomlar yaşarım; diyelim ki birinin anjin olduğunu ya da ayak bileğindeki kırığı, müzikle ilgilenen bir danışan ise, dinlediği müziği ya da kokusunu aldığı çiçekler veya deniz kenarını ben de yaşarım. Zaman zaman, zımpara kâğıdı, kül ya da ipek gibi bir enerji dokusu hissettiğim ve sonunda bunun o insanın gerçeğinin bu his gibi olduğunu anladığım olmuştur. Bu fenomene "doğrudan izlenim" adını verdim. Bunun kolayca etkilenen demek olduğunu sanıyordum ama çok ince bir düzeyde, belli belirsiz, sanki bilgiler ve hisler içime bir şekilde zorla giriyormuş gibi... Ayrıca kendi bedenime ve içimdeki coşkuya odaklanarak kendi doğal, görece dengeli benliğime dönebildiğim sürece, bu tür bir bilmeyle sakatlanmamayı öğrendim.

Dış dünya ve onun tüm şekilleri iç dünyanın imzasıdır.

Jacob Böhme

Birkaç yıl önce hiç tanımadığım bir kadın okuma seansına geldi. Çocukluğunda yaşadığı cinsel ve fiziksel tacizler yüzünden acı çekiyordu, gergin, sinirli ve aksiydi. Böyle bir şeyi daha önce yeterince deneyimlemediğimden, ortaya çıkan fenomeni teşhis edememiştim, kadın da karşımdaki koltukta militan bir tavırla, kollarını göğsünde kavuşturmuş oturuyor ve orada olmak istemez görünüyordu. Kendimi aşağılanmış ve korkmuş hissettim, sonra da öfke duydum. Ancak profesyonelliğimi kaybetmeden nazik bir şekilde okumama başladım. Kadının savunma duvarlarına nüfuz ederken, tacizi fark ettim ve kadının ne kadar yaralanmış, hassas ve savunmasız olduğunu hissettim. Birkaç dakika öncesinde hissettiklerimin kadının duyguları olduğunu anladım; kadın aşağılanmıştı, korkmuştu ve öfke doluydu. Sonra tüm bunların altında yatan doğasındaki sevgiyi hissettim ve yaşadıklarına cesurca katlanmasından dolayı duyduğum merhamet içime doldu.

Gerçek benliğini nasıl deneyimlediğimi kadına anlattığımda hıçkırıklarla sarsıldı. İşte o zaman bilinçaltının onu tacizcisinin duygularını taklit etmeye ittiğini ve adamın ona davranışlarını başka bir şekilde taklit ettiğini (negatif bir empati şekli ve bedensel hassasiyet) anladım. "Kim bilir kaç kişi bu kadına benim neredeyse davranacağım gibi davranmıştır? Kadının umursamazlığını, başına gelen olayı reddedişini, öfkesini ve katılığını ona geri yansıtmıştır... Ve böylece de yarasını deşmiştir" diye düşündüm. Kadından, hissettiklerimin çevremdeki insanların hissettikleriyle ilgili olabileceği dersini aldım ve bu çok değerliydi. Biz aynen akort çatallarına benziyoruz; enerji boyutunda "dokunduğumuz" rezonansları kopyalıyoruz.

Önceleri temelde görsel-zihinsel olan bu derinleşmenin daha duygusal kaynaklı bir biçime, hatta çok daha derin bedensel kaynaklı bir aşırı hassasiyete dönüştüğünü ve bunun yeteneklerimin girdiği gelişimsel yol olduğunu ve herhangi başka bir yoldan daha iyi olmadığını vurgulamak isterim. Bazı insanlar beynin daha üst bölümlerinden çalışarak daha kopuk kalmayı, ya da bilgiyi tercih ettikleri bir ana duyusal yolla, örneğin işitsel kanaldan almayı tercih ederler. Beynin düzeylerinden aşağıya inerek bedenimle birleştiğim yol benim öğretmenim oldu, beni yavaş yavaş bu kitapta paylaşmaktan büyük heyecan duyduğum kişisel titreşim ilkelerine doğrudan taşıdı.

Hayatı "İçine İnerek" Hissederseniz Çok Şey Bilebilirsiniz

On binlerce kişisel ve iş hayatına dair okuma yaptım. Bu seanslar sırasında yumuşak, daha az tanımlı bir kişisel kimlikte rahatlayarak ve enerjimi daha fazla zaman ve mekâna dâhil olacak kadar yayarak bedenimin, duygularımın ve zihnimin frekansını daha yüksek bir seviyeye çıkarırım. Baktığım insanlara konsantre olarak ve frekansımı onlarınkiyle eşleştirerek onların da benim kadar kendi potansiyellerini içeren bilgi alanına genişlediklerinin farkına varırım. Onlarla etkin olarak birleşir ya da onları *içlerine inerek* hissederim. Bu enerji düzeyindeki bilgi bundan sonra bende sanki o insanmışım gibi birdenbire yüzeye çıkar ve ölümüne arzu ettikleri şeyleri, ruhlarının planlarını, izin verdiklerini, bloke ettiklerini, hayatlarının amacını, yeteneklerini ve kendi potansiyellerine eriştiklerinde nasıl hissedebileceklerini içeren karmaşık bir desene ulaşırım. Bunları kendi bedenimin hisleri ve duygularımdan bilirim. Bundan sonraki zorluk bedendeki bilgiyi karşıdaki insana anlayabileceği şekilde mantıklı, sırasıyla anlatabilmektir. Bu daha derin seviyedeki deneyimlerde başkalarından gerçekten ayrı bireyler olmamızın ne kadar imkânsız olduğunu kaç kez görmüşümdür. Paylaşılan o kadar çok şey var ki... Ama yine de her birimiz biriciğiz. Bütün bunların nasıl işlediği gerçekten de kafamı kurcalıyor!

Zaman zaman kendimi etrafa yayılmış ve
bir şeylerin içinde hisseder ve her ağaçta, dalgaların
çırpınıp çarpışlarında, gelip geçen bulutlarda ve
hayvanlarda, mevsimlerin geçişlerinde kendim olurum.

CARL JUNG

Aynı *içine inerek hissetme* süreci herhangi bir şeyi derinlemesine anlamakta da kullanılabilir –aile dinamiklerinde, hastalanan bir salon bitkisinde, bir şirkette, bir pazarlama trendinde, bir ülkede... Artık bunun hep birlikte geliştirmekte olduğumuz bir yetenek olduğunu biliyorum. Bu bizim gerçekten de en normal bilme yolumuz –hayatla bir olma yeteneğimizden doğan bir hassasiyet... Yaygın, yüksek seviyeli titreşim kanalıyla bildiğimiz ve etkileşime girdiğimizde, sonuç her zaman anlamak, takdir etmek ve sevecenlik olacaktır. Bunları sayıp döküyorum çünkü siz de açıklanamayan şeyler görmüş ya da içinize size ait olup olmadığından emin olmadığınız içgörü ve bilgilerle akan yüksek hassasiyet seviyeleri yaşamış olabilirsiniz. Sizi hassasiyetinizin dünyayı dolaşmak, iş yapmak ya da bilgelik kazanmak için tarifsiz bir beceri, bir güce dönüşebileceği konusunda temin etmek isterim. Bilişinizi derinleştirmeye ek olarak kişisel titreşim gücünüzle birlikte çalışmak korkularınızı gidermenize ve daha sevgi dolu olmanıza, hakiki bir istikrar ve denge sağlamanıza, daha iyi ilişkiler kurmanıza, ihtiyaç duyduğunuz ve arzu ettiğiniz yaşama kavuşmanıza ve spritüel gelişiminizi hızlandırmanıza yardımcı olabilir.

Frekans Bana Adını Nasıl Söyledi

Eşzamanlılığa bayılırım çünkü hizalanma deneyimleri insana güven verir ve eğlencelidir, üstelik dikkatimi yaşamda işleyen yüce bir koordinasyon kuvvetine çeker. Bilim bize tesadüflerin yüzde yirmi oranında normal olduğunu söylese de, ben yine de işaretlere ve alametlere dikkat ederim. Bu kitabın yaratılışı söz konusu olduğunda ise doğrudan yüreğime işleyen ve yazacağım prensipleri gösteren bir işaret almıştım.

Babam Florida'da, benden beş bin kilometre uzakta, yalnız yaşıyordu ve takındığı metanetli suratın ardına sakladığı çelişkili duygular içindeydi. Hiçbir zaman sevgisini göstermeyi tercih etmemişti, anlamlı konuşmalar da yapmazdı (kontrolü kaybetmemek ve saçmalayan bir salak gibi görünmemek için herhalde) bu yüzden de babamla görüşmelerimde biraz gergin olurdum. 2000 yılında akşam yemeğinden sonra koltuğunda otururken birden öldü: kalbi dayanamamıştı. Bir komşusu onu dört gün sonra buldu. Böyle bir şeyi öngörmediğime, babamı aramadığıma ve ziyaretine gitmediğime inanamamıştım. Belki de huzur içinde ölmek ve kimseyi rahatsız etmemek, ölümüne tanık olmamı engellemek istemişti. Ama yine de öyle bir anda yanında olmadığım için çok üzgündüm.

Öldüğü gün, rüyalar hakkında bir kitap yazıyordum ve bir türlü konsantre olamıyordum. Sürekli bilgisayarın başından kalkıp evde volta atıyordum, sonra da durup boşluğa bakıyordum. Ne yapmaya çalışıyordum? Yaratıcı gücüm neden bloke olmuştu? Akşamüzeri olduğunda artık pes ettim ve işi bırakıp yaramazlık yapmaya karar vererek sinemaya gittim. Ne oynadığını bilmiyordum ama *Frequency* diye bir filme yetiştim. Başrollerde Dennis Quaid ve Jim Caviezel vardı. Filmde, ölen bir babanın oğlu garip atmosfer koşullarında kısa radyo dalgaları vasıtasıyla babasıyla konuşabildiğini keşfediyordu. Bu şekilde haberleşerek –zamanı ve boyutu aşan ortak bir frekans bularak- sırları çözüyor, eski yaraları iyileştiriyor ve babanın erkenden ölmediği daha güzel bir gelecek yaratıyorlardı. Bu filmi babam ölürken seyrettiğimi ve vefatında ona ancak bu kadar yaklaşabildiğimi düşündüm. O günden beri bu film benim için özellikle güçlü bir anlamla yüklüdür.

Şimdi bugüne gelelim. Bu kitap için ana hatlarıyla bazı fikirler oluşturuyorum ve zihnimde uyumluluk gösteren birleştiriciler, yapı ve uymam gereken zamanlama yüzüyor. Buna ne isim vermeli? Not defterinin sayfalarını çeşitli zekice terimlerle dolduruyorum, elim kendiliğinden büyük harflerle FREKANS yazarken alt başlıkları değiştiriyorum. Yazdıklarıma bakıyorum. Babamı çok yakınımda hissediyorum, sanki bana gülümsüyor, bana bildiği sayısız fıkralardan birini anlatmak üzereymiş gibi geliyor… "Tamam" diyorum, "bu işe yarayabilir. Evet! Bu gerçekten de işe yarar!" Ama bu kadar basit değil işte… Ama evet, bu bir film adı… Ama yine de doğru vibrasyon. Titriyorum ve bunu düşünerek oturuyorum. Ve o anda filmdeki karakterlerin yaşadığı, insanların "ölüm" adını verdikleri şeyle hayat arasındaki boyutta hızla gidip gelen frekansların aynısını içimde hissediyorum. Babam da bu katmanlı anlamları sonuna kadar yaşıyor ve bundan keyif alıyordu. İşte *frekans* mucizesini ve gücünü o anda hissediyorum.

Kendinize dünyanın neye ihtiyacı olduğunu sormayın; kendinize sizi neyin canlandırdığını sorun. Sonra da onu yapın. Çünkü dünyanın canlanan insanlara ihtiyacı var.

HAROLD WHITMAN

Bu kitabı yazmak benim için de bir eğitim oldu. Yazmaya başladığımda titreşim ve duyarlılığı bildiğimi sanıyordum ama yazma sürecinde spontane olarak aklıma gelen bilgi ve öngörüler çoğunlukla zihin açıcı oldu. Bu bilgi yumağına nüfuz ederken ve bunları sizin için kelimelere dökerken o kadar çok eğlendim ki daha çok araştırdıkça daha mutlu oldum. Gelmekte olan gerçekliğimizle ilgili görü ve anlayışlar hiç de uğursuz değildi, parlak ve aydınlıklardı.

İçinizde zamanın gelmesini bekleyen potansiyeli keşfedeceğiniz bu harika maceraya hoş geldiniz diyorum. Şimdi tam zamanı ve sonuna kadar keyfini sürmenizi dilerim.

Penney Pierce
Marin County, Kaliforniya

1

Anka Kuşu Misali Dönüşümümüz

Yaşayan her şeyin kendi olmak isteyen bir parçası vardır –
iribaş kurbağaya, krizalit kelebeğe dönüşmeyi ister,
hasar görmüş insanoğlu ise bütün bir varlığa...
Spritüel olmak budur işte.

ELLEN BASS

KENDİNİZİ HELYUM İLE şişirilmiş bir balon gibi hissettiğiniz olur mu? Hacminizin gittikçe genişlediğini, ağzına kadar dolup patlayacak gibi şiştiğinizi ve gazın hâlâ geldiğini hisseder misiniz hiç? Bir dakikanızı ayırıp sizi ilgilendiren, size keyif veren ve moralinizi bozan şeyleri düşünmeyi deneyin. Ondan sonra da dünyadaki tüm yaratıcı atılımları, çığır açan yeni buluşları, yeni olguları, günlük gelişmeleri, dikkat çeken ve merak uyandıran önerileri de aklınızdan şöyle bir geçirin. Şimdi bunlara bir de tüm fikirleri, şikâyetleri, iki yüzlülükleri ve yalanları, trajedileri, dram ve korkuları ekleyin. Hepsinin içinizde olduğunu, bilinmek istediklerini, yaratışınızdaki gerçeği çerçeveleyerek bir arada tutan, gittikçe incelen zarın sınırlarını zorlayarak dışarı çıkmaya çalıştıklarını hissedin. Daha ne kadar yeriniz var, bu baskıyı gerçekliğiniz infilak etmeden daha ne kadar kaldırabilirsiniz? Bunu bilmenin patlayana kadar beklemekten daha az kısıtlayıcı, daha iyi bir yolu olmalı! Neyse ki nihayetinde bizi sınırlamalardan tamamen kurtaracak yeni tür algılar, kimlikler ve gerçekler getirecek yeni bir evrim sürecinin ortasında bulunuyoruz.

Baskıyı ve Heyecanı Hissetmeniz İçin İyi Nedenler Var

Yüksek frekansı ve sınırsız bir algı gücüyle yükselen enerji gerçeğini tam olarak anlayacaksanız, sarsılmanız ve kendinizi fazlasıyla hassas ya da dümeni kopmuş gibi hissetmeniz için epeyce neden olduğunu bilmelisiniz. Sezgi Çağı, aşamalı ama oldukça hızla gerçekleşecek kişisel ve toplumsal bir dönüşüm sürecinin sonucunda ortaya çıkacak. Sizi duygusal olarak ya da enerji boyutunda cendereye sokabilir ama eninde sonunda çok seveceğiniz şaşırtıcı bir noktaya taşıyacaktır. Ve evet, işte sizi oraya götürecek bir yol haritası... Düşünürken en son enerji tekniklerinin popüler bir trendine atlayıp bu arada deneyiminizi kolaylaştırıp hızlandıracak ve daha birleşik ve uyumlu hale getirecek anahtar bileşkelerini kaçırmak istemiyorsanız dönüşüm sürecini bir bütün olarak anlamak hayati değer taşır.

Bu bölümde size ve dünyaya neler olduğunu anlayabilmeniz için, bizim dönüşüm yolculuğumuzun bir özetini yaparak vardığımız noktayı anlatacağım. Sonraki bölümlerde, dönüşüm sürecinin aşamalarında başarıyla seyretmenizi sağlayan kişisel titreşiminizin gücünü keşfetmeye dalacağız ve böylece hem kendinize hem de başkalarına fayda sağlayacak sağlıklı ve bilinçli bir hassasiyet geliştirmeyi öğreneceksiniz.

> Bir çağ bitip bir diğeri başlarken her şeyin mümkün olduğu bir aşamadayız.
>
> VACLAV HAVEL

Fizik bilimi ve iş dünyasıyla ruhani ve hatta siyasi yaşamlarda *paradigma kayması, kuantum sıçraması, yeni dünya düzeni, devrilme ya da taşma noktası, yeni çağ* ve *holografik gerçeklik* terimlerinin kullanıldığını yıllardır duyuyoruz. *Star Wars* bile gözümüzde güçlü bir "hiper-uzaya sıçrama" kavramı canlandırdı. 1962 yılında, Thomas Kuhn, evrimi "bir kavramsal dünya görüşünün bir diğerinin yerini aldığı entelektüel vahşi devrimlerle kesintiye uğrayan bir dizi barışçıl perde arası" olarak tanımlayarak, paradigma kayması kavramını popüler hale getirdi. Yani, basit bir ifadeyle paradigma kayması; düşünüş tarzımızdaki, sonucunda davranışlarımızın değişmesine yol açan değişiklikleri anlatır. Tarımdaki gelişmelerin ilkel avcı-toplayıcı toplumları nasıl değiştirdiğini, yazılı basının bizi kilisenin hegemonyası ve Karanlık Çağ'dan nasıl kurtardığını ya da kişisel bilgisayarlarla internetin bizi izole ve yerel varlıklar olmaktan çıkarıp nasıl da birbirine bağlı ve global vatandaşlar haline getirdiğini hatırlıyor musunuz? Bu gelişmeler kayda değer bir önem taşımakla birlikte aynı zamanda da *değişim âlemi* içinde yer alır. Günümüzde olanların bir değişimden daha fazlası olduğuna inanıyorum; bence bir dönüşüm çağında yaşıyoruz. Peki, aradaki fark nedir?

Değişim + Bir Sonraki Boyut = Dönüşüm

Ortası süslü, servisleri tam, içecek ve tabak tabak yemek dolu bir ziyafet sofrası hayal edin. Şimdi bu düzeni karıştırın: Tuzluğu boş bir şarap kadehinin içine, peçeteleri tabakların altına, yemekleri servis tabakları yerine masa örtüsünün üzerine koyup salata tabağını paramparça edin ve orta süsünü de ters çevirin. Buyurun! İşte size değişim. Mevcut eşyaları yeni formlara sokup onları başka bir şekilde ilişkilendirdiniz ama hepsi halen masanın üzerinde mekân-zamanda bulunuyor ve bu eşyaların hâlâ birbirlerinden ayrı, kendi içlerinde birer bütün ve durağan olduğunu algılıyoruz.

Dönüşüm, metamorfoz ve *başkalaşım* tamamen farklı şeylerdir. Bu kelimeler bir şeyin asli doğasındaki simyasal değişimi ifade eder. Bir enerji halinden diğerine bu geçiş, değişimi mucizevî bir şekilde, sanki sihirle yapılmış gibi başlatır. Anka kuşu efsanesi orijinal "benliğin" ölümünü başkalaşımla, her şeyi temizleyip arındıran ateş (spritüel gelişim) ve altından bir yaratık olarak küllerinden "yeniden doğmak" (ışık ve aşk) ile temsil eder. Bolluk bereket veya aile sevgisini ifade eden akşam yemeği sofrası örneğimizde su gaz haline dönüşebilir ya da ortadan kaybolmuş gibi görünebilir, bütün masa ise daha anlamlı bir başkalaşım geçirip artık fiziksel olarak var olmaktan çıkabilir.

Büyük Bir Kimlik Değişimi Geçirmek Üzeresiniz

Uzayda salınan bir nokta hayal edin ve bu noktada bulunduğunuzu düşünün. Hayatın hiçbir boyutu yok, yaşam tamamen hareketsiz, hiçbir benlik duygunuz da yok. Şimdi de gözünüzde ipe dizili boncuklar misali birbirine yaklaşmakta olan bir dizi nokta canlandırın. Sonunda gizemli bir kritik farkındalık kütlesine erişilmişçesine, "ip" denilen yeni bir gerçeklik doğmuş olsun. Tamamen farklı bir dünyayla kaynaşıp birleşiyor, bir nokta olan kimliğinizi unutuyorsunuz. "İp" oluyorsunuz. Genişlemiş bir benliğiniz var ve yeni kuralları olan yeni bir dünyada yaşıyorsunuz: Sarkaç gibi bir ileri bir geri gidip gelen bir *hareket* mevcut. Bir noktayken olduğunuzdan çok daha serbestsiniz.

Kimliğim değiştiğinde, gerçeklik de eşzamanlı olarak değişir. Gerçeklik değiştiğinde, kimliğim de eşzamanlı olarak değişir.

Şimdi bakın bakalım; bir dizi ip birbirlerine yaklaşmaya başlayıp daha önce bilinmeyen bir boyut oluşturmaya başladığında ve "düzlem" dediğimiz yeni bir farkındalıkta çökeldiklerinde ne olduğunu hissedebiliyor musunuz? İp olarak kimliğinizi unutursunuz; harekete geçersiniz, sadece iki yönde değil her dört yönde ve hatta kavisler çizerek hareket etmeye başlarsınız. Bir "düzlem" olarak hayat size çok daha fazla seçenek sunar ve eski sınırlı kimliğinizi ancak hayal meyal hatırlarsınız.

Şimdi de bir dizi düzlemin birbirine yaklaştığını, yan yana dizilerek bu kez de *başka* bir boyuta geçtiklerinde ve üç boyutlu "küp" gerçeğini katalize ettiklerinde ne olacağını hissetmeye çalışın. Düzlem kimliğinizi unutursunuz çünkü artık sonsuz gibi görünen uzaya ve olanaklara açılmışsınızdır. Dünyanızda zaman, uzay ve madde bulunur: Sonlu objeler ve uzay boşluğu; bir iç bir de dış dünya; bir geçmiş, bugün ve bir gelecek; ve başka yaratıkların gözündeki haliniz üzerine kurulmuş, başka yaratıklardan size yansıyan bir benlik algısı. Aşina geldi mi? Bu "kübik", üç boyutlu dünya şu anda yaşadığımız dünya, olduğumuzu sandığımız kişi ve normal diye tanımladığımız yaşamdır.

İşte böyle biraz hoşnutsuz ve tedirgin, son derece heyecanlı, üç boyutlu, bir sonraki evrimsel sıçrama anının başında bekleyen varlıklarız biz . Benlik ve dünya algılarınızı dönüştüren ne olabilir? Herhalde bunun *zaman*da işleyen bilgisayarlarla ya da *uzay*da üç boyutlu bir uzay gemisiyle seyahat etmekle pek bir ilgisi olamaz. Dünyamızın dönüşümü, bir sonraki daha yüksek boyut olan dördüncü boyut ile "küp" gerçekliğimiz bütünleştiği zaman gerçekleşecek. Dördüncü boyutu ruhun veya gönlün gerçekliği olarak düşünebilirsiniz –bir mekândan ziyade her şeyin *bileşik* bir enerji ve farkındalık sahasında eşzamanlı olarak var olduğu, her şeyin her şeyi kapsadığı, her şeyin bilindiği ve her şeyin ana maddesinin "aşk" olduğu bir deneyim.

Üçüncü ve dördüncü boyut harmanlandığında gerçeklik nasıl bir şey olur? İşte bir ipucu: Etki-tepkiye dayalı doğrusal düşünceler ya da açıları olan köşeli şekiller size hitap etmez. Helezoni düşünmeye başlarsınız ve yaşam da salınımlı dalgalarla hareket eder. Kesirleri ve hologramları bilinçli olma halinin temeli olarak görmeye başlarsınız. Mesafeler, geçmiş ya da gelecek diye bir şey kalmaz. Bu yeni gerçeklikte ruh en üstün güç olacak, en değerli şey görünen ve görünmez gerçekliklerin birbirlerine nüfuz ettiği bilinç hali olacak ve her şey mümkün olacaktır.

Beklenen Altın Çağ'a İlişkin İnka Kehaneti

James Redfield ve Carol Adrienne *The Tenth Insight: An Experiental Guide* [*Onuncu Kehanet, Altın Kitaplar 1997, çev. Oya Alpar*] adlı kitaplarında Wiraqocha Vakfı direktörü Elizabeth Jenkins'ten bir alıntı yaparlar: "And Dağları'nın kahinleri 1993-2012 yılları arasındaki dönemin insanoğlunun bilinç evrimi açısından kritik bir zaman dilimi olduğunu söylerler. Onların "Kendimizle YenidenTanışma Çağı" dedikleri döneme girdik. And Dağları halkı bu yıllar içinde üçüncü bilinç seviyesinden dördüncü bilinç seviyesine geçiş yapacağımıza inanır. Buradaki zorluk, kolektif korkularımızı temizleyip insanlığın hep birlikte dördüncü seviye bilincine geçmesini sağlayacak kadar spritüel enerjiyi bir araya toplamayı başarmaktır."

Perulu bir İnka Ruhani Elçisi olan Willaru Huayata der ki: "Güneş'in çocukları kadim zamanlardan (son Altın Çağ) beri var olmuşlardır. Nasıl bir yılda dört mevsim varsa, dört büyük kozmik çağ da birbirini takip eder. Altın Çağ'dan sonra Gümüş Çağ gelir. Sonra da Bronz Çağ ve Demir Çağı. Demir Çağı şu an içinde bulunduğumuz devirdir ve son bin yılı kapsar. Bu son metalik çağ güçlü bir materyalist özelliğe sahiptir ve insanlar Doğa Ana'nın güçlerini olumsuzca kullanarak egoizme kapılmış olduklarından, karanlık bir çağdır. Savaşların, metal soğukluğunun çağıdır. Demir Çağı, uzun bir kış misali artık sona ermektedir. Yeni Altın Çağ, ilkbahar gibi kendini dünyada göstermeye başlamıştır.

Aydınlanmaya kavuşmak, kozmik kanunları anlamak ve bedenlerimizin birer mabet olduğunu fark etmek için Doğa'nın Yolu'na dönmeliyiz. Her bir insan kutsal bir tapınaktır. Bu tapınakların mihrabı yürektir. Aşkın ateşi, yüce ışığın bir yansıması bu mihrapta yanmaktadır. İçimizdeki bu ışık kabul edilmeli, bu nura ihtimam gösterilmeli ve kutsal sayılarak hürmet edilmelidir. Bu, Güneşin Çocukları'nın dinidir."

Dönüşümü Anlayabilirsiniz
İşte Bir Mini Dizi

Bireyler ve gruplarla ruhun temeline inerek yıllarca esaslı çalışmalar yapıp insanların yaşadığı bu ivme kazanmış içsel gelişimi anlamanın yollarını ararken, dönüşüm sürecinin son derece detaylı bir tanımını geliştirdim. Kolay anlaşılması adına burada dokuz aşamaya indirgedim. Ancak bu süreç oldukça organik ve akışkan, aşamalar ise sıklıkla birbirine karışıyor. Bu aşamaların tamamını ya da bir kısmını veya detaylı olarak açıkladığım semptomların çoğunu ya da birkaçını nasıl geçtiğinizin farkına varabilirsiniz. Bir aşamadan son hızla geçip bir diğerinde fazla takılmış olabilirsiniz veya aşamaların birkaçında geçiş aşamasından geriye dönmüş ve aşamalar arasında gidip gelmiş de olabilirsiniz. Hatta tam bir aşamayı tamamladım derken çok daha yüksek frekansta yeni bir dalgadan etkilenmiş olduğunuzu ve ruhunuzun daha derinliklerine inebilmek için süreçten yeni baştan geçtiğinizi görebilirsiniz –ancak bu sefer işiniz çok daha kolaydır. Aşama geçişlerinde harcanan zaman sabit değildir. Sizin süreciniz tamamen size özel olacak ve sizin için özellikle önem taşıyan parçaların altı çizilecektir. Dönüşüm sürecini eninde sonunda herkes yaşayacak çünkü bu tüm gezegeni etkisine almış bir şey. Daha bilinçli ve proaktif oldukça bu deneyimde yol almanız çok daha kolaylaşacaktır.

Durmadığınız sürece ne kadar yavaş gittiğinizin önemi yoktur.

KONFÜÇYÜS

Aşamalardaki ilerlemenin mantığını bulmak, yaşamınız ve mevcut olaylardan anlam çıkarmanıza yardımcı olabilir. Her adımın bir sonrakine doğal olarak bağlandığını ve her adımda bir seçeneğiniz olduğunu unutmayın: Değişime direnebilir ya da akışın sizi daha iyi bir hayata götürdüğüne inanabilirsiniz. Kendinizi rahat hissettiğiniz eski rahatlık düzeyini koruyabilmek için akışı yavaşlatır ya da durdurursanız, sadece ilerlemenizin hızını kesmiş, korkuyu pekiştirmiş ve gereksiz bir baskı ve ajitasyon yaratmış olursunuz. Akışa yüce bir aklıselimin yön verdiğine ve sizin için doğru olduğuna güvenir ve kendinizi ihtiyacınız olan deneyimlere teslim ederseniz, bedeninizin, duygularınız ve aklınızın frekansı yükselir ve her aşamadan faydalanırsınız.

Dönüşüm sürecindeki dokuz aşamaya şöyle bir bakarak her birinin sizin yaşamınız ve toplum hayatında nasıl semptomlar gösterdiğini anlamaya çalışalım. Sürecin ilk aşamaları, gönlünüzden geçenlerle sevgiyi yaşama şeklinizi bloke eden veya kendinizi ifade etmenize karışan her şeyi temizlemekle ilgilidir. Bu da korkuya ve önceleri reddettiklerinize baktığınızdan dolayı herkes gibi bir huzursuzluk yaşadığınız anlamına gelir. Neyse ki bu aşamalar sonsuza kadar sürmez! Sürecin ortalarına doğru bir aydınlanma yaşanan ve yoğun bir rahatlama hissedeceğiniz bir dönüm noktası vardır. Bu noktadan sonra tüm rahatsızlık veren semptomlar kaybolur ve kendinizi çiçek açmış gibi hisseder, alınyazınızı mutlulukla kabul edersiniz. Dönüşüm süreci şöyle başlar:

1. Ruh Beden, Zihin ve Duygularla Birleşiyor

Gerçeklik olduğunu düşündüğümüz üç boyutlu maddi dünya yüksek frekansta cereyan eden bir enerjiye, fırından gelen nefis kurabiye kokularıyla uykusundan uyanan bir çocuğa çok benzer bir şekilde tepki vermeye başlar. Hemen ötenizde, bir sonraki farkındalık aşaması olan dördüncü boyut kendini hissettirmeye başlamıştır. Bazıları bunun uzaktaki kozmik olaylar ya da Samanyolu'nun bizim tarafımızda kalan kısmından geçiş yapan kozmik enerji "plazma sahası" yüzünden meydana geldiğini söyler. Nedeni her ne ise, bu daha spritüel boyutun yüksek enerjisinin frekansı "düşerek" sizin dünyanıza girerken, tepki verip kıpırdanmaya, bu frekansta gerinip "yükselmeye" ve bu gizeme özlem duymaya başlarsınız.

Heyecanlıyım ve hayatta bundan fazla bir şeyler olduğunu biliyorum! Ben, daha iyisini istiyorum!

Göklerle dünya arasındaki sınırların zayıfladığını hissedersiniz –bu sizi hafifletir, algınızı hızlandırır ve perdenin arkasında sizi bekleyen önemli bir şeyler olduğunu size hissettirir. Bir geçişim, birbirine işleme süreci başlar. Bu karşılıklı nüfuz etme süreci içinizde gitgide daha yoğun dalgalar yaratarak sonunda üçüncü ve dördüncü boyutların birleşmesiyle biter. Farkındalık ve duyarlılık düzeyinizi yükseltirken yaklaşanı da az buçuk görmeye başlarsınız.

Bu ilk aşamanın semptomlarından biri de psikolojide ve bütüncül tıp, atletizm, meditasyon ve yoga gibi spritüel uygulamalarda gördüğümüz zihin-beden birliği vurgusudur. Zihin ile beden bir olduğunda, ruhunuz ya da gönlünüz açılır ve birdenbire bu birliğin en başından beri her şeyin içinde bulunduğunu anlarsınız. Kendi bedeninizin içinde bulunmanın nasıl bir duygu olduğunu *bedeniniz gibi* hisseder, her bir hücrenin ne kadar bilinçli olduğunu keşfeder ve bedeninizin türlü durumlara verdiği doğal tepkiyi ve neden böyle bir tepkime olduğunu hemen anlarsınız. Maddi varlıkların da bir şekilde bir bilinç taşıdığının ayrımına varırsınız.

Düzenli olarak ibadet etmek ya da spritüel grup toplantılarına katılmak gibi konulara ilgi duymaya, sıradan olanı ruhsallaştırmaya başlayabilirsiniz. Farkındalık ve sezgilerinizi geliştirmeye, bilinçli olarak rüya görmeye, hayatınızın amacını bulmaya ve ekin çemberleri, gök cisimleri, medyumluk, dini mistisizm veya ölüme yakın deneyimler kanalıyla "doğaüstü" âlemlerle bağlantı kurmaya merak salabilirsiniz. Fizik, astronomi, mikrobiyoloji, okyanus bilimleri ve genetik araştırmalar vasıtasıyla yüzey altı esasları araştırmaya koyulabilirsiniz ya da kadim gizemler, yeni tıbbi yöntemler ve ilaçlar, türü tükenmiş yaratıklar, eksik yaşam formları ve 'toprak-altı uygarlıklar' gibi enerjik güç noktaları ile unutulmuş sırları keşfetmek isteyebilirsiniz.

Birçok kişi artık kitle bilincinin yoğunluğuna süzülmeye başlayan yeni bir enerji hissetmekte. Bu enerji insanı kendisini ifade etme özgürlüğünü bulmaya itmekte ve kalbinin sesiyle birlikte yükselmekte. Bu yeni gezegensel enerji, insanları kalbi ve onun tüm insani ilişkilerdeki potansiyelini daha çok düşünmeye yönlendiriyor.

DOC CHILDRE

2. Yaşam Frekansı Her Yerde ve Her Bakımdan Yükseliyor

Spritüel frekans, hem gezegenin hem de bedeninizin dâhil olduğu maddi dünyaya nüfuz ederken aynı zamanda da zihninize ve duygularınıza sızarak içinize işler. Bedeniniz bu yüksek frekansa uyum göstermek için devrini artırır ki bu da başlangıçta bir huzursuzluk yaratır. Yüksek frekanstaki bu enerji hem olumlu hem de olumsuz duyguları harekete geçirir, böylelikle duygularınızın daha çok farkına varırsınız.

Çarpıntınız olabilir ya da kalbiniz teklemeye başlamıştır. İçinizden bir sıcaklık dalgasının yükseldiğini hissedebilirsiniz. Yalnızca bedeniniz ısınmak ve daha fazla çınlamakla kalmaz, hisleriniz de yoğunlaşmıştır ve ruh halinizde büyük iniş ve çıkışlar yaşayabilir, ani duygu fırtınaları geçirebilirsiniz. Fazlasıyla hassas ve elektrik yüklü olabilir ve kendinizi size hiç rahat vermeyen bir baskı altında hissedebilirsiniz. Kendi "ısınma" sürecinizin küresel ısınmayla ne kadar büyük bir paralellik taşıdığını görebilirsiniz. Artık sizde gürültüye, kalabalığa, alerjenlere, belli gıda maddeleri ve medyaya karşı ani bir tahammülsüzlük baş göstermeye başlamıştır.

Kendimi sarsılmış veya sinirli hissediyorum. Her şey beni rahatsız ediyor. Her yerim ağrıyor, bedenim sızlıyor. Yorgunum ama uyuyamıyorum. Her istediğim HEMEN olsun istiyorum!

Kısa süreli bir dikkat bozukluğu, hafıza kaybı, motivasyon eksikliği veya yönsüzlük duygusu yaşayabilirsiniz. Kendinizi fiziksel olarak tükenmiş hissedebilir, her zamankinden daha hasta olabilirsiniz veya daha fazla ağrınız sancınız olabilir. Hiperaktif, sabırsız, çabuk sinirlenebilir hissedebilir ve bir türlü rahatlayamayabilirsiniz. Uykusuzluk sıklıkla rastlanan bir durumdur, arada da ölü gibi uyunan dönemler olur. Çoğu insan kendi düşüncelerine gömülür, mantığın ve sınırsız bilgi erişimi ihtiyacının aşinalığına sığınır. Kolayca anlık hazların kölesi olunabilir. Unutkanlık ve dalgınlıklarla, bir fantezi dünyasında yaşayarak, sorunlar ve başkalarının hayatlarıyla meşgul olup kafanızı dağıtarak, takıntı ve endişelere kapılıp huzursuzluk içindeki bedeninizden kaçınmaya çabalayabilirsiniz. Kanser, virüsler, yüksek ateş, enfeksiyonlar, alerjik kızarıklar, hiperaktivite ve dikkat bozukluğu ve sinirsel rahatsızlıklar gibi bedenin yüksek frekansta "aşırı çalışması" sonucu ortaya çıkan işlevsel kayıplarda bir artış yaşanabilir.

Bu aşamanın olumlu etkileri yüksek frekanstaki enerjinin içinize dolmasına ve bedeninizin bu enerjiye doğal bir şekilde uyum sağlamasına izin verirseniz yaşanacaktır: Kendinizi daha canlı ve dayanıklı hissedecek, ayrıca da daha yüksek bir farkındalığa erişeceksiniz. Bu da daha yüksek frekanstaki hislere (aşk, sevgi, cömertlik, mutluluk, coşku ve neşe) ve daha yüksek frekanstaki düşünce ve motivasyonlara (yeniliklere açıklık, yaratıcılık, ilham alma ve verme, bağışlayıcılık, başkalarına yardım ve hizmet etme, şifacılık) yol açacaktır. Ondan sonra daha fazlasını bilmeye, gizemi araştırmaya ve ruhu keşfetmeye can atacaksınız. Olumlu düşünmenin ve sevmenin ne kadar şifa verici olduğunu ve bedeninizi temizleyip arındırmak (kilo vermek, detoks, gençleşme, egzersiz, bilinçli ve ustaca hareket etmek) istediğinizi anlayacaksınız.

3. Kişisel-Kolektif Bilinçaltı Boşalıyor

Bedeniniz ve duygularınızdaki titreşim hızı arttıkça bilinçaltı bloke olur, yani; alt frekanstaki korkulara dayalı duygular artık bastırılarak saklanamaz. Alçak seviyedeki frekanslar, yüksek frekanstaki enerji ve farkındalık sahalarında varlığını sürdüremez. Bu tıkanma, patlamış mısırın ısıya verdiği tepki gibi işler; alçak frekanstakiler saklandıkları yerlerden bilinçle işleyen zihninize mısır taneleri gibi patlayarak sıçrarlar. Böyle sıçramalar yaşanırken bastırılmış hatıralar yüzeye çıkar, kişisel dramlar ve travmalar yaşanır, çizilen sınırlar ve olumsuzluklarla ilgili eski inançlar farkında olmadan yeniden devreye girer. Utanç, üzüntü ve hüzün, nefret ve korku gibi psikolojinizin karanlık köşelerinde hüküm süren duygularla yüzleşirsiniz. Anlayışınızı derinleştirmek için kahramanların yeraltı dünyasına yaptıkları yolculuğa çıkmayı, bilinçaltınıza ve bilinmeyene inmeyi göze almak zorundasınızdır. Elbette ki insanlar buna karşı büyük bir direnç gösterir ve bu iş cesaret gerektirir. Bu aşamada ilerlemek için kanıtlanmış metotlar olduğunu bilmenizde yarar var. Bu sonsuza kadar sürecek bir aşama değildir bu ve şu anda su üstüne çıkanlar gerçek siz değilsiniz.

Karamsarlık ve dehşet duygusu yükselmeye başlamıştır. Rüyalarınız ve hayalleriniz yoğunlaşabilir, hatta vahşi ve korkutucu olabilir ve aklınıza gelen en kötü şeyler başınıza gelebilir. Eskiden dengede olan şeylerin yerlerinden oynadıklarını hissedebilir, anksiyete ve panik ataklar yaşayabilir, bir kişilik bozukluğuna yakalandığınızı ve delirdiğinizi düşünmeye başlayabilirsiniz. Dolaplara tıktığınız skandallar, tabular, tacizler ve iskeletler gözler önüne serilmiştir. Sırlarınız ve özel hayatınız artık geçmişte kalmıştır. Düdüklü tencerenin kapağı açılırken anevrizma, trafikte yol verdin yol vermedin kavgaları, evde kavga dövüş, terörist faaliyetler ve volkanik patlamalar gibi ani patlamalar yaşayabilirsiniz. Ya da size acı vermiş kötüye kullanılma anıları su yüzüne çıktıkça kronik ağrılar baş gösterebilir.

Moralim bozuk ve korkuyorum. Hayat çok zor ve çok yoğunum, beni hiç rahat bırakmıyorlar. En kötü korkularımı yaşamaya başladım. Kendime hâkim olamıyorum!

Bilinçaltınız Pandora'nın Kutusu gibi açılırken, şöyle mi böyle mi gibi ikicil düşüncelerinizde bir artış fark edeceksiniz. Korkulara dayalı inançlar çift kutupluluktan kaynaklanır. Örneğin; "Gürültü yaparsam cezalandırılırım, öyleyse sessiz durmalıyım." Artık bir sürü çift kutbun ve birbirine bağlı inanç ve duyguların – iyi-kötü, iç-dış, siyah-beyaz, kadın-erkek, yaşlı-genç, akıllı-aptal, güzel-çirkin, kaybeden-kazanan, başarılı-başarısız, ölüm-yaşam- farkına varmaya başlamışsınızdır. Zıtlıkları birbirinden ayrı tutmanın ne kadar büyük bir irade gerektirdiğini öğrenirsiniz çünkü ivme kazanan enerji zıtlıkları birbirlerine aksınlar ve birbirlerine dönsünler diye, yin-yang sembolündeki sekize benzeyen figürdeki akış gibi, birleştirmeyi arzu eder. Bu olduğunda içinizdeki direnç gösterdiğiniz gölgeyi iyice hisseder, sonra da enerji akışı sizi yeniden aydınlık tarafa taşırken karanlığın ve aydınlığın aslında birbirlerini olumlu yanlarıyla nasıl da enerjiyle beslediklerini görürsünüz. Ama başta enerji hareketinin yarattığı baskı ve basıncı, içinizde her nerede bulunuyorlarsa oradaki sekiz şeklindeki akışı bloke eden önyargılarınızı, saplantılarınızı ve direndiklerinizi öne çıkarmıştır.

Elbette ki bilinçaltındaki saplantılarınızı başkalarında gözlemlemek ve *sadece* başkalarında olduklarına inanmak daha kolaydır: "Ben sessiz olmalıyım ki sen bu kadar yüksek sesle konuşup dikkat çekmeye çalıştığın için kötü görün." Hoşgörü göstermeyip bazı şeyleri ve görünüş, karakter, zekâ, yetenek ya da enerji seviyesi olarak ve sizden farklı insanları reddetmeyi yeğlersiniz. Kendinizi tehdit altında, aldatılmış hissedebilir ya da kıskançlık duyabilirsiniz. Kendinizde ve başkalarında kabahatler bulup yargılayabilir ve iyi-kötü, çekici-itici, saldırgan-savunmacı ve sahip çıkma-reddetme uçları arasında sonu gelmeyen gel-gitler içine girebilirsiniz.

Münakaşacılık, alay etmek için insanlara yakıştırmalar yaparak isim takmalar, biz ve ötekiler senaryoları geliştirmeler ve aşağılamalarda bir artış vardır. İlişkilerde, özellikle de dürüstlük ve iletişim eksikliği yaşanan münasebetlerde sorunlar yaşanmaya başlar, çıkmaza girer ve birbirini suçlamalar, fazlasıyla eleştirmeler ya da değişim karşısında gösterilen direnç yüzünden biter. Boşanabilir, hukuki anlaşmazlıklar yaşayabilir, konu komşu ve eş dostla kavga edebilirsiniz ve aile içinde sorunlar yaşıyor ya da mükemmel ruh eşinizi bulmaya can atıyor olabilirsiniz. Böyle şeyler daha gözle görünür bir hale gelir: Nefret, suçlar, işkence, röntgencilik, tabulara boyun eğme, TV'deki reality show'lar, adli tıp ve suç tespiti, partizan siyasi üstatlar, iğneleyici konuşan onur kırıcı tartışma ve eğlence programı konukları ve psikoterapi. Astım, şizofreni, çift kutuplu ve sınır kişilik bozuklukları ya da epilepsi gibi, kaos ve panik ile ilgili rahatsızlıklarda artış olabilir.

Yüksek enerjinin içinizdeki akışına izin verir ve ortaya çıkan durumlarla sabırla ve sevgi dolu bir şekilde baş ederseniz, bu aşamanın olumlu sonuçları, hoşlanmadığınız zıtlıklardan kaçmanın mümkün olmadığını ve hayatın bir parçası olabilmek için her türlü seçeneğe hak tanımanız gerektiğini öğrenmek olabilir. "Sende olan bende var ve bende olan da sende" diye tarif edebileceğimiz psikolojide "ayna tutma" denilen kavramı benimseyeceksiniz. Her tür zıtlığın her iki tarafını da sahiplenmeyi öğrenecek, birbirlerini nasıl beslediklerini hissedecek ve reddettiğiniz taraflarınızdan nasıl enerji ve bilgi alabileceğinizi göreceksiniz. Daha önceleri çalışan bilinçsiz duygusal "tetikleyicileriniz" konusunda farkındalık kazanacaksınız.

> 100 yaşına kadar yaşasanız bile bu hakikaten çok kısa bir zaman. Öyleyse, sabit fikirler ve harislik, donakalmak ve içinize kapanmakta gün geçtikçe daha iyi olmak yerine neden bu zamanı bir evrim süreci geçirerek, zihninizi ve yüreğinizi açarak, gerçek doğanızla temas kurarak geçirmeyesiniz?
>
> PEMA CHÖDRÖN

4. İdare Eder, Yeniden Moral Bulur, Direnir ve Duygularınızı Tekrar Bastırırsınız

Tam da yıllardır içinizde barındırdığınız korkular ve duygusal yaralardan bütünüyle kurtulmuş gibiyken egonuz, zihninizin korku ve kendini koruma bölümünde kök salmış tarafı, araya girip "Ben ölmeye hazır değilim!" diye çığlıklar atmaya başlar. Egonuz, eski zor ama bildik yolları korumak için savaşır. İşleri oluruna bırakmaktan ve inanıp güvenmekten ise, hararetle kaçınır. Siz kendinizi hayatta kalmaya yönelik, savaşmak ya da kaçmak gibi davranışlar içine atarsınız ama bu becerileriniz de teklemeye başlamıştır.

Değişmem şart değil!
Ben kendi dünyamda yaşıyorum ve haklıyım!

Eğer bir savaşçıysanız, kendinizi tank gibi bir dört çekerde veya varlıklı bir evde hiçbir şeyden zarar görmeyecek kocaman ve önemli biri gibi hissedebilir ya da yaşamınızı agresif bir işkoliklik ve sabit fikirlilik ya da fincanlarca koyu kahve içerek sürdürebilirsiniz. Kişiliğinizi, haşin bireyciliğinizi ve vatanperverliğinizi yüceltebilir ve çok daha dediğim dedikçi, kendini hep haklı gören ve kendiyle övünen, narsist, öfkeli ve hatta şiddet uygulayan biri olabilirsiniz. Ünlü, güçlü ve zengin olmayı ya da estetik ameliyat olup gösterişli eşyalarınızın olmasını istiyor olabilirsiniz. Çevrenizi ve başkalarını kontrol ederek kendinizi emniyete almaya çalışabilirsiniz ve her şeyi kontrol edemeyeceğinizi fark ettiğinizde sert, karamsar, alaycı ya da saldırgan bir vurdumduymazlık ve saygısızlık tavrı benimseyebilir, yersiz, acımasız ve ahlak dışı davranışları dilediğiniz gibi haklı gösterebilirsiniz. Devlet, ordu, iş dünyası ve din gibi ataerkil güç odaklı kurumların insanlar üzerinde akıllıca uyguladıkları aşırı bir baskıları vardır ve kontrollerini ayartarak, hipnotize ederek, hiç bozuntuya vermeden yalanlar söyleyerek ve korku pompalayarak sağlarlar.

İnsanlar beni deli ediyor. Hepsi yok olmalı!
Çatışmalar arasında tutsak kalmış gibiyim.

Çatışmalardan kaçınmaya meyilli biriyseniz tehditkâr fikirleri baskılayabilir, değişime direnebilir, güvenlik arayışı içinde olabilir ya da şahane bir dekorasyona sahip huzurlu evinize çekilip büyük ekran televizyonunuzun karşısına kurulabilir veya huzuru ana babanız veya onların yerini tutan otoriter kişilerle olan ilişkilerinizde bulmaya çalışabilirsiniz. Daha az ya da daha fazla yemeye başlamış, mutluluk veren yiyecekler yüzünden kilo almış ya da anoreksik olmuş ve görüntü ve sesi doğrudan kafanızın içine aktaran minicik kulaklık gibi aletlerle kendinizi uyuşturuyor olabilirsiniz. Belki de neşeli bir kişilik sergileyerek hiçbir sorun yokmuş gibi yapıyorsunuzdur ya da geçmişin nostaljisine, gelecekteki trendlere, başka dünyaların fantezilerine gömülüyor ve hatta intihara eğilimli bir hale geliyorsunuzdur. Bu dünyadaki hayatla işinizin bitmiş olduğunu hissediyor ve melekler ya da dış dünya varlıklarının dünyalarına geçmek istiyor olabilirsiniz. Obsesif-kompülsif kişilik bozuklukları, inme ve felçler, kemik yapısında bozulmalar, kireçlenme, organsal rahatsızlıklar, bağımlılık, depresyon, çeşitli felç türleri ve halsizlik sendromları gibi direnmekten kaynaklanan rahatsızlıklarda bir artış vardır ve hareketsizlik artar.

Bu aşamanın olumlu sonuçları; hayatınızın her alanında çığır açacak ani gelişmeler yaşamanızdır. Hatta yaralarınızın iyileşmesi konusunda içgörü sahibi bile olabilirsiniz. Zor bir çocukluktan kaynaklanan sorunlar hakikaten buharlaşıp kaybolabilir, kendinizi izole etmek yerine başkalarıyla karşılıklı beslendiğiniz ilişkiler kurabilirsiniz ve eskiden ateşli reaksiyonlar gösterdiğiniz şeyler artık sizi pek rahatsız etmiyor olabilir. Başkalarının içine düştüğü kaosta ayartılmaya izin vermediklerini görür ve çok daha berrak bir zihinle kendi yolunuzu çizersiniz.

5. Eski Yapılar Çöker ve Dağılır

Kaçınılmaz olana ancak bir yere kadar direnebiliriz. Birçok insan kişisel ve toplumsal bir seviyede egonun ölümünü yaşarken, bunun dünyanın sonu olduğunu sanarak paniğe kapılır. Ancak öyle değildir –aynen yılanların deri değiştirmesine benzer. Aslında kendinizi bildiğiniz sınırlı bir benlik duygusundan çok, genişlemiş bir benliğe geçiyorsunuzdur. Kendinizi izole edip korumaya çalışarak, kontrolü elinizde tutup saldırgan tavırlar içinde davranırsanız, bu yöntemler artık anında ters tepecektir. Bu noktada bir arkadaşınızdan, bir terapist, bir din adamı, bir guru, on iki adım programı ya da meleklerden yardım almanız iyi olacaktır.

Değişmem gerek çünkü hiçbir şey yolunda gitmiyor.
Artık her şeyi oluruna bırakmam gerek.
Kim olduğumu bilemiyorum.

Korkuya dayanan geçmişinizi temizlemeyi öğrendikçe önemli olduğu düşündüğünüz ve hayatı anlamlı kıldığını sandığınız pek çok şey işe yaramaz ve hatta o kadar sıkıcı bir hale gelir ki bunlardan vazgeçersiniz. Karşılıklı bağımlığa dayalı ilişkiler biter. Eski yöntemler sonuç vermez olur. Eski alışkanlıklar bitmiştir ve geleneklerle yerleşik uygulamalar sakatlanıp çöker. Daha fazla yalan, şüphe ve inançsızlık, boş hikâyeler, işe yaramaz fırsatlar, yeteneksiz insanlar, sanatsız sanat olduğunu ve kişisel zafiyetleri örtmek için acınası çabalar gösterildiğini daha çok fark edersiniz. Bütün bunlardan içiniz kalkabilir. Biricik düşüncelerinizin, inançlarınız ve dünya görüşünüzün artık tutarlı bir yanı kalmamıştır. Kendi geçmişinizi tekrar tekrar hatırlamaktan bıkmış usanmış olabilir ve bu tekrarların sizi sınırladığını düşünüyor olabilirsiniz.

İnsanlara, eşyalara, düşüncelere ve durumlara ya da alışkanlıklara tutunuyorsanız, bunları serbest bırakmak zorunda kalırsınız. Büyük maddi kayıplar yaşayabilir ya da iflas edebilirsiniz, işinizi, evinizi, arkadaşlarınızı, kedinizi ya da köpeğinizi veya ailenizi kaybedebilirsiniz. Hayatınızda daha önce hiç karşılaşmadığınız kadar ölüm görebilir, pek çok şeyin bittiğine şahit olabilirsiniz. Kontrolünüz dışındaki olaylar yüzünden güzelim planlarınız değişebilir. Benzer bir şekilde toplumdaki egoist yaklaşımlar da – baskın politikacılar, inanılmaz maaşlar alan CEO'lar, şöhretlere tapma ya da pedofil rahipleri koruyan bir kilise- işlevini yitirir ve yerini yüksek frekanstaki tutum ve davranışlara bırakır.

Daha yüksekteki alçaktakinin içine akınca, bu akış alçaktakinin doğasını yüksekte olanınkine dönüştürür.

MEISTER ECKHART

Eski formlar dağılırken, hayal kırıklıkları yaşayabilirsiniz. Kim olduğunuzdan, neye güvenebileceğinizden ya da neden burada olduğunuzdan pek emin değilsinizdir. Sınırlarınız bulanık hale gelmiş ve mikrop ve parazitler, alerjenler, dominant arkadaşlar, hırsızlar, teröristler ve fiziksel bedene sahip olmayan varlıklar tarafından işgale açık hale gelirsiniz. Belki de düşme ya da bir kaza yüzünden bir yanınız incinir ve durmak zorunda kalırsınız. Vücudunuz bayılma, ishal, Parkinson, Alzheimer ya da multipl skleroz gibi kontrol-kaybı rahatsızlıklarına açık olabilir. Su yüzüne çıkabilecek diğer şeyler: Borsa çöküşleri, gözden düşen kamuya mal olmuş şahsiyetler, kaos teorisi, kara delikler, ölüm ya da ölümden sonraki hayat, mahşer, reenkarnasyon, transformasyon, kahramanların yolculuğu, canavarlar ve öteki dünya yaratıkları, hayaletler, melekler, bağışlama, oruç tutma ve spritüel şifacılık.

Bu aşamanın olumlu sonuçları; ihtiyacınız olmayan şeylerin dağılmasına izin verirseniz, dışsal kuralların o kadar gerekli olmadığını görerek içinizden yönlendirildiğinizi fark ederek doğal düzen ve uyumun evrensel prensiplerine uygun yaşadığınızı anlamanızdır. Kendi yüce aklınız ve bilgeliğinizin sizi kolaylıkla yönlendirmesini tadarsınız. Eski yapıların işlevlerini kaybetmeleri, hayatın sizi yeni bir size doğal olarak hazırlama yöntemidir.

6. Dur, İşleri Oluruna Bırak ve Gerçek Benliğine Doğru Rahatla

Sonunda çabalayıp savaşmayı bıraktığınız bir noktaya varırsınız. Hiçbir şey işe yaramıyordur. Belki de dibe vurursunuz ve bir gün içinizde size basit gerçeği gösteren gizemli bir aydınlanma anı yaşarsınız. Sizi kontrol eden egonuzun dışına çıkmış, tamamen şimdiki anda yaşıyorsunuzdur. Eskiden çok işe yarayan şeyleri yapmaya kendinizi zorlayamaz ve ruhunuzun titreşimini ilk kez gerçekten hissedersiniz. Burada basitlik, ferahlık, sessizlik ve huzur, özgürlük ve barış vardır. Ancak bu aşamayla ilk kez karşılaştığınızda bir boşluğa düşme hissi yaşayabilirsiniz ve zihniniz paniğe kapılıp geriye sıçrayarak kendini meşgul edecek bildik düşüncelere ve tutumlara dalabilir. İşleri oluruna bıraktığınız sürece kendi varlığınızın derinliğini yaşarsınız ve bu deneyim bir rahatlamaya, erdeme ve sonunda da tam bir hazza dönüşür. Birden tüm bu bedenin içinde kim olduğunuzu anlayıverirsiniz! Duygularınızı serbest bırakmış, gerçek merkezinizi bulmuşsunuzdur ve bu harika bir histir! Ego mu? Kimin egoya ihtiyacı var ki! Siz iyisiniz, aslında böyle olduğunuz gibi şahanesiniz. "ilerlemenin sonu"na vardınız. Cevap daha fazlasını yapmakta değildir.

Şimdi de motivasyonunuzun çok az olduğu, kendinizi arafta hissettiğiniz, doğayla ya da kendinizle baş başa zaman geçirmek istediğiniz veya şimdiye kadar yaptığınız her şeyi ve hedeflerinizi sorguladığınız bir döneme giriyorsunuz ve tüm bunlar size artık ne uygun ne de ilginç görünüyor. Kendinizi bunları düşünmeye mahkûm etmiyorsunuz. Adeta dış dünyalardan gelen bir yaşam formunu gözlemleyen bir bilim insanı gibi oldukça nötrsünüz. Kendinizi, başkalarını ve hayatı kayıtsız şartsız olduğu gibi kabullenmeye, duygularınızı serbest bırakıp kendinize inanç duyup güvenmeye her şeyi oluruna bırakmaya adadınız. Bu kendi ruhunuzun frekansınızla doygunluğa eriştiğiniz ve tam içinizden geldiği kesin ama belli belirsiz sinyaller aldığınız bir olgunlaşma dönemidir. Artık kendi bedeninize dönmek, duyusal ve sanatsal farkındalığı aktive etmek, güzelliği ve basit zevkleri takdir etmek ve masum çocuklar gibi ilişkiler kurmak size iyi geliyordur.

İşleri oluruna bıraktığımda kendimi o kadar iyi hissediyorum ki! Gerçek benliğimi her yerde hissedebiliyorum ve bu duyguya bayılıyorum! Hatta aslında bunu tercih ediyorum ve bundan sonra bu deneyimi asla başka hiçbir şeye değişmem.

Bu görece durgunlukta önceliklerinizin, inanç sisteminizin ve moleküllerinizin yeniden bir düzene oturduğunu, "tesisatınızın yeniden döşendiğini" hissediyor olabilirsiniz. Hayatınızdaki saçmalıklardan ve sahte olanlardan arta kalan son kırıntıları görürsünüz ve dünyayla hakiki olmayan bir ilişki kurmaktan vazgeçmeye kararlısınızdır. Belki içinde yaşadığınız topluma uymadığınız iyice açığa çıkmıştır ve size aşina alışkanlıklara dönmemek için başkalarının yarattığı baskılardan kaçınmanız gerektiğini hissediyor olabilirsiniz.

Artık ruhunuzun "yaşadığı hissi" bulmak önemlidir *–ev frekansınızı* ya da en yüksek kişisel vibrasyonunuzu hissetmek- ki böylece bunu tekrar tekrar seçebilin ve kendinizden çok uzaklaştığınız ya da kafanızın karıştığı zamanlarda tekrar bu titreşime odaklanabilin. Bunun ne olduğunu ve nasıl yapılacağını 5. Bölüm'de göreceğiz. Bu "tam merkezde rahat olabilme" deneyimi rutin bir hal aldıkça, tercihinizi yeni benliğiniz ve yeni gerçekten yana kullanmaya başlayacaksınız. İşte bu ne olmak ve nasıl bir dünyada yaşamak istediğinizi bilerek seçeceğiniz hayati bir dönüm noktasıdır.

İçinde bulunduğunuz anın gücü, çekim kanunu, meditasyon, otantiklik, ruh, dualar, inayet, yenilenme, vizyon arayışı [özellikle Amerikan Yerli erkeklerinin ergenlikten çıkıp erkekliğe geçişi için tek başına uzaklara gönderilmeleri, bu inziva sırasında onlara gösterilen rüya ve görüntülerin kaderlerini belirlemesi] gibi şeylerle ve her tür spritüel pratikle ilgilenmeye başlarsınız.

Bu aşamanın olumlu sonuçları; bir kez bu tercihi yaptığınızda dalga kırılır ve hayatınız ve sağlığınız büyük ölçüde iyileşme gösterir, daha da mutlu olursunuz. Kendinizi duygusal ve fiziksel olarak ne kadar iyi hissettiğinizi, yaratıcı ve başarılı olmanızın ne kadar kolaylaştığını görürsünüz. Sezgilerinize duyarlı olur, uzun zamandır aklınıza gelmeyen kendinizle ilgili gerçekleri hatırlarsınız ve birdenbire kavrayışınız artar, bütün bunlar da aynı anda oluverir. Artık işiniz ev frekansınızda kalabilmeyi ve farkındalık seviyenizi enerjiyle yönetmeyi uygulamaya kalmıştır.

Yaratıcı'nın yolu, değişim ve dönüşümden geçer.
Öyle ki her bir şey esas doğasını ve kaderini teslim alır ve
Büyük Uyum ile kalıcı uzlaşmaya varır:
İlerleyen ve azimle yola devam eden budur işte.

ALEXANDER POPE

7. Anka Kuşu Gibi Dünyaya Yeniden Gelirsiniz

6. aşamadaki büyük dönüm noktasından sonra enerjiniz ve farkındalığınız üzerinde hiçbir yıkıcı etki kalmamıştır. Bu noktadan sonra her şey "yükselişe" geçer! Ruhunuzun titreşimini benimsemek bir bakıma algınızın eski benliğinizden yenisine kaymasıdır ve hayat size farklı davranmaya başlar. Artık hayatınızın yolunda gitmesi için irade gücünüzü kullanmanız gerekmektedir –daha şimdiden mükemmel bir şekilde işlediğini göreceksiniz. Her şeyle ve herkesle ortak bir dayanışma içine girecek şekilde temasa geçtiğinizi ve hayatın size yapmak istediğiniz ve ihtiyaç duyduğunuz her şeyde yardımcı olduğunu anlayacaksınız. Kendinizi gerçekleştirmeyle ve kendi sorumluluğunuzu taşımayla ilgilen-

meye başlayacak ve tam manasıyla "kendinizle dolup taşacaksınız". Bedeninizin, ruhunuzun ve aklınızın bir arada yaratılışından gelen yenilikçi bir şeyler yapmak isteyeceksiniz.

Neden burada bulunduğumu hatırladım ve şimdi hayatıma bununla barışık bir şekilde devam etmek istiyorum! Alınyazım beni heyecanlandırıyor! Yeni frekansımı kolaylıkla, hatta başkaları daha alt seviyelerde titreşseler bile koruyabiliyorum.

Bu değişimi henüz başaramamış, bu virajı henüz alamamış insanları gördükçe, onların sizi aşağılara çekecek mızıkçılar olduğundan korkmazsınız. Tam tersine, bir öğretmen, şifacı ya da mentor rolüne soyunup yüksek frekansınızı iyilik yönünde kullanırsınız. Ümit ve enerji dolu, coşkulu, iyimser, inançlı, heyecanlı ve yaratıcısınızdır. Alınyazınızı fark etmeye ve kendinizi tamamen kaderinize teslim edip sonuna kadar yaşamaya heveslisinizdir. Yapmak için doğduğunuz işi ve kendinizi ifade etme şeklinizi bulmaya çalışır, doğuştan içinizde var olan derin eğilimleri kaydeder ve doğal, zorlamasız bir ifade tarzı bulmak için her tür dürtünüzü elersiniz. Şimdi öncelikleriniz; sezgilerinizi geliştirmek, kalbinizi açık ve yumuşak tutmak ve beklenmedik yeni yönler, yeni yerler keşfetmek ve korkunun olmadığı zamanlarda ortaya çıkan yeni fırsatlar yakalamaktır. Destek görür, mesajlar alır, fırsatlarla ve mucizelerle karşılaşır, kendinizi makbul hisseder ve daha da yüreklenirsiniz.

En gerçek dürtüleriniz hedefleri gerçekleştirmek değil, çok yönlü olmaktır ki böylece akışta hayat sizi başka bir yöne doğru sürüklerse, *şekil değişimini*, yani bir diğer deyişle tamamen radikal bir şeye dönüşmeyi gerçekleştirin. Hedefleri gerçekleştirmek daha kolay ve daha eğlencelidir ve geçmişle gelecek çok daha geniş bir bugünde aynı potada erirken zaman kavramınız tamamıyla değişir.

Dönüşüm [*Trans-form*], sözlük anlamıyla,
şeklinizin dışına çıkmak, kendinizin ötesine geçmek demektir.

WAYNE DYER

8. İlişkiler, Aile ve Grup Deneyimi Devrim Geçirir

Artık bireysel ve kolektif bilincin nasıl birbirine geçtiğini hissediyor ve kendinizi hem şahsi benlik (ben) hem de kolektif benlik (biz) olarak tanıyorsunuz. Başkalarıyla birbirinizin hayatlarını nasıl etkilediğinizi anlayabiliyorsunuz. Bu da sizi başkalarına iyi davranma arzusuyla düşünceleriniz ve hareketlerinizden sorumlu olmaya yönlendiriyor. Altın Kuralı uygulamayı hatırlamanıza gerek yok çünkü zaten ona aykırı davranmak size acı veriyor.

Yeni frekans bilgimi ilişkilerimi katsayısal olarak genişletmekte kullanabilirim! İnsanlar bana seve seve yardımcı oluyor, ben de onlara!

Daha toleranslı ve daha insancılsınız. İnsanlar arasında benzerlikler olduğunu görüyor ve farklılıkları ilginç ve değerli buluyorsunuz. Dostluk ve yakınlık duygularıyla işbirliği içinde hareket ediyorsunuz ve ilişkilerinizi kendinizin bir parçası olarak görüyorsunuz. Akışın dikte ettiği gibi serbestçe alıp vermeyi becerebiliyorsunuz. Bunun refah duyunuz ve size sağlananları algılamanız üzerinde büyük bir etkisi var ve güçlü bir hayal gücü ile yaratıcılık sağlıyor. Aynı zamanda daha da verimlisiniz çünkü başkalarına yardım ettiniz ve onların bu yardıma ihtiyaçları olduğunu biliyorsunuz.

Sağ ve sol beyin gibi, yin/alıcı ve yang/dinamik enerjileri de anlamaya başladınız. Alıcı-sezgisel-kaynak yaratıcı ve aktif-konsantre olan-yaratıcı taraflarınızdaki aynı seviyedeki gelişimle dengenizi sağladınız ve böylece algınız daha açık, daha yaratıcı ve daima yenilenmekte olabilir. Yin ve yang farkındalığını ve enerjisini anladıkça bu nitelikler ve ilişkilerinizde kadın-erkek cinsiyetleri dinamikleri arasında paralellikler kuruyorsunuz. İç dengelerini sağlamış iki insan arasındaki ilişkilerde nelerin mümkün olabileceğine ve her iki cinsiyet için de geçerli davranış tarzlarına dair yeni bir farkındalık kazandınız.

Maya selamı: "In La'kech" ('ayn la keş' diye telaffuz edilir).
Sözlük anlamı: "Ben başka bir senim."

Ruhların bir araya gelmeleri ve ayrılmalarındaki amaçları hissettikçe, şekillenmeye başlayan ve sona eren ilişkiler konusunda daha sakin ve sevecensiniz. Aşkın ve sevginin muhteşem sarhoşluğunu yaşıyor olabilirsiniz. Belki de evlilik, aile, ekip çalışması, kurumlar ve organizasyonlar ve hatta iç siyasetin tanımlarında bir genişleme olduğunu hissediyorsunuz. İşbirliği, çapraz tozlaşma, paylaşım, rollerin değiştirilmeleri ve kâr sağlama güdülerinde bir farklılaşma yaşanırken bir yandan da yeni ortaklıklar, sosyal ağlarda bir bolluk baş göstermiştir ve küreselleşme hızla yayılıyordur. Mücadele etmenize gerek kalmaksızın, hakikaten kendiniz oldunuz ve aynı zamanda da daha karmaşık, daha bütün, yüksek frekanstaki yanıtlara, yeniliklere ve neşeli sosyal deneyimlere ulaşmak için her tür ekipte birleşmiş bir *grup zihniyeti*yle çalışabiliyorsunuz. evfrekansınızı başkalarına, gruplara, mekânlara, zaman aralıklarına ve farkındalık boyutlarına uysun diye ayarlamayı öğrendiniz ve böylece anlayışınız ve bilgeliğiniz müthiş bir derecede yükseliyor, zihniniz gitgide açılıyor. Bu da bedensiz varlıklar, spritüel rehberler, ruhen ait olduğunuz gruplar ve ölen insanlarla gerçekten kontak kurabilmenizi sağlıyor. Telepati, ışınlanma, duru görü, spritüel şifacılık ve psikokinezi (zihin gücüyle objeleri hareket ettirebilme) gibi daha önceleri paranormal ya da doğaüstü sayılan bilinç yeteneklerinde ustalaşmaya başladınız.

9. Aydınlanma Her Cismin İçindeki Tüm Parçacıklara Yerleşmiştir

İlham veren işbirliği ve eş-yaratıcılıkla birlikte paylaşılan bir bilgelik ve sınırsız bir şükran duygusu ortaya çıkar. Sevginin gerçek anlamı doğanın tüm kozmosta tutarlı biçimde bulunan, mucizeler yaratabilen gücüdür. Başkalarına yardım etmek özgür iradenizle yaptığınız bir seçim olduğunda, herkes bundan müthiş bir şekilde beslenir.

Kendimi özgür ve sınırsız hissediyorum! Zaman ve mekânda istediğim gibi hareket edebiliyor ve zamanla mekânın ötesine dilediğimce gidip gelebiliyorum. Her şeyi yaratabilirim ve her şeyi anında bilebiliyorum!

Kişisel olarak alınyazınızın dürtülerine doğru olumlu adımlar atıyorsunuz ve ruhun bilgeliğine dayalı başarılı sonuçlar elde ettiğinizde çocuklar gibi seviniyorsunuz. Bir anda, bir yürekte, bir bedende bulunduğunuz ve bilginin, enerjinin, kaynakların ve işbirliği yapanların tümüyle temas kurduğunuzda, vizyonlarınızın gerçekleşmesine yardımcı olan birleşik alanın kuvvetini anlamaya başladınız. Yaratım-cisimlenme sürecinin nasıl işlediğini keşfettiniz ve birleşik alanın bedeninizin bir uzantısı olduğunu hissediyorsunuz. Dış dünya sizden ayrı bir şey olmadığı için görüleriniz, hedefleriniz, kaynaklarınız ve eskiden gelecekte veya başka bir yerde bulunan sonuçlar şu anda sizinle birlikte ve bu yüzden de düşüncelere karşılık ortaya çıkıyor ya da ortadan kayboluyor. Hayat sadece hızla akıp gitmekle kalmıyor, aynı zamanda da anlık bir şey, buna rağmen kendinizi baskı altında hissetmiyorsunuz. Şimdiki zamanın doğal filtreleme sisteminde bilinçli zihniniz ve bedeninizin merceğinden bakarak nasıl sakince yaşayabileceğinizi öğrendiniz.

Alınyazınızın başka ruhlarla ve başkalarının kaderiyle olan ortak bağlantıya dayalı olarak tekâmül ettiğini öğrendiniz ve akışkan, şeffaf, dönen bir dünyada hedefler koyup bunları gerçekleştirmek için yeni planlama yöntemleri keşfettiniz. Doğumlar ve ölümler hayattaki büyük noktalama işaretleri olmaktan çıktı; yükselerek ve alçalarak istediğiniz gibi gidip gelebilmeyi başarıyorsunuz. Bedeniniz hafifledi ve saydamlaştı, cennetin bu dünyada yaşanacağını biliyorsunuz.

Şunu Deneyin!

Sürecin Neresindesiniz?

Dönüşüm sürecinin her bir aşamasını gözden geçirin ve seyir defterinize aşağıdakilere ilişkin notlarınızı alın:

- Her aşamadaki hangi semptomları yaşadınız?
- Her aşamanın sürecine nasıl karşı çıktınız ya da direndiniz? Ne gibi tepkiler yaşadınız?

- Her aşamanın akışıyla birlikte nasıl çalıştınız ya da akışa kendinizi teslim ettiniz? Ne gibi faydalar gördünüz?
- Şu anda süreçte vardığınız en son nokta nedir?
- Gelişimin bir sonraki aşamasına geçmemek için kendinizi nasıl engelliyor olabileceğinizi hissediyorsunuz?
- Yakın ilişkide olduğunuz başka insanlar dönüşüm sürecinin neresinde bulunuyorlar? Bunu anlayarak onları nasıl daha iyi tanıyabilir ya da onlara karşı nasıl daha sevecen olabilirsiniz?
- Dönüşüm sürecinin farklı aşamalarının, yaşadığınız günlük olaylarda veya dünya sahnesinde kendilerini gösterdiklerini nasıl fark ediyorsunuz?

Kişisel dönüşümün küresel etkileri olabilir ve vardır da...
Biz döne dolaşa ilerlerken dünya da döner ve gelişir çünkü
dünya biziz. Dünyayı kurtaracak olan devrim,
tamamen kişisel bir devrimdir.

MARIANNE WILLIAMSON

Kısaca...

Hayatı enerji ve farkındalık olarak görmeye başladınız. Bu da sizi son derece duyarlı yaptı ve titreşimlerin farkında olmanızı sağladı çünkü yüksek frekansta titreşen bir insan olma yolundasınız. Görece gergin ve yoğun bir beden ve şahsiyetten çıkıp dönüştüğünüz şey zamanda, mekânda ve maddede tamamen doymuş ruhunuzdan başkası değil. Bu gezegendeki herkes ve her şey gibi siz de gelişimin dokuz evresinden, ruhla maddenin birleştiği dördüncü boyuta, titreşiminizi etkince yükselterek geçmek suretiyle evrimleşiyorsunuz. Başta bu süreç kendinizi kaybolmuş, ürkmüş ya da huzursuz hissetmenize neden olabilir ama bilinçli bir şekilde hassasiyetinizi bileyip tercihinizi ruhunuzun titreşiminden yana kullanırsanız, süreci nereye aktığını bilen bir nehirde akıntıyla sürüklenen bir yaprak misali yüzerek rahatça geçeceksiniz. Aşamalar şunlardır:

1. Ruh Bedenle, Duygu ve Zihinle Birleşir
2. Hayatın Frekansı Her Yerde ve Her Bakımdan Yükselir
3. Zihinlerdeki Şahsi-Kolektif Bilinçaltı Boşalır
4. Yeniden mevzilenir, Yeniden Güçlenir, Direnir ve Yeniden Bastırırsınız
5. Eski İnançlar ve Yapılar Yıkılır ve Eriyip Gider
6. Durur, İşleri Oluruna Bırakır ve Gerçek Benliğinize Kavuşup Huzura Erersiniz
7. Anka Kuşu gibi Dünyaya Yeniden Gelirsiniz
8. İlişkiler, Aile ve Grup Yaşantılarında Devrimler Yaşanır
9. Aydınlanma her Cismin Tüm Parçacıklarında Mevcuttur

Ev Frekansı Mesajı

Okuyucuya bölümünün 21. sayfasında açıkladığım gibi, sizi normal ve hızlıca okuma alışkanlığınızdan bir nebze çıkarıp daha direkt bir deneyim yaşayabilmeniz için her bölümün sonuna ilham verici parçalar ekledim. Bu mesajlar kanalıyla kişisel titreşiminizi kendi iradenizle, bilerek değiştirebilirsiniz.

Şimdi vereceğim mesaj, sizi Sezgi Çağı'nda yaşayacağınız hayata yakın bir dünyaya taşımak amacıyla yazıldı. Ev frekansı mesajına geçebilmek için sadece hızınızı yavaşlatıp daha telaşsız bir hale gelin. Derin bir nefes alın, sonra verin ve mümkün olduğunca sakin ve hareketsiz durun. Zihninizi rahat bırakın, uysal ve açık bir hale gelsin. Sezgilerinizin önünü açın ve onların dilini *öğrenip anlamaya* hazırlanın. Bakalım *okurken* canlanan daha derinlerdeki gerçekleri görebilecek ve aşamaları hissedebilecek misiniz?

Deneyiminiz, aşamalara verdiğiniz dikkatle doğru orantılı olarak daha büyük boyutlara varabilir. Bir seferde kelimelerin birkaçına odaklanarak, noktalama işaretlerinde duraklayarak okuyun ve mesajları size aktaran zekâyla "birlikte" kalın –canlı yayında ve şu anda. Kelimelerin üzerinizdeki etkisini görebilmek için sözcükleri yüksek sesle okuyabilir ya da gözlerinizi kapayıp bir başkasından size okumasını rica edebilirsiniz.

ORADA OLMAKLA BAŞLAYIN

Sadece olun; burada ve şu anda. Sessizliği dinleyin. İçinizin rahatladığını ve sakinleştiğinizi hissedin. Başka bir yer yok, gidecek bir yer de yok. Sizi açık bir alan çevreliyor ve bu alanda şu var: Farkındalık... İçinize işliyor –bu sizin rafine varlığınız, bir sonra varacağınız benliğiniz, Kutsal'ın mevcudiyeti. Farkındalık hep bildiğiniz, olduğunuz ve olacağınız her şeyi, başkalarının hep olduğu, şu anda oldukları ve olacakları her şeyi de kapsar. Sevginin açık yüreği ve Gerçeğin uçsuz bucaksız boşluğunun tam merkezinde bulunuyorsunuz. Burada gerçeksiniz, burada sürekli yeniden doğuyorsunuz. Yapmanız gereken hiçbir şey yok. Her şeyi bilen, her şeyi seven, her şeyi destekleyen farkındalığın size nasıl da sahip çıktığını, içinizi nasıl kapladığını hissedin. Bu farkındalık sizi hiç terk etmeyecek. Güvendesiniz.

Burada enerjiniz ve hayal gücünüz sınırsız. Aklınıza düşünceler gelse bile bu düşüncelerin sahibi siz değilsiniz –sadece etrafınızda akan şeylere karşı farkındalık kazanıyorsunuz ve bunlar size ilginç gelirse bir süreliğine onları tutuyorsunuz. Bunları benimseyebilirsiniz ya da bırakırsınız gitsinler... Veya onlara enerji katıp şekillendirebilir, ondan sonra serbest bırakabilirsiniz. Yapılması gereken doğru bir şey yok, bunlar sadece yaratıcılık, sadece eğlence, bu sadece ruhunuzun kendini ifade etme şekli. Bu yüzden şu anda kalın ve uysallaşarak yumuşayın. Bırakın gerçekler gelip geçsin. Enerjiniz ve farkındalığınız teninizde ve teninizden ışınlar saçarak ötelere, daha da öteye yayılıyor ve hiç bitmiyorsunuz. Sadece bilmenin farklı türlerini ve yollarını keşfediyorsunuz. Bunları kendinize dâhil edip onlarla harmanlandıkça, kendinizi yeni şekillerde yaşıyorsunuz. Her şeyin içinde siz varsınız, her şey de sizin içinizde ve bilinmek ya da yaratılmak isteyen her ne varsa bunların hepsi size aklınıza gelen bir fikir gibi görünüyor ya da kendilerini sizin kanalınızla bir eylem olarak ifade ediyor. Bunun olmasını sağlayabilirsiniz: Bu şu anda olmakta...

Bu deneyimi ve içinde bulunduğunuz anı terk ettiğinizde, kendinizi hayatın geri kalanından ayrılmış hissedersiniz. Ve üzülürsünüz çünkü kendinizi özlersiniz. Ruhunuzun kendini bedeninizden ifade etmesini, bedeninizi aydınlatıp hafifletmesini, sizi canlandırmasını ve mutlu etmesini, sadece var olduğunuz için mutlu hissetmeyi özlersiniz. Başkalarında sevdiğiniz benliği de görmez ve bu yüzden acı çekersiniz. Bu arada da her şeyin merkezinde, dünyada akan farkındalığın ortasında her zaman bulunan bir şey vardır: Aradığınız şey. İşte cevabınız: Her şeye, özgürce verilen, tekrar ona sırtınızı dayamanız için sizi bekleyen. Şu anda: tam size göre olan doğru cevap, şimdi.

2

Frekanslar Arasında Yaşamak

Evren maddeden çok müziğe benzer.

DONALD HATCH ANDREWS

ARAÇ KULLANIR YA DA BİR KAFEDE OTURURKEN çevrenizden ne kadar görünmez dalga ve titreşimin gelip geçtiğini merak ettiğiniz olur mu? Kulağınıza siz hiç algılamadan çalınan radyo programlarıyla telefon görüşmelerinin farkında mısınız? Ya da bugün karşılaştığınız elektromanyetik ortamdaki "kirlilik" sahalarının farkında mısınız? Peki ya da yakınınızdaki insanların çektiği fiziksel acıların ya da duygusal durumlarının? Yayınlanan ve iletilen o kadar çok görünmez hareketlilik ve bilgi var ki! Dün saatlerce çalıştıktan sonra bilgisayarın başından kalktım ve mutfağa giderken bilgisayarın rahatlıkla üç metreye yayılan elektromanyetik alanından çıktığım anı kesin olarak hissettim. Bunu daha önce hiç fark etmemiştim. Mutfaktaki titreşim daha sakindi ama yine de arka kapıdan bahçeye çıktım ve oradaki çok daha yumuşak, çok daha huzur verici titreşimleri hissettim. Günün büyük bölümünü bilgisayarın etki alanında geçirdikten sonra bu belli belirsiz ve hatta iğne gibi batan, bedenimin daha rafine tonundan çok farklı bir vibrasyonla nasıl bir uyum geliştirdiğimin farkına vardım. İşte o anda son birkaç aydır neden uykuya dalmakta bu kadar zorlandığımı anlayıverdim.

Sıradaki Büyük Beceri Grubu: Dalgaları Hissetmek ve Titreşimleri Ayırt Etmek

Siz de hassaslaştıkça, elektrik ve manyetik alanları ya da yeni bir takım rahatsız edici veya huzur verici enerjileri hissetmeye başlamış olabilirsiniz. Yanınızdaki yabancının evlenmek üzere olduğunu ya da hastalanmaya başladığını da anlıyor olabilirsiniz. Dahası, bu bilgileri *doğrudan frekanslardan* alıyor olabilirsiniz: Radyoya ihtiyaç duymadan... Bu yükselen doğrudan hassasiyet bu günlerde su yüzüne çıkmaya başlayan oldukça yeni hiçbir ön hazırlık gerektirmeyen bir kabiliyettir. *Bilebileceğinizi* bilmediğiniz şeyleri bilmeye başladığınızı görmek biraz kafa karıştırıcı olabilir, aslında bunu *nasıl* yaptığınızı da bilmiyorsunuzdur.

Yakın gelecekte hayatınızda çok daha fazla ince etkiler hissedeceksiniz. Girdiğiniz ve çıktığınız titreşim alanlarını hissedebilecek, neyin sağlıklı neyin sağlıksız olduğunu bilecek, başkalarının ne zaman oyun oynadığını, ne zaman oynamayı bıraktıklarını anlayabileceksiniz. Daha bir olay gerçekleşmeden bir "olay dalgasının" sizi etkisi altına aldığını, bir enerji dalgasının yeni bir frekansa dönüştüğünü ve onunla aynı ayarda kalmak için uyum sağlamanız gerektiğini hissedeceksiniz. Bir şeyin işe yaramayacağını, faydalı bir tavsiyenin içeri girebilmek için kapınızı çaldığını ya da uzaklarda bir yerde bir sorun çıktığını ve birilerinin yardıma ihtiyacı olduğunu bedeniniz size söyleyecek. Yükselen hassasiyetinizle pek çok kaynaktan gelen vibrasyonları ayırt edebilmeye, hangilerinin gerçek olduğunu ve eyleme geçmeyi gerektirdiğini bilebilmeye ve belli amaçlara ulaşmak için çevreye içsel titreşiminizi yayabilmeye başlayacaksınız.

Bunların çoğunu fark etmeksizin yapıyor olabilirsiniz ama bilerek, detaylı bir şekilde, dalga prensipleriyle, döngüler, spektrumlar ve sahalarla çalıştığınızda yeni beceri setinize kavuşacaksınız. Bunun bir kısmı da hangi enerjinin ne yaptığını hissedebilme kapasitenizi geliştirmek ve değişen akışlarla ritimlere merkezinizi kaybetmeden uyum sağlayabilecek kadar rahat olmaktır. Öncelikle oynadığınız oyunun içindeki değişkenleri öğrenmek önemlidir, oyun becerilerinizi daha sonra geliştirirsiniz ve sonunda da gevşeyip en iyi oyununuzu çıkarmaya hazırlanırsınız. Bu durumda enerji ve bilinç uzmanları olmayı hedeflediğimiz için içimizdeki ve dışımızdaki çeşitli frekanslara aşina olmalıyız çünkü bizim oyunumuzun değişkenleri bunlar...

Dünya hiçbir zaman sessiz değildir, sessizliğinde bile
aynı notalarla, kulağımıza gelmeyen vibrasyonlarla yankılanır.

ALBERT CAMUS

Hükümet ve iş dünyası liderleriyle yenilikçilik konusunda çalışan iş arkadaşlarımdan birine frekans hakkında bir kitap yazdığımı söylediğimde bana, "Umarım bir New Age jargonuymuş gibi 'vibrasyonlar' gibi terimleri kullanıp durmazsın. Bugünlerde kimse fikirleri fiziksel gerçekler üzerine oturtmuyor sanki" dedi. Bu sözleri ciddiye aldım, bu yüzden de bu bölümde sizi etkileyen birkaç tane önemli "gerçek" vibrasyonu ve enerji spektrumunu özetlemek istiyorum. Fizikçi ya da elektrik mühendisi olmanız gerektiği için filan değil, kendinizi geniş bir vibrasyon sahasıyla birleşmiş gözenekleri geçirgen, titreşimsel bir varlık olarak hissedebilmenizi, taşlar üzerine kurulmuş bir gezegende katı yığınlar olmadığımızı, milyonlarca başka enerjiye maruz kalan ve bu enerjilere nüfuz eden bir enerjiler toplamı olduğumuzu anlamanızı istediğim için... Aynı zamanda da elektromanyetik spektrum ya da ses ve ısı gibi fiziksel enerjilerin farklı bir *farkındalık* frekansı içeren daha yüksek bir bilinç spektrumunda paralelleri bulunduğunu anlamanızı istiyorum. Sonraki bölümlerde bilinçli bir şekilde hassas olabilmek için dalga ve saha prensipleriyle çalışmayı öğreneceğiz fakat şimdilik dikkatimizi içinde yaşadığımız frekans denizinde toplayalım. Ben bazı frekans adreslerinin kabaca bir kolajını yaparken, siz de birbirlerine nasıl uyduklarını ya da örtüştüklerini, bunların sizi nasıl etkilediğini, onlara karşı nasıl daha hassas olabileceğinizi ya da daha dolu dolu bir yaşam adına bunları nasıl geliştirip kullanabileceğinizi düşünebilirsiniz.

Dışınızda Titreşim Halinde Bir Dünya Var

Albert Einstein bize müthiş bir gerçeği ifade etmiş: $E = mc^2$. Bunu çocukluğumda fizik dersinde okuduğum anı çok iyi hatırlıyorum –kütlenin ya da maddenin gerçekten çok yavaş, sıkışık, enerji dolu olabileceği ve maddeyle enerjinin birbirlerinin farklı halleri olduğunu. Bu bilgi aklımı başımdan almış gibiydi. Bir kaya enerjidir, bir kurabiye enerjidir, şöminedeki odun enerjidir, bedenim enerjidir, ben enerjiyim! Her şey farklı hızlarda hareket ediyor ve madde daha az veya daha fazla aktif enerji formlarına dönüşebilir –suyun buza ya da buhara dönüştüğü gibi mesela... O halde ben neye dönüşebilirim?

Daha sonra katı görünen maddelerin içlerinde moleküllerden ve atom parçacıklarından oluşan dünyalar olduğunu, titreşim halinde olduklarını ve birbirlerinin çevresinde dönüp dolaştıklarını öğrendik. Ve bu partiküllerin içinde ise daha küçük atom altı parçacıkları vardı. Günümüzde kuantum mekaniği bu minik madde parçacıklarının aynı zamanda enerji dalgaları olduklarını, hem madde hem de enerjinin ya bir partikül ya da bir dalga olarak hareket edebildiklerini açıklıyor. Başka bir deyişle, Einstein'ın da dediği gibi; *gerçekten* de birbirleri oluyorlar. Üstelik, bir partiküle bakarsanız *hem dalga hem de partikül özellikleri taşıyan varlıklar* ya da *kuantum varlıkları* (örneğin; fotonlar, elektron ya da nötronlar) bir partikül olur ve bir dalgaya bakarsanız dalga olur. Birincisi bu sizin, kendi dışınızda diye tanımladığınız ve gözlemlediğiniz dünyadan ayrı bir şey olmadığınıza işaret eder. Algınız sizin gerçeğinizi şekillendirir.

Atom bir nesne değildir.

WERNER HEISENBERG

İkincisi, madde ve enerji gerçekte birlikte var olmazlar, bu ancak olasılıkta mümkündür. Bir partikülün pozisyonunu ölçersek momentini bilebiliriz ve dalga hareketini bulursak bu pozisyon bulanıklaşır. Bu yüzden kuantum varlıklar, olan şeylerden çok olabilecek şeylerdir. Bunun sonucunda kuantum varlıklar *süperpozisyon* adı verilen çok sayıda olası gerçekte var olurlar. Bir gözlem ya da bir ölçüm yapılır yapılmaz süper pozisyon hakikaten gerçeğe dönüşür ya da dalga fonksiyonu "çöker". Birçok olan, tek haline gelir. Her anda gerçekleşebilecek sınırsız sayıda gelecek bulunur. Gerçekleşen, sizin dikkatinizi üzerinde yoğunlaştırdığınızdır.

Şimdi de bu konuyu etkileyecek gizli bir nokta: Fizikteki *birçok dünya* teorisine göre; dünyamız kuantum seviyesinde sınırsız sayıda ve birbirlerinden habersiz gerçek dünyaya bölünmüştür. Bu dünyalarda dalgalar çökmek ya da belli bir forma girmek yerine tüm olasılıkları da kucaklayarak evrimleşir. Tüm gerçekler ve sonuçları eş zamanlı olarak var olur ama birbirinin işine karışmaz. Bu da metafiziğin *geçmişteki paralel yaşamlar* kavramına bir zemin teşkil eder. Hangi eylem yolunu seçerseniz seçin, ruhunuzun onlarca farklı versiyonunda yaşayan "siz"ler olduğu görüşünü destekler. Bütün bunlar insanı düşündürüyor: Neden bu kadar katı ve sınırlı bir halde olduğumuzu düşünürüz ya da mucizelerin imkânsız, radikal değişimlerin de temelde doğamıza aykırı olduğuna inanırız?

Fizikteki yeni formül insanları birbirini tamamlayan
iki özelliğe sahip paradoksal yaratıklar olarak tarif ediyor:
Newton'cu nesnelerin özelliklerini gösterirken,
bir yandan da sonsuz bilinç alanları özelliği taşıyorlar.

STANISLAV GROF

Bir Dalgalar Dünyasında Yaşıyoruz

Etrafımızdaki dünya maddenin merkezindeki hem dalga hem de partikül özellikleri taşıyan varlıklardan güneşin doğuşuna ve batışına, bilgi taşıyan frekanslara varıncaya dek içeri dışarı, sonra da ileri geri salınıyor. Belki de yaşama partiküllerin kümelenmesi gözüyle baktığımızda, katı bir maddeye dönüşüp öylece donakalır veya hayatı bir dizi dalga olarak algılarsak, o da bir enerji ve potansiyel denizinde eriyip gider. Bir bakarsın orada, bir bakarsın yok ve işe bak, yine ortaya çıktı işte! Kuşkusuz bilim bizi dış fiziksel dünyamızın kesinlikle titreşimsel olduğu gerçeğinde (başka bir deyişle bazıları bizim algımıza açık, fakat çoğu algılanması imkânsız geniş bir enerji spektrumundan oluştuğuna) konuşlandırmıştır. Enerjinin dalga olarak hareket ettiğini, dalgaların onlara kendilerine has nitelik ve davranışlar kazandıran, geniş bir oynama boyutu (yoğunluğu) ve frekansları (hızı) olduğunu biliyoruz. Ayrıca enerji dalgalarının bir ortam ya da sahada hava, su ve hatta farkındalık gibi yolculuk ettiklerini de biliyoruz.

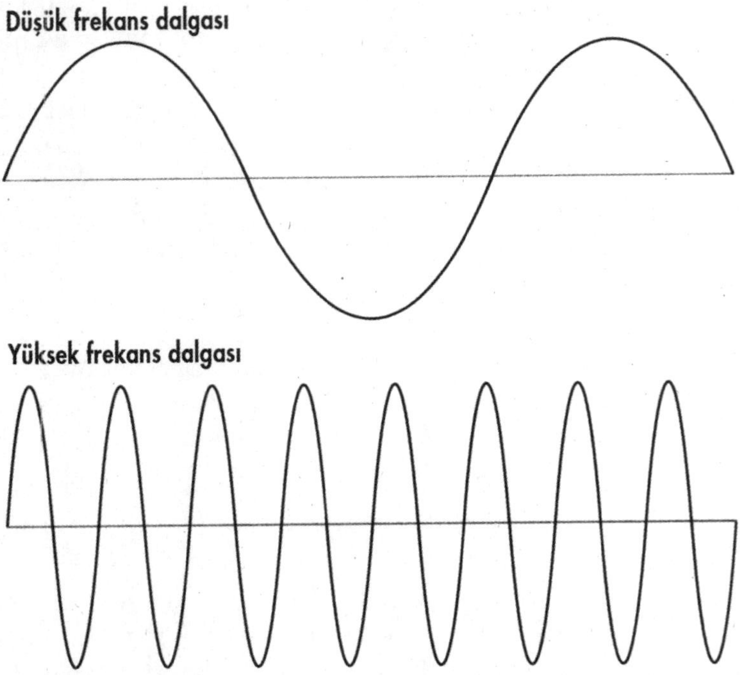

Düşük frekanslı elektromanyetik dalgaların uzun dalga boyutları ve düşük enerjileri vardır. Yüksek frekans dalgaları ise kısa dalga boyuna ve yüksek enerjiye sahiptir.

Dört temel fizik kuvvetinin (elektromanyetik, kuvvetli, zayıf ve yer çekimine dayalı) bir ölçümü olan elektromanyetik spektrumumuz 100,000 kilometreye varan dalga boylarına sahiptir ki bu büyüklük atomun ancak küçücük bir parçasına denk gelir. Dilimizde bunu ifade etmenin pek bir yolu yok; ancak radyo dalga spektrumu kadar düşük frekans bantlarına içtiğimiz kahve miktarını tanımlarcasına çok düşük, süper düşük, ultra düşük, fazlasıyla düşük, düşük, orta, yüksek, çok yüksek, ultra yüksek, süper yüksek ve fazlasıyla yüksek diye etiketler yapıştırarak olmayacak bir işe kalkışabiliriz. Aslında elektromanyetik radyasyon da ses dalgaları gibi oktavlara ayrılabilir, böylece toplam seksen bir oktav elde ederiz.

Spektrumun düşük frekans tarafı radyo dalgalarıyla başlar, sonra mikrodalgalar, trilyon hertz radyasyon (T-ışınları), kızılötesi radyasyon, gözle görünen ışık spektrumu, ultraviyole radyasyon, X-ışınları ve son olarak da gamma ışınları gelir. Bütün bu vibrasyonlara aşina değilseniz, işte birkaç ilginç atıştırmalık:

Radyo dalgaları; televizyon, radyo, kısa dalga radyo, mobil telefonlar, EMAR ve kablosuz ağlar vasıtasıyla veri aktarmak için kullanılır.

Mikrodalgalar; sıvıların içindeki bazı moleküllerin enerji emerek mikrodalga fırınlardaki gibi ısınmalarına neden olur. Düşük yoğunluktaki mikrodalgalar ise Wi-Fi'lerde kullanılır.

Trilyon hertz radyasyon; görüntüleme sistemleri ve haberleşmede kullanılır. Geçirgen olmayan geniş bir yelpazedeki maddeye nüfuz etme özelliğine sahip olduğu için özellikle orduda kullanılır.

Kızılötesi radyasyon; sıcak objeler bu aralıkta kuvvetli bir radyasyon yaydıkları için astronomi ve gece görüşü/termal görüntüleme teknolojisinde kullanılır.

Görünen ışık (gökkuşağı) spektrumu; güneş ve yıldızların radyasyonlarının büyük bölümünü yaydıkları aralıktır ve gördüğümüz dünyaya tekabül eder –gerçi kuşlar, haşere, balıklar, sürüngenler ve yarasa gibi bazı memeliler de ultraviyole ışığı görebilir.

Ultraviyole radyasyon; çok yüksek bir enerjiye sahiptir ve kimyasal bağları kırarak moleküllerin normal üstü reaktif olmalarını sağlar ya da onları iyonize eder. Mesela güneş yanığı UV ışınlarının deri hücreleri üzerindeki zararlı etkileri yüzünden olur.

X-ışınları; birçok maddenin içinden geçebilir, bu da X-ışınlarının radyografi ve kristal biliminde olduğu gibi tıpta ve sanayide kullanımını faydalı kılar. Ayrıca yıldız ve nebulalardan da yansıdıkları için yüksek enerji fiziği ve astronomide kullanılır.

Gamma ışınları; atom altı parçacıklarının etkileşimleriyle üretilir ve aslında yüksek enerjili fotonlardır. Büyük bir nüfuz etme kabiliyetine sahiptirler ve canlı hücreler tarafından emildiklerinde ciddi zarara yol açabilirler.

İşte elektromanyetik spektrumun bütünü:

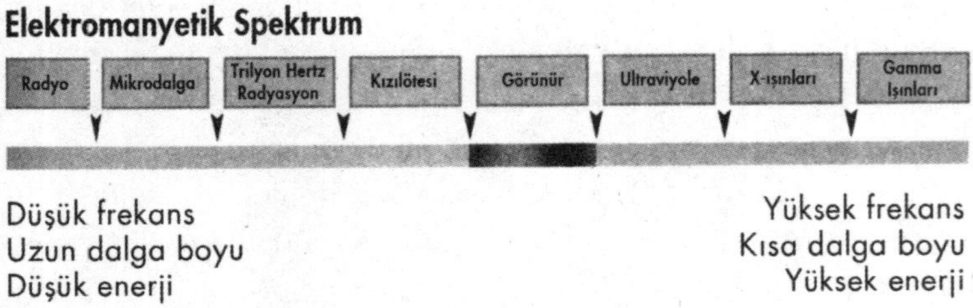

Bildiğimiz elektromanyetik spektrumdaki fiziksel enerjiler radyo dalgalarından gamma ışınlarına kadar uzanır. Duyularımızla bunların sadece minik bir bölümünü algılayabiliriz.

Eğer merak ediyorsanız, her gün karşılaştığımız elektromanyetik spektruma ait olmayan birkaç titreşim daha vardır.

Ses; ne gariptir ki, frekansların radyo dalgası bandının duyulabilen bölümü değildir. Ses maddenin içinden geçebilen sıkıştırılmış bir dizi dalgadır ve hoparlör gibi nesnelerin ileri-geri titreşim yaymalarıyla oluşur. Bu dalgalar kulak zarınız gibi bir detektörün titreşmesini sağladıklarında algılanırlar. Yüksek ya da alçak tonda duyduğunuz her türlü ses birbirlerine eşit uzaklıkta bulunan düzenli hava ya da su molekülleri dalgalarından oluşur.

Isı da elektromanyetik spektrumla ilgili değildir. Bir nesnenin ısısı moleküllerin ne kadar hızla hareket ettiklerine, bu da sisteme ne kadar enerji yüklendiğine bağlıdır. Çok soğuk nesneler bile biraz ısı enerjisine sahiptir çünkü atomları hala hareket halindedir.

Bir dalganın mekaniğini bilmek Doğa'nın
bütün sırlarına vakıf olmak demektir.

WALTER RUSSELL

Dünya da Titreşim Halinde

Sizin dışınızda, dünyanın kendisinden de titreşimler gelir. Dünyanın "yapısında" insan bedenini etkileyen titreşimler olduğuna dair kanıtların sayısı gün geçtikçe artıyor. Çeşitli canlı türlerinin doğurganlıklarının aslında birer vibrasyon ya da yavaş dalga devirleri olan dünya mevsimleri, gel-gitler ve karanlık-aydınlık gibi döngülerle koordine halde zamanlandığını herkes bilir. Kaliforniya teknoloji Enstitüsü'nden Dr. Joseph Kirschvink arıların, göçmen kuşların, güvercin ve balinaların ve hatta insanoğlunun da güçlü bir manyetik mineral olan manyetitin kristallerini beyin dokularında sentezleme kapasiteleri olduğunu bulmuştu. Bu kristaller dünyanın manyetik alanlarına o kadar hassastır ki içsel pusulalar gibi çalışabilirler. Aslında insan beyninin dokusunda bulunan kristaller bazı bakterilerin kullandığı kristallere şaşırtıcı ölçüde benzer. Kirschvin balinaların manyetik bir sensor sistemi kullandıklarını söyler. Okyanus zeminlerindeki elektromanyetik sahaların yoğunluklarını ve açılarını harita gibi kullanarak takip eder ve jeomanyetik anomaliler baş gösterdiğinde sahile vurma eğilimindedirler. Henüz bizim beyin dokularımızın içinde bulunan magnetit vasıtasıyla dünyadaki manyetik sahalardaki değişikliklere nasıl bağlı olabileceğimiz ortaya konmuş değil.

Eski bir bilgisayar sistemleri tasarımcısı ve jeolog olan Gregg Braden, dünyanın tarih boyunca tekrarlanan ve bazı eski kültürlerce tanımlanan jeofizik döngüleri konusunda inanılmaz bir araştırma yapmış. Braden dünyanın Schumann Rezonansı diye bilinen ya da kısaca OR diye adlandırılan baz rezonans frekansını araştırmış. Bu ölçümün çağlardır sabit olduğu düşünülen saniyede 7.8

devir olduğu saptanmış. Son zamanlardaki raporlara göre, bu sayı 8.6 olmuş ve bu hız halen artmakta... Braden aynı zamanda dünyanın "nabız hızı"nın da arttığını, manyetik alan gücünün ise azaldığını belirtiyor. Bazı araştırmalara göre; son dört bin yıldır bu saha yoğunluğunun neredeyse yarısını kaybetmiş. Bu ise, manyetik kutup kaymasına doğru giden bir durumun göstergesi olabilir. Yakınlarda pusulalarca yakalanan manyetik kuzeyden on beş ila yirmi derece arasında sapmalar gösteren bir takım manyetik anomali raporları da çıktı. Dünyanın frekansının muhtemelen bizlerin hücresel vibrasyonumuzu değiştirdiğini düşünen ve evrimsel DNA değişimini de buna bağlayan Braden, manyetik alan zayıfladıkça baz frekansın arttığını söylüyor. Eski duygusal ve zihinsel aktiviteler de bu yüzden daha az kapalı kalıyor ve yüksek seviyedeki bilinç hallerine daha kolay girebiliyoruz. Bizim de dünya gibi enerji ve farkındalık açısından hızlanmaya doğru gittiğimizi belirtiyor.

Hiçbir yere gitmemiz gerekmiyor. Dünya çapındaki bu jeofiziksel şartlar içinde küresel bir inisiyasyon çemberinde yaşıyoruz. Sanki dünya bizi bir sonraki evrim aşamasına hazırlıyor gibi...

GREGG BRADEN

İçinizde de Bir Titreşim Dünyası Mevcut

Demek ki sadece şekilden şekle girip çıkarak salınan, aynı anda evrimleşen sayısız potansiyel gerçeğin bulunduğu, her şeyin titreşim halinde olduğu ve enerji dalgalarının her yönde seyahat ettiği bir dünyada yaşamakla kalmıyor, aynı zamanda da bedeninizin içinde, kişisel yaşamınızın mikro kozmosunda siz de titreşiyorsunuz. Dikkatinizi bedeninizin içinde toplayınca ne fark ediyorsunuz? Ne hareket ediyor? İlk salınım nefes alıp verişinizdeki dalga: İçinize temiz havayı çekin, oksijeni ciğerlerinizden kanınıza transfer edin, karbon dioksiti ve pis havayı kanınızdan ciğerlere transfer edin ve nefes vererek dışarı atın. Bundan sonra kalbinizin kanı damarlara, bir içeri bir dışarı pompaladığını hissedebilirsiniz. Biraz daha yoğunlaşırsanız hissedeceğiniz ikinci güçlü titreşim beyninizin ve sinirleriniz sinapslarınıza sinyal gönderirken gelen elektriksel vızıltı olacak. Bunu biraz gıdıklanma gibi hissedebilirsiniz.

Daha derine indikçe çok daha zor hissedilen, sinir ileticilerinizin (nörotransmiter) titreşimi ile hücreleriniz üzerinde çalışırken ortaya çıkan biyokimyasal işlemleri fark edeceksiniz. Bunun altında hücrelerin kendi titreşimlerini de hissedebilirsiniz. Hücresel vibrasyonun altında moleküllerin ve atomların ve son olarak da "kuantum varlıklarının" titreşimini hissedebilirsiniz. Vibrasyonlar kanalıyla bedeninizin merkezine doğru bu inişi hayal ederek düşük frekanstan (nefes ve beyin) daha yüksek bir frekansa (molekül ve atom) geçiyorsunuz. Bir atomun içine girerken ve bir partiküle çekilirken, gizemli bir şekilde bir enerji dalgasına dönüştüğünüzü, zaman ve mekândan kurtulduğunuzu deneyimleyebilirsiniz. Bu serbest kalışta fiziğin size tarif edemediği şeyi yaşarsınız. İşte enerji farkındalığa dönüştüğünde olan budur.

Şunu Deneyin!

Bedeninizdeki Titreşimlerde Seyahat

1. Rahatça oturup avuçlarınızı kalçalarınıza koyun, başınızı dik tutarak düzenli nefesler alıp vermeye başlayın. Dikkatinizi tamamen şu ana ve bedeninizin içine verin. Ne fark ediyorsunuz? Ne hareket ediyor? Belki bir tür kaynama, boşalma, hışırdama, kıpırdama ya da mırıldanma... Bedeniniz yaşama, canlı olma işini sürdürürken bu aktivite ve canlılıkla birlikte kalın. Bedeninizi ve yaşamınızı ne kadar takdir ettiğinizi hissedin.
2. Şimdi de nefes döngünüzü fark edin. Nefesiniz ciğerlerinize temiz havayı getirirken onu sonuna kadar takip edin, sonra dönüp yavaşça dışarı akışını, bedeninizdeki pislikleri dışarı atışını hissedin. Sonra nefes verirken bırakın sonunda dönüp tekrar içinize dolsun. Dalga hareketiyle beraber kalın, akışla birleşin, hiçbir şeyi zorlamayın.

3. Şimdi de dikkatinizi kalbinizin atışına ve bedeninizin çeşitli noktalarına pompaladığı kanla çalışmasına verin. Bu titreşim nefesinizinkinden biraz daha hızlıdır. Kalp atışlarınızla birleşin, kalbinizin kasılıp gevşeyerek pompalamasını hissedin.
4. Şimdi de sinirlerinizin elektrik sesini hissedin. Bu vibrasyon kalp atışınızınkinden çok daha hızlı ve yüksek bir frekanstadır. Bedeninize şöyle bir göz gezdirin, gıdıklanma hissini her yerde fark edin.
5. Daha da derine inerken bakın bakalım önemli kimyasallar ve besinler hücrelerinize girip çıkarak transferler yaparken bedeninizdeki biyokimyasal işlemler ve nörotransmiterlerin vibrasyonunu hissedebilecek misiniz?
6. Şimdi bedeninizin herhangi bir yerindeki hücre yığınlarının titreşimine yoğunlaşın. Onlara mikroskop altında baktığınızı hayal edin; o çok belli belirsiz vibrasyonlarıyla cızırdadıklarını duyabiliyor musunuz? Bir hücrenin içine girin.
7. Devam edin ve bırakın kendinizi, hücreyi oluşturan molekülün içine çekilin; burada son derece rafine bir vibrasyona gireceksiniz. Hücreyi oluşturan hidrojen ya da karbon gibi temel elementlerden birinin vibrasyonudur bu...
8. Şimdi de molekülden atomun içine girin ve içindeki inanılmaz yaşam gücünü hissedin. Şu anda çok hızlı yüksek bir frekansta titreşime erişiyorsunuz.
9. Son olarak kendinizi "kuantum varlıklarından" birinin, atomun içindeki minik hem dalga hem de partikül özelliği taşıyan parçacıkların çekimine bırakın. Bu son partiküle doğru seyahat ederken gizemli bir şekilde açıldığını ve bir enerji ve farkındalık dalgasına dönüştüğünü, sizi zaman ve mekândan çıkardığını fark edin.
10. Şimdi hiçbir hareket olmayan çok sessiz bir yerde yüzüyorsunuz; kendinizin dışına çıktınız ve her tarafa yayılmış durumdasınız. Her şey mümkün. Her şey biliyor ve bilinebilir. Tek yapmanız gereken *olmak*... Olurken, ihtiyaç duyduğunuz yeni bir rehberlik hizmetini, direktifleri ve mavi enerji

planlarını özümsüyorsunuz. Daha dolgunlaştınız, ağırlaştınız ve birden yeni bir kuantum varlığı, zaman ve mekanda yeni bir partikül olarak tekrar gerçeğe dönüyorsunuz.

11. Vibrasyonlardan geriye doğru seyahat etmeye başlayın, hızlı ve yüksek frekanslardan yavaş ve daha düşük frekanslara doğru gidin: Atom, molekül, hücre, biyokimyasal ritimler, sinirler, kalp atışları ve nefes… Geri döndünüz! Yeni bir yaşam gücü ve yeni bir amaç anlayışını hayata geçirdiniz.

Beyninizin Dalgaları Vardır

Beyniniz elektrokimyasal bir organdır ve elektriği beyin dalgalarıyla ölçülür. En yüksekle en alçak arasında bulunan dört beyin dalgası kategorisi vardır. Ne kadar ilginçtir ki en hızlı beyin dalgaları en düşük farkındalık frekansına tekabül ederken en yavaş beyin dalgaları ise daha yüksek frekanslar ve genişlemiş bir farkındalığa ilişkindir.

Beta (13-40 Hz, ya da saniyede dönüş) : En hızlı beyin dalgası olan beta, uyanık halle ilgilidir, beyninizin uyanık ve zihinsel faaliyetler içinde olduğu zamanlarda aktiftir. Uyumadan önce yatakta kitap okuduğunuzda muhtemelen düşük betadasınızdır. Aktivite ve uyanıklık korku, öfke, açlık ya da şaşırmakta olduğu gibi ne kadar yüksekse frekans da o kadar hızlıdır.

Alfa (8-13 Hz) : Alfa beyin dalgaları daha yavaştır ve dinlendiğinizde ama uykulu olmadığınız zaman kolaylıkla geçilen dikkat halinde ortaya çıkar. Meditasyon, tevekkül, hayal kurma, biyo-geri-besleme ve zihin-beden entegrasyonu, hafif hipnoz, yaratıcı görselleştirme, sanatsal ve sezgisel süreçler, doğada zaman geçirmek, dinlenmek ve spor yapmak gibi sakinlik hallerinde ortaya çıkarlar.

Teta (4-8 Hz) : Teta beyin dalgaları çok daha yavaştır ve uykulu hallerde, uykunun ilk aşamasında, rüyada, derin meditasyon seviyelerinde, ilham dolu yaratıcılık ve hayal gücünde, sezgisel algının daha iyi hatırlamaya geçilen mistik hallerinde ortaya çıkar. Teta, otoyolda araba kullanırken ya da uzun bir duş alırken olduğu gibi transa geçmiş gibi hissettirebilir, zamanı unutabilirsiniz, aklınıza fikirler ve görüntüler üşüşebilir.

Delta (1/2 -4 Hz) : Delta beyin dalgaları çok yavaştır ve derin uyku sırasında ortaya çıkar. Uyurgezerlik ve sayıklama ile ilgili oldukları gibi, derin trans halleriyle kendine şifa verme eyleminde de görülür.

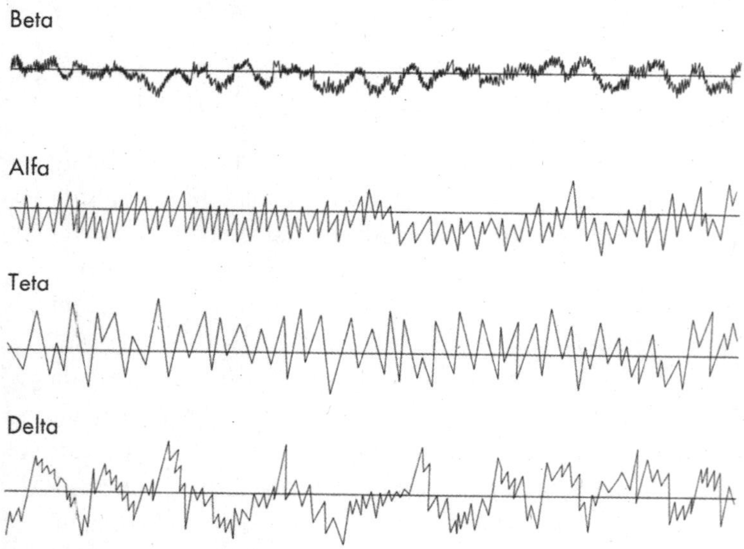

Beyniniz dört temel bilinç frekansı arasında gidip gelir. Her vibrasyon seviyesinde farklı bir şekilde işlev görürsünüz; bu fazlar siz uyurken görülür.

Geceleri uykunun birkaç fazı etrafında dönersiniz. İlk aşamada beyin dalgalarınız betadan daha rahatlatıcı olan alfa haline doğru yavaşlar ve aklınıza hayal ürünü görüntüler gelebilir. Kaslarınız gevşer ve nabzınız, kan basıncınız ve ateşiniz düşer. Sonra da beyin dalgalarınız teta seviyesine geçerek yavaşlar. Artık özelliği beyinde aktivite patlamaları olan hafif uyku haline geçmişsinizdir. Rüyaların çoğu REM uykusu (*rapid eye movement-hızlı göz hareketi*) denilen bir haldeyken görülür. REM uykusu sırasında beyin dalgaları tetadan yükselir ve geçici olarak uyanık halinize yakın daha hızlı bir frekans karışımı içerir. Bu süreçte uyanırsanız rüyalarınızı kolaylıkla hatırlarsınız. Son fazda beyin dalgalarınız daha da yavaşlar, deltaya ulaşır ve bu noktada derin bir uykuya geçer, rüya görmezsiniz. Eğer uyanırsanız, kafanızı bulanık ve sersemlemiş hisseder, nerede olduğunuzu anlayamazsınız. Uyanmamak için direnir ve neredeyse hemencecik tekrar uykuya dalarsınız. Ne kadar ilginçtir ki; kalplerimiz de neredeyse beynin delta dalgalarının sınırları içinde bir elektriksel titreşim sergiler.

Beyin Dalgalarınız Farkındalık Seviyenizle İlişkilidir

Buradan bir sıçrama yapmak istiyorum: Bilimin henüz gerçekleştirmediği ama ruh-beden-zihin disiplinlerinde çalışanlar için oldukça açık olan bir atlayış. Adını koymak gerekirse; maddenin enerji frekanslarının onlara eş farkındalık frekansları vardır. Bunu biyo-geri-besleme eğitimlerinde farklı beyin dalgaları kendilerine has deneyimler ve bilme yolları ürettiği zaman görürüz. Çeşitli beyin faaliyetlerinden kaynaklanan bilinç hallerine aşina olduğunuzda, hızlı *beta* dalgalarının günlük gerçekliğin alçak bilinç haline ve meşgul olan "lineer-doğrusal" zihne tekabül ettiğini fark edeceksiniz. Zihniniz ne kadar aşırı hareketli ve meşgulse, farkındalığınız da o kadar azalır. Bazıları egonun bu bilinç seviyesinin bir fonksiyonu olduğunu söyler. Biyo-geri-besleme araştırmaları beyin dalgaları *alfa*ya kadar yavaşlarken insanın daha az endişeli, daha açık olduğunu ve zor hissedilen bilgilere karşı farkındalığının arttığını gösteriyor. Hafıza, sembolizm ve içgörü bölgelerinin daha derinlerine inebilirsiniz. Hatta artık bilinçaltınızda saklanan bastırılmış şeylere normal uyanık halinizdeyken olduğu gibi korku içinde yaklaşmazsınız.

Beyin dalgalarınız *teta*ya yaklaşırken, gerçek benliğinizin doğasını anladığınızı fark edersiniz. Ego "ölmeye" başlar ve yerini ruhun farkındalığına bırakır. Zihnin içine dönüp benlik üzerine düşünmeye başladığında ve içsel işlemlere yoğunlaştığında, özellikle dış etkenler kapatıldığı için beyin dalgalarının betadan alfaya, alfadan da tetaya döndüğü bulunmuştur. Meditasyon yapanlar sıklıkla derin teta hallerine girerler ve kendileri ve başka varlıklarla bir olduklarını hissettiklerini anlatırlar. Normal uykudan uyanma durumundaki bilincimizle bakıldığında daha derin bilinç hallerinin uykuya ve transa benzer görünmesi ironiktir ama yine de bu hallerdeyken bilincimiz açılır, çok daha geniş bir uyanıklık farkındalığına geçeriz.

Delta haline giriş beraberinde bedenin dışına çıkma deneyimlerini getirir; benlik duygunuz kolektif ve evrensel olmak üzere genişleyerek yayılır. Zaman ya da mekân yoktur ve başka farkındalık boyutlarına kolayca geçiş yapabilirsiniz. Uyanık ve bilinçli olunduğunda bu derin hallere geçişi başarmak kolay değildir, delta sizi birleşik, bireyselliğin dışında ve egoya bunaltıcı gelen bir farkındalığa taşır –ve o anda uykuya dalmak bu deneyimi sonuna kadar götürmekten daha konforlu bir "kaçış" olur... Delta; fiziğin paralel dünyalarının var olduğu ve eşzamanlı olarak evrim geçirdikleri birçok paralel dünyanın kuantum gerçekliği olarak düşünülebilir.

Rasyonel bilinç hali diye adlandırdığımız normal uyanıklık
halimiz çok özel bir bilinç türünden başka bir şey değilken,
altında ekranlarda gösterilen çok farklı filmler gibi,
tamamen farklı potansiyel bilinç halleri yatar.

WILLIAM JAMES

Burada akla gelen birkaç ilginç nokta var. Araştırmacılar dikkat eksikliği ve hiperaktivite bozukluğu (ADHD) çeken insanların beyinlerinin temelde teta seviyesinde çalıştığını bulmuşlar. Bu hastalar beta haline geçebilmeleri için biyo-geri-besleme ile eğitildiklerinde gelişme kaydediyorlar. Çoğumuz betayla aşırı uyarılmış haldeyizdir (özellikle Bilgi Çağı'nın hız kazanmasıyla) ve pek çoğumuz yavaşlamaya, daha çok alfa halinde çalışmaya gayret ederiz. Oysa mesela hiperaktif çocuklar aslında hızlanmaya, bedenlerinin içinde yaşamaya, sıradan gerçeklikle başa çıkmaya, doğru ve mantıklı düşünmeye uğraşırlar. Belki de bu, ET gibi daha yüksek bilinç hallerine ayarlı olduklarından ve dünyadaki zihinsel ve duygusal atmosferde nasıl yaşayacaklarını öğrenmeleri gerektiğindendir.

İkincisi, beyin alfanın, delta ve tetanın alçak frekanslarında işlediğinde daha fazla faydalı nöropeptit ve endorfin, serotonin, asetilkolin ve vazopresin gibi stres ve acıyı gideren ve öğrenmeyi ve hafızayı güçlendiren hormonlar üretir. Düşük asetilkolin seviyelerine bağlı olan hafıza kaybı ve Alzheimer hastalığı bir şekilde fazlasıyla çalışan beta bilinciyle alfa, teta ve delta beyin dalgalarına tekabül eden daha yaygın bir farkındalık geliştirmeye yeterli zaman ayırmamayla bir ilişkisi olabilir mi?

Bilinç Hali de Enerji Gibi Kendi Spektrumuna Sahiptir

Beyin dalgalarının farklı farkındalık seviyelerine nasıl bağlandığını gördük ama her bir beyin dalgası frekansındaki belli algı türlerinin daha detaylandırılmış bir dökümü yapılabilir mi? Christopher Lenz uzun yıllardır Virginia merkezli Monroe Enstitüsü'nün beyin dalgaları ve bilinç halleri üzerinde büyük etkisi olabilen seslerin kullanıldığı Hemi-Sync bilinç yayma eğitim programına katkıda bulunanlar arasındadır. Bana yıllarca bu eğitim programına katılanların yaşadığı ve tarif ettikleri farkındalık seviyelerini, özellikle de teta ve delta hallerinde ortaya çıkanları tanımladı.

Eğitimde, stereo kulaklıklar vasıtasıyla her iki kulağa yollanan sürekli değişen belli nota ve akort frekansları katılımcıları sıradan bilinç hallerinden sıradan olmayan bilinç hallerine taşıyor. Derin bir huzur ve rahatlama içine giriyor, sonra duyusal algının ötesine geçiyor, daha sonra da zaman ve mekânın ötesine seyahat edip fiziksel olmayan gerçekliklerle bağ kurabildikleri bir ruh haline geçiyorlar. Lenz bunlardan bir anlam çıkarabilmek için, Miranon adlı kanala girmiş fiziksel olmayan bir varlığın enstitü için bilinç halini kırk dokuz seviye ve yedi oktava bölen genel bir farkındalık spektrumu betimlendiğini anlatıyor. Daha sonra eğitime katılanlar bu seviyelerin çoğuna geçmiş ve yaşadıklarındaki ortak noktaları raporlamışlar.

Miranon'un sisteminde; **1. Seviyeden 7'ye** kadar bitki dünyasının bilinç hali bulunuyor. **8. Seviyeden 14'e** kadar hayvanlar âlemine ilişkin, **15. Seviyeden 21'e** kadar ise insan âleminin farkındalık seviyeleri var. Lenz bazı katılımcıların insan frekanslarını biraz yedi *çakra*nın –bedendeki enerji köşeleri ya da merkezleri- fonksiyonlarına paralel bulduklarını söylüyor. Çakralar yüksek enerjinin *çi* ya da *eterik* enerji adı verilen bir enerjiden oluşan aracı enerji ya da ışık kütleleri vasıtasıyla fiziksel dünyaya transfer edildiği noktalar olarak düşünülebilir.

Genel olarak:

15. Seviye; omurganın altında bulunan hayatta kalma ve direnç, yaşama arzusu, yaşamsal önemdeki enerjiyi sağlayan ve dolaştıran, bizi dünyayla bağlı tutan ve bize dünyanın merkezi enerjisini sağlayan ilk çakraya ilişkindir.

16. Seviye; karnın altındaki sempati ve enerji alanlarıyla duyguları hissedebilme yeteneğine yoğunlaşan ikinci çakraya tekabül eder. Başkalarıyla ve dünyayla bağlantıya geçmemize ve ilişki kurmamıza yardım eder, hisleri, tutkuları, açlık ve cinselliği etkiler ve yaratıcı ve üretici arzular uyandırır.

17. Seviye; karın boşluğu sinir ağındaki irade, kişisel güç, kendini kontrol edebilme, dış dünya üzerinde kontrol sağlama ve çekicilik-iticilik ve gelen uyaranlara tepki olarak savaş-ya da-kaç'a odaklanan üçüncü çakraya ilişkindir.

18. Seviye; kalbin merkezindeki fiziksel ve fiziksel olmayan benliğimiz, evrensel prensiplere uygun olarak dengeli yaşamak ve başkaları ve doğayla birbirimize ne kadar bağlı olduğumuzu algılamaya odaklanan dördüncü çakraya tekabül eder.

19. Seviye; boğazda bulunan irade gücünden daha yüce bir iradeye, iman ve inanca geçişe, yüce rehberliğe ve bilgiye bağlanmaya, kendini ifade edebilmeye ve hakikaten temas kurabilmeye odaklanan beşinci çakraya tekabül eder.

20. Seviye; altıncı çarka ya da üçüncü göze tekabül eder. İki kaşın arasında bulunur ve benliğin fiziksel olmayan yanlarına bağlayan belli başlı enerji ve dinamikleri görebilme yeteneğine odaklanır.

21. Seviye; yedinci çarka ya da taca tekabül eder. Kimliklerimizi egodan ruha geçirmeye, bizi yüce rehberler, kozmik anlayışa bağlar ve evrendeki tüm diğer ruhlarla temasa geçirir. Genellikle fiziksel olmayan varlıklarla bir buluşma noktası olarak yaşanır.

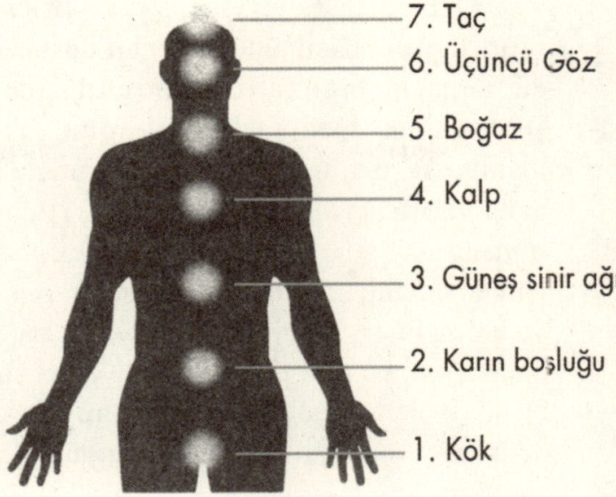

Çakra Sistemi

İnsanlık Âleminin Dışında da Farkındalıklar Mevcut

Lenz tanımına 22'den 28 kadar olan seviyeleri daha çok ölümden sonra yaşama odaklanan normal insan farkındalığının ötesinde bir âlem olarak betimleyerek devam ediyor. Ben özellikle bu seviyeleri ilginç buluyorum çünkü beni ve birçok başka duru görü sahibi ya da mistiği değişik bilinç hallerine girerek ziyaret ettiğimiz âlemlere yönlendiriyor.

22. Seviye; yüksek seviyedeki rüya gerçekleri, bunama ya da akıl hastalıkları, hezeyan ve sayıklamaya ve anestezi altında olmaya ilişkindir. Komadaki hastalarda görülür ve onlarla temas kurmakta kullanılabilir. Ayrıca ölmüş ve ölümden sonra yaşamın sonsuza kadar "uyumayacağına" inanmayan insanların bulunduğu yerdir.

23. Seviye; ölüm korkusu yaşamış ve öldüklerini bilmeyen ya da ölümden sonra belli bir düşünce ya da duyguyu aşamayan insanlarla alakalıdır. Bu tipik olarak intiharlar ya da bağımlılar ve çok direnerek, büyük acılar içinde ve üzüntüyle ölenler olabilir.

24, 25 ve 26. Seviyeler; sabit fikirler ve insanların ölümden sonra hayatın nasıl olduğuna dair düşüncelerine bağlı seviyelerdir. Örneğin; bir insan cennete gittiğinde trampet sesleriyle karşılanacağına inanıyorsa, öyle olur. Ya da dini bir sembole inanıyorsa, o dini sembol o insanı orada bulur. Bu seviyeler aynı zamanda insanların dünyada hayatın nasıl işlediğine dair katı inanç sistemleri ve dünya görüşlerini de içerir. Eğer bir insan için en önemli şey aileyse, ölümden sonra kendi aile birliği içinde kalır. Eğer cinsel özgürlük ya da başkaları üzerindeki gücü önemliyse, bu şekilde davranmaya devam eder. Lenz insanların bu seviyelerde rehberlerin yardımıyla başka olasılıkları keşfedene dek çok uzun zaman –hatta yüzyıllarca- kalabileceklerini söylüyor.

27. Seviye; "Park" olarak bilinen âlemdir. Bu çoğu insanın öldükten sonra vardığı bir tür kabul merkezidir. Birçok insana kocaman ağaçlar ve çayırlarla dolu yemyeşil, huzur dolu, devasa bir park olarak görünür. Burada insanlar ölen sevdikleriyle yeniden karşılaşır, hayatları boyunca ne öğrendiklerini anlamak için rehberlerle çalışır, enerjilerini yeniden kazanmak için bir gençleşme merkezine gider, gelecekteki olası yaşamlarını görürler. Sonsuz genişlikteki gezegensel hafızanın saklandığı Akaşa Kayıtları Kütüphanesi'nde eğitilir ya da devam etmeye hazır hale gelene kadar dinlenir ve oyun oynarlar. Bazıları burada kurtarma elemanı ve rehber olarak eğitim alır, düşük seviyelere geçip "kayıp" ruhları özgür olabilecekleri ve ilerleyebileceklere hallere çıkarmayı öğrenirler.

28. Seviye; daha soyut, simgesel bir haldir ve insan olmakla bağdaştırılan son seviyedir. Bazen "cennettin yedinci katı" diye de anılır. Burada insanlar yüce rehberlerle, peygamber ve kurtarıcılarla temasa geçerler ve artık yeniden bedenlenmeyecek ruhların, bütün yaşamlarını bütünleştirerek baki kaldıkları yer burasıdır.

Lenz, sonraki üç oktava geçerek çoğunun iyi belgelenmemiş olduğunu söylüyor. **34 ve 35. Seviyeler** ise "Toplanma Alanı" adıyla anılır. Burada, dünyada eşzamanlı olarak gerçekleşecek çok ender olduğu farz edilen iki önemli olaya şahitlik etmek üzere toplanmış kişilik dışı yüksek zekalarla karşılaşırız. Onlar bize yardım etmek isterler. Bu olayların ne olduklarına, bu farkındalık düzeylerine erişmiş kimseler tarafından açıklık getirilmemiştir. **49. Seviye**; belli astronomi çalışmalarını ve kozmosla galaksilerin gizemlerini anlamaya doğru büyük bir açılımı işaret eder.

Umarım enerji ve farkındalık spektrumlarının hem iç hem de dış gerçekliğinizdeki birçok yorumunu biraz olsun anlamaya başlamışsınızdır. Monroe Enstitüsü'nün farkındalık seviyeleri tanımı bir sürü bilinç halleri hiyerarşisinden sadece biridir. Neredeyse her din ve metafizik sisteminde daha yavaş, daha derin beyin dalgası hallerimizde neler olduğunu keşfetmeye yönelik bir versiyon vardır. Tarih boyunca öncüler yüksek enerji ve farkındalık hallerini araştırmış, bölgeleri kendi kültürlerinin filtrelerini kullanarak çizmişlerdir ama yine de bir takım küçük farklara rağmen farklı modellerde büyük bir benzerlik bulunur. Siz de zamanla kendi frekanslarınızı, bilerek ve isteyerek çok boyutlu bilmenin normal olacağı seviyelere yükseltmeyi başaracaksınız.

Kozmos bir sayılar düzenidir. Algılama,
sayının potansiyelinde bulunan formun imgelenmesidir.

ROBERT LAWLOR

Hangi Farkındalık Hali 214'e Tekabül Eder?

Yıllar önce gördüğüm bir rüya aklıma geldi. Rüyamda bana saatler sürmüş gibi gelen bir sınavdaydım ve spiritüel kişilerden oluşan bir komite tarafından yüksek bir dereceye geçebilmem için sözlüye kaldırılmıştım. Bana soruları bağırarak soruyorlardı: "Hangi fiziksel duygu yüz yirmi dokuza eştir?" Ben de onlara, "Kaşıntı!" diye bağırıyordum. "Hangi duygu iki yüz on dörde tekabül eder?" "Üzüntü" diyordum. "Hangi fiziksel hal on üçe ilişkindir?" "Paralize olmak!" diye cevap veriyordum. "Hangi zihin hali beş yüz yirmi beşe eştir?" "Coşku!" diye cevaplıyordum. İçimde kılı kırk yaran hassaslıkta bir terazi varmış gibi bir duyguyla, sanki her yönden sıkıştırılmış incecik kâğıt mendil katmanlarından oluşuyormuşum gibi bir hisle uyandım.

Daha sonra nümeroloji çalışmalarına başladım ve danışanlarımın doğum tarihlerinden oluşan sayı kombinasyonları üzerinde yıllarca çalıştıktan sonra sayıların aslında nasıl da farklı farkındalık hallerine, hayat derslerine, kişilik özelliklerine ve belli başlı olaylara tekabül ettiğini öğrendim. Rakamlar frekanslardır. Her frekans da bir dünyayı ya da kendine has bilgiler içeren ve kendine özgü kurallarla işleyen bir gerçeği ortaya çıkarır. Duyarlılığınızı farklı sayılara ayarlayarak yeni bilgi dünyaları keşfedebilir ve kendinizi temel bir enerjiyle ilgili eğitebilirsiniz: *ölçekleri çaprazlama geçmek.*

Şunu Deneyin!

Sayı Titreşimleri Âlemi

1. Avuçlarınız kalçalarınızda, başınız dik rahatça oturup düzenli nefesler alın. Dikkatinizi tamamen şu ana verin ve bedeninizin içinde toplayın.
2. Kendinizi camdan bir asansörde zemin katta dururken hayal edin. Kapıdan baktığınızda duvarda kocaman bir 1 rakamı görüyorsunuz. Bu normal günlük gerçekliktir.
3. Bu asansörün 1. ve 9. katlar arasında çalıştığını fark edin. Katları çıkarken durmak istediğiniz bir kat olacak.
4. Gözlerinizi kapatın ve aklınızdan çok yavaş bir şekilde saymaya başlayın, ne kadar hafif olursa olsun bir sayıya geldiğinizde bir çekim hissettiğinizde buna dikkat edin. 1-2-3-4-5-6-7-8-9- ve sonra geriye; 9-8-7-6-5-4-3-2-1 diye sayın. Sayılar arasında hareket ederken farklı vibrasyonları hissedip hissedemediğinize dikkat edin. Sonunda içinizden bir sayıya çekildiğinizi hissedeceksiniz. Asansör o katta duracak. Asansörün kapısı açılırken dışarıya çıkın.

5. Burada yeni bir dünya var, seçtiğiniz rakamla rezonans halinde... Titreşimi hissedin ve bedeninizin buna uyum sağlamasına izin verin. Bu sizin bedeniniz, duygularınız ya da zihninizin ihtiyaç duyduğu bir sayıdır ve farklı bir tür enerji ve bilgelik içerir, size ihtiyaç duyabileceğiniz yetenek ve becerileri sağlayabilir. Etrafı gezin; ne görüyorsunuz, ne işitiyor, ne hissediyor ya da neyin kokusunu alıyorsunuz? Hangi duygular ve hisler tetikleniyor? Bunların derinine inin. Aklınıza neler geliyor ve hangi konuları düşünmeye başladınız? Aklınıza yapmanız gereken bir şeyle ilgili öngörüler geliyor mu?
6. Bir rehber sizi karşılamaya geliyor. Bu rehber bu katın sözcüsü ve sizinle bir diyaloga girecek, size ihtiyaç duyduğunuz bilgiler verecek ve tavsiyelerde bulunacak. Bu bilgilerin akıp gitmesine izin verdiğinizi hayal edin. *Okuyucuya* bölümünde anlatılan serbest yazma tekniğini kullanmak istiyorsanız konsantrasyonunuzu bozmayın ve aklınıza gelenleri usulca yazmaya başlayın.
7. Yeterli geldiğinde rehbere teşekkür edip tekrar asansöre binin. Başka bir kata gidebilir veya 1. katta normal uyanıklık halinize dönebilmek için işlemleri tekrarlayabilirsiniz. Bu arada titreşimlerdeki adımları hissedeceksiniz.

Bedeniniz, Duygu ve Düşünceleriniz Frekansınızı Etkiler

Günlük gerçeklik size bir diğer titreşim dizisi sunar. Bunlar fiziksel bedeniniz, duygularınız ve düşüncelerinizin durumuna ait olanlardır. Sıradan bir günde serbestçe hareket eder, terazinin huzur-huzursuzluk, eylem-eylemsizlik, mutluluk-memnuniyetsizlik ve mantık-ilham gibi kefeleri arasında gider gelirsiniz. Arka sayfadaki tablo hissedebileceğiniz geniş yelpazedeki titreşimler konusunda size genel bir fikir verecektir. Kolonlar yatayda birbirinin karşılığı değildir.

Gündelik Titreşimler Skalası

	BEDEN	HİSLER	DUYGULAR	DÜŞÜNCELER
YÜKSEK FREKANS hızlı/ yaygın/ ruh/sevgi	Tam Varlık	Bir Olmak/ Komünyon	Sevgi/ Empati	Bilgelik/ Birlik
	Mükemmel Sağlık	Doğrudan Deneyim	Cömertlik	Doğrudan Biliş
	Coşkulu Hareket	Ultra Duyarlılık	Sevinç/ Minnettarlık	İlham/İçgörü
	Esneklik	Sezgi Gücü	Coşku	Akıcı Yaratıcılık
	Yanıt Vermek	Durugörü	Arzu/ Motivasyon	Keşif/Buluş
	Rahatlık/ Dinlenme	Gaipten Ses Duyma	Zevk	Alabilmek/ Açıklık
	Bitkinlik	Gaipten Haber Alma	İçtenlik	Can Sıkıntısı/ Sabırsızlık
	Gerginlik/ Stres	Görüş	Memnuniyet/ Güven	Dalgınlık/ Unutkanlık
	Düzenli Acı	İşitme	Hayal Kırıklığı	Yansıtma/ Suçlama
	Kronik Ağrı	Dokunma	Hüsran/ Kırgınlık	Mantık/Kanıt
	Bağımlılık	Tat Alma	Şüphe/ Güvensizlik	İnançlar/ Kontrol Oyunları
	Hastalık/ Rahatsızlık	Koku Alma	Korku/Panik	Takıntı
	Travma/ İncinme	Çekicilik/ İticilik	Nefret/ Öfke/Red	Bunalma
ALÇAK FREKANS yavaş/ yoğun-katı ego/korku	Fonksiyon Yitimi	İçgüdü	Suçluluk/ Utanç	Psikoz/Nevroz
	Paraliz/ Koma	Bilinçaltı Tepki	Depresyon/ Kayıtsızlık	İntihar Eğilimi

İşte şahsi titreşimlerin bir gün içinde nasıl değişebileceklerine dair bir örnek: Belki de sabahleyin hayalinizde canlandırdığınız muhteşem bir heykeli yapmak üzere büyük bir coşkuyla yataktan kalktınız ve bu zorlu deneyim için büyük bir açlık duyuyorsunuz. İlk iş olarak bir e-postanıza cevap yazarken bilgisayarınızdaki pürüz sizi çileden çıkarıyor ve yoğun öfkeye kapılıyorsunuz. O sırada bir arkadaşınız arayıp sizi hafta sonu bir akşam yemeğine davet ediyor ve böylece dengenize kavuşuveriyorsunuz. Heykeliniz üzerinde çalışmaya başlıyor ve yanlışlıkla kendi keskinizle yaralanıyorsunuz. Bedeniniz acıyı hissediyor ve eliniz bütün gün sancıyor. Bu da konsantre olmanıza engel oluyor, kendinizi bitkin hissediyorsunuz.

Biraz mola verip ev işlerine bakıyorsunuz ama sıkılıyorsunuz. Çalışamayacağınıza karar verip televizyonu açıyorsunuz. Görselliğinden keyif alarak güzel bir film izlemeye başlıyorsunuz ama araya girip duran reklamların sesinin yüksekliği sinirinize dokunuyor. Yatma vakti geldi ve uyumaya çalışırken para derdi ve yaptığınız işte iyi olmadığınız gibi endişeler içinde kıvranıyorsunuz. Uyuyamayacak kadar gergin olduğunuzu fark edince zihninizi spritüel konulara kaydıracak bir kitap okumaya başlıyorsunuz. Bu sizi sakinleştiriyor ve meditasyon yapmaya karar veriyorsunuz, bu ise iyi geliyor. Artık kendinizi huzurlu hissediyorsunuz ve o harika, yetenekli sanatçı tarafınızı yeniden hissedebiliyorsunuz. Şimdi uyumak kolay. Rüyalarınız dinamik ve yaratıcı.

Şunu Deneyin!

Günlük Titreşimlerinizi Kaydedin

- Gününüzü nasıl geçirdiğinizi düşünün. Güne nasıl bir fiziksel, duygusal ve zihinsel halde başladınız?
- Gün ilerlerken frekanslar arasında nasıl hareket ettiniz?
- Şu anda hangi haldesiniz?

- Tipik bir gününüzü düşündüğünüzde farkında olmaksızın tekrarladığınız enerji halleri var mı? Tipik sabah titreşiminiz nedir? Öğlen, akşamüstü, akşama doğru, akşam ve gece titreşimleriniz nasıl?
- Geçirdiğiniz haftayı düşünün. Hangi baskın titreşimleri yaşadınız?
- Son zamanlarda hangi frekans seviyelerinde rüya görüyorsunuz?

Kendinize Has, Kişisel Bir Vibrasyonunuz Var

Hayat kendi başına şekilden şekle salındığı için ve zihniniz bilinçle bilinç dışı hallerde gezindiğinden dolayı, iş günlük yaşama geldiğinde beden-duygular-düşünceler skalasının düşük-yüksek frekans uçlarında gezinmek normaldir. Konuştuğum pek çok kişi "hoş şeylerde" kalabilmek, hep mutlu olabilmek ve amaçlarından hiç sapmamak istiyor ve buna gayret ediyorlar. Fakat bizler vibrasyon halinde yaratıklarız ve deneyimlerimizde hayatın uyanık olma haline benzeyen doğasının hikmetiyle geziniriz. Siz de başkaları gibi kendi *şahsi* titreşiminize sahipsiniz ve bu titreşim ne düşündüğünüze, ne hissettiğinize ve ne yaptığınıza bağlı olarak değişir. Bilinmesi gereken en önemli şey; bu vibrasyonu etkileyebileceğinizdir. Şahsi frekansınızın dünyanın çorba gibi karmakarışık kaotik frekanslarına uymasına izin verip çaresizce etrafta savrulabilir ya da nasıl hissetmek istediğinize kendiniz karar verebilirsiniz. Ruhunuzun frekansını kendiniz ayarlamayı seçtiğinizde şahsi titreşiminiz detaylarına 5. Bölümde gireceğimiz "ev frekansınıza" oturur. Hala biraz iniş çıkışlar yaşıyor olabilirsiniz ama kişisel titreşiminize bilerek odaklanmayı öğrendiğinizde netliğinizi korumak çok daha kolaydır. Peki, ama o halde kişisel titreşiminiz tam olarak nedir ve nasıl işler?

1. Kişisel vibrasyonunuz, herhangi bir anda yaydığınız genel titreşiminizdir. Bu frekans, önceki tabloda ana hatlarıyla verilen bedeniniz, duygu ve düşüncelerinizin çeşitli sıkışık ya da yaygın hallerinin bir kombinasyonudur. Doğal olarak da değişiklik gösterir. Aynı anda fiziksel olarak bir acı, duygusal olarak mağduriyet duyabilir ve fikren de boğulduğunuzu düşünerek bu üçlü kombinasyonu yaşabilirsiniz. Daha sonra bir an gelir, size duygusal olarak zevk veren ve keşif dürtünüzü canlandıran fiziksel hareketleri kolaylıkla yaparsınız. Eğer moraliniz bozuksa içgüdülerinizle tepki verebilirsiniz ve eğer mutlu ve sakinseniz çok fazla sezgisel öngörü yaşayabilirsiniz.

2. Yaradılışınızın bir özelliğinin titreşimi diğer özelliklerin titreşimlerini etkiler. Eğer bir süredir üzgünseniz bu düşük duygusal hal hayal gücünüzün kurumasına ve düşüncelerinizin olumsuzlaşmasına neden olabilir. Coşku ve samimiyet eksikliği de bedeninizin daha durgun ve ağırkanlı olmasına neden olabilir. Diğer yandan, diyelim ki sürekli dans ediyor veya yürüyerek bedeninizi hareketli tutuyorsanız duygularınız da spontane olacak ve aynı zamanda da düşüncelerinizin de akıcı olduğunu hissedersiniz. Burada muhteşem olan şey genel şahsi vibrasyonunuzu yaradılışınızın bir yönünü geliştirerek yükseltebileceğiniz –sadece skalayı kendinizi daha iyi hissedeceğiniz bir niteliğe yükseltmek. Örneğin; eğer kendinizi bitkin hissediyorsanız dinlenip sakinleşmeye bakın. Eğer hüsran içindeyseniz, kanaatkâr olmayı deneyin. Eğer takıntılar yaşıyorsanız bunların altında yatan inançlara bakmayı deneyin. Herhangi bir yerden başlayın, gerisi kendiliğinden gelecektir.

> Fizyolojik haldeki her değişiklik bilinçli ya da bilinçsiz olarak zihinsel-duygusal halde de uygun bir değişimle birlikte ilerler. Ve aksine zihinsel-duygusal haldeki her değişiklik de bilinçli ya da bilinçsiz olarak fizyolojik halde uygun bir değişikliğe yol açar.
>
> ELMER GREN

3. Şahsi vibrasyonunuz dünyanın ve başka insanların titreşimlerinden etkilenir. Bedenler akort çatalları gibi rezonans halinde oldukları için negatif ve sinirli olan veya ayakları yere basan ve sakin birileriyle kontak kurduğunuzda bedeniniz bu insanların bedenlerinin titreşimlerini kopyalar. Belki tam siz mutlu mesut bir ruh hali içindeyken bir arkadaşınız arayıp sizin yüzünüzden bir sorun yaşadığını söyler. Bu arkadaşın vibrasyonunu kapıp *onun* yaptığı bir şeyden dolayı ona yüklenmeye başlamak çok kolaydır. Daha farkına bile varmadan siz de üzülür ve kendinizi tükenmiş hissedersiniz. Ya da belki yorgun uyanmışsınızdır ve trafik sıkışıklığında geçirdiğiniz can sıkıcı zaman yüzünden daha da donuklaşırsınız. Bir çalışma arkadaşınız heyecanla odanıza dalıp size harika bir haber vermeden önce beyniniz hiç çalışmak istemiyordur. Arkadaşınızın enerjisi tavan yapmıştır ve motivasyonu yüksektir. Çok geçmeden yaratıcı halinize döner ve üretmeye başlarsınız.

Bazı insanlar çevrelerindekileri "aşağı" çeker, bazıları ise "yukarı" iter. Mekânların da benzer şekilde vibrasyonları vardır – bir restoran insanın "tüylerini ürpertirken" bir diğeri kendinizi emniyette ve rahat hissettirebilir. Bazı şehirler de yaratıcılığınızı ve sosyal doğanızı harekete geçirebilir, bazıları ise sizi izole edip umutsuzluğa ve çaresizliğe sürükleyebilir. Her ne olursa olsun, her durumda kendinizi "tonu belirleyen" olarak ayarlayabilirsiniz çünkü şahsi vibrasyonunuz başkalarını da onlarınkinin sizi etkilediği kadar hızla etkiler.

4. Şahsi vibrasyonunuz içinizden ve sizin tercihlerinizle gelir. Nasıl hissedeceğiniz gerçekten de size bağlıdır. Doğal bir titreşiminiz var *–ev frekansınız–*, bu ruhunuzun hissettiği, bebeklerin yaydığı o muhteşem parlak frekansa benzer. Üstü siz yaşadıkça oluşan duygusal ve zihinsel yığınlarla kaplıdır. İstediğiniz zaman üzerini açıp parlamasını sağlayabilirsiniz. Genellikle oldukça bilinçdışı olan seçeneklerinizden biri dikkatleri üzerinize toplayıp kendinizi mağdur olarak tanımlayarak iyi hissetmek ve sanki size yanlış davranılmış ya da *siz* hata yapmışsınız gibi yapmaktır. Bu bilinçaltı seçim düşük bir kişisel titreşimde yaşamanıza neden olur. Bu fikirlere ne kadar bağlı olduğunuza dayalı olarak düşük vibrasyonlardaki başkalarını, mekânları ve olayları kendinizinkini aşağı çekmekte kullanırsınız. Ya da doğal olarak yüksek vibrasyona sahip insanlara sizin kendinizi daha iyi hissetmeniz için görevlendirirsiniz.

5. Şahsi vibrasyonunuz ruhunuzun hayatınıza hükmetmesine izin verdiğiniz oranda önemli derecede iyileşecektir. Şahsi vibrasyonunuz sınırlı düşünme, olumsuz duygular ya da kendinizi ve dünyayı kontrol etme arzusu sonucunda oluştuğunda bu dünyada pek iyi vakit geçiremezsiniz! Dönüşüm sürecinde ilerlerken bu baskılanmış duygular ve inançlar bilinçaltınızdan temizlenmek üzere yükselir ve ruhunuzun yaygınlaşmış, sevgi dolu bilgeliğine dayalı yeni bir algı sizi dünyaya açar.

Sonraki bölümlerde nasıl sağlıklı bir duyarlılık geliştirebileceğiniz ve kişisel titreşiminizi yaşamda yaptıklarınızı optimize edecek, size başarı getirecek ve doğal olarak mutlu ve coşkulu kalmanızı sağlayacak bir seviyede tutabileceğiniz üzerinde daha fazla duracağız.

Bizim neslimizdeki en büyük devrim,
zihinlerinin içsel yaklaşımlarını değiştirerek yaşamlarının
dışarıdan görünüşünü değiştirebilen insanların başardığıdır.

MARILYN FERGUSON

Kısaca...

Dış dünyada pek çok vibrasyonla çevrelenmiş durumdasınız: Seksen bir oktavlık elektromanyetik frekanstan ses ve ısının titreşimine, dünyanın Schumann Rezonansına, maddenin dalga ve partikül özelliği gösteren temel parçacıklarına kadar... Bunlardan bazıları duyularınız vasıtasıyla hissedilebilir fakat çoğunu hissedemezsiniz. İç dünyanızda nefes alıp verme düzeniniz, kalp atışlarınız ve beyninizdeki elektrik dalgalarına kadar titreşmekte olan enerji ve bilinç dalgalarıyla yaşarsınız. Beyin dalgası seviyelerinizde yedi çarka bilincinden farkındalığa ve ölümden sonra hayat ve başka boyutlarda yaşama kadar çeşitli farkındalıklar bulunur. Frekans derecelerini hassasiyetinizle tam tersine çevirebilir ve yeni dünyalar keşfedebilir, her frekanstaki bilgiye ulaşabilirsiniz.

Kişisel titreşiminiz ya da enerji durumunuz, duygu ve düşüncelerinizin herhangi bir andaki sıkışmış ya da yayılmış frekanslarının bir karışımıdır. Ruhunuzun açığa çıkmasına izin verdiğiniz oranda, kişisel titreşiminiz daha da yükselecektir. Kişisel titreşiminiz başkalarının ve dünyanın vibrasyonlarından etkilenir ama yine de nasıl hissetmek istediğiniz kesinlikle sizin kendi tercihinizdir.

Ev Frekansı Mesajı

Okuyucuya bölümünde sayfa 21'de açıkladığım gibi; her bölümün sonuna bir takım ilham verici parçalar eklerken normal, hızlı okuma alışkanlığınızı daha derin bir deneyime çevirebilmeyi amaçladım.

Aşağıdaki mesaj sizi Sezgi çağındaki yaşama yakın bir deneyime götürmeyi amaçlıyor. *Ev frekansı mesajı*na geçmek için sadece biraz yavaşlayın ve daha telaşsız bir hale geçin. Derin bir nefes alın, sonra derin bir nefes verin ve mümkün olduğunca sakinleşin. Zihninizi yumuşak ve algıya açık olacak bir biçimde serbest bırakın. Sezgi gücünüzü açın ve onun dilini *içine girerek anlamaya* hazırlanın. Bakın bakalım, okudukça ortaya çıkacak derin gerçekleri ve duyguları hissedebilecek misiniz...

Deneyiminiz, terimlere ayırdığınız zamanla ve dikkatinizle doğru orantılı olarak daha büyük boyutlara varabilir. Her seferde kelimelerin sadece birkaçına yoğunlaşın, noktalama işaretlerinde duraklayın ve bu mesajı size –şu anda ve canlı olarak- getiren akılla "birlikte kalın". Kelimeleri yüksek sesle okuyabilir ya da gözlerinizi kapatıp birinden size okumasını rica edebilirsiniz. Böylece kelimelerin üzerinizdeki etkisini göreceksiniz.

VİBRASYONLARDA KOLAYCA GEZİNMEK

Dünyayı dinleyin: Kaynaklardan kulağa gelen sesleri... Köpekler başlarını yabancılara doğru eğer, yunuslar küçük balık topluluklarına doğru hareket eder, enstrümanlardan müzik sesleri yayılır, öğretmenlerin ağızlarından hikâyeler dökülür. Haşerenin hışırtısı, kulakları sağır edecek gök gürültüsü, bebeklerine fısıldayan annelerin sesleri, gösterilen büyük bir çaba sonucu ortaya çıkan inilitiler, kayıplar karşısında atılan çığlıklar, zafer çığlıkları vardır. Bu titreşim seviyelerini dinleyin, onlara dokunabileceğinizi hissedin, sizi etkilediklerini ve rezonansa geçmenizi sağladıklarını hayal edin.

Siz rüzgârsınız: Şimdi meltem gibi hafifçe esin, şimdi aniden sert esmeye başlayın ve şimdi de fırtınaya dönüşün. Siz ışıksınız: Şimdi beyaz, şimdi gökkuşağı, şimdi siyah, şimdi elmas ve şimdi de transparan. Siz hayatın dalgasısınız: Gidiyor, geliyorsunuz, bilinmeyen bir bütünlüğe doğru şişiyor, bilinmeyen deliklerde kaybolup gidiyorsunuz. Durmak istemiyorsunuz ve durmayı da istiyorsunuz. Bu gidiş gelişlerin kendiniz olduğunu düşünüyorsunuz. Bu ileri geri sallanmanın hiç de siz olmadığını biliyorsunuz.

Yüzeydeki titreşimlerin altında davetkâr bir şey var, insanı yenileyen bir şey, son derece etkili bir şey, başta korkutucu gelen bir şey... Dalgaların altında hareketin yavaşladığı sessiz sakin bir yer var. Konuşmaya gerek yok: Birinin bir şey düşünmesini isteyin, düşünsün... Bir arkadaşınızın ellerinde beliriveren bir hediye düşünün ve o hediye hiçbir telaşa mahal vermeksizin orada olacak. O kadar çok dalga olmaksızın bilmek ve yapmak. Ne kadar sakin ve rahat olduğunuzu hissedebiliyor musunuz? Ne kadar sakin olursanız, niyetiniz de o kadar hızla ve tam olarak aktarılarak gerçekleşecek.

Bu sakin aktarımın altında başka bir yer daha var. Burada hiçbir hareket yok. Burada saf bir şey var: Farkındalık, sessizlik, kesin bir huzur, içinize işleyen, sizi özgürleştiren bir aşk, zihnin ötesine geçip akla huzur veren mutlak bir anlayış... Hiçbir direktif yok, hiçbir zorlama ya da bir ihtiyaç yok burada. Yaratılışın tüm eylemleri burada ve burada sona eriyor. Burada evren olmayı öğreniyorsunuz. Her an frekanslardan aşağılara inip durağanlığa geçebilirsiniz. Parçalarınız bir arada. Zaman duruyor ve düşünüyorsunuz: Orada hiçbir şey yok. Sonra birden içinizde bir "kahkaha" patlayıveriyor ve parçalar tekrar titreşmeye başlıyor: Her şey burada! Bu saflıktan yeni bir motivasyon hissetmek ve yeni bir titreşim seçmek, yeni bir yere akmak ve sessizlik sizi tekrar çağırana dek mutlu olmak üzere yükseliyorsunuz.

En derin hal en yüksek olandır; en sakin hal en çok ivme kazanmış haldir. En içten, en sevgi dolu, en temas halindeki duygular en etkin olanlardır. Sevgi en motive edici, en yaratıcı frekanstır. Gerçek; zihninizde dolaşan sevgidir. Uyum; yaşamınızın tüm vibrasyonlarını akort ve koordine eden sevginin rezonansıdır. Siz ve aklınız sevgi titreşimlerisiniz çünkü Zihin titreşimlerden yapılmıştır. Yine de siz ve ruhunuz sevginin sakinliğisiniz çünkü Ruh bölünmez bir bütün olan varlığınız ve yok edilemeyecek sevgiden yapılmıştır. Bu frekans şölenine katılın, bu bolluğu sakince hazmedin, varlığınızı frekanslarla yaratıma girmekte kullanın ve sessizce takdir edin.

3

Duygu Alışkanlıklarınızın Farkına Varın

Duygular "kötü" değildir. Duygularımızın kökeninde verimli şekilde kullanılabilecek ana enerjiler yatar. Evet, gerçekten de böyledir... Aydınlanma enerjisi aslında günlük tutku ve duygularımızı ortaya çıkaran doğal kaynaklardan doğar.

DR. JAMES H. AUSTIN

GEÇENLERDE SEZGİ GÜCÜYLE İLGİLENEN ergenlik çağındaki bir kıza danışmanlık yaptım. Dudaklarındaki piercing'lere ve kapkara göz makyajına rağmen Megan'ın gözleri iç güzelliğiyle ışıldıyordu ve inanılmaz ölçüde açık fikirli bir kızdı. Ne tür soruları olduğunu sorduğumda omuz silkti ama seansın ortasına doğru aklına bir şey geldi. "Bazen her şeyin ters gittiği hissine kapılıveriyorum, sanki iyi şeyler bozuluyor gibi hissediyorum. Bu neden olur? Çünkü erkek arkadaşımın başka kızlarla fingirdediğinden korkuyorum, aslında öyle bir şey yaptığı yok; ilişkimize zarar verdiğimi düşünüyorum."

Megan'ın bedenini hissettim ve güneş sinir ağının bulunduğu yerdeki onu birden etkisi altına alıverecek, sebepsiz ani korkuyu sezdim. Bu duyguya sarıldığımda babasının belli belirsiz bir hayaliyle karşılaştım. Babasının annesiyle Megan'ı terk edip etmediğini sordum ve bana, "Evet" dedi. "Ben çok küçükken..." Minicik bedeninin bundan kaynaklanan korkuyla nasıl kasıldığını hissettim, terk edilmeyle babasının neden gittiğini anlayamamanın verdiği dehşet duygularının kafasını ne kadar karıştırdığını anladım. Sanki zihninde daha önce orada olması gerekmeyen dikkatli bir bölüm uyanmıştı. Bu tenakuz halindeki bölüm artık şaşırtıcı kötü bir şeyler olacağında dikkat kesilecekti. Burası, "Bir daha asla hazırlıksız yakalanmam" diyordu.

Megan'ın sevmeye ve güvenmeye ne kadar eğilimli olduğunu ve bunu yapabildiğinde bilinçaltının nasıl rahatladığını hissedebiliyordum. Ancak o anda aklına geliyordu: "Bu durumda tanıdık bir şeyler var –terk edilebilirsin. *Dikkat et*!" Ve bu düşünce birden bire, ortada hiçbir şey yokken doğuyordu. Megan eski bir deneyimi yeniden yaşadığını fark edeceğine, bu endişesini yakınında kim varsa ona yansıtıyordu ve bu yüzden zaten birkaç arkadaşından ve eski bir sevgilisinden olmuştu bile. Bedeninin ultra hassas ve farkında olduğunu, aslında sadece yaşadığı şoka kilitlenmiş kaldığını ve bu tepkisini kolaylıkla yeniden programlayabileceğini anlayabilmesi için Megan'la çalıştım çünkü hâlâ çok gençti ve bu eski deneyime hâlâ çok yakındı. Yetişkinlerde rastlandığı gibi, o eski kayba kasılarak tepki veren zihni yüzünden buna benzer yirmi kayıp daha yaşamamıştı.

Titreşimlere Doğuştan Duyarlı idiniz, Hâlâ da Öylesiniz

Megan gibi siz de bu dünyaya tamamen açık, inanç ve güven dolu, neşe ve karşılıklı sevginin besleyici gücünün beklentisi içinde geldiniz. Elbette ki hepimiz titreşimlere doğuştan empatik ve duyarlıyız. *Evolution's End (Evrimin Sonu)* adlı kitabında Joseph Chilton Pearce embriyonun rahme düştükten birkaç gün sonra yeni bir kalp olacak titreşimler halinde hücreler geliştirdiğini anlatır. Bu hücreler annenin kalbine ve nefeslerine hassas ve bebeğin kalbinin gelişimi için gerekli olduğu anlaşılan bir uyum sağlar. Duygusal durumu ve tekrarladığı davranışları, annenin ses tonu vasıtasıyla fetüsün üzerine hormonal olarak kaydedilir. Bebek doğduktan sonra bedeni hâlâ adrenal hormonlarla yüklüyken anne de, baba da içgüdüsel olarak bebeği solda, kalbe yakın tutarlar. Ebeveynin kalp atışları bebeğin kalbini uyarır, böylece beyni aktive ederek bebeğin emniyette olduğu hissini uyandırır. Kaydedilmiş kalp atışları sesinin ağlayan bebekleri yüzde 40 ila 50 oranında sakinleştirdiği bilinen bir gerçektir.

Pearce yeni doğan bebeklerin hâlâ annelerinin bedenine bağlıymışçasına belli belirsiz bir dünyada yaşadıklarını anlatır. "Annenin belli belirsiz küresel alanı bebeğinkiyle örtüştüğünde en büyük haberleşme gerçekleşir. Bu belli belirsiz haberleşme anne için farkındalık seviyesinin altında olabilir ama bu bebekte tamamen aktif haldeki tek farkındalık seviyesidir" der. Bizim özgün gelişim ve hayatta kalma yöntemimiz, anneden çocuğa, çocuktan anneye geçen kalpten kalbe birbirinin içini hissetme becerisi demek ki.

Emotional Intelligence (Duygusal Zekâ) adlı kitabında Daniel Goleman bebeklerin ve küçük çocukların da birbirleriyle nasıl empatik bağlar sergilediklerini anlatır. Goleman; "Gerçekten de bebekler doğdukları günden itibaren ağlayan başka bir bebek sesi duyduklarında huzursuz olurlar" der ve "çevrelerindekilerin rahatsızlıklarına sanki kendi rahatsızlıklarıymış gibi tepki verir, başka bir çocuğun gözyaşlarını görünce ağlamaya başlarlar" diye devam eder. Çocuklar genellikle başka çocuklarda gördükleri üzüntüyü taklit ederler. Örneğin; başka bir çocuk parmağını incitmişse bir yaşındaki bir çocuk kendi parmağını ağzına götürüp incinmiş mi diye kontrol edebilir. Daha emekleme çağındaki bebekler bile ağlayan bir bebeğe bir oyuncak uzatır veya başını okşar. Goleman, çocukların ileriki dönemlerinde insanların üzüntülerinin yaşamlarındaki bir şeylere bağlı olabileceğini anlamaya ve fakirler ya da dışlananlar gibi gruplara karşı sempati duymaya başladıklarını söyler. Anlaşılan o ki, titreşim duyarlılığı ile empati, kökenleri ana rahmine kadar giden temel insani eğilimlerdir.

Hepimiz birbirimizi anlayış ve şefkatle dinlemeyi öğrenmeliyiz ki birbirimizin neler hissettiğini anlayabilelim.

TICH NHAT HANH

Psikolog Elaine Aron *The Highly Sensitive Person (Son Derece Duyarlı İnsan)* adlı kitabında, "son derece duyarlı" yetişkinlerin toplumun yaklaşık yüzde 15-20'sini oluşturduklarını söyler. Bu insanlar başkalarının fark etmediği şeyleri hisseder, her tür ortam ve bu ortamların problemleriyle potansiyellerini derinlemesine anlar ve çoğunlukla bu kadar girdiyi sindirebilmek için daha fazla zamana ve mekâna ihtiyaç duyarlar. Son Derece Duyarlı İnsanlar, kolaylıkla aşırı uyarılmış hissederek acı veren hatta felç edecek düzeyde etkilenen ve çoğunlukla doğal olarak içe dönük, yüksek sezgilere sahip, duru görülü, kendi ruhları ve spritüel dünyalarıyla ilgili kimselerdir. Carl Jung yüksek duyarlılığa sahip insanların bilinçaltından daha fazla etkilendiklerini, bu yüzden de kehanet içeren önemli bilgilere erişebildiklerini yazmıştır. Aron'un araştırmasında görüştüğü insanların yüzde otuzu da "oldukça duyarlı" tiplerden oluşmakta. Geri kalan yüzde 50'nin ise kendilerini duyarsız ya da "tamamen duyarsız" olarak nitelediklerini yazıyor.

Belki de kültürümüz bu kadar analitik, materyalist ve rekabete düşkün olmasaydı, hepimiz daha bilinçli bir şekilde duyarlı ve karşımızdakinin duygularına açık olabilirdik. Belki de bir bakıma bu konuda tersine eğitildik; okullarımız matematik ve bilgisayar bilgisini sanat ve edebiyattan daha fazla vurgular, sporu müzik ve danstan daha fazla över. Ve yine erken yaşlarda Megan'ın durumundaki gibi işlevsiz ailelerden aldığımız yaralar bizi kapatıp kendi kafamızın içine hapseder, telafi edici davranışlar içine sokar ve hatta bedenlerimizden koparabilir. Yine de saf titreşimsel kökenlere sahip olduğumuzu varsaydığımızda, başkalarını vibrasyonlar ve rezonans kanalıyla tanıma hassasiyetimizi kaybetmemiz inanılmaz görünüyor. Özellikle de şu anda frekanslar içimizde ve dışımızda bu kadar ivme kazanmakta iken... Bugünlerde yani stoacılığın kırılmaya başladığı ve kendimizi korumak için geliştirdiğimiz bağımlılıklar, kendi kabuğuna çekilmek, ya da saldırganlık gibi sağlıksız duygusal davranışlarımızın işlemez olduğu günümüzde, insanların çok daha büyük bir yüzdesinin "Son Derece Duyarlı İnsan" konumuna geçmekte olduklarını sanıyorum.

Kadınlar Erkeklerden Daha mı Duyarlıdır?

Elaine Aron, son derece duyarlı insanların çoğunun okul çağına gelene kadar içe kapanık olduklarını ama kızların duygularını ifade etmekte daha özgür bırakıldıklarını ve hatta kontrollerini kaybetmelerine ve çaresiz olmalarına daha fazla izin verildiğini, buna karşın erkeklerin hayatta kalabilmek için daha metanetli olmak zorunda kaldıklarını bulmuş. Daniel Goleman cinsiyetin rolünü duygusal ve empatik beceri olarak şöyle tanımlıyor: "Benzerlikler farklardan çok daha fazla. Bazı erkekler karşılıklı ilişkilerde en duyarlı olan kadınlardan bile daha fazla empati içinde davranabilirken bazı kadınlar strese, duygusal dayanıklılığı yüksek erkeklerden çok daha fazla tahammül edebiliyorlar. Hatta kadın ve erkeklerin genel puanlama ortalamalarına bakılırsa zayıf ve güçlü yanlar eşitleniyor, böylece de duygusal zekâ anlamında cinsiyetler arasında hiçbir fark olmadığı görülüyor."

Genel olarak kadınların sezgisel güçlerinin erkeklerden daha kuvvetli olduğu varsayılır. Kadınlarda beynin iki bölümünü birbirine bağlayan daha fazla lif olduğu için daha çift yönlü ya da her ki tarafı da hemen anlayan bir algıları olduğu doğrudur. Erkeklerin algısı daha tek taraflıdır, bir tarafı bir kerede diğer tarafı daha sonra anlarlar. Bu yüzden kadınlar kendilerini çevrelerinden ve başkalarından ayrı hissetmekte zorlanır ve bu yakınlık nedeniyle daha fazla algılanması zor bilgi toplayabilirler. Erkekler de aynı derecede sezgisel olabilirler ama bu sezgi moduna geçmek için bilinçli bir seçim yapmaları gerekir çünkü bölümlere ayrılmış haldeki algı onlara göre daha doğal gelir. Bu fark da duyarlılığa dair doğal eğilimimize özgü olabilir.

Siz Ne Kadar Duyarlısınız?

Benim gözlemlerime göre hepimiz eşit derecede duyarlıyız –yoksa hayatta olmazdık... Kendinizi içgüdüsel olarak tehlikelerden kaç kere koruduğunuzun ya da sizin için yanlış olacak deneyimlerden nasıl da uzak durduğunuzun ve sizi ileri götürecek olanları seçtiğinizin farkında mısınız? Elbette hatalar da yapmışsınızdır ama duyarlı olduğunuz için bu yanlışlardan bir şeyler öğrenmişsinizdir. Bu duyarlı olma halini son derece, biraz duyarlı olmak ya da duyarsız olmak yerine duyarlığımız hakkında çeşitli bilinç hali derecelerine sahip olmak diye yeniden tanımlamak isterim. Duyarlığımız hep işlemektedir ama biz görece olarak bunun farkında olur ya da olmayız.

> Tüm büyük buluşlar duyguları düşüncelerinin önünde giden insanlar tarafından yapılmıştır.
>
> PEDER CHARLES H. PARKHURST

Çoğumuz farkında olarak ya da olmayarak duyarlıyızdır, bilincimizin yüzeyinin hemen altında kalan bilinçaltıyla algıladığımız yığınla bilgi ve düşünceyi ne yaptığımızı bilmeden toplarız. Bu gerçekleştiğinde bilinmeyi isteyenin yaptığı baskıyı hissederiz. Bu da görünüşte sebepsiz yere bunalmış veya donakalmış, üzgün veya sinirli olmaya neden olabilir.

Bazılarımız bilinçli bir şekilde duyarlıdır, çevremizdeki dünyadan hisleri vasıtasıyla belli belirsiz verileri alıp olumsuz yansımalar yaşamadan kullanma yetisine sahiptirler. Biz doğru bilgileri, zamanlamayı, eylemi ve söylenecekleri hisseder, günlük yaşamda başarılı oluruz.

Kimileri de, yüksek duyarlılık seviyeleriyle başarıyla çalışılan ve aynı zamanda da bilgelik kazanmak, fiziksel olmayan varlıklarla etkileşime geçmek ve ruh bazlı yaratımları bilerek görünür kılmak için spritüel boyutlara geçtikleri bir yerde son derece bilinçli duyarlı insanlar haline gelmekteler.

Siz de muhtemelen bu üç kategorinin bir bileşimisiniz, bazı duyarlılıklar konusunda bilinçli değilsiniz, başkalarıyla ilgili ve onlara karşı hassassınız ve zaman zaman daha yüksek yeni mıntıkalara uzanıyorsunuz. Eğer öngörü kazanma yollarınıza dikkat edip vibrasyonlara karşı hassasiyetinize dayalı eylemler yaparsanız muhtemelen bu yeteneğinizi sık sık kullandığınızı göreceksiniz.

Şunu Deneyin!

Duyarlılığı Nasıl Yaşamıştınız?

1. Günlüğünüze duyarlılığın bilmek, eyleme geçmek ya da iletişimde bulunmakta baskın hal olduğu üç olumlu ya da olumsuz deneyimin bileşenlerini tanımlayarak yazın. Örneğin; "Sue'dan özür diledim çünkü daha önce yaptığım yorumdan dolayı ne kadar kırıldığını anlayabiliyordum" ya da "Ölmek üzere olan kutup ayılarıyla ilgili belgeseli izledikten sonra bütün gün hiçbir şey yapamadım" ya da "Toplantının bir dedikodu seansına dönüp anlamını yitireceğini hissetmiştim". Bunların öncesi ve sonrasında duygusal ya da fiziksel olarak neler hissettiniz? Hissettiklerinizin nasıl farkına vardınız? Başkaları size nasıl tepkiler verdiler?
2. Şimdi de insanların size veya başka birine karşı duyarlı ya da duyarsız davrandıkları üç deneyimin nelerden oluştuğunu anlatın. Bu sizi tam olarak nasıl etkiledi?
3. Bu hafta daha duyarlı davranmış olabileceğiniz durumlara dikkat ederek bedensel ve duygusal farkındalığınızı nasıl daha fazla bilmeye, katkıda bulunmaya ya da başkalarının daha onaylanmış ve anlaşılmış hissetmelerine katkıda bulunacağınızı görmeye açın. Yaşanan bir durumda yüksek duyarlılık uyguladığınızda nasıl hissettiğinizin farkına varın.

Hem Sağlıklı Hem de Sağlıksız Duygu Alışkanlıklarınız Vardır

Doğduğunuz andan itibaren yaşamınızda izleyeceğiniz yolu sezmenize yarayan bir bilinçaltı sistemi geliştirirsiniz. Son derece hassas minik bedeniniz size erişen algılara bağlı olarak ya açık ve ışıldar kalmayı ya da savunmaya geçerek kendi içine çekilmeyi öğrenmiştir. Zamanla bu tepkiler dile getirilmeyen hayatta kalma kuralları olarak berraklaşır. Bunlar bebek zihninizin kendini emniyette hissettiği ölçüde ruhunuzun ortaya çıkıp parlamasına izin verdiği, sizi hayatta tutan *duygu alışkanlıkları* haline gelir.

Bazı duygu alışkanlıkları sağlıklıdır; örneğin farklı durumlarda insana neyin kendisini iyi hissettireceğini anlamak için içine kapanmak ya da bir şeyler öğrenmek istediğiniz insanların taşıdığı tüm özellikleri kendinde yaşatmak üzere kopyalamayı öğrenmek gibi... Ama geliştirdiğiniz hissetme yollarının pek çoğu sağlıksızdır, kendinizi korumak ya da bebek zihninizin dünyanın misafirperver olmayan soğuk doğası hakkında geliştirdiği yanlış algıları kuvvetlendirmek için geliştirilmiştir. Belki de "bedeninizden ayrılmayı" öğrenmiş ve anne babanızın korkunç kavgalarına veya size attıkları dayaklara karşı duyarsızlık geliştirmişsinizdir. Belki de hüsran içindeki annenizin depresyon çıkışlarına karşı onu mutlu etmek üzere onunla birleşmek için aşırı bir hassasiyetiniz vardır ki asıl amacınız annenizin size bakmaya devam etmesidir. Bugün bu duygu alışkanlıkları artık sizin doğal bir parçanız haline gelmiştir ve sağlıksız olanları şahsi titreşiminizin düşük kalmasına neden olur, dönüşümünüzde karşınıza engeller olarak çıkar.

Hislerinize nereye kadar izin vereceğinize gelince; bu konuya biraz ışık tutmak için duygu alışkanlıklarınızı biraz deşelim. Sağlıklı duygu alışkanlıklarınız size bilgiye erişmekte, iyi kararlar vermekte ve ilişkilerinizi iyileştirmekte fayda sağlar. Sağlıksız duygu alışkanlıklarınız ise gizli duygusal yaralarınız ve bloke edilmiş enerji akışlarınızı işaret ederek yeni ve daha sağlıklı bir duyarlılık geliştirme potansiyelinizi nerede bulabileceğinizi gösterir.

Titreşim Duyarlılığı Araştırması

Bu araştırma duygu durumunuzu anlamakta size yardımcı olmak içindir. Bir puanlama var ama sonuçta bir skor elde edilmiyor. Aşağıdaki cümlelere 1 ile 10 arasında bir puan verin, 10 en yüksek ya da gerçeğe en yakın anlamında olsun. Sonuçlarınızı belli bir duyarlılık örüntüsü arayarak ve daha duyarlı olma konusundaki düşüncelerinize bakarak gözden geçirin.

Yüksek Skorlar = Sağlıklı Duygu Alışkanlıkları

1. Yeni insanlar ve yeni fikirlerle ilgili içgüdülerime güvenirim.
2. Doğru ile yalanı hemen ve kolaylıkla anlarım.
3. Başka insanların ruh hallerini hemen ayırt ederim.
4. Kendi fikirlerime ve yol göstericiliğime güvenirim.
5. İstediklerimi gerçekleştirip elde edeceğim konusunda kendime güvenirim.
6. Duygularımın bana faydalı bilgiler getirdiğine inanırım.
7. Girdiğim alanlardaki olumlu ve olumsuz titreşimleri hemen fark ederim.
8. Fiziksel olmayan varlıkları, enerji sahalarını ve insanların ruhlarını hissedebilirim.
9. Çoğunlukla başkalarının ne düşündüğünü bilirim.
10. Eyleme geçmek için doğru zamanı bilirim.
11. Nötr ya da insanlara yardımcı olma durumundayken titreşimsel bilgileri fark ederim.
12. Aşırı heyecanlandığımda daha fazla alan yaratır ve odaklanıp dengemi sağlarım.

Yüksek Skorlar = Sağlıksız Duygu Alışkanlıkları

1. Kendimin ve başkalarının acıları beni allak bullak eder.
2. Şiddete karşı olan toleransım okurken de izlerken de düşüktür.
3. Yoğun uyaranlar ve kaos beni rahatsız eder.
4. Aynı anda pek çok şey yapmam gerektiğinde çok yorgun düşerim.
5. Duygularımı gösterdiğim zaman insanların bana olan güveni sarsılır.
6. Duygularımla hareket ederek karar aldığımda hata yaparım.
7. Çok fazla habere maruz kalmak ve kalabalık bende tutukluk yaratır.

8. Fazlasıyla uyarıldığımda "uçuk kaçık" işlere kalkışırım ya da bağımlılıklarım ortaya çıkar.
9. Savunmaya geçtiğimde ya da eleştirel durumdayken titreşim kaynaklı bilgilerin farkına varırım.
10. Daha duyarlı olsaydım bu dünyada doğru düzgün işlev göremezdim.
11. Daha duyarlı olsaydım delirebilir veya akli denge sorunlarına kapılabilirdim.
12. Daha duyarlı olsaydım ciddi şekilde hastalanabilirdim.

Cevaplarınızı inceledikten sonra ihmalkâr ve ilgisiz veya hislerinizle ciddi temas halinde olduğunuz alanların farkına varabilirsiniz. Titreşimsel uyaranlara karşı yüksek veya düşük bir toleransınız olduğunu, kolaylıkla ya da pek kolay olmayan bir şekilde negatif algıya geçtiğinizi veya inançlarınızın duyarlığınızı artırmayı kolaylaştırdığını ya da zorlaştırdığını görebilirsiniz. Bu faydalı bir bilgidir –doğru ya da yanlış değildir ama algınızı bilerek kullanmaya başlamakta iyi bir çıkış noktasıdır. Şu anda içinde bulunduğunuz halleri de yazmayı isteyebilirsiniz. Korku sizi en çok nerede ve nasıl etkiliyor? Sağlıksız huylarınızı sağlıklı hale getirmek için neler yapabilirsiniz? Titreşimlere dayalı bilgilere güvenmek ve bunları kullanmak konusundaki yeteneğiniz zaten gelişmiş mi, bu konuda hangi noktadasınız? Sağlıklı duygu durumlarını nerelerde geliştirmeyi arzu edersiniz?

Duygu Alışkanlıklarınız Nasıl Gelişir?

Gelin şu doğumunuzun hemen sonrasına, hâlâ empatik ve titreşim bazında hassas bir organizma olduğunuz, sözcükleri ve kabul görmüş anlatım kalıplarını, kimliğinizi ve olay ve insanlarla başa çıkma mekanizmalarını öğrenmeden önceki halinize geri dönelim. Çevrenizle birdiniz ve bir yunus gibi kendi sonar cihazınızı açmış, dünyaya sınırsız olarak yayılan ve size geri dönenlerle yolunuzu bulmayı öğreniyordunuz. Minyatür bir güneş gibiydiniz, bu güneşin altında olmayı arzu eden herkese pırıl pırıl bir ışık, tertemiz bir sevgi ve neşe yayıyordunuz. Koşulsuz sevginiz anne babanıza ve etrafınızda sizi etkileyen diğer kişilere eriştikçe, sonarınız bu insanların sevme ve empati duyma yetenekleri her nerde saklanıyorsa buraları delip geçiyordu ve gerçekliğiniz onaylanıyor, hatta belki daha da büyüyordu. Ruhunuzun gerçeğini orada, bu özel histe duyabiliyordunuz: Hatta buna zevk bile denilebilirdi. Ruhun böyle kabul görmesi sağlıklı bir çocukluğa damgasını vurur.

Ancak anne ve babanız ya da diğerleri korkmaya, kalplerini kapatmaya başladıklarında, güvensizlik yaşadıklarında ya da neşeyi reddettiklerinde sonarınız size dönüyordu. Belki de babanız kendi anne babası sert insanlar oldukları için çocukken oyunculuk tarafını kapatmıştı ve bu sertlik bilinçaltına yerleşmiş, tüm çocukların disipline ihtiyacı olduğuna inanmıştı. Sizin sınır tanımayan neşeniz babanızın katı inançlarına ve "kalıplaşmış" duygularına çarptığında kendinizi yaşayamıyordunuz. Bir şeyin yanlış olduğunu hissediyor ama henüz ne olduğunu tespit edecek kadar çok şey bilmiyordunuz. Bu ilk kez olduğunda bu geri tepme sizin organizmanızda tuhaf bir kaybolma ve gerçeğin yitimi hissi yaratır. İşte "benlik olmayan" bir şey; olduğunuzdan daha yavaş, daha katı, daha keskin ve daha karanlık... İşte dış dünyayı yaşama deneyiminin başlangıcı, yaşamdan ayrılma, korku ve egodan kopma... Bunlar yabancı hislerdir ve insana acı gibi gelir.

Organizma-olan-sizin enerjisi kendine yeter ve sizi ayakta tutmak için sevgi arayışındadır. Davranışlarınızı ebeveyninizin inançlarına ve bedeninin bilinç dışı duruşuna uydurduğunuzda, enerjinizin sizi rahatsız edecek bir biçimde geri tepmeyeceğini öğrenirsiniz. Bu davranışları kopyalar ve bu kalıpları aşamadığınız zamanlarda kendinizi ifade etmeye çalışmayı bırakırsınız. Bu yüzden cezalandırılırsanız yeterince yaratıcı olamazsınız. Eğer sevginizi göstermeniz anne babanızı rahatsız ediyor ve katılaştırıyorsa, sevgi dolu olmayı da bırakırsınız. Annenizin gözleri ve babanızın katılaşmış kalbi size tepki vermiyorsa göğsünüzden ve gözlerinizden yaydığınız sıcacık ışığı kesersiniz. Sessiz olmayı öğrenirsiniz çünkü anneniz o zaman daha rahattır ya da babanız gibi yürümeye başlarsınız çünkü babanıza doğru görünen, kabul ettiği yürüyüş tarzı budur. Ebeveyniniz işkolik ise, yokluklarında kahkaha atmak ya da garip şeyler yapmak daha iyidir.

Enerjinizi akabildiği yere akıtmayı ve birçok alanda hareketsiz kalmayı öğrenirsiniz. Anne babanızın inançları, duygusal önyargı ve yanlılıkları ve bedensel duruşlarıyla sevgi karşılığında yanlış anlaşmalar yaparsınız. Eğer ruhunuzun onaylanmasını sağlayamazsanız, hayatta kalabilmek için minicik kırıntıları bile alırsınız. Düpedüz tacizle karşılaşırsanız organizmanızın yoğun kasılma tepkileri fiziksel ve spritüel gelişiminizi ciddi anlamda zedeleyebilir. Böylelikle de ilk duygusal alışkanlıklarınız başlamış olur. Bedeninizi belli bir biçimde taşır, sadece bazı enerji ve yoğunlukları çalıştırır ve tam benliğinizin kontrolünüz dışında sadece belli bir oranının ışımasına izin verirsiniz. Kendinizi *böyle* bir insan olarak tanımlar ve dünyanın *bu* kurallara göre işlediğine inanırsınız.

Ruhun deneyimlemekten uzak tutuluyoruz
çünkü iç dünyalarımız tıklım tıklım geçmiş travmalarla doludur...
Bu yığınları temizlemeye başladığımızda kutsal ışığın enerjisi ve
sevgisi varlıklarımızdan ışıldamaya başlar.

PEDER THOMAS KEATING

Şimdi Zararı Giderme Zamanı

Kendinizi, şuursuzca, sınırlı durumlarla koşullu sevgi ve kısmi kabulle yaşamaya adapte ettikçe yeni ve daha hızlı titreşim uyarıcılarından daha çok bunalmanız olasıdır. Bu yeni enerjiler size yabancı gelir. Orijinal sonar mavi kopyanızla tutmayan uyarıcılar yanlış olarak algılanır, tehditkâr sayılır, insanda kendini inkâr ettiği ve beynini uyuşturduğu hissini yaratır –aynen bebekken ilk sonar geri tepme yaşandığında olduğu gibi... Günün hızlı frekanslarının seline kapılmış olunduğunda insan içinde derinlerde bir yerde bilinçaltının "Ne? Bunu hesaplayamıyorum!" dediğini duyar ve ya kendini korumak için gelen frekansları reddeder ya da afallayıp kalır.

Dönüşüm sürecinin ilk aşamalarının nasıl ilerlediğini hatırlıyor musunuz? Bedeninizdeki enerji yükseldikçe düşük frekanslı bilinçaltınızda bloke olmuş alanlar –ki bu erken yaşlardaki uzlaşmalar, feragatler ve sevgi kaybıyla ilgili duygularla yakından ilgilidir- bastırılmış kalamaz. Yüzeye çıkıp bilinçli bir hale gelirler. Artık devre dışı kalmış, modası geçmiş kararları ve yanlış algılamaları gözden geçirip bunları değiştirebilirsiniz. Daha hızlı frekanslara ev sahipliği yapmak, ne kadar sevgi dolu olup sevgiyi paylaşabileceğiniz hakkındaki düşüncelerinizi yeniden ayarlamak ve kasılıp kalmış duygusal alışkanlıklarınızı çözmek artık temel işiniz haline gelmiştir. Yine de eski alışkanlıklardan vazgeçmek ve yeni alışkanlıklar geliştirmek bir gecede olacak işler değildir –sabır, tekrar ve sevecenlik gerektirir. Buna hazır mısınız? Gerçekten bebeklikten bildiğiniz açıklığa doğru yola alacak ve ruhunuzu tekrar gerçek benliğinizin makamına oturtacaksınız. Artık neden burada bulunduğunuzu ve kim olduğunuzu bilinçli olarak bileceksiniz.

Korkulara dayalı duygusal alışkanlıklarınızı tanımladıkça bazı durumlarda fobi kaynaklı kaç-kaçın kararlarından, bazı durumlarda ise fobi karşıtı savaş-ve-kontrol et kararlarından çıktıklarını fark edeceksiniz.

"Kaçma" Kararına Dayalı Sağlıksız Duygu Alışkanlıkları

İşte bilinçaltı kaç-kaçın kararları temelli bazı sağlıksız duygu alışkanlıkları:

- Bir odayı, bir ilişkiyi, işinizi ya da ülkenizi terk eder veya konuşmayı, bedeninizi ve hayatınızı gerçek anlamda bırakırsınız Kendinizi ve başkalarını terk edersiniz. En kötüsü de kişiliğinizin bölünmesi ve kendinizden çıkmanızdır. Kendinizi kaybolmuş, doğru yönü tayin edemez, depresyonda, motivasyonunuzu kaybetmiş ve kayıtsız hissedersiniz. Unutkanlıklar ve hafıza kayıpları yaşarsınız.

- Alkol, uyuşturucular, yemek, seks, spor, televizyon, iş, alışveriş, endişeler, sosyalleşme veya internet gibi bir takım bağımlılıklarla kafa dağıtıp kendinizi uyuşturursunuz.
- Kendi gerçekliğiniz dışındaki gerçeklerde yaşamaya başlarsınız ya da başka yerler ve zamanlar, şöhretler, kahramanlar, fiziksel olmayan âlemler veya eski yaşamlarınız size çekici gelir, bunları yüceltirsiniz.
- Benzer bir davranış şeklinde, yücelttiğiniz insanları memnun edememe konusunda aşırı hassas olursunuz, böylece de gerçekte başkalarının hayatlarını yaşadığınız, onlarla birleştiğiniz, kendinizi kaybettiğiniz ve sonuçta hâkimiyet altına girdiğinizi hissettiğiniz bağımlılık ilişkileri geliştirirsiniz.
- Bir şeyi hissetmemek için aklınızı tekeline alıp size bahane yaratan abartılı durumlara karışıp ilgi çekmeye çalışırsınız: Hastasınızdır, acı çekiyorsunuzdur, kapasiteniz yetmiyordur, depresyondasınızdır, çekingensizdir, iflas etmişsinizdir, yaralanmış veya incinmişsinizidir, size zarar veren bir ilişki içindesinizdir ya da hasta bir yakınınıza bakmak, kötü giden bir işle veya restore ettiğiniz evinizdeki sorunlarla ilgilenmek zorundasınızdır.
- Kendinizi çaresiz ve bir kurban gibi hissedersiniz, kişisel sınırlarınız, benlik hissiniz, tercihleriniz ve özgürlüğünüz yoktur ve sonunda bitip tükenir, paralize olursunuz. Şikâyet eder, kendinizi şanssız hisseder, bahaneler yaratırsınız ve genellikle kötü bir ruh hali içindesinizdir, tekrar eden olumsuz olaylar içine sıkışıp kalmışsınızdır.
- Zamanla fiziksel olarak sağlınızı bozacak endişeler ve panik ataklar yaşamaktasınızdır.

Öfke olsun, incinme, hüzün ve hatta büyük bir mutluluk olsun, aşırı bir duygu yaşadığınız zamanlarda bu duyguyla hareket ederseniz hiçbir şekilde berraklık olamaz. Duygular hissedilmek içindir. Gerçek eylem ya da eylemsizlik tüm duyguların altında yatandan çıkmalıdır. Maddenin özünde, herhangi bir duygunun kökeninde, dehşet verici bir dille konuşsa da, barış yatar.

GANGAJI

“Savaşma” Kararına Dayalı Sağlıksız Duygu Alışkanlıkları

İşte bilinçaltındaki savaş-ve-kontrol et kararına dayanan bazı sağlıksız duygu alışkanlıkları:

- Bir şeyi hissetmek istemediğinizde kendi dışınızdakilere öfke, nefret ve şiddet duygularını yansıtır, onları suçlarsınız. Gerçeğin olmasını istediğiniz şekline karşı tehdit oluşturan insanlara saldırırsınız.
- Sorun çözen biri haline gelir, dış dünyayı kendi tercihlerinizle paralel hale getirebilmek için sizi rahatsız eden şeyleri düzeltmeye çalışırsınız.
- Kurtarıcı veya şifacı kılığında eyleme geçer, başkalarının gelişim süreçlerinde nasıl daha sağlıklı ve mutlu olabilecekleri hakkındaki düşüncelerinizi yansıtırsınız.
- İnsanları çekiciliğinizle, baştan çıkararak, sahte bir tevazuuyla, onları kandırarak, pazarlıklar, manipülasyon ve zor kullanarak etkiniz altına alıp kontrol etmeye çalışırsınız.
- Daha fazlasını bilmeye, daha fazlasını yapmaya çalışır, doymak bilmez bir şekilde okur, seminerlere katılır, uzun saatler boyu çalışır ya da ders programlarının dışında kalan yardım projelerinde gönüllü olursunuz.
- Çözülmeyen anlaşmazlık ve kutuplaşma pozisyonlarında takılıp kalırsınız. Tartışırsınız, eleştirirsiniz ve başkalarını reddedip onları cezalandırmak istersiniz.
- Kendinizi yaşamak *zorunda* olduğunuza inandığınız özverileri sevmeye ikna edersiniz. Hatta kontrolün elinizde olduğunu hissedebilmek için başkalarına bunları kendiniz seçtiğinizi ya da bilerek yarattığınızı söyleyebilirsiniz.
- İnatçılaşır ve karşı koymaya başlarsınız, metanetli olur, sabitleşirsiniz. Değişmez, kimseyi dinlemez ve hiçbir şeye katılmazsınız.

Bunlara Zıt Olan Bazı Sağlıklı Duygu Alışkanlıkları

Eğer açık bir insan olarak kalmayı başarmışsanız veya dünyayı bilinçli bir şekilde hissetme kabiliyetinizi şu an aktif olarak geliştiriyorsanız aşağıdaki sağlıklı duygu alışkanlıklarından bir kısmının farkına varmak ya da bazılarını geliştirmek isteyebilirsiniz:

- Etik ve ahenk hakkında doğuştan gelen içgüdülerinize uygun şekilde düşünür, hisseder ve kendinizi yargılamadan, özverilerde bulunmadan hareket edersiniz.
- Başkalarının sizin için gerçek kişiliklerinden fedakârlık etmek zorunda kalmaksızın düşünmelerine, hissetmelerine ve hareket etmelerine hak tanırsınız.
- Başka insanların, mekânların ve durumların frekanslarını bilinçli olarak fark eder ve özellikle de frekansları sizden düşükse onlara uymak için kendinizi değiştirmezsiniz.
- Yeni bilgi ve fikirleri harekete geçirmek için insan, mekân ya da durumlarda, bilerek başka frekanslarla birleşirsiniz sonra da kendinize dönüp bu bilgileri uygulamaya koyup koymayacağınıza, uygulayacaksanız bunu nasıl yapacağınıza karar verirsiniz.
- Farkındalığınızı açık ve şimdiki anda tutar, bedeninizden gelen hafif sinyalleri alırsınız. Odaklanır ve dikkatinizi kaybetmezseniz, kendinizi dünyadan ayrı tutmaya ya da korumaya gerek kalmaz; sadece frekansınızı sizi belli anlarda en çok besleyen ya da eğlendiren titreşimlere ayarlamanız yeterli olur.
- Kendi içinize çekilirsiniz; bir şeylerden kaçmak için değil de belli durumlarda size nelerin iyi hissettirdiğini görmek ve kendi düşüncelerinizi bulmak için... Çeşitli duygularda öngörüler ve mesajlar bulur, her hissi ve algıyı faydalı bulursunuz.
- Kendinize güvenirsiniz ve kendinizden keyif alırsınız, bu yüzden de başkalarını etkilemenize gerek yoktur. Bundan doğan rahatlık berraklığın artmasıyla sonuçlanır. Bir şeyi bilmeniz

gerektiğinde bileceğinize güveniniz tamdır. Başkalarıyla enerjinizi ve farkındalığınızı kolayca paylaşırsınız.

- Kendinizi en can sıkıcısından en ferahlatıcısına kadar her türlü hissi yaşamaya bırakırsınız çünkü yaşamanın bu demek olduğunu bilirsiniz. En can sıkıcı duygular bile faydalı bilgi ve enerjiler içerir.
- Yaşamla zihnin doğal olarak birlikte salındıklarını bildiğiniz için kendinizin ve başkalarının kutupları olmasına ve istikrarın merkezine inerken sık sık değişmelerine müsaade edersiniz.
- Yaşam deneyiminizin size ve seçimlerinize bağlı olduğunu bilirsiniz. Bedeninizde, duygu ve düşüncelerinizde çalışan frekansları ayarlayarak kendi gerçeğinizi değiştirebileceğinizi ve "yaşamınızdaki şeyleri" yaratıp yok edebileceğinizi bilirsiniz.
- Dünyayla canlı bağlantıda olmak sizi heyecanlandırır ve kendinizi tamamen keşfetmeye ve yaratıcılığa adarsınız. Kendinizin ve dünyanın birçok farklı boyut ve farkındalık frekansından oluştuğunu kabul edersiniz, hepsine de erişiminiz vardır.

Sağlıksız Duygu Alışkanlıklarını Bilinçli Duyarlılığa Dönüştürmenin Yolları

Sağlıksız duygu alışkanlıklarınızı sağlıklı olanlarla kıyaslayarak kendinize bir takım duyarlılık hedefleri koyabilirsiniz. Öncelikle neyin işe yaramadığını, bu işe yaramayan kalıplarda neden takılı kaldığınızı bulmanız gerek ki kendinizi ve başkalarını affedebilin, sonra da eskilerin yerine geçecek bazı yeni ve daha iyi yöntemler bulabilin. Bir sonraki adım kendinizi sağlıksız bir kalıbın ortasında yakalayabilmektir –kendinizle başa çıkmak için bir başka sağlıksız alışkanlığa başvurmadan... Eğer sizinle aynı fikirde değil diye bir arkadaşınızı bıraktıysanız sakinleşmek için gidip de bira içmeyin. Bunun yerine sağlıklı bir duygu alışkanlığını deneyin; mesela yeniden odaklanarak onu anlayabilmek için arkadaşınızın gerçeğini hissetmeye çalışın.

Kendinizi eleştirip cezalandırmayın! Böyle yapacağınıza, "Ah ya, işte yine aynı şeyi yaptım. Kendimi çılgın kalabalıktan izole ettim" ya da "Fark ettim ki arkadaşımı suçlamak istiyorum çünkü benim istediğim kadar uyanık değil" deyin. Sadece buna dikkat edin, sadece farkına varın ve bir an için bu düşünceyle kalın. Sağlıksız duygu alışkanlığını durdurmayı öğrenin, zihninizin yumuşak bir kas gibi olmasına izin verin ve bedeninizde her ne oluyorsa bunu değişmeye çalışmadan tam anlamıyla yaşayın. Huzursuzluk hissediyorsanız, huzursuzluğu önceden olduğundan bir otuz saniye daha fazla hissetmeyi sürdürün. Gözlemci olun. Bilinçsiz alışkanlıklarınızı bu konuda bir şeyler yapabileceğiniz yerlerde bilinçli hale getirin.

Endişe büyüme deneyiminin ta kendisidir...
Reddedilen endişeler bizi hasta eder; tam anlamıyla yüzleşilen ve sonuna kadar yaşanan endişeler sevince, güvenliğe, güce, odaklanmaya ve karaktere dönüşür.
Pratik formül şudur: Acının olduğu yere git.

PETER KOESTENBAUM

Dikkat ederek ve bir bakıma utanç verici bir deneyim olan kontrol etme ya da kaçınmayla "birlikte bulunarak" kendinize bir açılım sağlar, kısa bir mola verirsiniz. Azıcık nefes aldığınız bu molada bir alternatif seçme hakkınız vardır. Gerçekte olup biteni sezmenin daha pozitif bir yolu var mı? Değiştirmek, yerine başka bir şey koymak istediğiniz sağlıklı duygu alışkanlıklarınız var mı? İlgi alanları ve çıkarları sizden farklı olan insanlara patlamak yerine günlüğünüze hangi çocukluk deneyimlerinizin bu ilişkiye nasıl bağlandığını yazmaya ne dersiniz? Peki ya bedeninizdeki gerilimleri hissedip yoga veya tai chi ile rahatlamaya ne dersiniz? Sağlıksız bir alışkanlığı elimine etmeyi başardığınızda bunun yerine bilerek sağlıklı bir alışkanlık yerleştirdiğinizden emin olun. Hatta kendi kendinize yüksek sesle şöyle diyebilirsiniz: "Gördün mü bak Benliğim? Artık bu işi BÖYLE yapıyorum ben!"

Şunu Deneyin!

Sağlıklı Bir Duygu Alışkanlığı Uygulaması Yapın

- Bir daha geçmiş yaralarınızı sembolize eden yoğun enerji ya da gergin durumlara karşı kaçın- ya da- savaş tepkisi verdiğinizi fark ettiğinizde buradaki sağlıksız duygusal alışkanlığın ne olduğunu tespit edin. Bu eylemi kesin. Kendinize ne hissettiğinizi tarif edin: "Geç kalacağım ve insanlar hakkımda kötü düşünecek, onlarla iyi olmam zorlaşacak diye endişelendim."
- Bu sağlıksız alışkanlığı sürdürürseniz ne hissedebileceğinizi ve neler olabileceğini hayal edin. Böyle bir durumda o kadar gerilirsiniz ki panik atak geçirebilir, kaybolabilir, kaza geçirebilir ya da bir toplantıya giderken o kadar yorulursunuz ki herkeste en kötü izlenimi uyandırıp size karşı kendilerini yabancı hissetmelerine neden olabilirsiniz. Stratejinizi değiştirmeyi tercih edin.
- Nefes alın! Şimdiki zamana, şu ana ve bedeninize dönün ve gevşeyin.
- Yukarıdaki sağlıklı duygu alışkanlıkları listesini yeniden düşünün ve birini seçin. Bunu bir onaylamaya çevirin, mesela; "Ne hissettiğimin, ne yaşadığımın bana ve seçimlerime bağlı olduğunu biliyorum". Sadece buna odaklanın, duyarlılığınızı böyle olmanın nasıl bir duygu olduğunu hissedebilmek ve uygulamaya geçtiğinizde mevcut durumda ne gibi değişiklikler olacağını görmeye akort edin.
- Başka bir zaman önceki listedeki sağlıklı duygusal alışkanlıklardan birini seçin ve bütün gün bunu uygulamaya çalışın. Bunu da bir onaylamaya çevirin: "Başkalarının kendilerince hissetmelerine ve kendilerince davranmalarına olanak tanıyorum ve insanların hakiki benliklerini benim için feda etmeleri gerekmiyor." Duyarlılığınız ne anlamda gelişti?

Titreşimlere Bilinçli Bir Duyarlılık İçinde Olmanın Faydaları

- Sezgisel yetenekleriniz ve berraklığınız yüksektir. Doğru kararlar alırsınız.
- Yaratıcılık ve yenilikçilik konusundaki yetenekleriniz yüksektir. İstediklerinizi kolaylıkla gerçekleştirir ve size verilenleri iyi kullanırsınız.
- Başkalarıyla kolaylıkla işbirliği yapar ve insanların en iyi taraflarını görürsünüz. Başkalarının motivasyonları, onlara acı veren olaylar ve gelişmek ve şifa bulmak için nelere ihtiyaçları olduğu konusunda derin bir kavrayışınız olur. İnsanlara yardım edebilir, tavsiyeler verebilir ve ihtiyaç duydukları anlayışı gösterebilirsiniz.
- Her şeyin iç dinamiklerini hissedebilme kapasiteniz size ilişkileriniz, özel hayatınız ve işinizde mutlu ve başarılı olabilme doğrultusunda veriler ve öngörüler sağlar.
- Ayrılık ve soyutlanma duygularınızı giderebilir ve hayattaki her şeyin aslında ne kadar birbirine bağlı, temas içinde olduğunu ve ortak bir kaynaktan beslendiklerini anlayabilirsiniz. Bu da size her şeyin ruhuna inebilme ve spritüel olarak aydınlanma konusunda yardımcı olur.

Bilinçli Duyarlılık Geliştirmek için Krize Girmek Gerekmez!

Daniel kariyerinin büyük bölümünü bankaların yönetim kurullarında başkanlık yaparak geçirmişti ve lüks içinde yaşıyordu. Akıllı ve zeki bir adamdı, muhteşem bir problem çözücü, bir pazarlama dâhisi ve gücünü kötüye kullanmayan iyi bir liderdi. Emekliye ayrıldığında herkes Daniel'in gidişine çok üzülmüştü. Bir süre biraz seyahat etti, bazı yönetim kurullarında görev aldı ama hayatın bunun ötesinde olduğunun farkındaydı. Huzursuz olmaya başlamıştı ve adeta diken üstündeydi. Her zamanki özgüvenli ve soğukkanlı haliyle spritüel ve metafizik çalışmalara daldı, bu konulara çözülmesi gereken bir sorun olarak yaklaştı. Dünyadaki güç noktalarını ziyaret etti ve gördüklerini listesine işaretledi. İyi hocalarla çalıştı, yüzlerce kitap okudu ve yoga yaptı. Sonra bir kalp krizi geçirdi. İyileşirken nasıl olur da başıma böyle bir şey gelir diye düşünüyordu çünkü ona göre zihni "doğru yerdeydi" ve tamamen "doğru olanları yaparak" yaşıyordu.

Bu sorunun köküne inmek için birlikte birkaç seans yaptık ve ortaya çıkanlardan biri de Daniel'in zihinsel güç ve problem çözme yeteneklerini bunların işlemeyeceği konulara uygulamasıydı. Güçlü iradesini ve zihnini ne kadar çok kullanırsa yaşamak istediği deneyimler de elinden uçuyor, o kadar uzağa kaçıyordu. Şanlı şerefli kariyerinden sonra yaşacağı boşluk duygusunu düşünmek onu dehşete düşürmüştü. Hedefine ulaşmak için bildiği mükemmeliyetçiliği uygulayamıyordu ve hatta aslında hedefinin ne olduğunu bile bilmiyordu çünkü hedefi halen tanımlanma aşamasındaydı ve tanımlanmaya meydan okuyordu. Cevap yüzünden okunabiliyordu; kalbi kırmızı bir imdat sinyali misali çakıyordu. "Hey!" diye çığlık atıyordu, "biraz yavaş… Bana dikkat et. Cevap benim! Beni hisset. Neler hissettiğimi anla. Bir süre sadece OLMAKLA yetin."

Yürekten bilmek ve "olmak" duygusu Daniel'a yabancıydı. Bunları geçmişinde duygusal zaaflar ve kötü kararlar olarak değerlendirmişti. Girişimci zihnini paydos etmeyi ve kendini bedenine ve o ana teslim etmeyi öğrenmesi için birlikte çalıştığımız sıralarda Daniel kendisini potansiyel taşıyan deneyimlerin bütünsel âlemleri hakkında biraz bilinçsiz ve duyarsız kılan bir takım sağlıksız duygu alışkanlıkları geliştirmiş olduğunu fark etti. Büyük başarılara imza atan biri, iyi bir atlet ve çocukken de kendisinin veya yakınlarındakilerin güçsüz yanlarını hissetmek istemeyen babasını memnun etmek için iyi notlar alan bir öğrenci olmayı öğrenmişti. Daniel bu işi öyle iyi başarmıştı ki, bunu temel kimliği haline getirip kilit altına almıştı. Kalbinin ışığını ve sıcaklığını yaymayı bırakmıştı çünkü anne ve babası bunun gerçek olduğunu kabul etmiyorlardı ve bu da geri tepmişti. Daniel kalbinin kabul görmemek yüzünden ne kadar acıdığını ve bu yüzden nasıl kasıldığını fark etmemişti. Aslında geçirdiği kalp krizi birikmiş enerjinin açığa çıkmasıydı; aslında ruhu ona şöyle diyordu: "Artık takatini kesen bu işi düzeltmenin ve kendini tam anlamıyla ifade etmeye başlamanın vakti geldi. Aklınla bir zorun yok ama artık aklın yüreğinin bilge isteklerine hizmet etmeli."

Daniel banka yönetim kurulu başkanıyken gün boyunca çok fazla şey hissediyordu ancak bu duygular bastırılmış ve yok sayılmıştı. Bunları düşünmemek için de kendini işe, şaraba, otomobillere ve seyahatlere vererek bir bakıma bağımlı hale gelmişti. Heyecan veren adrenalin salgılamaları dışında kendi bedenini hayatından çıkarmış kafasında yaşamaya başlamıştı bu yüzden de bazı sağlıksız duygu alışkanlıkları duyarlılığından kaynaklı bilgilerden kaçmak için uyguladığı kaçınma kararıyla oluşmuştu. Savaşma kararından kaynaklanan sağlıksız duygu alışkanlıkları ise şunlardı: (1) Aslında içinde bir yerlerde daha önce kapattığı samimiyeti, sezgileri, sanatı ve tinselliği özlese de kendini içine çektiği gerçekliği seviyormuş gibi yapmak ve (2) Kendini zarar görmekten korumak için proaktif bir lider, problem çözücü ve bir uzman olmak.

Zamanla Daniel dikkatini bedenine vermeyi, kalbine odaklanmayı ve anbean neler hissettiğini anlamayı öğrendi. Seçimlerini bu öngörülerle yapmaya başladı; kendini tanımlamaktan vazgeçti. İnsanların ve yaşamın, üzerinde özellikle de duygusal anlamda, daha büyük bir etki yapmasına izin vermeye başladı. Böylelikle uzun süredir devam eden bir kalıbı tersine çevirip kendini sınırları genişletilmiş bir gerçekliğe açtı. Birkaç yıl sonra yüce spritüel âlemlerle ve fiziksel olmayan varlıklarla temas kurmakta o kadar deneyimli olmuştu ki kendi yaşadığı dönüşüme ihtiyacı olanlara rehberlik etmeye ve danışmanlık yapmaya başladı. Daniel'i daha önceden tanıyan biri olarak şaşırmıştım, böyle yeni bir kapasitesi olabileceği kimin aklına gelirdi ki? Artık tüm mükemmelliği, insanlara gösterdiği empati ve şefkat vasıtasıyla kalbinin hizmetinde. Bu, onun gerçek kişiliğinin yeniden dengelenip gelişmesinin doğal bir sonucu oldu.

> Dönüm noktaları kendilerini hissedilmesi zor çeşitli semptomlarla belli ederler: Derin huzursuzluklar, adı konulmamış özlemler, tarifsiz bir can sıkıntısı, sıkışıp kalmış ve tuzağa düşmüş hissi.
>
> GLORIA KARPINSKI

Değişime çok ayak direyen biri değilseniz, sağlıklı duygu alışkanlıkları ve bilinçli bir duyarlılık geliştirmek için krizler yaşamanız gerekmez. Şimdi belli belirsiz algılarınızı fark edip onlara daha fazla güvenmeye başlar ve sizi nasıl da daha doyurucu, daha iyi bir yaşama bağladıklarını görürseniz, zamanla yeni bir ilkbaharın sıcaklığında açan bir çiçek misali açılacaksınız.

Gizli Kalmış Yanlış Algıları Bulmak Faydalıdır

Her sağlıksız duygu alışkanlığının altında enerji ve farkındalığın gerçek işleyişi konusundaki yanlış bir algı yatar. Bu alışkanlık ilk kurulduğunda, konuşmayı bile bilmediğinizi ve hiçbir zihinsel kavramınız olmadığını unutmayın; o zamanlar her şey iç organlarınızla ilgiliydi ve hayatta kalmaya endeksliydi. Sürüngen beyniniz ve hayvandan gelen vahşi doğanız sizi canlı tutuyordu. Çocukluğu geçirmenin başka bir yolu da yoktur. Erişkinliğe geçerken bu ilk kalıpları yeniden gözden geçirip açıklığa kavuşturmak son derece normaldir. Böylece ışıktan bir varlık olup gerçek kişiliğinizi sevebilirsiniz. Artık bebek aklınızla kurduğunuz yanlış algıları bulmak için her bir alışkanlığın içine girerek hissedip anlayabilme zamanıdır. Bu alışkanlığı geliştirme sebebini ve altında yatan tuhaf mantığı sevecen bir yaklaşımla ortaya çıkarmayı başardığınızda alışkanlığın yavaş yavaş geçmesi ve hatta arkasından kahkahalar atılabilmesi çok daha kolay olur.

Örneğin; bu bölümün başında küçükken babası tarafından terk edilen Megan'dan bahsetmiştim. Babasının davranışının arkasındaki nedenleri anlayamayan küçük kızın bedeni büyük bir kafa karışıklığıyla kasılıp kaybı yüzünden bunalırken minicik zihnine şu algılar yerleşmişti: "Sevdiğim erkekler beni terk eder" "Buna ben sebep oldum çünkü yeterince iyi değilim" ve "Bana yardım edecek erkek enerjisi olamaz, dolayısıyla her şeyi kendi başıma yapmak zorundayım." Bunları hissetmemek için asi ve kabadayıca davranmaya başlayarak sağlıksız bir duygu alışkanlığı geliştirmişti ama terk edilmeye karşı gösterdiği tüm çabaya rağmen erkek arkadaşı gerçekten de kızı terk etmeye meyilliydi. Megan ise yanlış bir şeyler yaptığını ve fazlasıyla bağımsız davrandığını hissediyordu. Erken yaşlarda gelişen yanlış algıları bulmak Megan'a bu kalıpları bozmak ve böylece arzu ediyorsa iyi bir evlilik yapması ve başarılı kariyer edinebilmesi için yarar sağlayabilirdi.

Daniel'in durumunda ise, Daniel babasının sevgisini kaybetmemek uğruna güçlü, kompetan, sarsılmaz ve hata yapmaz biri olmuştu. Babasının kalbi kapalı olduğu için Daniel'in alabileceği sevginin yerini tutacak en iyi şeyler kabul görmek ve takdir edilmekti. Sağlıksız duygu alışkanlığı, kafasını dağıtıp duygusuz görünmekti. Bunun altında yatan yanlış algıda ise o minicik bebek aklıyla aldığı şu kararlar vardı: "Erkekler sevgi ve şefkat göstermez" "hayatta kalmak için başarılı olmak şarttır" ve "Akıllı ve zeki olduğum için iyi ve güvendeyim." Biraz daha derine inersek, bu yanlış algıların altında neredeyse herkeste bulunan başka yanlış algılar olduğunu göreceğiz: "Bu dünya gerçek benliğimi feda edeceğim, bu yüzden de acı çekeceğim bir yerdir. Hayatta olmak, acı çekerek yaşamaktır."

Daniel'in dönüşümünde tüm yanlış algılarını da dönüştürmüş olması ilginç. Erkekler kesinlikle sevgi ve şefkat gösterir; bu erkekler adına en büyük zevklerden biridir. Maddi başarılar hayatta kalabilmek için şart değildir; şart olan anlamlı hedeflere sahip olmak ve kendini gerçekte olduğu gibi ifade edebilmektir. Akıllı ve zeki olduğumdan değil, kendim olduğum için iyi ve güvendeyim. Bu dünya sadece ben fedakârlık gerektirdiğini, acı ve ıstırapla dolu olduğunu söylersem öyle bir yer olur.

İşte yaşam hakkında bir takım diğer yanlış algılara birkaç örnek:

- Dünya tüm çılgınlığı ve acımasızlığıyla benden daha büyük ve önemli, benim de bu durumda elimden hiçbir şey gelmez…

- Onların acısını hissedersem kendi acımı da hissederim. Eğer kendi acımı hissedersem bu büyük ıstıraptan ölürüm...
- Başkalarının acı çekmesine engel olmalıyım yoksa beni terk ederler, ben de ölürüm...
- Beni kimse istemiyor, dolayısıyla bir anlamım ve değerim yok benim...
- Görünmez kalmalıyım yoksa cezalandırılabilirim; kendimi görünür kıldığımda yaralanıyorum.

Şunu Deneyin!

Temel Yanlış Algılarınızı Düzeltin

- Sağlıksız duygu alışkanlıklarınızı derinine inerek hissedin ve bakın bakalım daha minicikken bebek aklınızla yerleştirdiğiniz yanlış algıları görebilecek misiniz? Bunları cümleler halinde yazın. Bu cümlelerden bazılarının hayatınıza mal olduğunu fark edebilirsiniz.
- Her bir yanlış algıyı tersine çevirin ki tersi doğru olsun. Bunları tek tek pozitif cümleler olarak yazın. Şunu da unutmayın: "Bu dünya, ancak ben fedakârlık gerektirdiğini, acı ve ıstırapla dolu olduğunu söylersem öyle bir yer olur."
- Gün boyunca aklınıza geldikçe ve mümkün olduğunca sıklıkla her bir pozitif cümleye bu sizin yeni gerçeğinizmiş gibi hissetmeye odaklanın. Arzularınızın, motivasyon, duygu ve düşüncelerinizin ve hareketlerinizin nasıl değiştiğinin farkına varın.

Kısaca...

Titreşimlere duyarlı ve empatik olarak doğdunuz; kalbiniz ve bedeniniz böylece şekillenmişti ve dünyanın bir parçası olmayı böyle öğrendiniz. Doğal haliniz duyarlı olmaktır ama bunun az ya da çok farkında olabilirsiniz. Bilinçsiz olarak duyarlı, bilinçli olarak duyarlı ya da son derece bilinçli olarak duyarlı olabilirsiniz. Küçükken ve daha konuşamazken sağlıksız duygu alışkanlıkları geliştirmiş olabilirsiniz –bunlar duyarlığınızı bozmuş ama hayatta kalmanızı sağlamış olabilir. Bu duygu alışkanlıklarını, yunusların sonar kullanma şekillerine oldukça benzer bir biçimde geliştirdiniz; ruhunuzun özelliklerini çevrenize yaydınız ve anne babanızın ruhlarının özelliklerine uygun düştüklerinde kendinizi hissedebildiniz ve onaylandığınızı düşündünüz. Ruhunuzun özellikleri, onların korkuları yüzünden anne babanızınkine uymadığında, enerjiniz geri tepti, kafanızı karıştırdı ve bir acı hissi yarattı. Onaylanmak ve anlaşmaya varmak için anne babanızdaki korku titreşimlerine uymayı öğrendiniz: Bu sevginin yerini doldurmayan yedeğidir.

Hem sağlıklı hem de sağlıksız duygu alışkanlıklarınız vardır. Sağlıksız olanlar dönüşüm sürecinizde karşınıza çıkarak size engel teşkil eder çünkü sizi korkuya iterek gerginlik yaratır ya da kişiliğinizi böler. Sağlıksız duygu alışkanlıklarınız ya kaçmak-ve- kaçınmak ya da savaşmak –ve- kontrol etmek seçimlerinize dayalıdır. Bugünün artan enerji frekans hızları bilinçaltınızdaki "yaralar"ın ortaya çıkmasını hızlandırıyor ve kendi hayatınızın sahibi olduğunuzu anlamadan önce bebek aklınızla yanlış algıladıklarınızı düzeltmeniz için bir aciliyet oluşturuyor. Sağlıksız duygu alışkanlıklarını, kendinizi tepki verirken yakalayarak, deneyimin içinde olarak ve alternatif bir sağlıklı duygu alışkanlığı seçerek bilinçli bir duyarlılığa çevirebilirsiniz.

Ev Frekansı Mesajı

Okuyucuya bölümünün 21. sayfasında açıkladığım gibi, normal hızlı okumanızı daha derin bir doğrudan deneyime çevirmek için bu ilham verici parçaları her bölümün sonuna ekledim. Bu mesajlar kanalıyla kişisel titreşiminizi bilerek değiştirebilirsiniz.

Aşağıdaki mesaj sizi Sezgi Çağı'nda yaşayacağınız hayata yakın bir dünyaya nakletmek için verilmiştir. *Ev frekansı mesajı*na girebilmek için şimdi daha yavaş, daha telaşsız bir hıza inin.

Derin bir nefes alın ve mümkün olduğunca sakin olun. Bırakın zihniniz yumuşak ve kavrayışlı, yeni algılara açık olsun. Sezgilerinizi açın ve dili *derine inerek* anlamaya hazırlanın. Bakalım *okurken* canlanan derin gerçekler ve duygu durumlarını deneyimleyecek misiniz...

Bu deneyiminiz, terimlere ayırdığınız zamanla doğru orantılı olarak daha büyük bir boyuta çıkabilir. Kelimelerin bir seferde birkaçına odaklanın, noktalama işaretlerinde duraklayın ve size mesajı şu anda ve canlı olarak ileten zekâyla birlikte kalın. Kelimeleri yüksek sesle okuyabilirsiniz ya da üzerinizde nasıl etki edeceklerini görmek için gözlerinizi kapatıp birine okutabilirsiniz.

İÇİNİZDEKİ ISTIRABA SON VERMEK

Istırap çekmek, hatta müthiş fiziksel acılar ve duygusal kayıplar bile bunlara bakmadığınız ve aramadığınız zaman hafifleyerek yok olur. Onunla hemfikir olmayı ya da savaşmayı bıraktığınızda yok olurlar. Bu acıdan bir özdeşlik çıkarmayı kestiğinizde geçer. Daha yüksek âlemlerde hiçbir ıstırap yoktur, kurbanlar yoktur, kurtarıcılar yoktur, liderler yoktur, takipçiler yoktur, olurlar- olmazlar yoktur, orası burası yoktur. Daha yüksek frekanslarda var olmanın gücünü anlarsınız. Var olmak mevcudiyeti açığa çıkarır, mevcudiyet de her şeyi gözeten ilahi farkındalığı açığa çıkarır. İlahi farkındalık sevgiyi benlik ve yaşamın temel değişmez doğası olarak ortaya çıkarır. Her anda VAR olabilirsiniz. Mevcudiyeti arayıp hissedebilirsiniz; hiç terk etmediğiniz sevginin şaşırtıcı biçimde size dönmesini bekleyebilirsiniz. Sevgide hiç acı yoktur, sadece sevgiden ayrılmakta vardır ve ayrı hissetmek ise ıstırap çekmek için yapılmış bir seçimdir.

Yüce âlemlerde siz, bizdir, tek bir Benlik'tir, bu tek Benlik ise sevgi paylaşımını hissetmek ve yaşamaktır. Eğer tek Benlik olmadığınızı düşünürseniz ya da bir başkasının bu tek Benlik olmadığına inanırsanız kaybolmanız, sonra da acı çekmeniz mümkündür. "Onları" ya da aradaki mesafeyi veya bir boşluğu düşünmek suni bir gedik yaratır çünkü sizin dışınızda hiçbir şey yoktur, yabancılar yoktur, yabancı bir şey yoktur, bu mevcudiyetin boşluk yaratmak üzere kaçacağı bir yer yoktur. Mevcudiyetin sürekliliğinde bir gedik olduğunu farz ettiğiniz anda ıstırap yaratırsınız, bu da şüphe ve korkudur, bu da ayrılıktır, bu da deliliktir. Bu sadece insanın aklında olan bir şeydir. Dünyayla yeniden aşina olduğunuz anda, kendi benliğiniz içinde tekrar eridiğinizde bu gedik ortadan kalkar ve bölünmez mevcudiyet yeniden ortaya çıkar. Kendinizi küçük, sonu olan titrek bir benlik olarak görmek bir yoldur, diğer yol ise sınırsız, hep genişleyen ve yayılan, ışık saçan bir benlik olarak görmektir.

Bazen acı hissedeceksiniz. Bu da doğal kasılmaya karşı direnmektir. Ancak ıstırap çekmenize gerek yoktur. Gevşeyip dalgayla birlikte ileri gidin. Zaman zaman "içinizdeki alanda", sizin dünyanızda ıstırap çeken insanlar belirecektir. Bu demektir ki siz hâlâ ıstırabın gerçekliği olasılığını düşünüp taşınmaktasınız. Bir an için bütünüyle onlarla olun. Onlara inanmayın, onları reddetmeyin, onları kopya etmeyin –sadece deneyimlerine izin verin. Onların içindeki mevcudiyeti hissedin, onların sizin mevcudiyetinizi hissetmelerine izin verin, bunu tek bir Benlik mevcudiyeti olarak sunun ve bu sunduğunuzla istedikleri ölçüde birleşmelerine izin verin. Mevcudiyet bilinçlendikçe, sakin bir kesinlik ortaya çıkar ve onlar kendi gerçek benliklerini hatırlar. Istıraptan çıkmanın yolunu bulurlar ve bu sizi de özgür kılar. Sevginin hafızası ortaya çıkarken hemen anında bir iyileşme, ani bir olumlu değişim ve kişisel dönüşüm olur –onların içinde ve sizde. Sevgi yokluğunun yanılsamasının yarattığı her sarsılış hepimiz için ıstırabı siler. Zihnin yarattığı gediklerin her yıkılışında ıstıraplar gökyüzünün derin maviliğindeki bir bulut misali dağılır gider.

4

Olumsuz Titreşimlerden Kurtulmak

İnsanın en kötü taraflarını dönüştürebilmesinin tek kesin yolu, bunları bütünüyle ve sevinçle kabul etmek olabilir.

HENRY MILLER

CLAUDIA TOPLANTIYA yeni bir müşteri adayıyla girdi ve anında soğuk ter döküyormuş hissine kapıldı. "Bir takım kötü sinyaller" alıyorum diye düşündü. Bu hisleri zihninin gerisine atıp sunumunu çıkardı. Konuşmasına başlarken müşteri adayının ekibindeki birinin yanındaki arkadaşına eğilip yüzünde küçümseyen bir ifadeyle bir şeyler fısıldadığını fark etti. Adamın arkadaşı Claudia'ya boş gözlerle baktıktan sonra gözlerini elektronik takvimine çevirdi. Claudia birden yargılandığını hissederek huzursuz oldu. Canı sıkılmıştı ve adamların onda ne sorun bulmuş olabileceklerini düşündü. Yeterince çekici değil miydi? İradesini kullanarak endişesini bastırdı ve elinden gelen en iyi, en doyurucu sunumu yaptı. Sonra toplantı masasına göz gezdirdiğinde kendi ekibindeki arkadaşlarının işe el koyduklarını, onunla rekabet eder gibi, varlığından haberi bile olmadığı bilgiler verdiklerini gördü.

Claudia'dan rol çalıyorlar, onu geri plana itiyorlardı. Midesi düğümlenmiş gibiydi. Köpekbalıklarıyla dolu bir havuza atılmış olduğunu hissetti.

Günün geri kalanında kendini dışlanmış hissetti ve bir türlü konsantre olamadı. O gece aklı eleştirilere takıldığı ve olumsuz senaryolar ürettiği için gözüne uyku girmedi. "Kırmızı takımımı giymeliydim." "Daha nüktedan olmalıydım." "Başıma çok kötü bir şey gelecek." Ertesi gün tam şüphelendiği gibi patronun odasına çağrıldı ve işine son verildi. Patronu performansının yeterli olmadığını ve iş arkadaşlarıyla iyi geçinemediğini söylemişti. Ofisten ayrılırken Claudia önceki gün yapılan toplantının kesinlikle ona kurulmuş bir tuzak olduğunu, onu işten atabilsinler diye küçük düşürmek için tasarlandığını düşündü. Aklı kontrolünden çıktı, geçmişte kullanıldığı ve saygısız tavırlara maruz kaldığı zamanlara gitti, yeni bir iş bulmak için ne kadar az zamanı olduğunu ve bu kısa sürede ancak düşük bir pozisyonda bir işe başlayabileceğini, sonunda da annesi gibi hayal kırıklıkları içinde yaşlı bir kadın olup çıkacağını düşündü. Sonra içi koşulları kendi çıkarlarına göre kolaylıkla manipüle edebilen iş arkadaşlarına karşı öfkeyle doldu.

Günler, haftalarca süren bu olumsuz düşünceler ve birçok başarısız iş görüşmesi sonunda Claudia geçmek bilmeyen bir griple yataklara düştü. Artık iş de arayamıyordu ve zaman geçtikçe elindeki para azalıyor, bu da onu korkutuyordu. Parası olmadığı için bir danışmana başvuramıyor hatta masaja bile gidemiyordu. İş ararken insanların üzerinde iyi bir intiba bırakamıyordu çünkü o kadar güçlü bir "muhtaç olma" enerjisi yayıyordu ki kimse Claudia'nın yakınında bulunmak istemiyordu. Bu da depresyonuna tuz biber ekiyor, gitgide çöküyordu. Claudia çaresiz kalmıştı –zihni öyle bir kilitlenmişti ki hiçbir çıkış yolu göremiyordu. Sürekli ne kadar çaresiz olduğu konusunda kaseti başa sarıyor, şimdi ben ne yapacağım diye düşünerek moralini daha da bozuyordu. Bir şey *yapması* şarttı! Ama ne denese olmuyordu. Ama bir şey *yapması* şarttı! Ancak zaten her şeyi denemişti. Ama bir şey *yapması* şarttı! Ama hiçbir şey yapacak parası yoktu. Ama...

İnsan Nasıl Çaresizliğe Düşer? Kaç Yolu Varmış Sayalım Bakalım!

Claudia'nın bu spiral misali düşüşü size tanıdık geliyor mu? Hiç kendinizi böyle çıkışı olmayan bir köşeye sıkışmış buldunuz mu? Başınıza böyle bir şey geldiyse herhalde tüm sağlıksız duygu alışkanlıklarınızı devreye sokmuş ve kişisel titreşiminizi yavaş yavaş paralize olmaya, uyuşmaya ve hatta intihara varacak kadar aşağılara çekmişsinizdir. Frekansınız aşağılara indikçe ve durma noktasına gelir gibi oldukça işlerin nasıl değişebileceğini görmek ve başarıya ulaşma kapasitesi oldukça yüksek, muhteşem bir kadere sahip sınır tanımayan bir ruh olduğunuzu hatırlamak güçleşir. Peki, bu insanı felç eden durumlar nasıl ortaya çıkar? Olumsuz titreşimlere kapılmanın iç dinamiklerini inceleyelim, sonra da bu hakikaten zaman kaybı olan dönemlerden kendinizi çekip çıkarabilmeniz için bu kalıpları kırmanın yollarına bakalım.

Sadece size hayranlık duyanlardan, şefkatle yaklaşanlardan ve yanınızda yer alanlardan mı ders aldınız?
Size karşı duranlardan ya da çıkış yollarınızı kapatanlardan büyük dersler aldığınız olmadı mı?

WALT WHITMAN

Zararsız görünen bir sürü deneyim siz farkında olmadan sizi şoke edebilir ya da çok korkmanıza sebep olabilir –böyle bir durumda da kasılıp içinize kapanabilirsiniz, her şey geri tepebilir. Tek kelime bile etmeden Claudia'yı yargılayan iki adam bilinçaltında korkmasına neden olmuştu ve Claudia heves ile coşkunun yüksek titreşiminden bir iki saniye içinde kendinden şüphe duyduğu alçak bir titreşim seviyesine geçmişti. Olumsuz deneyimler yaşadığınızda kişisel vibrasyonunuzun düşmesi ve kendinizi kötü hissetmeniz doğal bir eğilimdir, bu da Claudia'ya olduğu gibi hayal kırıklığı ve hüsrandan kin duygularına ve çaresizliğe doğru giden daha da olumsuz bir kişisel titreşime yol açar.

Bunu zihnin deneyimleri "kötü", "yanlış" ya da "ıstıraplı" diye etiketleyerek kilit altına alma sonra da kişiliğinizi bu etiketlerle eşleştirme eğilimine ekleyin. İşte şimdi "kötü", "hatalı" oldunuz ve "ıstıraplar içindesiniz"... Bu hiç de eğlenceli değildir, bu yüzden de yaşadıklarınıza direnmek ya da bunlardan kaçmak için iradenizi kullanırsınız ve hayatınız durma noktasına gelir. Düşük bir kişisel titreşim, ruhunuzun gerçekliğini bloke eder ve dalga hareketinin eksikliği yüzünden acı çekmeye başlarsınız. İşte böyle sıkışıp kalmanın olası yedi şekli:

1. Bir gelişim süreci tamamlanmıştır ancak bunu henüz fark etmediğinizden, onu elden bırakmıyorsunuzdur. Bir şeyi yaratmayı tamamlamış, yeni beceriler geliştirmiş, bir takım dersler almışsınızdır ve titreşiminiz yeni bir seviyeye geçmektedir –ama Claudia gibi siz de bunu tamamladığınızı ve hayatınızın bu bölümünden çıkması gerekenin siz olduğunuzun farkında değilsinizdir. Belki de çok sadıksınız ya da henüz sıkılmış olduğunuzun farkında değilsiniz veya daha iyi bir gerçekliği yaratmakta hayal gücünüzü kullanmadınız. Eğer bu işin bittiği mesajını almadıysanız, yaşam onu sizin namınıza sona erdirecektir. Claudia gibi siz de işten atılacaksınız ya da anneniz hastalandı diye veya kocanız başka bir yere transfer olduğu için işi kendiniz bırakmak zorunda kalacaksınız. Eğer bu ani düşüşü ya da dalgadaki en düşük noktayı görüp onunla birlikte hareket etmeyi tercih etmediyseniz, hayatın sizi dışladığını veya başarısız olduğunuzu hissetmeniz normaldir. Bu bitişleri kendinizi eleştirmekte, sevilmediğinizi düşünmekte veya boşluk korkusuna baş üstü düşmekte kullanırsanız siz de Claudia gibi bir düşüşe geçeceksiniz. Yaratımın her bir doğal döngüsü bir düşünceyi forma sokmayı, sonra bu şekli yok ederek taze ve temiz bir alan ya da yepyeni boş bir tuval yaratmayı içerir. Önce formu, sonra alanı, sonra formu ve sonra da alanı yarattığımızı unuturuz. Bu boş alanın ne kadar gerekli ve keyif verici olduğunu unuturuz.

2. Size verilenleri kullanmıyorsunuz ya da kullanabileceğinizden daha çoğunu istiyorsunuz. Doğal gelişim sürecinizle senkronize olamamak, elinizdekilerin istedikleriniz olmadığını söyleyerek şikayetçi olmak, zamanı gelmemiş bir şeyin olması için onu zorlamak ya da yok olmak isteyen bir şekli tutmaya çalışmak sıklıkla rastlanan şeylerdir. Şu anda elinizde bulunanlar, geçtiğimiz günlerde, haftalar ve aylarda bilinçli ya da bilinçsiz olarak düşündüğünüz veya yoğunlaştıklarınızdır. Mevcut durumunuzu protesto edip şikâyetçi olarak gerçekleşme sürecinin mükemmel işleyişini hükümsüz kılıyorsunuz, böylece de *yaşam-dalganız* ya da doğal akışınızı "durduruyorsunuz".

Yaşamınız kişisel titreşiminizden doğar, bu yüzden de sorunlu deneyimlerle çevrelenmişseniz bir süredir olumsuz duygu ve düşüncelere saplanmış olabilirsiniz, oltanıza takılan deneyimler de size bunları hatırlatıyor olabilir. Muhtemelen titreşiminizi sevdiğiniz ve hissetmeyi tercih ettiğiniz şeylere odaklanarak yükseltmeniz gerekmektedir. Kendinize şunu sorun: Bu sonuçlara hangi düşünsel huylarım ya da duygusal alışkanlıklarım neden oldu? Kendime neyi gösteriyorum? Yarattığınızı kullanarak yaratım sürecini bilinçli olarak tamamlayıp yeni yaratımlara yer açabilirsiniz. Aynı zamanda da hayatınızın akışını bloke edip yeni hayat dersiniz için ihtiyacınızdan daha fazlasını isteme aşamasında takılıp kalabilirsiniz. Gereğinden fazla yaratmak bunlardan kurtulmanız gerektiği anlamına gelir, bu da zamanınızı ve enerjinizi boşa harcar.

3. Deneyimler daha önceleri yaşanan olumsuz deneyimlerin hatırlanmasını tetikler. Hayat acı veren bir hatırayı tetiklediğinde içinde bulunduğunuz akışı terk edip acı dolu geçmişinize ışınlanırsınız. Bilinçaltınız eski deneyiminizle başa çıkma şeklinizi taklit ederek otomatikman sağlıksız bir duygu alışkanlığı ile tepki verir. Yüzeye çıkan duyguyu hissetmeye engel olmak için savaş-ya da-kaç davranış tarzına girersiniz, kendinize ve başkalarına güvenmez, basit kılavuzlukları hissedemez ve/ya da bunalır, hiperaktif olur, savunmaya geçersiniz, aklınız karışır, kendinizi kaybolmuş, depresyonda hisseder ya da kurban edildiğinize inanırsınız. Kendinizi suçlamalar, cezalar, kontrol etme ya da inatçılıkla paralize edebilirsiniz. Claudia'nın durumunda işten çıkarılışı annesi hakkındaki hatıralarını canlandırmıştı –alkolik olan anne ümit vaat eden şarkıcılık kariyerinden olmuştu- ve Claudia kendi başına da aynı şeyin gelebileceğine dair gerçekdışı bir korkuya kapılmış, aklı başından gitmişti.

4. Şimdilik olmamış, hiç olmayabilecek, hoşunuza gitmeyen, yapmadığınız ve olmadığınız birinden söz ediyorsunuzdur. Zihniniz var olmayan ya da boş realiteleri tanımlamaya odaklandığında, aslında *hiçbir şeyi* gerçekleştirirsiniz. Artı, yaşamınızın akışını terk etmişsinizdir; yaşamınız da sizin bilinçli mevcudiyetiniz olmaksızın süremez. Bir şeyi gerçek olarak yaşamak ve böylece motivasyon sağlayıp harekete geçmek için bilinçli zihniniz bedeninizde merkezlenmiş, bedeniniz vasıtasıyla veri alır olmalıdır ki bu sizdeki gerçeklik filtresidir. Kendi kendinize konuşmalarınız olumsuz ya da var olmayan bir gerçekliği dile getirdiğinde bedeniniz bunu anlayamaz çünkü bedenler aslında zaman ve mekânda *var* olurlar. Bedeniniz nefis bir fikirle harekete geçmeye hazırlanır, mesela, "Ben zeki *değilim*" dediğiniz ana kadar. "Daha fazla para kazanmak istiyorum *ama* bunu nasıl yapacağımı bilmiyorum" dediğinizde de aynı şey olur. O zaman bedeniniz bebekken sevginizin geri teptiği an yaşadığınız korku ve dehşete geri döner. Ne? Bedeniniz olumsuzluk ve var olmama kavramlarını anlayamaz ve ne yapması gerektiğini anlamaya çalıştıkça siz de sıkışır kalırsınız.

Boşluktan ve var olmamaktan söz ettiğinizde kendinizde ve dünyanızda hayali bir boşluk ya da gedik yaratmış olursunuz. Bu boşluk ruhunuzu bilmediğinizi ya da hissedemediğinizi farz ettiğiniz bir yerdir. İlgisizmiş gibi davranmak, kayıplardan ya da zorluklardan korkmak veya bedeni, duyguları, aklı ve ruhu içeren deneyimlerden kaçmak gibi kendine güvensizlik de o kadar büyük gediktir ki... Gedikler size imkânsızlık yanılsamasını getirir, bu da kendinizi ifade etmeniz konusunda cesaretinizi kırar ve yaşam dalganızın hareketini keser.

5. Aklınızı ve enerjinizi başkalarının hayatlarına, başka yerlere ve zamanlara ya da uydurma gerçekliklere yansıtıyorsunuzdur. Olmayan bir şey hakkında konuşmak gibi, zaman zaman buradan uzaklaşıp başka zaman ve yerlere gitmek de sizi bedeninizden ve kendi sürecinizden ayırır. Bilinçli zihniniz başka bir yerdedir ve öngörüleri, sezgileri, direktifleri ve ruhunuzun bedeniniz vasıtasıyla akan sevgisini alamaz çünkü bedeninizin "içinde" değilsinizdir. "Evde kimse olmadığı" için yüce rehberlik hizmeti alabilmek için bilinçaltınız devreye girecek ve geçmişte yaptığı gibi karşılaştığınız durumlarda kendiliğinden reaksiyon verecektir. Esnek ve duyarlı olacağınıza tepkisel olmuşsunuzdur ve bu da daha önceden de belirtildiği gibi sağlıksız duygusal alışkanlıklarınızın birçoğunu devreye sokar. Eskiden işe yarayan bugün de işe yarayacak diye bir şey yoktur. Ayrıca da başka birinin hayatına neler gerektiğini biliyor olmak aynı şeyin size de iyi geleceği anlamına gelmez. Kendi bedeniniz ve kendi hayatınızda yaşamayarak gelişiminizi ertelemiş olursunuz ve sonunda çaresiz hissedersiniz.

6. Yaratımlarınıza, alışkanlıklarınıza, tanımlarınıza ve kimliğinize bağlısınızdır ve bir tür "tutucu kalıp" içindesinizdir. Emniyette olmak için inançlarınız ya da sahip olduklarınıza sıkı sıkıya sarılmış, gerçeğinizi ya da sevginizi ifade etmeyi dizginlemiş ya da fazlasıyla anlatır veya bir konuyu uzun uzadıya açıklamaya girişerek çevrenizdekileri kontrolünüz altına almış olabilirsiniz. Belki de geçmişte verdiğiniz ve artık geçerli olmayan bir söze veya yemine sıkı sıkıya sarıldınız, belki de kırgın ve kızgın, kin ve kıskançlık içindesiniz veya değişmemek için direniyorsunuzdur. Bir şey olacak ya da olmayacak diye nefesini tutmuş bekliyorsunuzdur ya da kendinizi apaçık ifade etmemek için kontrol altında tutuyorsunuzdur. Enerjinizi kıstığınız zamanlarda ve bir dalgayı durdurmaya ya da duraklatmaya çalıştığınızda kendi akışınızı yavaşlatır, frekansınızı da düşürürsünüz. Bunlar da fırsatları kaçırmanıza neden olur. Aynı zamanda da akıntıya karşı yüzerek kendinizi yıpratırsınız. Tutucu kalıplar şiddetlendiğinde obsesyona ve sabit fikirlere dönüşürler.

7. Çok fazla olumsuzluk, çatışma ve inatçılıktan bitkin düşmüşsünüzdür. Belki de o kadar stres yaşadınız ki uyuyamıyorsunuz. Belki ağır bir bağımlılığınız ya da kronik sancılarınız var. Kendinizi kabadayılardan ya da başarısızlıklardan korumaya çalışıyor olabilirsiniz. Ne kadar dağılır ya da dağıtırsanız motivasyonunuz da o kadar eksilir ve pozitif hayal gücü için gereken enerjiniz de o kadar azalır. Farkındalığınız soluklaştığında duygularınız kayıtsızlaşır ve bedeniniz uyuşuklaşır.

Kendinizi köşeye sıkıştırmışsınızdır ve geçici olarak hareket edemez bir haldesinizdir.

Kendinizi Sıkıştığınız Yerden Kurtarmak Hiç Bu kadar Kolay Olmamıştı

Mücadele ve zorluklara rağmen, lütfen kendinizi sizi kesinlikle varacağınız bir noktaya doğru götüren bir ırmağın akışına bıraktığınızı hatırlayın: Kendinizi ruh olarak tanımak... Eski düşük frekanslı korkuların ve sağlıksız duygusal alışkanlıkların su yüzüne çıktığı bir dönüşüm sürecinin parçasısınız ve daha da ileriye gitmek istiyorsunuz. Buna karşın huzursuzluğu ve ıstırabı bastırmak için bilincinizle savaş ya da kaç metotlarıyla tepkiler veriyorsunuz. Istıraba ve boş korkulara karşı mücadeleniz sizi yıpratıyor ancak yavaş yavaş eski alışkanlık ve kalıpların artık kullanışlı olmadıklarını açıkça göreceğiniz bir aşamaya geçiyorsunuz.

Eski dünya ayrılıklar,
boşluklar ve korkular yüzünden yavaşladı.
Yeni dünya dâhili bağlantılar sayesinde hızla dönüyor.
Birlik ve bütünlüğe yaklaştığımızda yaşam daha anlık.
Hayatlarımız şimdiki zamanın hızına dayalı
yeni kurallara göre ilerliyor.

Yaşamınızın ve ideolojilerinizin büyük bölümü eriyip gider. Artık yorgunluktan her şeyi oluruna bırakıp neler olacağını görmeye daha isteklisinizdir. Mücadeleyi bırakıp huzur bulurken yeni gerçekliğinizi göz ucuyla görebilirsiniz ve bu da size devam etme arzusu ile gücü veriyor. Yine de birkaç adımda bir tökezleyebilirsiniz, bu yüzden de kendinizi olumsuzluklar içinde yakaladığınız an bunlardan kolayca kurtulabileceğinizi bilmenizde fayda var. İşte size güvence verecek iki nokta:

Öncelikle; kişisel vibrasyonunuz gezegen ve tüm insanlarla birlikte daha yüksek bir frekansa doğru taşındığı için eskiden alı-

şık olduğunuz kadar uzun zaman bir şeye takılıp kalmanız mümkün değildir. Kendinizi sıkışmış hissettiğinizde ya da bir sonun yaklaştığından korktuğunuzda bir yaşam dalgasının içinde var olduğunuzu, hayatın hep hareket halinde olduğunu hatırlayın. Dalgaların büyük yükselme ve kırılmaları olur, sıkışıp kalmak da dalganızdaki pek yakında baş gösterecek kırılmanın göstergesinden başka bir şey değildir. Hiçbir şey gerçekten tam olarak durma noktasına gelmez; şimdi sizi iniş çıkışlar ile başlangıç ve bitişlerden geçirecek, sürekli ve hatta daha hızlı taşıyacak devamlı bir momentum olduğuna inanabilirsiniz. Kendinizi akıntıya ne kadar rahatça bırakır ve herkesin ve her şeyin de sizinle aynı akışta olduğunu ne kadar hissederseniz dalgalardaki kırılmaları da o kadar kolay aşarsınız.

İkincisi; ivme süreci sizde işlemeye başladığı için korkuları ve bilinçaltındaki blokajları temizlemek eskisinden çok daha hızla gerçekleşiyor. Eskiden terapiye gitmemiz, sorunlarımız hakkında yıllarca konuşmamız ve ruhsal arınmaya yol açan duygusal boşalmalar yaşamamız gerekirdi. Artık terapi süreci çok daha çabuk olabiliyor. Şimdiki ana, yaralarla dolu kişisel geçmişinizi kendi haline bıraktığınız temiz bir alana geçip ruhunuzun gerçekliğini seçtiğinizde şifa bulmak ruhun mütemadiyen tekrar ettiği bir seçim ve sahte gerçekliğin bitişi olarak görünecektir. Şifa bulmak ya da "iyileşmek" gelecekte değil şimdiki andadır; yani, en iyi halinize dönmek kadar uzun bir süreç gerektirmez. Siz daha ne olup bittiğini anlayamadan ıstırap hikâyeleriniz anlamlarını yitirecek ve yok olup gideceklerdir. Bu odaklanma sürecinin derinliklerine 5. Bölüm'de ineceğiz. Bu arada akışta kalmanın, olumsuzluklardan uzak kalmanın bir sürü yolu var.

En çok kendimizi ve kendimizi korumayı düşünmekten vazgeçtiğimizde ciddi anlamda muazzam ve kahramanca bir bilinç değişiminden geçeriz.

JOSEPH CAMPBELL

Dalgalarla İşbirliği Yaparak Özgürleşin

Dalgalar tüm engellere rağmen nereye isterlerse oraya gittikleri için yollarına çıkmamak en iyisidir. Hatta insanın kendisini dalganın önüne çıkan sabit bir nesne yerine dalganın kendisi olarak düşünmesi daha faydalıdır. Siz bir titreşim denizinde yol alan vibrasyonlarla dolu bir varlıksınız. Canlı enerjinin sürekli değişen dinamikleriyle karışıp bu dinamiklerle hizalanma sanatında ustalaşmanız gerekir. Bu da iradenizi kullanmakta tamamen yeni bir yol bulmanız gerektiği anlamına gelmektedir çünkü bizi tuğla duvarlar gibi davranmaya iten genelde inatçılığımızdır.

İrade gücünü doğru kullanmayı öğrenin. Benim gibiyseniz, siz de herhalde gençliğinizde duyduğunuz ve hala size ne yapmanız "gerektiğini" söyleyen çeşitli otoritelerin seslerini içselleştirmişsinizdir. Ben özellikle bana "Tanrı gayret edenlere yardım eder" dendiğini hatırlıyorum ve bu sözün eğer kendim çaba gösterirsem, Tanrı'ya ihtiyacımın kalmayacağı anlamına geldiğini sandığım için bu kavramı kafamda yerli yerine oturtmam uzun zamanımı almıştı. Ama ne olursa olsun, bu fikir beni işleri halletmek için çelik gibi irade gücüme güvendiğim bir yola soktu, kendime yetme yoluna koydu. Planlarımı yapmak ve sağlamlaştırmak, çalışkan ve disiplinli olmak, işler sarpa sarınca vazgeçmemek için iractemi kullandım. "Azmeden, bir yol bulur " –bu da takıldığım öğütlerden biridir... Yıllarca odaklanmış ve sımsıkı tutulmuş bir irade gücüyle başarı sağladıktan sonra artık tükenmiştim. Artık hiçbir şey yapmak istemiyordum. Bütün o "şu olmalı/bu gerekli" seslerinden bıkıp usanmıştım. İşte o sırada "iradenin doğru bir şekilde kullanılabileceğini" keşfettim.

Olumsuzluklardan ve sıkışıp kalmaktan çıkış, genellikle eski güçlü irade gücünü kullanmak değil, "seni seçeni seçmektir".

İrade gücü ayak diremek, zorlamak ya da kontrol etmekle alakalı değildir –tercih yapmakla ilgilidir. Ve temelde sadece iki tercih vardır: İçten ve sevgi dolu olmak ve ruhun yüksek vibrasyonlarıyla temasta olmak –kelimenin tam manasıyla kendi ruhun olmak- ya da içine kapanmak, korkmak ve ıstırabın düşük titreşimlerinde kalmak, yani kendi ruhun olmamak... Eğer tek başına ve insanlardan ayrı olmayı seçerseniz siz de benim yıllarca yaptığım gibi kendinizi ve dünyayı kontrol ederek her şeyi kendi başınıza yapmanız gerektiğini sanırsınız. Eğer hayata bağlanmayı seçerseniz, o eski irade gücünün pek azına ihtiyacınız olacak. İradenin yerini akış ve senkronize olmak gibi kavramların aldığını keşfedeceksiniz.

Köşeye sıkışıp kaldığınızda, bir şeyleri nasıl değiştirebileceğiniz ve yeni aşamanın nasıl bir şey olacağını anlayabilmek için iradenizi kullanarak kocaman bir strateji oluşturmanız gerekmez –yapmanız gereken tek şey o eski düşük, içine kapalı, düşük frekanslı enerji kalıbını üzerinizden atmaktır. İradenizi olanla birlikte olmayı tercih etmekte kullanın. Zihninizin bir kas olduğunu farz edin ve bu kası yumuşatın. "Duhhhhhhh!" diyerek ağzınızın açık kalmasına izin verin! Gariptir ama bunun çözümü kontrol etmekte bulacağını sanan fazlasıyla meşgul zihni temizlemeye faydası olduğunu gördüm. İzin vermenin sessiz alanında dalganın ne yapmak istediğini kolaylıkla fark edersiniz. Henüz farkında olmadığınız bir sona mı geldiniz? Bilinçli olmak ve şekillenmek isteyen yeni bir ilham kapınızı mı çalmakta?

Akışı izleyin; o nereye gideceğini bilir. Bizler önce şekil alıyor, sonra tekrar enerjiye dönüşüyoruz ve yine başka bir şekle girip tekrar enerji oluyoruz. Her milisaniyede bir, her dakikada bir, gün aşırı –ne kadar süreye konsantre olmak istediğinize bağlı- yeni bir şansınız var. Hayatın dalgaları işleri oluruna bırakmanıza ve yeni alanlar açmanıza, yeniden başlamak için yeni güzellikler, çekim alanları ve motivasyonlar bulmanıza yardım eder. Yapmanız gereken tek şey bu bilgeliğe güvenmek ve enerji akışının ardından planlar yapmak, sonra da nehirle birlikte aktığı yöne gitmektir. Bazen nehrin debisi hiddetlenir ve köpürür, bazen de yeraltına iner, sonra yeniden yerüstünde belirir ve sakin sakin akmaya devam eder. Bazen olursunuz, bazen yaparsınız, bazen de sahip olursunuz.

> Hayat bir olma sürecidir, içinden geçmemiz gereken süreçlerin bir kombinasyonudur. İnsanların burada başarısız oldukları nokta; bir durum, bir hal seçip orada kalmak istemeleridir. Bu bir nevi ölümdür.
>
> ANAIS NIN

Dalgaların zirvesi ve çukurları (başlangıçlar ve bitişler). Kendime eziyet ettikten ve en sonunda işkenceden hoşlanmadığıma karar verdikten sonra öğrendim ki; kendi kendinin patronu olan bir insan olarak iş akışım içimdeki ihtiyaçlarla aynı doğrultuda. Eskiden hayatın kaprisleriyle "benimle dalga geçtiğini" düşünürdüm ama zamanla başka bir prensibin işlediğini gördüm. Danışanlarla yoğun bir çalışma dönemindeysem mesela, bu sıkışık programın sorun yarattığı konusunda da şikâyet etmeye başladıysam aslında gerçek şudur: Kendi kendime biraz öngörülerle ilgileneceğim, kendimi toparlayacağım ve yeni projelere gebe kalacağım bir zaman dilimine ihtiyacım var ve böylesi ferahlatıcı bir aşamaya geçmeye hazırlanıyorum. O zaman telefonum çalmayacak ya da yapmaya çalıştığım iş suya düşecektir ve bu da kendimle baş başa kalıp sakin sessiz zamanlar geçirebileceğim anlamına gelir. Genellikle bunun kişisel bir ihtiyaç olduğunu fark etmezdim; başıma böyle "aksiliklerin" gelmesini cezalandırılmak olarak alır ve kendimle baş başa kalabileceğim zamanı ödül olarak göremez, bir sorun olarak algılardım. "Ne sorun var bende? İnsanlar yaptığım işi beğenmiyorlar mı? Daha fazla para *kazanmalıyım*!" Böyle mırıldanırdım kendi kendime... Bu şikâyetçi halde kaldığımda, o "boş zaman" dilimi de ertelenir dururdu. Oysa kendime bu yenileyici zaman dilimi için teşekkür edip ne öğrendiğime baksam ve insanlara, iletişime ve dış uyaranlara ne kadar ihtiyacım olduğunu fark etsem bu döngü kolayca değişecek ve birkaç güne –bazen birkaç saate- kalmadan kapımda fırsatlar belirecekti.

Bir dalgayla uyum halinde hareket etmek; hem yükselmelerinde hem alçalmalarında ustalaşmak, bir problemden diğerine (hareketsizlik ve fazla hareketlilik gibi) koştuğunuzu düşünmek yerine bundan sonra ihtiyacınız olan bir şeyi elde edeceğinizi düşünmektir. Dalgalardaki dönüşler size verilen beceriler ve öğrendiğiniz dersleri fark edebileceğiniz yerlerdir, bu yüzden de müteşekkir olmak ve iyimserlik böyle zamanlarda özellikle fayda sağlar. Dalganın kırılma noktası hayata dair en materyalist, en dışa dönük görüşe eriştiğiniz, gerçekleştirme süreci tamamlandığında ve siz kendinizi "çok mutlu" ve başarılı hissettiğiniz zamandır. Fizik terimleriyle ifade etmek gerekirse, dalga partikül olmuştur.

En zorlayıcı zamanlar dalganın iki aralığın en düşük noktasında kırıldığı anlardır –sıkıldığınızda, her şeyin soluklaştığını düşündüğünüzde, olduğunuz yere sığamadığınızda ve Varlık olmaya dönebilmek için modası geçenleri atıp manaları ortaya çıkardığınızda... Fizikte bu partikülün dalga olduğu andır. En düşük noktadan en tepeye gitmek işin eğlenceli yanı gibi görünür çünkü burada coşku, motivasyon ve hedefleri gerçekleştirme vardır. Ama eski formları bırakmak, rahatlamak, hayali çoklu gerçeklikleri hayal etmek ve kendimizi yenileyip canlandırmak biraz daha zevklidir. Dalganın kırılma noktasına gösterilen klasik direnç krizler ve travmalar gibi abartılı derecede büyük değişiklilere neden olabilir.

Duygusal şifanın kalıcı olması için işlenmemiş her ne varsa hepsine tamamen girişmek ve ta bastırılmış enerjinin bu sorundan tamamen çekilmesine kadar ilerlemek gerekir. Sonra iş biter. Bir daha asla dikkatinize veya psişik enerjinize hükmedemez.

JACQUELYNE SMALL

Durağanlık ve donmuş farkındalık olduğu anda kendinize akıcılığı telkin edin. Yürürlükteki sizi ele geçirmiş kalıplara dikkat edin. Düşüncelerinizi bastırıyorsanız başkalarıyla daha çok sohbete ve paylaşıma girin. Eğer oturup kalmış, eve kapalıysanız değirmenin başına geçin! Eski bir sevgiliye, yalnız kalmak istemediğiniz için hâlâ bağlıysanız, "kendinize gelin" ve yeni ilgi alanları edinin. Eğer yaşlanan babanız televizyon hastası olmuşsa ve hiç arkadaşım yok diye şikâyet ediyorsa, alın babanızı gençlerin takıldığı bir yere yüzmeye götürün. Eğer aileniz hep aynı şeyleri yapıyorsa rutinlerinizi çeşitlendirin ve sorumluluk alanlarınızı değiş tokuş edin ya da evdeki mobilyaların yerlerini değiştirin. Eğer çok analitik ya da sözel olduğunuzu düşünüyorsanız beyninizin başka bir tarafına geçmeyi deneyin: "sürüngen beyni yütüyüşüne" çıkın ve bırakın sağa mı sola döneceğinize beyniniz karar versin. Hislerinize dönün; bir saat boyunca çeşitli şeyler koklamayı deneyin.

Bir şeyi zorlamak ya da bir şeylere "tutunmak" uyumsuzlaştığınıza dair bir işarettir ve bazı önemli bilgileri kaçırdığınızı gösterir.

Zihinsel alışkanlıklarınıza da dikkat edin. Çok mu deklarasyon ve bildiri cümlesi kullanıyorsunuz? İnsanları ilk izlenime göre kategorize mi ediyorsunuz? Deneyimlerinize ve duygularınıza etiket yapıştırıp, "Bu böyledir işte" diyerek çok mu çabuk yargıya varıyorsunuz? Bir şeyi tanımlayıp onu yaftaladığınızda, yaratıcı bir şekilde evrimleşme şansı azalır. Eğer "kızgınım" derseniz, duyarlılığınız ve bedensel farkındalığınızla ilgili nüansları kaçırırsınız. Öyle diyeceğinize rahat ve gevşek olun ve neler hissettiğinizi tarif edin: "Midem kasıldı; kocam beni dinlemiyor diye kızgınım. Şimdi de bu duygu boğazımı düğümlemeye başladı ve sanki kendi ihtiyaçlarımı ve fikirlerimi dile getirmeme izin verilmiyor gibi hissediyorum. Bu da beni korkutuyor ve aslında ağlamak istiyorum." Bu kadar çok tanım olmaksızın yapabilir misiniz ya da tanımlarınızın daha yumuşak ve geçici olması mümkün mü bir bakın. Diğer taraftan da "Bilmiyorum" deme huyunuz varsa bunun da kendinizi ifade etme ve gelişim dalganızı nasıl durdurduğunu da görebilirsiniz.

Şunu Deneyin!

Neye Tutunuyorsunuz?

- Sarıldığınız değişik yöntemlerin, nelere ve niye sahip çıktığınızın bir listesini yapın.

- Hâlâ tutunduğunuz, bırakmamak için direndiğiniz ve bıraktığınız farklı yöntemlerin bir listesini yapın. Nelerden kaçınıyorsunuz, asıl istediğiniz ne ve neden?
- Önde tuttuğunuz ya da dünyanızı ve insanları kontrol etmeye çalıştığınız farklı yöntemlerin –uzman olarak, dikkat merkezi olarak ya da çok fazla konuşarak-bir listesini yapın ve nedenlerini yazın.
- Artık geçerli olmayan eski bir yemine, bir söze ya da kurala bağlı kalmak için kullandığınız farklı yöntemlerin bir listesini yapın ve nedenlerini yazın.
- Duygularınızı nasıl etiketlediğinizi ve bu etiketleri çıkardıysanız bunu nasıl yaptığınızı ve böylece ne tür farklı fırsatlar yakalayabileceğinizi yazın.

Bırakın dalgalar içinizden geçip gitsin. Dalgalar, içinizden ve bir parçası olduğunuz enerji alanıyla farkındalıktan sürekli geçip gider. Yeni enerji ve bilgi frekansları getiren dalgalar vardır. Aynı dalgalar içinizden geçerken enerji ve bilgiyi de taşır. Olay dalgaları genellikle size gök gürültüsünden önceki şimşek gibi, olaydan önce erişir. Örneğin; otobanda araç kullanırken etrafınızdaki araçların hatalı ya da dalgınlıkla sürüldüğünü fark eder, sonra da ilerde bir kaza meydana geldiğini görürsünüz. Kazanın titreşim dalgaları her yöne yayılmıştır ve insanlar bu huzursuzluğu hissetmeye başlayınca rahatsız davranışlar içine girmişlerdir. Yıllar önce St. Helens Dağı patladığında Kuzey Kaliforniya'da yaşıyordum ve patlamanın en az bir hafta öncesinden anormal bir huzursuzluğa kapılmıştım, hep kızgın ve "patlamaya hazır" bir durumdaydım. Volkan patlar patlamaz ben de sakinleşmiştim.

İçinizden geçen bir dalgayı bilinçsiz bir şekilde durdurmaya çalışmak çok sık rastlanan bir durumdur çünkü böylece dalgaya bakıp ne olduğunu anlamaya çalışırsınız. Eğer bir olay dalgası size bir volkan ya da bir kaza hakkında bilgi taşıyorsa, genellikle endişeli bir enerji dalgalanmasıyla tepki verirsiniz. Zihniniz bu enerji bilgisini yorumlayamaz ve genellikle hatalı bir şekilde bu rahatsızlığın sizden kaynaklandığını düşünür. Ben genellikle aslında bir volkan patlamak üzereyken normalden çok daha öfkeli olurum! Aslında bir arkadaşım ölüm döşeğindeyken, ben öleceğimi sanırım. Teröristlerin bir eylemine kurban gidecek ya da böyle bir eylemden kurtulacak olanlar harap olmak üzereyken, ben inanılmaz bir hüzne kapılırım. Bir dalganın içinde kodlanmış olan bilgiyi anlamak için o dalgayı durdurmanız gerekmez; eğer dalganın içinizden geçip gitmesine izin verirseniz, dalga hareket ederken o bilgileri sizin içinize indirip kaydeder zaten... Tek yapmanız gereken kendinize sürekli olarak şunu sormaktır: "Sebepsiz yere üzgün olduğumu hissediyorum (üzgün, huzursuz, garip bir şekilde mutlu vs.). Neden böyle bir hisse kapıldım?" Böylece, kendinizde bir sorun olduğunu gereksiz yere düşünmekten kurtulacaksınız.

Hayatınızdaki fiziksel, duygusal, zihinsel ve spritüel alanlar arasındaki vurguyu eşitleyin. Ruhunuzun yüksek frekanslarından bir yaratıcılık dalgası geldiğini hayal edin, farkındalığınızın oktavlarından aşağılara doğru iniyor: Spritüel oktavlardan zihinsel oktavlara, oradan da duygusal ve fiziksel âlemlere iniyor ve sonra aynı sırayla tekrar yükseliyor. Eğer bu farkındalık seviyeleri eşit olarak gelişmişse dalga da içlerinden eşit olarak ve sabit bir ritimle geçer. İçeriğini kolayca içinize indirir. Şanslı olursunuz, hayatınız kolaydır ve uyumlu bir yaşam dengesine sahipsinizdir. Ama mesela mantıklı bir yaşam, kurallar ve soyut kavramları yeğleyerek duygusal gerçekliğinizden kaçındıysanız zihinsel seviyeniz gereğinden çok vurgulandığı için "daha geniş" olacaktır. Dalga ise frekansını bu daha geniş, fazlasıyla gelişmiş zihinsel farkındalık bandına ayarlamak zorunda kalacak, sonra da tekrar daha dar, fazla gelişkin olmayan duygusal banda ayarlanmak zorunda kalacak, sonra da belki fiziksel seviyede yeniden genişleyecektir. Hareket sarsıntılı ve ahenksiz olacak ve yaşam süreciniz bunu çeşitli tökezlemelerle yansıtacaktır: Projeleri tamamlamakta, motive olmakta zorlanabilir ya da kendinizi baskı altında hissedebilirsiniz, duygusal anlamda paralize olabilirsiniz. Bedeniniz, duygularınız, zihniniz ve ruhunuz eşit olarak gelişmişse, dalgalar sizi ritmik bir şekilde geçer ve elde edebileceğiniz en büyük faydayı sağlarsınız.

Şunu Deneyin!

Hayatınızın Hangi Alanlarında Dengelenmeye İhtiyaç Var?

1. Üzerinde 1'den 100'e kadar derece işaretleri olan bir termometre hayal edin. Öz-benliğinize farkındalığınızın aşağıdaki bölümlerinden hangilerini ne kadar kullandığını sorun (100 en yüksek puan).
2. Ne kadar gelişmişsiniz ve spritüel farkındalığınızın ne kadarını kullanıyorsunuz? Ya zihinsel farkındalığınız? Peki, Duygusal ve duyarlılık hassasiyetiniz? İçgüdüleriniz ve bedensel farkındalığınız?
3. İlgili yüzdeleri gördükten sonra gelişiminizi artıracak üç beş yöntem ve farkındalık alanlarınızı eşitleyecek aktif olmayan alanların kullanım şekillerini yazın.

Frekansınızı Yükseltmek Sizi Olumsuz Titreşimlerden Kurtarır

Ruhunuzun mevcudiyetini ve yaşamla bir olduğunuzu hissetmediğinizde olumsuz titreşimlere takılıp kalabilirsiniz. Yolunuza çıkan, size engel olan bir şey –korkular, yalanlar ya da yanlış algılamalar- vardır ya da bir parçalanma ve boşluk duygusu yaşıyorsunuzdur. Ruhun hissedemediğiniz ve yaşayamadığınız "kayıp her parçası" frekansınızı düşürür. Farkındalığınızı parçaladığınız her an, ki bu ayrılık hissi yaşamanız demektir, titreşiminiz de yavaşlar. Kişisel titreşiminiz düşük bir frekansa takılı kaldığında sağlıksız duygusal alışkanlıklarınıza, olumsuz düşüncelerinize dönebilirsiniz, fiziksel olarak halsizlikler yaşayabilir, sağlığınızla ilgili mızmızlanabilirsiniz.

Sizi her zaman olumsuzluk ve sıkışıp kalma halinden kurtaracak olan frekans yükseltimi, ruhunuzu daha iyi yaşabilmek için sakinleşip zaman ayırmak ve yer açmak demektir. Bunu sadece gülümseyerek ya da termometre gibi bir ölçek hayal ederek ve enerjinizi yüzde 10 artırarak yapabilirsiniz. Ya da gözünüzün önüne daha iyi bir gerçeklik, daha parlak bir renk getirin veya sizi canlandıracak herhangi bir iyilik düşünün. Reddettiğiniz bir şeyi hissedebilir ya da yaşamınızla aranızda daha derin ve daha düşünceli bir bağ kurabilirsiniz. Kişisel vibrasyonu irade gücüyle ele geçirip kontrol etmek sadece hiperaktivite, stres ve sonunda da bir çarpışmaya ve kazaya neden olur. Frekansınız duygusal ve zihinsel yığılmaları temizleyip bunları bloke etmekten vazgeçtiğiniz zaman eski doğal yüksek seviyesine yükselir. Önünü tıkayan bir şey kalmadığında ruhunuzun berraklığı ve sıcaklığı içinizden dışınıza zahmetsizce parlayacak.

Şunu Deneyin!

Derin ve Yavaş Nefesler Alarak Titreşiminizi Yükseltin

Oksijenin beden frekansını yükselttiği uzun zamandır biliniyor. Ayrıca enerji sıkı kaslardan daha yavaş geçer, bu yüzden de bedeni gevşetip derin nefes almak titreşim yükseltmekte çok önemlidir. Göğsün yükselmesi, az nefes almak endişe belirtileridir.

1. Etrafınızda destekler varmış gibi dik oturun ve bırakın kaslarınız gevşesin. Kaslarınız boşlukta sarkıyormuşçasına rahat olun. İç sesinizi durdurun ve sessizliği dinleyin. Hareketsiz durun, bedeninizdeki hafif değişimleri hissedin ve havadaki oksijenin kanınıza güç yükleyeceği ve bedeninizin çok canlı olduğunu hissedeceğiniz fikrine konsantre olun. Sessizce nefes alıp vermeye dikkat edin, son derece yavaş, sürekli ve saydam nefesler... Yani nefes alıp nefes verdiğinizde arada duraksamalar olmasın.
2. Nefes alırken sinüslerinizden karnınıza kadar tüm boşlukları doldurun. Ciğerlerinizin tam olarak dolduğunu hissettiğinizde biraz daha nefes alın, tüm bronşlarınız dolsun. Göğüs kafesinizin normal kapasitesinin üzerinde genişlediğini hayal edin.

3. Göğsünüzü yavaşça daraltarak, karın kaslarınızı azıcık içinize çekerek ve bütün havayı diyaframınızın dışına atarak nefes verin.
4. Birden ona kadar sayarak devam edin: Birde nefes alın, ikide nefes alın, üçte nefes alın, dörtte nefes verin ve böyle ona kadar nefes alıp nefes verin. Sadece sayıyı düşünün ve aklınıza başka düşünceler gelirse baştan başlayın. Yirmi dakika bunu yapmaya çalışın.

Enerji Alanınızı Birikimlerden Temizlemek Frekansınızı Yükseltir

Işığınız bir elekten geçer gibi parlar, siz bu ışığın geçtiği kadarsınız. Ortak bir merkez etrafında bir soğan gibi yuvarlak katmanlarla çevrili olduğunuzu düşünün. En yakınınızdaki katmanlar fiziksel bilgiler içerir, bunun ötesindekilerde sırasıyla duygusal bilgiler, düşünce kalıplarınıza dair bilgiler ve en uzaktakilerde de ruhunuz ile hayattaki amacınızla ilgili bilgiler bulunur. Bunlar farkındalığınızdaki oktavlar gibidir. Ruh seviyesinde korku ya da blokaj yoktur –sadece berrak, meditasyon yapanların saf bir farkındalık duygusu yarattığını ifade etmek için kullandıkları tabirle şefkat dolu *mücevher ışığı* vardır. Ama fiziksel, duygusal ve zihinsel katmanlarda kafanızın karıştığı ve korktuğunuz eski deneyimlerden kaynaklı fonksiyon bozukluklarını, sabit fikirleri ve donmuş duyguları bulursunuz. Bu kısaltılmış kalıplar gölgelere benzer; kendi doğrunuzu ve sevginizi yaşamadığınız hareketsiz yerlerdir. Parçalandığınızda ya da bir şeyden kaçtığınızda da delikler ve gediklerle karşılaşırsınız ve bunlar da bloklar gibidir.

Zihninizi sakinleştirdiğinizde, hiçbir şey düşünmezsiniz ve bir şey düşünmediğinizde hiçbir şeye direnç göstermezsiniz ve direnç göstermediğinizde ve hiçbir şeye direnç göstermeyen düşünceler beslediğinizde Varlığınızın titreşimi yüksektir, hızlıdır ve saftır.

ABRAHAM/ESTHER HICKS

Şimdi ruhunuzun yaşamınızı, bedeninizi ve kişiliğinizi yaratmak için oktavlarla bilgelik, niyet ve enerji yolladığını hayal edin. Birçok gölge ya da katı yer ve kim olduğunuza dair alandaki boşluklar yüzünden bütünlüğünüzün sadece belli bir yüzdesi elekten geçen ışık misali açıklıklardan geçebilir. Yüksek boyutlarda her yerde bir gölge ya da gedik vardır, sizin yaşamınızda ve bedeninizde de benzer bir kasılma ya da bilinçsiz yerler olacaktır. Duygusal bir travmanın hatırası ve bunun etrafında oluşmuş inançlar bedenin üzerine gölgelerini düşürecek, belki de kronik ağrılara, hastalıklara ya da orijinal yaraya tekabül eden bir noktada incinmelere sebebiyet verecektir. Örneğin; bir insan geçmiş hayatında ya da şimdiki hayatının başlarında defalarca dövüldüyse bu acının, yara berelerin ya da kırılan kemiklerin hatırası nispeten hafif olan bir "enerji" halinde kalacak ve sonra bu kıstırılmış enerji ya da gölge önceleri nefretin ya da öfkenin zorla ve acı veren bir şekilde uygulandığı alanlarda –mesela yüzde- kolaylıkla sebebi bilinmeyen kronik ağrı olarak yüzeye çıkabilir.

Bastırılmış duyguları ve inançları anlayıp rahat bırakarak şifa bulduğunuzda, alanınızdaki karanlık noktalar kaybolur ve ondan sonra ruhunuzun mücevher ışığı daha fazla parlayabilir. Burada dünya üzerinde frekansınız yükselir, daha bilge ve daha sevecen bir insan olursunuz, bedeniniz iyileşir ve hayatınız daha iyi bir hale gelir. Demek ki, ruhunuzu bloke eden duygu ve düşüncelerden, sağlıksız duygusal alışkanlıklarınızdan, arınırsanız evfrekansınız da doğal olarak yükselecek.

Ruhu bloke eden şeylerden sıkça karşılaşılanlar arasında önceden üzerlerini kapattığımız sağlıksız duygusal alışkanlıklar bulunur: Kurban, mağdur ya da egemen güç olmak, kendini ya da başkalarını suçlamak, inatçı ve söz dinlemez olmak, başkalarını kurtarmak ve kurtarılmayı istemek ve başka şeylerle oyalanarak, geciktirmeler ve ertelemelerle gerçeklerden kaçınmak... Bunlara bir de şunları ekleyin: Başkalarını kıskanmak, saldırmak/kavga etmek, şikâyet edip olumsuz konuşmak (Ben yapamam, nefret ederim) ya da çirkin bir dil kullanmak (küçümseyerek konuşmak, dedikodu yapmak) ve akla gelebilecek en kötü senaryoları detaylarıyla kurgulamak. Budist rahibe Pema Chödrön bu tepkileri yemi yutmuş balıklar gibi "oltanın ucuna takılmak" diye niteliyor.

Bu olta iğnelerinden kurtulduğunuz ya da bu davranışları değiştirip yerlerine sağlıklı duygusal alışkanlıklar koyabildiğiniz zaman, olan bitene karşı çıkmayı bırakıp olayları sadece olduğu gibi kabul ettiğinizde ruhunuzun mücevher ışığının size daha fazla enerji vermesine izin vermiş olursunuz. Ve bunu her yaptığınızda mevcudiyetiniz önemli bilgileri ortaya çıkarır, sevecen bakış açınızı güçlendirir ve bundan sonra ne yapacağınızı bilmenize yardımcı olur. Bir şeyin üzerindeki etiketi kaldırdığınız ya da sabit bir fikir ya da tanıma yatırdığınız enerjiyi geri çektiğiniz zaman bir gölgeyi daha silersiniz ve yaşamınıza daha fazla mücevher enerjisi dolar. Aynı şey "rol yapmayı kestiğinizde" ve sağlıklı beslenip bayağı bir kilo verdiğinizde, sigarayı bıraktığınızda ya da bedeninizi bağımlılık yaratan maddelerle kirletmekten vazgeçtiğinizde de geçerlidir.

Ruhu bloke edenler arasındaki diğer bir kategori ise erken yaşlarda hayatta kalmak için farkında olmadan edindiğiniz düşünceler, inançlar ve dünya görüşleriyle ilgilidir. Bunlar, kim olduğunuzla ve burada bulunma amacınızla hiç ilgili olmayabilirler. Bu üst üste binmiş tabakalar ilk olarak, anne babanızın inanç yapıları ve bedensel duruşlarını farkında olmadan benimsediğiniz 'radar' dönemizde ortaya çıkmıştır. Aslında gözüpek bir gazeteci olmanız gerekirken, bu tabakalar size kibar ve alçakgönüllü olmanız gerektiğini söylüyor olabilir. Bu düşünceler size ağırlık yapan ıslak battaniyelere benzer, bıraktığınız alışkanlıklara dönüp eskisi gibi davranmanıza neden olur. Bu fikirler aslında size ait değildir ve belki de onları kimden ödünç aldıysanız ona geri vermeyi hayal edebilirsiniz ya da enerji sahanızdan buharlaşıp uçtuklarını, yok olduklarını görebilirsiniz. Bu ödünç fikirleri tanırsınız çünkü sonlarında "meli-malı" ekleri bulunur ya da bunları kendi kendinize söylemeyi denediğinizde başka birinin sesinin yankılandığını duyarsınız.

Geçmişiniz sizin potansiyeliniz değildir.
Her an geleceğinizi özgür kılmayı seçebilirsiniz...
Korkunun diğer tarafının özgürlük olduğunu kesinlikle biliriz.

MARILYN FERGUSON

Şunu Deneyin!

Başka İnsanların Üzerinizde Oluşturduğu Katmanları Temizleyin

- Uğruna yaşadığınız töre ve değerlerin bir listesini yapın, hatta doğru bulduğunuz olumsuz olanları bile bu listeye yazın. Hangileri annenizden geliyor? Babanızdan gelenler hangileri? Aralarında modası geçmiş ve aslında size uygun olmadığını düşündükleriniz var mı? Varsa bunları kimden aldıysanız o insana iade edin ya da yok olmaya bırakın.
- Para, iş, ilişkiler, ebeveynlik, sağlık, yaşlanma, din, politika ve ölüm hakkındaki düşüncelerinizi ve tavırlarınızı yazın. Bu fikirleri nereden, nasıl edindiniz? Bunlara ihtiyacınız var mı? Hepsini birer birer askıya almayı deneyin. Sabit fikirlere ve kurallara sahip olmak yerine her bir alanın size spontane olarak nasıl olabileceğiniz ve ne yapacağınızı öğretmesine izin vermek nasıl olurdu? Bu alanlar nasıl genişleyebilir ya da değişebilir?

Eğer cahillik ve ilgisizliği, mahrumiyet ve çaresizliği, unutkanlığı ve değersizlik duygusunu veya şikâyet etmeyi artıran alışkanlıklarına takılıp kaldıysanız bu tür gedikleri doldurabilecek yegâne şey *anda mevcudiyettir:* Her şeyin altında yatan, her şeye sinen sevgi dolu şefkat ve merhamet niteliğinde bir varoluş. Odaklanın, mevcudiyetinizle dolun ve sağlıksız duygusal alışkanlıklarınıza karşı "zihnen mevcut" olduğunuzu göreceksiniz. "Bilmem" dediğinizi işitince, "Bununla ilgili neler biliyorum?" demeye çalışın. Kendinizi bir arkadaşınıza, "Ben iyi dans edemem" derken bulduğunuzda bu düşünceyle ilginç, kendinize has ya da yaratıcı şekillerde hareket ettiğinizi düşünerek eğlenebilirsiniz. Dans etmenin *size has* haliyle yaşamak, bu hareketleri hayatınızın bir parçası yapmak nasıl olurdu? Hiçbir zaman yeterli paranız olmadığı kasetini yine başına sardığınızda kendinize şunu diyebilirsiniz: "Dur bir dakika! Şimdiye dek hayatta kalabilecek ve belli bir seviyede yaşayabilecek kadar param oldu. İyiyim ben. Durumumu istediğim zaman, daha enteresan bir şey elde edebileceksem değiştirebilirim. Şu an bana göre enteresan bir şey var mı? Ne yaratmak istiyorum?" Siz kendi hikâyenizin yazarısınız. Size gizemli bir şekilde bir yaşam hediye edildi ve aynı zamanda da kendi tavrınızı, ruh halinizi ve hareketlilik seviyenizi seçmekte özgürsünüz. Bu dünyada sizi gerçek siz olmaktan alıkoyabilecek güçte hiçbir kuvvet olamaz.

Nehirlerde hiç acele yoktur. Oraya, suyun kenarına gittiğinizde
akış hızıyla hareket etmeye başlarsınız ve bu hız sizi bu gezegen
üstündeki yaşamdan çok daha eski bir akışa bağlar.
Bu hızı kabullenmek bir günlüğüne bile olsa bizi değiştirir,
kendi kalp atışlarımızın sesinin ötesindeki ritimleri hatırlatır.

JEFF RENNICKE

Kısaca...

Olumsuzluklara takılı kalmış olmak dört nedenle olur: Düşük kişisel titreşim, iradenin yanlış kullanımı, dalgalar ve döngülerle uyumlu yaşamamak ve anın içinde tam olarak mevcut olup tam bir farkındalık içinde bulunamamak. Korktuğunuzda ve bu korkuyla sağlıksız duygu alışkanlıklarıyla savaş-ya da-kaç yöntemleriyle başa çıkmaya kalkıştığınızda kişisel vibrasyonunuz düşer. Kişisel vibrasyonunuz düştüğünde bir şeye takılıp kalmak kolaydır çünkü düşük frekanslar daha olumsuz deneyimlere neden olur. Bir dalgayı durdurmaya ya da arzu ettiğiniz gibi zorla hareket ettirmeye çalışırsanız yaşam akışınızda geri tepmeler ve deformasyonlara neden olursunuz. Bu deneyimi bir kenara bırakıp boşluk ya da olumsuz gerçekliklere konsantre olmaya çalışırsanız mevcudiyetin eksikliği deformasyonlara ve pürüzlere neden olur.

İrade gücünün doğru kullanımı zor kullanmak, kontrol etmek ya da direnmek değil şöyle olmalıdır: (1) Daha yüksek bir titreşim seçin, (2) İçinde bulunduğunuz dalga hareketine uyum sağlayarak "akışla" birlikte hareket edin, (3) O an her ne oluyorsa "onunla kalmayı, onunla birlikte olmayı" , ruhunuzun bilgeliği ortaya çıkabilsin diye her durumda daha fazla mevcut olabilmeyi seçin... Ruhunuzu bloke eden düşünceleri ve kişiliğinize uygun olmayan ödünç alınmış düşünce katmanlarını yok ederek mücevher ışığınızın hayatınıza ve bedeninize dolması için daha temiz bir alan açabilirsiniz. Bunu yapmak için kuvvete ya da zor kullanmaya hiç ihtiyaç yoktur –frekansınız kendi araç gerecine bırakıldığında doğal olarak kendiliğinden yükselir. Kendinizi olumsuz titreşimlerden arındırmanız bugün kolaydır çünkü bedeninizdeki ve dünyadaki ivme kazanan frekans uzun süre takılıp kalmayı zorlaştırır ve korkulardan arınmak hemen anında mümkün olabilir.

Ev Frekansı Mesajı

Okuyucuya bölümünde, 21. sayfada açıkladığım gibi, normal hızlı okumanızı daha derin bir doğrudan deneyime çevirmek için bu ilham verici parçaları her bölümün sonuna ekledim. Bu mesajlar kanalıyla kişisel titreşiminizi bilerek değiştirebilirsiniz.

Aşağıdaki mesaj sizi Sezgi Çağı'nda yaşayacağınız hayata yakın bir dünyaya nakletmek için verilmiştir. *Ev frekansı mesajı*na girebilmek için şimdi daha yavaş, daha telaşsız bir hıza inin. Derin bir nefes alın ve mümkün olduğunca sakin olun. Bırakın zihniniz yumuşak ve kavrayışlı, yeni algılara açık olsun. Sezgilerinizi açın ve dili *derine inerek* anlamaya hazırlanın. Bakalım *okurken* derin gerçekler ve hisleri hissedebilecek misiniz...

Bu deneyiminiz terimlere ayırdığınız zamanla doğru orantılı olarak daha büyük bir boyuta çıkabilir. Kelimelerin bir seferde birkaçına odaklanın, noktalama işaretlerinde duraklayın ve size mesajı şu anda ve canlı olarak ileten zekâyla birlikte kalın. Kelimeleri yüksek sesle okuyabilirsiniz ya da üzerinizde nasıl etki edeceklerini görmek için gözlerinizi kapatıp birine okutabilirsiniz.

ŞEFFAF VE GEÇİRGEN OLUN

Kendinizi ışık ve enerji olarak gördüğünüzü hayal edin. Pek çok sevgi şeklini bildiğiniz ve uyguladığınız tarafınız mücevherin berrak transparanlığı ile ışıldıyor. Korkulara ve geçmişe sarıldığınız diğer taraflarınız, gerçek benliğinizi yaşamadığınız yanlarınız bulutlu, sisli, yoğun ve donuk renkli görünüyor. Bu sıkışık yerlerde gölgelere benzeyen düşünce formları yaşıyor, evrenin özgürce akan birleşik alan enerjisi çukurlarda ve girdaplarda tutsak kalıyor, bu da bu benekli filtreden bakıp görmeniz gerektiği için kendinizi ve diğer sizleri yaşamanıza renk katıyor. Kararmış bir lensten görerek acıyı, kısıtlamaları, eksikliği ve olumsuz duyguları hissediyor ve gölgelerin başkalarında olduğu sonucuna kolaylıkla varıyorsunuz.

İyi haber şu ki; tamamen şeffaflaşma sürecindeniz. Şeffaflaşmak demek; kendinize hiçbir şey saklamamak, içinizde hiçbir şey tutmamak, egonuzu tümüyle bırakmak, yumuşak ve uyumlu, gözenekli ve geçirgen olmaktır. Sabit bir kimlik ya da belli bir geçmişe ihtiyaç duymaksızın, sınırlamalar, inançlar, korku ve tepkisel davranışlar olmaksızın yaşamak demektir. Her şeyi bir kenara bırakıp rahat olduğunuz zaman ve güven ya da inançla yaşadığınızda daha şeffaf olursunuz. Savunmacılığı, kendinizi hep haklı görmeyi, agresifliği, sabit fikirleri ya da rekabetçiliği bıraktığınızda mücevher ışığınızın parlama şansı daha yüksektir. Kendinizi esnek ve rahat tuttuğunuz ve beklentilere girmeden ve geçmiş ya da gelecekle ilgili plan yapmadan durduğunuz sürece her şeyi alabilme yeteneğinizi yükseltmiş olursunuz.

Alan'da serbestçe dolaşan, şu an anlayabileceğiniz her şeyin ötesinde, müthiş bir enerji ve bilinç seviyesi vardır. Eğer düşük fikirler ya da genişleyen farkındalığınıza karşı şüpheler ya da olumsuz düşünceler beslerseniz bu enerji içinizde hareket edemez. İçinizde hareket edemediği zaman ise enerjinin bildiğini bilemezsiniz. Öğrenmenize yardımcı olamaz. Yaratmanıza yardımcı olamaz. Bir sahadaki enerji yoğunlaştığında –şu an dünyanın enerji sahasında olduğu gibi- bu sahanın bir parçası olarak siz de yoğunlaşırsınız. Eğer kendinizi tutar, geri çeker ya da buna direnirseniz donukluğunuz dalgaları bloke eder ve çok geçmeden tutsak kalan çamurlu enerjiden kurtulabilmek ve enerji kanallarınızı süpürüp temizlemek, içinde bulunduğunuz sahada daha rahat ve uyumlu olabilmek için sarsılmalar –yüzdükten sonra kurulanmak için silkelenen köpekler gibi- yaşarsınız.

Olumsuzlukları ve direnmeyi –ya da donukluk halini- üzerinizde tutarsanız ıstırap ve üzüntü yaşarsınız. Kendinizi ne kadar şeffaf tutarsanız deneyiminiz o kadar az kesintiye uğrar. Yoğun enerji şeffaf bir insanda aktığında yükselen bir ruhaniyet, coşku ve aydınlık yaratır. Dikkatinizi mücevher ışığı üzerinde toplayın ve o ışıltılı berraklığı içinizde ve çevrenizde hissedin; sonsuzluğa uzandığını düşünün. Mücevher ışığı sevgi dolu bilgeliğiyle her partikülü, her bir dalgayı ve tüm varlıkları kendi potasında eriterek doygunluğa vardırır. Boşluk bir yanılsamadır. Frekansınızı şeffaflığın tüm zaman ve mekânlarda çalan kristal zil sesine ayarlayın ve onun yoğun saflığı haline gelin. Bunu içinizdeki her şeye yerleştirin. Bırakın şaşırtıcı varlığıyla gölgeleri eritip içine alsın. Mutlak berraklık mutlak bir serbest bırakmayla ve bütünüyle kabullenişle gelir.

5

Ev Frekansını Hissetmek

Kolumu yastık yaptım başıma,
sislerin ardındaki ayın altında
kendim olmaktan öyle mutluyum ki.

YOSA BUSON

KANSER TEDAVİSİ GÖREN LISA, bana yatakta kitap okurken bedeninin iyileşme sürecinde sık sık yaşadığı stresli endişe ya da elektrik sesiyle değil de mutlulukla titreşmeye başladığını anlatmıştı. Bedeni mutluluk içindeydi! Herhangi bir sebebi yoktu bunun, sadece öyleydi işte… Farkındalığını kendi biricik duygu durumuna yöneltmiş, yumuşaklıkla, mutluluk enerjisi birleşmiş ve bedeninin –tek başına ve keyfince- yaptığının tadına varmıştı. "Bu ne kadar da güçlü bir şifa duygusu böyle!" diye düşünmüştü. "Kanser ya da sinüslerdeki bir enfeksiyon ve hatta bedendeki bir çürük bile nasıl bu kadar korkunç güzel bir gerçeklikte var olabiliyor? Madem bedenim bunu nasıl yapacağını biliyordu, ben niye böyle hasta oldum ki?" Lisa o gece kendi enerjisini çok sevdiğini keşfetmişti. "Gerçek Lisa"da çok güzel ve besleyici bir taraf olduğunu fark etmişti. İçindeki o tatlı sıcaklığa uzanıp, güneşlenir gibi kendi özünü hissetmek istiyordu. O gece saatlerce uyanık kalarak bedeniyle birleşme ayini yaptığını anlattı bana... Bu hal o kadar unutulmazmış ki ne zaman aklına gelse yeniden yaşıyormuş.

Sizin içinizde de bunun gibi inanılmaz bir titreşim var –ruhunuzun sevgisini, gerçeğini, bolluk ve bereketini ve neşesini taşıyan bir rezonans... Ufacık "kuantum varlıklarınızdan" köpük köpük çıkarak tüm hücrelerinizi ve dokularınızı dalga dalga geçer ve etrafınızdaki alanı doldurur. Hep buradaydı ve hep burada olacak. Bu sizin *ev frekansınız*, bedeninizde yaşayan ruhunuzun vibrasyonu. Buna ev frekansı dememin sebebi, Ev'in insana dünyada cennete en yakın huzuru yaşatman yer olması. Ev frekansınız bir pusula gibi çalışır –inişli çıkışlı *günlük evfrekansınızı* bu en temel, doğası gereği yüksek frekans enerjisine ayarladığınızda, yaşamınız istikrar kazanır ve şansla, anlam ve sevinçle dolar.

Lisa gibi ev frekansınıza girdiğinizde, o kadar harika hisseder, kendinizi ve yaşamınızı o kadar seversiniz ki başka türlü nasıl yaşamışım ben diye düşünmeye başlarsınız. Ev frekansınızdan gelen düşünceler ve cevaplar hep doğrudur ve ruhunuzun kendini ifade edişini geliştirir. Aslında yaşamın hay-huyunun ortasında ev frekansımızı kaybediverme ihtimali bir bakıma şoke eder ama genellikle başımıza gelen budur. Bazen Lisa'nın durumunda olduğu gibi, ev frekansınız kendini birden ortaya koyuverir ama daha çok onu aramanız, davet etmeniz ve onunla birleşmeniz gerekir. Ev frekansını aramayı, onunla rahat etmeyi ve paylaşımda olmayı öğrenmek yaşamınızı dönüştürmenin ve Sezgi Çağı'na girmenin anahtardır.

> Kendinizi ruhu olan bir beden değil de bedeni olan bir ruh olarak görmeye başlayın.
>
> WAYNE DYER

Büyülü Bir Dönüm Noktasına Vardınız

Sağlıksız duygu alışkanlıklarınızı temizlemeyi ve frekansınızı kişisel titreşiminize yükseltmeyi öğrenmeye başladınız. Dönüşüm sürecinin bu temizlik aşamasının doruğuna erişirken yaşam da daha yoğun ve kaotik bir hale gelir, hatta ümitsiz görünmeye başlar. Eskiler işe yaramıyordur; kendinizden çok şey verdiğinizi, hayat gücünüzün kalmadığını ve ilerleyemez bir hale geldiğinizi hissediyor olabilirsiniz. Korkunun üzerindeki vurguyu bir nebze sevgiye çevirdiniz, öyle ki eski gerçekliğiniz sağlamlığını kaybetti, ruhunuzun yeni gerçekliği ise daha yeni kendini göstermeye başladı. Bu noktada hayatınız kötü gidebilir ve hedeflerinizi, sahip olduklarınızı, insanları ve yaşam tarzınızın bazı parçalarını bırakmak zorunda kalabilirsiniz. Kimliğinizin bütün özelliklerini, motivasyonunuzu ve yönünüzü, sizi rahat ettiren alışkanlıklarınızı yitirebilirsiniz. Daha fazla savaş-ya da-kaç reaksiyonlarına girmemeye özen göstermek önemlidir. Aslında olan ruhunuzun, "Sen artık o eski sınırlı insan değilsin. Gerçekte kim olduğunu ve neler yapabileceğini keşfetmenin zamanı geldi" demesidir. Anka Kuşu'nun kendini ateşe verdiği ve gizemli bir şekilde altına dönüştüğü noktadır burası. Gerçekte kim olmak istediğiniz seçimiyle yüz yüze geldiğiniz nokta burasıdır.

> Hissettiğiniz tuhaflıklardan korkmayın.
> Gelecek gerçekleşmeden çok önce içinize girmelidir.
> Sadece doğumu, yeni berraklığın saatini bekleyin.
>
> RAINER MARIA RILKE

Yeni kimliğinizi nasıl bulacaksınız? En sevdiğiniz kahraman gibi mi olmalısınız? Endişe etmeyin –kimseyi taklit etmeniz gerekmeyecek çünkü yeni kimliğiniz sadece size özgü olacak ve size mükemmel bir şekilde uyacak. Ama bu kimliği kendi dışınızda bulamazsınız. Cevap, ev frekansınızda kodludur ve ev frekansınızda yaşarsanız yeni kimliğiniz yeni açan bir yaprak gibi içinizde yeşerecektir. Dış dünyanız çatlar ve paramparça olurken, içsel olarak kendinizi yeniden inşa edip yeniliyordunuz. Gözle görünen içsel altyapınız neredeyse tamamlandı. Dönüşüm sürecinin büyülü dönüm noktası, telaş içindeki meşgaleler ve birikimlerle dolu kendi dünyanıza dikkat etmeyi bırakıp ruhunuzun her şeyi nasıl da baştan yaratabileceğine baktığınızda başlar. Burada sizi zorlayacak konu; sizin bakış açınızdan, koşuşturmalarla dolu dünyanızda eğer durursanız ya da işleri oluruna bırakırsanız her şeyi kaybedip boşluğa düşeceğiniz ve muhtemelen düşüp öleceğinizi sanmanızdır. Elbette ki bu sıkışmış egonun delice bakış açısıdır, ruhunuzun değil... Boşlukla yüz yüze kalmış hissettiğiniz anda, aslında kendinizi yeni ve daha iyi bir yolda yeniden bulmuş olacaksınız.

Sakinleşip İşleri Oluruna Bırakma Zamanı

Hayat size sevgi ve şefkatle bir bağlantı sunar; bu eskiyle yeni arasındaki bir aşamadır. Siz de Panama Kanalı'ndan geçen bir gemi gibi bilincinizin "kilit"lerini açacak, alçak bir seviyeden yüksek seviyeye geçeceksiniz. Bu dönemi yaşamak için tek yapmanız gereken sakinleşip gevşemektir. Geleceğinizin nasıl olacağı ya da bu dönüşüm sürecinin nasıl işleyeceği hakkında her şeyi bilmek zorunda değilsiniz. Nefes verebilirsiniz, dış etkenlerle daha az ilgilenip zorlamayı bırakabilirsiniz. Başkalarına neyi sevip neyi sevmediğiniz, başarılarınız ve başarısızlıklarınız ya da geleceğe dair planlarınızla ilgili bir açıklama borçlu değilsiniz. Kediniz ya da köpeğiniz gibi olabilirsiniz: Son derece gerçek, son derece mutlu ve sonuna kadar tanımsız... Bir çift güzel, pırıl pırıl gözden bakan gizemli bir güçsünüz siz ve vibrasyon halindeki bedeninizden mutlulukla ışıldıyorsunuz. Egonuzu beslemeden de kendiniz olabilirsiniz. Egoyu bırakırsanız puf diye yok olup gitmezsiniz!

Elbette sonlar yaklaştığında egonuzun kontrolü elinde tutmak için çeşitli oyunlar ve tuzaklar hazırlayacağı anlarla yüz yüze kalacaksınız. Biraz durup kısa bir süreliğine "tarlaları nadasa bırakmak" düşüncesi şöyle çığlıklara neden olur: "Ama ben duramam! Şunu veya bunu yapmazsam yalnız kalırım" ya da "Ödenmesi gereken faturalarım var ve insanlar bana güveniyor" veya "Gafil avlanıp boğulurum". Egonuz kendinizi serbest bırakmayı her zaman her iki ucu da ıstırap çekmek olan siyah-beyaz durumlar olarak sunacaktır. "Ya artık benim için iyi olmayan bir şey yaparak kendimden çok şey vereceğim ya da her şeyimi feda ederek boşluğa düşeceğim."

İnsanın her şeyi oluruna bırakması
Varlık haline dönüşle ilgilidir.
Doğru yapıldığında yoğunlaşmak demektir.

Oluruna bırakmanın kendini feda etmekle bir ilgisi yoktur veya tembelleşip hareketsiz olmak da demek değildir. Sadece Varlık haline dönmektir. Tamamen aksiyona yoğunlaşmaktan daha yumuşak bir hale geçiştir. Bu daha yumuşak sezgisel halde yaşadığınız anı fark edip takdirle karşılayabilir ve o anın içinde olabilirsiniz. Gürültüden sessizliğe geçiştir bu. Doğru yapıldığında, oluruna bırakmak yoğunlaşmak demektir ve sizi her zaman ev frekansınıza götürecektir.

Oluruna Bırakmak Kayıp Değildir

Yeni ile eski arasındaki dinlenme ve olgunlaşma fazına geçmek için hiçbir şey yapmanıza gerek yok ve o kadar da uzun zaman almayacaktır. Ancak bu molanın saflığını da yaşamanız gerekir ki bu hemen olabilir ya da bir gün ya da bir hafta sürecektir. Ruhunuz şöyle temiz bir alana girmeli, yaşamınızı doymuş hale getirmeli ki hissetmeye başlayabilin. Durup sabırsızlıkla, "Ne kadar sürecek bu?" demek işe yaramaz.

Margaret geçtiğimiz günlerde özenli bakım gerektiren bir hastalığa yakalanmıştı. Anne ve babası yeni ölmüşlerdi ve mallarını mülklerini Margaret'in idaresine bırakmışlardı. Evliliğindeki iletişim bitmişti, sanatı bırakmıştı çünkü resim yapacak bir yeri yoktu ve dört elle sarıldığı şifa hizmeti de pek müşteri çekmiyordu. Kendini sıkışıp kalmış ve depresyonda hissediyordu. Bir değişiklik istiyor ama nereden başlayacağını bilemiyordu. Evi nefis sanat eserleriyle, sevdiği objeler ve eşsiz koleksiyonlarla doluydu. Ama bunlardan başka o kadar çok şey vardı ki evi temiz tutmak çok zordu. Her şey toz tutuyordu. Bahçe de bakımsızdı, etrafı fareler sarmıştı, komşuların devirdiği çit öylece duruyordu ve kimsenin bir şey yaptığı yoktu. Hayatı arap saçına dönmüştü çünkü egosu hayatı oluruna bırakmasına ve bilinçaltındaki korkularla yüzleşmesine engel oluyordu. Hayatın karmaşasında ev frekansını unutuvermişti. İnsan kendini kalabalık ve sıkışmış hissettiğinde, bu genellikle tam olarak "kendi içinizde" olmadığınız ve bu durumda başka insanlar sizin alanınızı istila edip sizi bulmaya çalıştıkları içindir.

Margaret'a önce kendi içindeki diyaloğa bir dur demesini önerdim. Kendi kendine "ben yapamam", "yapmalıyım" ve "buna mecburum" deyip duruyordu ve buna bir son vermesi gerekiyordu. İçindeki sessizliği sağlayabilirse, cömert, nüktedan, yaratıcı kimliğine dönebilir, kendine biraz yer açabilir, bu keyifli alandan neler çıkabileceğine bakabilir ve bir süre sadece bunlarla ilgilenebilirdi. Aslında da kendini yavaşça gerçek şeklini alan çukurlaşmış bir *memory-foam** şiltesi olarak hayal edebilirdi. Ayrıca aksesuarlarla dolu odalardan birini boşaltıp geniş ve boş bir alanda boş duvarlarla birlikte kalmasını da önerdim. Böylece hangi duygularının ve bilinçaltındaki meselelerin su üstüne çıkacağını görebilecek, sonra da odaya geri koymak istediği objelere karar verebilecekti. "Ama eşyaları koyacak hiç yerim yok çünkü garaj kolilerle dolu." Konuşmamız böylece sona erdi çünkü aslında söylediklerim mevcut kalıplaşmış problemlerine direkt olarak hitap etmediği için ne demek istediğimi pek anlamıyordu.

Birkaç gün sonra beni arayıp endişelere kapıldığını ve uyuyamadığını söyledi. Egosunun benim önceki söylediklerimdeki meli-malılara dönüştüğü açıktı ve kendisinin hatalı olduğunu hissediyordu. Beni dinlerken, gerçekte bir sanatçı değil de bir *şifacı* olmak istediği fikrini terslediğimi duymuştu ki bu fikre de başka danışmanlar ona şifacı olması gerektiğini söylediklerinde kalpten katılmıştı. Gördüğü şifacılara dayanarak bir şifacının nasıl görünmesi gerektiği hakkında kesin yargıları vardı. Burada büyük ölçüde anlattığı başka sorunların altında gizlenmiş daha büyük bir sorun vardı. Asıl sorun şifacı olma konusunun altındaydı: Margaret kendisine *kendi* istediğini yapma hakkını tanımıyordu. Başkalarının sözleriyle ve örneklerine göre yaşamaktaydı,

---

* Memory foam: NASA'nın uzaydaki astronotların bedenini rahatlatmaları için geliştirdiği viskositesi ve yoğunluğu yüksek poliüretan malzeme-e.n.

kendi "bencil" halindeki orijinalliğin keyfini çıkaracağına kendini bir yana bırakıp başkalarıyla ilgilenmekteydi. Kendinden çok şey feda ettiğini ve bir şeylerden mahrum kaldığını hissediyor. kendinden önce başkalarını düşünmez ise yok olup gideceği kaygısıyla kendini mahvediyordu.

Margaret'a bir kez daha kafasındaki hayatının *nasıl olması gerektiğine* dair imajları ve düşünceleri bir kenara bırakıp tekrar sadece "kendisi olmaya" ve buradan hareketle kendini spontane yaşayıp yeni meraklarıyla tutkularının peşinden gitmeye zorlamasını tavsiye ettim. Böyle yaparsa eğer isterse *kendi* şifacılığı uyanarak yükselecek ve belki de sanat, eğitim verme ve müzik gibi, hep ilgi alanı olan konularda kendi zeminini bulacaktı. Ama önce eski alışkanlıklarını bırakması ve kendi ev frekansına dönmesi gerekiyordu.

Kalbimle yaratırsam her şey işe yarıyor;
kafamı kullanarak yaparsam, neredeyse hiçbir şey.

MARC CHAGALL

Eylem ve sonuç alma dürtüleriyle hareket ederken, insanın çığır açan atılımların Varlık ile ilgili olduğunu kavrayabilmesi zor iştir. Çözümler, mutlaka daha fazlasını yapmak ve daha fazlasına sahip olmaktan geçermiş gibi gelir: Daha farklı komşularım olaydı... Daha fazla para kazansaydım... Şifa arayan yeterli sayıda hastam olsaydı... Ego, on adımda açıkça tanımlanmış, bir haftada tamamlanacak iyice olgunlaşmış stratejik planlar ister. Ancak egoya bir "mola" verdirtmeden ruhun sihri ortaya çıkamaz. Neredeyse çocukça, neşe dolu, meraklar içindeki benliğinizle uyum içinde titreşmeyenlere yoğunlaşmayı bıraktığınız anda ev frekansınız su yüzüne çıkacaktır. Düşüncelerinizi ruhun kalitesine çevirdiğiniz anda bunu hissetmeye başlarsınız. Durduğunuzda sizi bekliyor olacaktır. Ev frekansınız sessizliktedir ve ona bir adım yaklaştığınızda, o da size doğru bir adım atar ve ortada buluşursunuz.

Ev Frekansınıza Girmenin Yolu ve Zamanı

Ev frekansını bulmak aslında dönüşüm sürecindeki en büyük dönüm noktasıdır. Boşluğa düşüyorum diye düşünürken aslında kendinize döndüğünüz, hayatta en iyi saklanan sırlardan biridir: Boş olduğunu düşündüğünüz, aslında dolu dolu bir şey olacaktır, eskileri bıraktığınızda yeni bir şeyler hemen başlayacaktır. Karmaşa ve panik zirve yaptığında, hayatınızı ve kendinizi kontrol etmekte iradenizi kullandığınızda birkaç şey yapmak gerekir:

1. "Duraklat" tuşuna basarak iç sesinizi susturun. "Benim bir problemim var" ruh halinden kendinizle ilgili en minik memnuniyetinizi bile hissetmeye geçin.
2. Bedeninizin derinliklerine inin, kendinizi sakinleştirin, sessizliğe kulak verin, enerjinizi yayın ve daha fazla yer kaplayın. Yuvadasınız.
3. Ruhun neşe, içtenlik, masumiyet ya da afacan yaratıcılık gibi niteliklerine odaklanın. Daha pırıl pırıl parlayan bir bebekken bile sahip olduğunuz öz titreşiminizi (ev frekansınızı) arayın ve hissedin. Sevdiğiniz *kendinizi*; sevgi dolu, mutlu ve cömert olduğunuzda kendinizi nasıl hissettiğinizi düşünün. Kendi varlığınızı hissederek bu keyfe gömülün. Bırakın ev frekansınız bedeninizin, ruhunuzun ve zihninizin her köşesine tamamıyla nüfuz edip yerleşsin.
4. İçiniz ev frekansınızla dolduğunda bunu bir ses tonu olarak hayal edin ve hayalinizde "kendi akort çatalınızın tonuna vurarak" ev frekansı dalgalarının içinizde yayılmasına, sonra da sizden çevrenize yayılmasına izin verin. Dünyaya serbestçe verin.
5. Ev frekansınızın hücrelerinizi yeniden programladığını ve baştan eğittiğini hayal edin ve siz de bu deneyimin keyfini çıkarın. Huzur dolu, açık alanınızdan yepyeni, taze ve haki-

ki bir şey çıktığında ev frekansınızla eşleşecektir. Derinlerde yatan meseleleriniz, bir merakınız, bir fırsat ya da bir insan, her ne olursa olsun bu dürtüyü izleyip kendinizi tamamen ona bırakın.

Margaret'in durumunda ev frekansına odaklanmak dünyevi endişelerine kolaylıkla çözüm getirebilirdi. Ama bu sıradan bir sıkışıp kalma durumu değil kendini serbest bırakıp yeniden doğma fırsatıdır. Margaret eski bir gerçeklikten çıkıp sınırsız bir yeni hayat edinme dönüşümünün tam ortasındaydı. Bu sizin için de böyledir çünkü şu an *dünyada dönüşüm vakti* ve sizi sınırlayan tüm alışkanlık ve huylardan kurtulmanın mümkün olduğu bir zaman. Bu kriz zamanlarının kalıcı bir iyileşme olmasına izin verdiğinizde tek eksik nelerin mümkün olabileceğini hayal edebilmek ve bunun "peşine düşmek"tir.

Bazen Kendinize Tekrar Tekrar Yer Açmanız Gerekir

Belki de fedakârlık yapmak ve ıstırap çekmekteki inadınız yüzünden, zaman zaman ruh-temelli yeni gerçekliğiniz işbaşı yapmadan önce, eski davranış kalıplarınızın birkaç kez daha tekrar edilmesi gerekebilir. Bir zamanlar son derece parlak bir astrolog falıma bakmış, geleceğimle ilgili birkaç kesin cümle söylemişti. Bunların arasında; "Annen bu sonbaharda ölecek" ve "Hiçbir zaman evlenmeyeceksin, evlensen bile şanssız bir evlilik olacak" vardı. Şoke olmuş bir vaziyette evime döndüm ve üzüntüden ağladım. Sakinleşmek için meditasyon yapmaya karar verdim. Meditasyon esnasında karşımda bir görüntü belirdi. Adamın bana çizdiği üzücü gelecek önümde uzanıyordu ve olumsuz olaylar, simsiyah bir boşlukta hafifçe salınan, bilgisayarlardaki grafik modellerin resmedilmesine benzeyen neon yeşil çizgiler şeklinde, benden çıkarak ışıklı çapraz kafesler halinde yayılıyordu. Sadece bunu düşünerek bile adamın görüsüne enerji kattığımı ve böylelikle bu görünün hayata geçmesine katkıda bulunduğumu, bunun gerçekleşmesini sağladığımı fark ettim. Ne büyük zaman kaybı!

O anda kafesi oluşturan tüm çizgiler, yani muhtemel geleceğim yarım derece döndü ve sonra da tamamen kayboldu! Artık sadece sonsuza uzanan siyah kadifemsi bir boşluk kalmıştı, bu boşluk bana destek oluyordu. Son derece sessiz ve huzurluydu. Yarım derece döndüm ve çizgiler olumsuz potansiyelleriyle yeniden göründüler. Tekrar ters tarafa döndüm, orada yine boşluk vardı... bu sonsuz boşluk deneyimiyle birlikte oturdum ve bu önümde ıslak bir battaniye gibi uzanan korkunç gelecekten çok daha keyifliydi. Bir geleceğin, bir planın olmaması biraz garipti evet ama bu tuhaf duygunun aslında *özgürlük* olduğunu fark ettim! Daha önceleri sürekli özgürlük için savaşmış olsam da aslında özgürlüğü hiç tatmamış olduğumu fark ettim ve geleceğimi şu sınırlı aklımla çizmeye kalkarsam vasat bir şey olacağını anladım. Hayatımın, pozitif beklentisi ve iyiliğe olan inançla o keyfi sürdürürsem, kadife gibi siyah boşluktan sınırsız bir şekilde yükseleceğini biliyordum.

İşte böylece aylar sonra ne zaman o "yeşil" kafes" içinde olduğumu hissetsem, olumsuz düşüncelere kapıldığımı fark etsem, zihnimde yarım derece dönüp planlarımı ve taslaklarımı –hatta olumlu olanları bile- boşluğa bırakıp karanlıkta eritiyordum. Sıkışıp kalmış olmak yerine geniş olmaya çalışıyordum. Annem o sonbahar ölmedi, hatta birden ortaya çıkan kanseri yendi ve bunca yıl sonra bile hâlâ hayatta tanıdığım en olumlu, en hayat dolu insanlardan biri. Eski ilişkilerimin yaralarını hızla temizledim, yaratıcılığım yeni yönler aldı ve hiç göremeyeceğimi sandığım yabancı ülkelere gittim. En önemlisi de, huzurluydum.

Dünyanın size seçmenizi dayattıklarına boyun eğip "Amin" demek yerine, neyi tercih ettiğinizi bilmek ruhunuzu canlı ve hayatta tutar.

ROBERT LOUIS STEVENSON

Ağaçlardaki Meyveler Gibi Doğal Bir Şekilde Olgunlaşırsınız

Ev frekansınıza yerleşip bu sıcaklığın tadını çıkarınca hayatı "olduğu gibi" kabul etme deneyimine geçersiniz ve bu hafiflikte içinizi rahatlatan basit gerçeği bulursunuz. Yenilendiğinizin farkına varır, derinlerinizdeki bir yerin dalga boyunuzdaki tüm *batıl inançları* ya da çoklu gerçeklik opsiyonlarını araştırdığını hisseder, size yeni deneyimler hazırladığını duyarsınız –ama zihninizin bunu bilmesine gerek yoktur... Hayatınızdaki şekiller onları dikkate aldığınızda kaybolabilir de kaybolmayabilir de... Bu ruhunuzun bunlara ihtiyacı olup olmadığına bağlıdır. Kaybolabilir, daha sonra güncellenmiş şekilde yeniden ortaya çıkabilirler. Burada önemli olan artık *kendiniz* olmanız gerektiğidir; şekiller kendi başlarının çaresine bakacaktır. Bazen sadece ruh havuzuna anlık bir dalış yapmak gerekir; bazen birkaç gün hatta aylar veya yıllar boyu biraz amaçsızca dolanarak zamanı yavaşlatmak lazımdır. Bazen negatif statik yaratmayı bırakıp elinizdekilerle derin bir temas kurmanız gerekir. Hayat asla tamamen durmaz.

Yeni cüce limon ağacımın üzerindeki meyvenin sert ve yeşil olacağını sanmıştım ama limonların hepsi mevsimi geldiğinde dolgunlaşıp sulu sulu oluyor ve yumuşuyorlar. Onları koparılmaya hazır hale getiremiyorum; limonlar tatlı tatlı kendi zamanlarını bekliyor, sadece kendilerinin bildiği bir şekilde potansiyellerini tamamlıyorlar. Ev frekansınızla ilerlemek için irade gücüne ihtiyacınız yoktur. Dalganızın akışında gider ve tam mevcudiyetinizi korursanız, bu olgunlaşma zamanı size önce bir iç rahatlaması gibi gelecek. Sonra kendinizi çocuk gibi hissedeceksiniz. Siz zaman mevhumunu kaybederken doğmaya hazırlanan bir şeyin keyfini de yaşayacaksınız. Doğma zamanının henüz gelmediğini hissedebilirsiniz ama vakti geldiğinde harika olacak; ruhunuzun ihtiyaç duyduğu şeyi sağlamakta muhteşem bir iş çıkardığını hissedeceksiniz. Sonunda da, en beklemediğiniz anda meyve kendini ağaçtan bırakacak ve müthiş bir fikrin, muhteşem bir planın, bir fırsatın, içgüdüsel bir eylemin, faydalı bir olay ya da insanın ortaya çıktığını hayretler içinde göreceksiniz.

Potansiyeliniz Sınırsızdır

Yenilenme fikirleri üzerinde düşünürken gelişir ve belli bir kimlik edinme ihtiyacındaki egonuzu bırakırken bu dünyada yaşanmış tüm hayatlardan daha fazla bilgi ve deneyim edinme, ruhların başka boyutlarda yaşadıkları ve kuantum gerçekliğinde mümkün olan her "örtüşme" konusunda daha fazlasını öğrenmekte daha özgür olduğunuzu bilmenizde fayda vardır. Kimliğiniz, dolayısıyla da yaratıcılığınız hakikaten sınırsızdır: Kendinizi serbest bıraktıktan sonra size geri gelenler oldukça mucizevi ve şu anda hayal bile edemeyeceğiniz şeyler olabilir. Çocuksu inancınızı ve hayal gücünüzü aktif tutun çünkü gerçekleşmek isteyen şeyleri bu şekilde fark edebilirsiniz.

Bedeninizin İçinde Bulunmanın Nasıl Bir Şey Olduğunu Keşfedin

Daha önce de belirttiğim gibi, ev frekansınızı bulmak için tüm dikkatinizi bedeninizde toplamanız, bedeninizle birleşmeniz ve içerde neler olup bittiğini hissetmeniz lazım. Bunun sebebi ruhunuzun –dolayısıyla da ev frekansınızın- bedeninizin her yerine sinmiş olmasıdır ve zihniniz de bedeninizde değilse, "ruh"un nasıl bir şey olduğunu bilinçli olarak algılayamazsınız. Bu durumda ruhunuz da sizin için hakiki olmayacaktır. Ancak sorun, bedeninizin bir akort çatalı gibi tınlamaya ve titreşimini çevrenizin frekansıyla eşleştirmeye olan eğilimidir. Ruhunuzun yüksek ev frekansı her zaman mevcut olsa da, endişeler, panik, gıpta ve kıskançlık, öfke ya da zihinsel bitkinlik gibi bazı düşük titreşimlerle geçici olarak kamufle edilebilir.

Bedeninizin titreşimi yüzeydeki fazlasıyla bölücü titreşimlerle kaosa girdiğinde, zihniniz fırlayıp başka zaman aralıklarına ve başka yerlere sıçrama ya da sadece "boşluğa dalma" eğilimi gösterir. Haddinden fazla stimülasyon olduğunda ya da titreşimler düşük veya negatif ise, sevdiğiniz şeyleri yapmıyorsunuzdur, sağlıksız duygu alışkanlıklarına takılı kalmışsınızdır, hastasınızdır ya da acı çekiyorsunuzdur veya kendinizi ilaç ve uyuşturucularla, sağlıksız besinlerle tıka basa doldurmuşsunuzdur –bedeniniz içinde bulunacağınız konforlu bir yer olmaktan çıkmıştır. Herhalde başkalarının da "bedenlerinden çıktıklarını" o boş, evde kimse yok bakışlarından anlayabiliyorsunuzdur. Otomatik reaksiyonlar verir ya da kendilerini yaptıkları işe vereceklerine sıradan hareketler yaparlar. İnsanlar bedenlerinden çıktıklarında onları hissedemez ve huzursuz olabilirsiniz: "Şimdi ne yapacak? Bu arabanın sürücüsü yok!" Kendi bedeninizi tek etmek de az rastlanan bir şey değildir... Bir daha markete gittiğinizde kasadaki elemanla göz kontağı kurarak gülümsemeyi deneyin ve bedenleriyle size nasıl dönüp bağlantı kurduklarını izleyin.

Öyleyse "bedenin içinde olmak" gerçekte nasıl bir şeydir? Çoğumuz bir bedene "sahip olduğumuzu" sanır, bedenin içimizde bir yerlerde bir şeyler yaptığını düşünürüz –kalp atar, kan akar, besinler sindirilir. Ancak, dünyayı bedenin bakış açısından görme derecesinde bedenin içinde olmak bambaşka bir şeydir. Bedenin içinde beden olarak bulunduğunuzda hayvan gibisinizdir –yaşamla "göz göze" bulunursunuz... Yaşamla *doğrudan* bir deneyim içindesinizdir ve dünyayla canlı bağlantıdasınızdır. Olaylar karşısında durup analiz etmeden ve kıyaslama yapmaksızın hemen tepki verirsiniz ve her davranışınızda dürüstsünüzdür, her hareketinize tamamıyla sahip çıkarsınız. Anın o kadar içindesinizdir ki hemen açılıp kapanabilir, sağa ya da sola gidebilir ve enerji seviyenizi eldeki durumlara mükemmel bir şekilde ayarlayabilirsiniz. Bazıları buna "insanın havasında olması" der. Bedeninizde olduğunuzda gözleriniz ışıldar, söyledikleriniz tam yerini bulur ve ikna edicisinizdir ve aynı zamanda ev frekansınızda da bulunuyorsanız bedeniniz kendini güvende hisseder, başkalarına güven verir ve kendilerini iyi hissettirir.

Hiçbir zaman hareketsiz kaldığınız zamanki kadar derinden gerçek kendiniz olmazsınız.

ECKHART TOLLE

Ev Frekansınızı Hissetmek İçin Bedeninizi Sakinleştirin

Dikkatinizi bedeninize çevirip şimdi-ve-burada duygusunda odaklandığınızda eğer huzursuzsanız veya acı çekiyorsanız ya da zihniniz ve duygularınız dizginlenemiyorsa, cızırtılı sert bir titreşimin yüzeye çıktığını hissedebilirsiniz. Bedeninizle daha fazla birleştikçe zımpara kâğıdı, sakız gibi yapışkanlık, kül gibi bir kuruluk, kilin nemi ya da yüksek voltaj benzeri enerjilerin yükseldiğini hissedebilirsiniz. Bunlara dayanmaya çalışarak daha az hissedilen titreşimleri bekleyin. Artık hiçbir şey hissedemediğinizi düşündüğünüz anda bile daha aşağılara inip dikkati elden bırakmayın. Sinirlerinizin gıdıklandığını ve hücrelerinizin vibrasyonunu hissedeceksiniz. Bedeniniz sağlıklı kalmak için kendi işlerini yapmaktadır. İyi dinlersiniz bedeninizin sağlıklı ve mutlu sesini duyacaksınız.

Bilerek ve isteyerek bedeni sakinleştirmek yüzeydeki dağınık titreşimleri geçip aşağılara inebilmenize yardımcı olur. İnsanın kendini sakinleştirmesi genelde sadece sol beyinden, lineer analitik sözel algıdan çıkma işidir. Sağ beyine ve sanatsal güzellikle ilgili sezgisel algıya geçerek enerjiniz yumuşar ve açılır. Bu daha rahatlatıcıdır. Bedeni sakinleştirip kişisel titreşimi yükseltmek yürüyüş yaparken, koşudayken, tai chi, yüzme veya bisiklete binme gibi uğraşlar içindeyken de gerçekleşebilir. Ayrıca sallanmak, bilinçli olarak nefes alıp vermek, mantra söylemek ya da davul çalmak gibi aynı hareketleri tekrarlamak da insanı rahatlatır.

Şunu Deneyin!

Bedeninizin Daha Derinlerine İnin

Şu anda 'Olma' fırsatına sahipsiniz. Dikkatinizi bedeninizde toplayın ve geçmiş ile gelecek diye bir şeyler olduğunu unutun. Şu an burada bulunmak nefis bir şey...

1. Kendinize şunları söyleyin: "Bu bedenin içindeyken yüzde yüz mevcudum." Bunun ne anlama geldiğini hissedin ve bu cümleyle birleşin.
2. Düşüncelerinizin sesini radyonun sesini kısar gibi kısın ve hatta kapatın. Çok geçmeden bedeninizin zil çalışı, parazit ya da mırıldanma gibi bir sesle dolduğunu hissedeceksiniz. Bedendeki bu sesin gerisinde daha derin bir şey olduğunu hayal edin. Tüm fiziksel seslere rağmen hep orada var olan merkezinizdeki sessizliğe girin.
3. Başınızın merkezinde olduğunuzu ve gözlerinizin gerisinden baktığınızı hayal edin. Bu odaklanmada beyninizden çıkan minik, elmas şeklinde transparan bir ışık vardır ve bu ışık zihninizi temizleyerek onu nötr bir gözlemci haline geçirir.
4. O elmasın içinden dışarı baktığınızı farz edin ve onun bedeninizde minik bir uçan daire gibi gezinebildiğini hayal edin. Bırakın uçan daire boğazınızdan insin ve orada havada gezinsin. Dünyaya bu açıdan bakın –şu anda bedeninizin başı tepenizdeymiş gibi. Sonra bedeninizin merkezine, göğsünüze doğru uçun ve kalbinizin yakınlarında havada asılı kalın. Dünyaya bakın. Bedeninizin bir bölümü yukarıda, bir kısmı ise aşağıda. Siz merkezdesiniz.
5. Şimdi de omurganızın tabanına inin ve orada dolaşın. Dünyaya bu noktadan bakın. Dünyanın enerjisine çok daha yakınsınız, beyninizdeki zihin ta tepelerde ve beden başka bedenleri hiçbir dil kullanmaksızın anlayabiliyor.
6. Ayağınızın, dizinizin, işaret parmağınızın, dilinizin altının, merkezi omurunuzun, kalbinizin, diyaframınızın kavisindeki vibrasyonları hissederek bedeninizin çeşitli yerlerine uçmayı

deneyin. Çeşitli bakış noktalarına vardığınız ve bu açılardan baktığınızda dünyayı belli bir açıdan bildiğinizi, her bir yerde belli bir içsel farkındalık olduğunu fark edebilirsiniz. Bazı yerler inanılmaz sessiz ve bilgedir.

7. Başınızın merkezine gelin, gözlerinizi açın ve etrafta yürümeye başlayın. Bu arada dikkatinizi sadece çevredeki renklere, şekillere, doku, ısı, koku ve seslere verin. Hiçbir şeyi yaftalamayın; sadece bu doğrudan deneyimin ortasında kalın, hayvanların yaptığı gibi, bir izlenimden diğerine geçin.
8. Daha sonra bir iki duyunuzu vurgulayan bir aktivite deneyin: Salonda müzikle dans edin, taze meyve suyu hazırlayıp kokteylinizi yavaş yavaş için. Bedeninizin memnuniyetini fark edin ve tam olarak neler hissettiğine bakın.

Ev Frekansınızın Anahtarı Kalbinizdir

Belki de ev frekansınızı bulmanın en huzurlu yolu kalbe inip yüreğin farkındalığını harekete geçirip bedeninize ve eldeki olaylara sevgiyle yaklaşmaktır. Bunu yapmanın hızlı bir yolu, hayatı olduğu gibi kabullenmek, ruhun aklıselimini o andaki deneyimde bulmayı seçmek ve en cömert, en müşfik halinizde kendinizi düşünmeden yaşadığınız zamanlarda neler hissettiğinizi hatırlamaktır. An ve anın içerdikleri karşısında böyle olun. Her şey bir şekilde mükemmel bir düzen içindedir; bırakın bu anlamlılık önünüzde bir sır perdesi gibi açılsın... Kabullenici olun ve gelenleri iyi karşılayın.

Ev Frekansı ve Kalbinizin Elektromanyetik Sahası

Institute of Noetic Sciences'ın SHIFT adlı dergisinin Kış 2005 sayısındaki bir makalede; Rollin McCraty, Raymond Trevor ve Dan Tomasino vücudumuzun kalp-alanı hakkında yazmışlar. "Kalp vücudun en güçlü ve en yaygın ritmik elektromanyetik alanını meydana getirir" demişler. Kalbin ritmik elektromanyetik alanı genlikte beyninkinden altmış kat daha büyüktür, her hücreye süzülür ve vücudun birkaç metre ötesinde tespit edilebilir. "Öfke ve kızgınlık gibi negatif duygular kalp ritimlerinde bozuk, düzensiz ve tutarsız atışlara atfedilir." Pozitif duygular ise düzgün, tutarlı atışlarla bağlantılıdır ve olumlu duyguların süregelmesi *psiko-fizyolojik tutarlık* dediğimiz belli bir fonksiyon halini doğurur. Bu hal, "bedensel sistemlerin eylem ve etkileşimlerindeki etkinlik ve uyumda artış", aynı zamanda da zihinsel diyaloglardaki azalma, stres algısında düşüş, duygusal dengede artış, zihinsel berraklık ve sezgisel kavrayış ile kognitif performans yükselişi" ile karakterize edilir. Kalp titreşimleriniz "tutarlı" olduğunda bedeniniz, zihniniz, duygularınız ve ruhunuzun uyum içinde çalışmaları ya da belki de aynı frekans oktavlarında *-ev frekansınızda-* işlemesi mantıklıdır.

Kalplerini açan insanlarda inanılmaz bir şey olduğunu görmüşümdür: Gözleri kocaman olup ışıldamaya, yüzleri de herhangi bir zorlama olmaksızın istemsizce gülmeye başlar (ki buna kız kardeşim küçükken, "İmdat! Gülmekten ağzım kulaklarıma vardı!" derdi) zihinleri anlayışla dolar, alındaki enerji merkezi veya çakra yani üçüncü gözleri açılır, birden irfan ve vizyon kazanırlar. Eğer bedeninizin titremesine ya da size fiziksel acı veren kasılmalara yol açan korkuya anlayış ve şefkatle yaklaşabilirseniz ve bedeninizle ilk büyük bisikletinden düşen bir çocukla konuşur gibi yatıştırıcı bir şekilde konuşabilirseniz, kalp alanına gireceksiniz. İşte Budistlerin genellikle "merkezlenmiş haysiyet" dedikleri özel titreşim budur ve bu vibrasyon ev frekansınızı ortaya çıkarmanıza yardımcı olur.

Şunu Deneyin!

Kişisel Titreşiminizi Hissedebilmek İçin Bedeninizin İçine İnin

Bu hafta, en azından günde bir kere beyninizdeki elektromanyetik merkeze konsantre olarak teninize merkezlenmeye çalışın ve fark edeceğiniz her şeyi toplayın.

- Tüm dokularınıza, organlarınıza, kemiklerinize ve hücrelerinize inin. Vibrasyon size neler hissettiriyor? Fazlasıyla aktif ya da aktivitesi pek hissedilmeyen yüzeysel bir titreşim var mı? Bunları günlüğünüze duyularla ilgili sıfatlar kullanarak detaylı olarak yazarak tarif edin: Nasıl bir sesi var? Görünüş olarak neye benziyor? Kinestetik olarak nasıl bir şey? Tadı nasıl? Ya kokusu? Bu vibrasyonla bağlantılı bulduğunuz herhangi bir duygu mevcut mu?
- Bedeninizdeki en derin yerlere giderek yüzeye çıkan titreşimleri ve kalbinizdeki merkezî frekansı hissetmeye çalışın. Bu sabit vibrasyon size neler hissettiriyor? Bunları günlüğünüze duyularla ilgili sıfatlar kullanarak detaylı olarak yazarak tarif edin: Nasıl bir sesi var? Görünüş olarak neye benziyor? Kinestetik olarak nasıl bir şey? Tadı nasıl? Ya kokusu? Bu titreşim ile bağlantılı bulduğunuz herhangi bir duygu mevcut mu?
- Zaman içinde yüzeye çıkan titreşimlerle ev frekansınızı ne tür alışkanlıklarla ve nasıl kapattığınızı fark edin ve bakın bakalım kendinizi "akortsuz" yakalayabilecek misiniz? Şeklen bir değişiklik beklemeyin, sadece Var Olmanın keyfini çıkarın...

Ev Frekansınız "Yüksek"ten Ziyade "Gerçek"tir

Ev frekansınızın çok yüksek olduğu doğrudur ancak ev frekansına titreşiminizi yükselterek ya da yüksek tonlar "yakalamaya çalışarak" ulaşıldığını düşünmek de hata olur. Bir şey olmak ya da bir şeyi elde etmek için iradenizi kullanırsanız, bu aslında alttan alta buna sahip olmadığınızı ya da öyle biri olmadığınızı düşündüğünüzü, bu deneyimi yaşamanıza engel olan bir şeylerin olduğunu gösterir. Daha fazla uğraştıkça vibrasyonunuz tizleşir ve daha kırılgan hale gelir, bu da sizi doğal olarak yüksek olan ev frekansınızdan uzaklaştırır. Ev frekansınızı üretmeniz gerekmez, ev frekansı her zaman serbestçe ortaya çıkar. Ev frekansınıza rahatça girin. Ne kadar dürüst olursanız gerçek benliğinize akort olmanız da o kadar kolaylaşır. *Kişisel titreşiminiz anbean değişebilir ama amaç ev frekansında kalabilmektir ki böylece kişisel titreşiminiz zamanla ev frekansınız olacaktır.*

Lisa gibi siz de sevinç, mutluluk, cömertlik, tatlılık, içtenlik, vakar ya da gülmeye her an hazır olmak veya olaylara hemen dâhil olma dürtüsü gibi belli bir ruhsal niteliğinizle ev frekansınızın farkına varabilirsiniz. Ya da bu ipeksi, tereyağı gibi yumuşacık ve kaygan, elmas, Alpler havası veya akan su gibi his olabilir. Bu hissi sessiz sakinken ve meditasyon yapıyorken farklı, aktif ve hareket halindeyken başka bir türlü yaşayabilirsiniz. Normal olduğunu varsaydığınız eski, nispeten yavaş frekans hallerini az buçuk hatırlayabildiğiniz daha yüksek frekans halleriyle kıyaslamanın ev frekansına odaklanmakta faydası olabilir. Buradaki hedef ev frekansı halinizin en ince detayına kadar bir fotoğrafının çekilmesidir ki böylece onu bir daha kaybetmeyin. Yaralı veya huzursuz insanlar yüzünden dengenizi kaybettiğinizde, size eski travmaları anımsatan deneyimler yüzünden korkup bedeninizden çıktığınızda veya çok fazla seçenek yüzünden bunaldığınızda tekrar sığınabileceğiniz güvenli bir hissiyata ihtiyacınız vardır.

Dinginlikte hareket etmeliyiz/ Farklı bir yoğunluğa doğru...

T.S. Eliot

En Kötü Senaryonuz Nedir?

Kafanızı yoran konular ve sorunlarla meşgul olduğunuz bir ruh hali düşünün. Sizi rahatsız eden ve düşüncelerinizi dağıtan birileri vardır ya da sizi bir endişedir almıştır ve doğru düşünemiyorsunuzdur. Belki de başarısız olma korkusuna kapıldınız veya sevdiğiniz birini mutsuz etmekten korkuyorsunuz. Hepimizin endişe ve huzursuzluğa yol açan ruh halleri olur. Bakın bakalım bu ruh halini tespit edip bir an öyle hissedebilecek misiniz?

Şunu Deneyin!

Olumsuz Düşüncelerinizin ve Endişelerinizin Listesini Yapın

1. "Endişeli ruh hali"ne girin ve aşağıdaki kategorilere giren şeyleri listeleyin:
   - Şu anda çözmeye çalıştığınız problemler neler?
   - Kişisel psikolojik ve spiritüel gelişiminizde üzerinde çalıştığınız konular neler? Hangi eski yaralar yüzeye çıkıyor?
   - Son zamanlarda çevre ve başka insanlarla ilgili sizi rahatsız eden şeyler neler?
   - Aklınız kiminle meşgul ve bu insanla ilgili neden endişe duyuyorsunuz?
   - Sizi korkutan ya da huzursuz eden nedir?
   - Şu anda yaşamınızda kaosa neden olan şeyler neler?
   - Şu anda fiziksel olarak ihtiyaç duyduğunuz ve elde edemediğiniz şeyler neler?
   - Duygusal olarak yoksunluğunu çektiğiniz şeyler neler? Bu yoksunluğu nasıl ve neden hissediyorsunuz?
   - Neye direniyorsunuz? Hayatınızdaki çelişki ne?
   - Düşündüğünüzde sizi geren şeyler neler?
   - Kendinizi ne zaman, nasıl sıkışıp kalmış hissediyorsunuz? Ne zaman ve nasıl bunalmış hissedersiniz?
   - Yaşamınızda adil olmadığını düşündüğünüz şeyler neler?
2. Kişisel titreşiminizin gerildiği, her şeyin üst üste geldiği belli anları hatırlayıp bu anları ete kemiğe büründürerek düşük titreşimli halinizi kolaylıkla hissedebilirsiniz; ki buna ben "eski gerçeğimiz" demeyi severim. Daha sonra yukarıda listeye aldığınız maddelerden birkaçını seçip bu negatif vibrasyonlara kapıldığınızda bedeninizde hissettiğiniz belirgin duyguları yazın. Gerçekliği hissedin.
3. Sizi sınırlayan koşulların listesini yaparak ve bu anları hissederek yarattığınız gerginlik ve endişe halinden yola çıkarak

yaşamınızın geleceğine bakın ve olası en kötü senaryoyu çizin. Her şey ters giderse neler olabilir, şansınız yaver gitmez, size kimse yardım etmezse başınıza neler gelebilir? Bunları detaylarıyla hayal edin ve zihninizde saklayacağınız bir fotoğrafını çekin ki ilerde hatırlayabilesiniz. Sonra da nefes verin ve gevşeyin.

Gerginlikte son noktadaki halinize mancınıkla fırlatılmışçasına dönüp sonra gevşediğinizde pozitif gerçekliğinizdeki en son noktaya varırsınız. Bu noktada mesele olumsuz gerçekliğin ne kadar berbat bir his olduğunu bilinçli bir şekilde fark edebilmekte ve bu vibrasyon haliyle ortaya çıkan hisleri saptayabilmektedir. Boğazınızda veya göğsünüzde bir tıkanma fark edebilir, bir ürperti hissedebilirsiniz ya da soluk alış verişleriniz sıklaşabilir. Belki içiniz sıkılacak ve nükleer bir bomba misali patlayıp etrafınızdaki her şeyi yerle bir etmek isteyeceksiniz. Böyle eğilimler sizin bilinç dışı stres kontrolünüzle ilintilidir.

En İyi Senaryonuz Nedir?

Şimdi de vites değiştirip takdir ettiğiniz şeyleri veya başkalarına yardım etmek için yaptıklarınızı düşünelim. Belki şöyle eğlenceli bir tatilin hayalini kuruyorsunuz, gideceğiniz bir tiyatro oyununu ya da başlayacağınız yaratıcı bir projeyi hayal ediyorsunuz. Belki de şansı yaver giden bir arkadaşınız adına mutlusunuz. Hepimizin biraz önce bahsettiğimizden tamamen farklı coşkulu ve rahat ruh halleri vardır. Bu ruh halini arayın ve hissedin.

Şunu Deneyin!

Olumlu Deneyimlerinizi Yazın

1. "Mutlu ruh halinize" girin ve aşağıdaki kategorilere dahil zamanların listesini yapın. Eski hatırları ve deneyimleri hatırladıkça bedeninizin önceki egzersizde içine girdiği her türlü gerilimden nasıl uzaklaştığını ve ruhsal özelliklerinizi kolay-

ca ortaya çıkaran bir rezonansa girdiğinizi hissedin. Aşağıdaki durumları yaşadığınız zamanları hatırlayın:

- İçgüdünüzü dinleyerek aldığınız büyük bir karar.
- Kucağınıza gelen müthiş bir fırsat ya da birinin size inanılmaz ölçüde cömertçe davrandığı bir zaman.
- Ruh ikiziniz ya da aileden biri gibi hissettiğiniz özel insanlarla, dostlarla tanışma.
- Bir geri ödeme ya da teşekkür etmekte son derece cömert davrandığınız bir zaman.
- Sizi yeni gelişmeler konusunda heyecanlandıran önemli gerçekleri öğrenmek ya da ufuk açan bilgilere erişmek.
- Her şeyin yolunda olduğunu hissettiğiniz müthiş sessiz sakin dönemleriniz, kendinizden memnun olduğunuz ya da kendinizi müteşekkir hissettiğiniz zamanlar.
- Geleceği gördüğünüz ve kendi standartlarınız ölçüsünde bunu gerçekleştirmeyi başardığınız bir zaman.
- Hayal gücünüzün muhteşem bir şekilde iyi çalıştığı ve aklınıza inanılmaz orijinal fikirler geldiği bir zaman.
- Senkron tutturulan, şansınızın iyi gittiği ve yetenekli insanlarla kolayca işbirliği yapılabilen zamanlar.
- İstemek zorunda kalmadan tam da ihtiyaç duyduğunuz bir şeyi elde ettiğiniz zamanlar.
- Hiç kimsenin bozamayacağı kadar iyi bir ruh halinde olduğunuz zamanlar.
- Özel bir hayvanla birlikte ya da belki de doğada bir yerde olduğunuz ve yaşama ya da Tanrı'ya bağlandığınızı hissettiğiniz zamanlar.

2. Kişisel vibrasyonunuzun yayıldığı, iyi şans ve başarının size güzel fırsatlar yarattığı bu belli anları hatırlayarak ev frekansınızı ve "yeni gerçekliği" kolayca hissedebilirsiniz. Şimdi de yukarıda listelediğiniz maddelerden birkaçını seçip pozitif titreşimlere girdiğinizde bedeninizde yaşadığınız özel duyguları yazın. Gerçeği hissedin.

3. Şimdiye kadar yaşadığınız olumlu deneyimleri hatırlayıp listeleyerek ve içine girdiğiniz coşkulu halden yola çıkarak yaşamınızın geleceğine bakın ve bugün bulunduğunuz noktadan bakarak mümkün gördüğünüz en iyi senaryoyu yazın –her şey yolunda giderse olabilecekler, şansınız müthiş iyi gidiyor, herkes size yardım ediyor ve kapasiteniz ve yetenekleriniz doruğunda... Bunları detaylı olarak düşünün ve zihinsel bir fotoğrafını alın ki ilerde hatırlayabilesiniz. Sonra nefes verin ve gevşeyin.

Tekrar etmek gerekirse; burada önemli olan pozitif gerçekliğin ne kadar şahane ve moral yükseltici olduğunu bilinçli olarak fark edebilmek ve bu yüksek titreşim haline eşlik eden belirgin hisleri saptayabilmektir. İçinize yayılan bir sıcaklık, bir rahatlama duygusu, toplanan enerji, enerji sahanızda bir yayılma ve parlayıp ışıldama arzusu gibi şeyler hissedebilirsiniz. Cömert, sevgi ve şefkat dolu hissedebilirsiniz. Belki de yarışa başlamak üzere olan bir yarış atı kadar heyecanlı hissedeceksiniz.

Şunu Deneyin!

Ruh Halleri Arasında Gidip Gelmek

Artık aralarında seçim yapabileceğiniz iyi tanımlanmış iki ruh hali var. Bu iki yarışmacının olduğu bir ödül yarışına benzer. Bir köşede sizi ruhunuzu hissetmekten alıkoyan cehennemden çıkma vibrasyon hali! Diğer köşede ise gerçekte olduğunuz insanı ortaya çıkaran cennetten çıkma gerçek ev frekansınız! Şimdiye kadar bu ikisinin arasında belirsiz zamanlarda gidip geldiniz ama artık salınma modunuzu değiştirmenin vakti geldi çünkü daha fazla bu korku dünyasında kalıp gereksiz yere acı çekmemelisiniz.

1. Şimdi içinde bulunduğunuz ev frekansı bakış noktanızdan ters tarafa geçmeyi ve gergin, kendinizi feda ettiğiniz en kötü senaryo ruh haline girmeyi deneyin. Oluşturduğunuz sıkıntılar

ve problemler listesini hatırlayın ve o varlık haline girin. Nasıl bir his olduğunu fark edin.

2. Şimdi gevşeyin ve ev frekansınıza geri dönün. Olumlu deneyimler listenizi gözden geçirin ve kendinizi bu yüksek vibrasyonlara ayarlayın. Nasıl hissettiğinizi ve bedeninizdeki değişiklikleri fark edin.
3. Şimdi de gergin vibrasyona dönün ve bu titreşime ayarlanıp birleşin, bu titreşime dönüşün. Bedeniniz ne hissediyor, bu hali sevdi mi?
4. Şimdi tekrar ev frekansınıza dönün. Oradaki açık kalpliliği, gevşemeyi ve rahatlığı, doğallığı, akışkanlığı hissedin. Bedeniniz bu hissi sevdi mi?

En kötü ve en iyi senaryolar arasında salındıktan sonra gergin ve daha yoğun hale girmek için biraz uğraşmanız gerektiğini göreceksiniz. Bir iki seferden sonra bedeniniz "Buna mecbur muyuz?" demeye başlayacak. O gergin ve sahte hale girip o seviyeyi kapatmak ya da korumak kolay olmasa da bunu her daim yaparız. Oysa ev frekansına girdiğinizde en iyi senaryo halindeyken her şey ne kadar da kolayca yürür.

Nasıl Hissedeceğinizi Seçebilirsiniz

İyi hissetmeyi mi bekliyorsunuz? Her gün önemli önemsiz bir sürü durumda kendinizi gergin ya da ev frekansınıza odaklanmış hissetmek size kalmış bir seçimdir. Ne hissedeceğiniz ve kim olacağınız size bağlıdır. Siz kendinizi iyi hissetmeye karar vermedikten sonra, sizden başka kimse sizin kendinizi iyi hissetmenizi sağlayacak koşulları yaratamaz. Herkesin hayatında şöyle iyi olmaya, sağlıklı hissetmeye ve işlerin düzelmesini ya da problemlerin kendiliğinden çözülüvermesini beklemekten vazgeçtiği bir an gelir. Hayat kısa; öyleyse tadını çıkarmak en iyisi... Ve her anın tadını çıkarmak da o kadar zor bir iş değil.

Sonuna kadar dürüst olup kendimize bunaltıcı, can sıkıcı ama diğer yandan da özgürleştirici soruları sormanın yeri tam da burasıdır. Acaba ben başkalarını cezalandırmak için mi mutsuz oluyorum? Acaba başkaları beni korusun ve benim için bir şeyler yapsınlar diye kendi gelişimimi durduruyor muyum? Bir hata yapmış olduğumu kendime itiraf edemediğim için daha iyi bir yaşam sürmekten kendimi alıkoyuyor olabilir miyim? Daha iyi şeyler düşünemeyecek kadar tembel olduğum için mi acı çekmeye devam ediyorum? Kendimle gurur duyuyor muyum? Bütün bunların içinde en önemli soru da şu: Eskiyi bir yana bırakıp değişmeye niyetli miyim ve kontrol bendeyken her şeyin ne kadar güzel olduğunu hissetmeye hazır mıyım?

Bu soruların cevapları üzerinde düşünürken bir yandan da bahanelerinizi ortaya koyun. Yeterince cesur olamayışınızı kendinize ve başkalarına nasıl açıklıyorsunuz? Hepimizin hayatı neden tam anlamıyla yaşamadığımıza dair açıklamalarımız vardır. Ancak kendinize bu açıklamaları her söylediğinizde aslında bunlar derinlerde utanç yaratır ve vazgeçilmesi zor hale gelir.

> Sahip olduğumuz, şimdi şuracıkta duran bu bedenin çektiği sancılar ve hissettiği zevklerle kendimizi tam bir insan, tamamen uyanık ve farkında ve tamamıyla canlı hissetmemiz için bize asıl gereken şey olduğunu anlamak da yararlıdır.
>
> PEMA CHÖDRÖN

Yaşamınıza bakın ve sizi sağlıklı ev frekansınızdan ayırması için kime veya neye güç ve yetki verdiğinizi bulun. İç huzurunuzdan daha önemli olmasına izin verdiğiniz şey ne? Siyasetteki olumsuzluklar mı? Yoksa bir hastalık, manyak bir patron, düşüncesiz ve dikkatsiz sürücüler, yan komşunun havlayan köpekleri, alkolik bir çocuk ya da bir teşekkür alamamak mı? Eğer yeni yüksek frekansı yaşamınızda ilerlemek istiyorsanız, güç ve yetkiyi bunların ellerinden almanız şarttır. Bu da şu anlama gelir: Bunlar ortaya çıktığında hepsini kendi haline bırakıp "mutsuz frekansınız" yerine ev frekansınızı seçmelisiniz. Ev frekansınızın bedeninizi, duygu ve düşüncelerinizi nasıl pozitif etkilediğine ve bu ayrıntılara konsantre olunuz.

Ev frekansınızda yaşama ve frekansınızdan çıktığınızda hemen ona geri dönme konusunda netleştikçe, ev frekansı gerçeğinizin *tek* gerçek olduğu hakkında beyanlarda bulunmaya başlayabilirsiniz. Örneğin: Acımı başkalarına geçirmekten vazgeçeceğim. Başka insanların fiziksel, duygusal ya da zihinsel olarak acı çekmelerine neden olan sözler söylemeyeceğim, böyle hareketlerde bulunmayacağım. Ne kendim ne de başkaları hakkında potansiyelimizi ya da muhteşem güçlerimizi azaltacak şeyler düşünmeyeceğim. Yaşadıklarımda iyi nedenler bulmaya çalışacağım. Yüreğimi dürüst tutacağım. Her zaman ruhuma güvenip ruhumla hareket edeceğim. Ev frekansınızı bilinçli olarak seçtiğinizde yaptığınız kendinizin ve başkalarının aydınlanmasında katalizör kullanmaktan başka bir şey değildir.

Elmas Işığı Bedeniniz Direksiyonda

Kendinizi bulup alışık olmadığınız bir durumdayken frekansınızı korumak için kim olduğunuzu hatırlamakta fayda vardır. Siz; bilinç ve enerjiden oluşmuş sınırsız bir varlıksınız ve var olan her şeye yaradılışın akışını *mükemmel* bir şekilde koordine eden ve düzenleyen birleşik bir alan ile bağlısınız. Temel yapı taşınız ışıktır. Başkaları için sezgisel yaklaşımla hayat okumasına ilk başladığım zamanlarda danışanıma sessizce şunu demeyi öğrenmiştim: "Benim içimdeki ışık, senin içindeki ışığı tanıyor ve seviyor". Bu sözlerdeki doğruluğu hissettiğimizde hemen önemli bir uyumlanma oluşur. Yıllar geçtikçe insanların ruhsal enerjilerini şeffaf bir elmas ışığı şeklinde görmeye başladım. Bu ışıkta hiçbir şey yoktur, hiçbir engel taşımaz ve son derece parlak, saf ve temizdir. Aşağıdaki güçlü meditasyonu ev frekansınızı yitirdiğinizde yeniden bulabilmek için kullanabilirsiniz. Uyguladıkça, bunu saniyeler içinde yapmayı başaracaksınız; bir toplantı öncesinde, konuşma yaparken ve hatta otomobil kullanırken...

Şunu Deneyin!

Elmas Işığınızı Aktive Edin

1. Kendinizi sakinleştirin, dikkatinizi bedeninizde toplayın, yüzde 100 şu anda olun, sakinliğinizi koruyarak alıcı hale dönüşün. Olumlu deneyimler listenizi hatırlayın.
2. Elmas ışığı bedeninizin arkanızdan çıktığını hayal edin. Bu beden aynen size benziyor ama şeffaf bir ışıktan yapılmış ve ne bir yara almış, ne de herhangi bir blokaja uğramış. Işık bedeniniz bilgelik, aşk, uyum ve bolluk-bereket bilgisiyle parlıyor. Işık bedeniniz bir adım öne çıkarak ellerini omuzlarınıza koyuyor.
3. Hayalinizde ışık bedeninizin yüksek titreşimini hissedin, onu kucaklayın ve frekansınıza ayarlayın. Bunu yaptığınız sırada ışık bedeniniz içinize girecek, sizinle tamamen bütünleşecek.
4. Işık bedeniniz fiziksel bedeninizle tamamen aynıdır, ışık bedeninizin her uzvu kendine eş yeri bulur: Işıktan kalp fiziksel kalp ile birleşir, ışığın hücreleri fiziksel hücrelerle eşleşir, ışıktan beyin de fiziksel beyne katılır. Bu süreç yürürken siz de bedeninizin çeşitli yerlerine biraz göz atın.
5. Işık bedeniniz sizi ele geçirirken kendinize onun içine girmek için izin verin. "Bu beyni, şu ciğerleri nasıl çalıştıracağını ve elleri ve sesi nasıl kullanacağını biliyorsun. Lütfen bana nasıl yapıldığını öğret. Beni yenileyeceğine inanıyorum, biliyorum kendimi yeniden düzenlememe yardım edeceksin ve bana ben olmayı öğreteceksin" deyin. Kendi ışığınıza girin ve size destek olduğunu hissedin.
6. Elmas ışığı bedeniniz size rehberlik etmek üzere fiziksel bedeninizi ele geçirirken tuhaf bir şey olur: Bir doyma noktasına geldiğinizde birden "dönüp" ışık bedeni haline dönüştüğünüzü hissedersiniz. Kimliğiniz değişir. Işık bedenin size rehberlik eden sesini duyduğunuzda bunun kendi sesiniz olduğunu fark edeceksiniz. Şöyle diyebilirsiniz: "Şu an buradayım ve neyin gerçek olduğunu biliyorum."

7. Elmas ışığın her hücreyi doldurmasına izin vermekle kalmayın, bırakın duygu ve düşüncelerinizle tüm hislerinize de sinsin. Beyninize, bedeninize işlemesine ve gölgeleri dağıtıp boşlukları doldurarak tüm sistemlerinizi üst seviyeye taşımasına, tüm endişelerinizi ve kuşkularınızı silip atmasına, yeni yollar açmasına ve yenilenen frekansınızla sizi yeniden programlamasına izin verin. Bu sessizlikte kalın.
8. Şimdi de elmas ışığı bedeninizin titreşimlerinin "akort çatalına" vurun ve bırakın ışığınızla orijinal tonunuz bedeninizdeki en minik alana girip teninizden etrafınızdaki alana yayılsın. Evrende istediği kadar uzağa yayılmasına izin verin. Elmas ışığınız yayılırken her tarafta karşılaştığı elmas ışıklarla birleşecektir. Işığın merkezinde ruhunuzun asla yok edilemeyecek ölümsüz tonunu ya da ev frekansınızı işitebilir ya da hissedebilirsiniz.

Ev frekansında yaşamak insanın algısını açar. Daha sakin ve daha konsantre oldukça çevrenizdekiler bu dönüşüm sürecinin başlarındaki daha kaotik bölümlere çarpabilirler. Acı çekenlere yardımcı olmak için onlarla birleşme arzusu duyabilirsiniz. Muhtemelen konsantrasyonunuz bozulacak ve günde bin kere alt frekanslara düşeceksiniz. Kendinize inanılmaz şefkatli davranmak ancak "yeniden seçmek" üzere de disiplininizi korumak zorundasınız. Ev frekansınızda yaşamaya alıştıkça çevrenizdekilerin sizde baş gösteren o "özel hal" ile ilgili bir şeyler öğrenmek için size yanaştıklarını görebilirsiniz.

Yönetim danışmanı ve Doğu savaş sanatları ustası olan Cameron çalıştığı vizyonu geniş iki adam tarafından kurulan şirketin büyük bir teknoloji şirketi tarafından nasıl alındığını anlatmıştı. Yeni üst düzey yönetici insanlarla samimiyet kurmayan, müdürlerden nefret eden ve önemli bilgileri kendine saklayıp paylaşmayan biriydi. Bunun sonucunda kimse kendi performansını nasıl takip edebileceğini bilemiyor, hedeflerini belirleyemiyor ve sorunların çözümüne gidemiyordu. Şirket harika bir yer olmaktan çıkmış tam bir tımarhaneye dönmüştü. Enerjinin halleri ve enerji akışına hâkim olan Cameron, bu değişimi ve alttan alta yürüyen gelişmeleri izlemekteydi. Kimseyi yönetmediğini ancak genelde konsantrasyon halinde olduğu ve yüreğini açık tuttuğu için insanların ona akıl danışmaya geldiklerini anlatmıştı. Bu yüzden de zamanının çoğu iş arkadaşlarına koçluk yaparak uçup gidiyordu.

İnsanların tepki verdikleri şeyin içsel enerji olduğunu görmek enteresandır. Cameron grubun lideri değildi ama enerjisi en güvenilir olanıydı. Ancak o da zorlanıyordu çünkü kaotik bir enerjiyle çevrelenmişti, günleri bu karmaşık enerji sahası içinde geçiyordu. İşe bir süre daha devam etmeye değer olduğunu düşünüyordu çünkü aynen Aikido antrenmanı yapar gibi ev frekansını koruma pratiği yapıyordu ama aynı zamanda da bu "enerji maçları" ile yeteneğinin harcandığını da hissediyordu. Yakın bir gelecekte kendi dalga boyuna yakın insanlarla beraber olacağı bir pozisyon bulma özlemi içindeydi.

Bir ömrün ayrıcalığı kendiniz olmaktır.

JOSEPH CAMPBELL

Kısaca...

Eski korkulara dayalı gerçeklikten ruha dayalı gerçekliğe geçmeye hazır olduğunuz o büyük dönüm noktasına eriştiniz. Bunu yapabilmek için durmanız, bedeninizde mevcut olmanız ve ev frekansınızı, ruhunuzun kendini bedeninizden ifade eden titreşimi, bulmanız gerekir. İradeniz ve egonuz her şeyi kontrol edemez. Şimdi her şeyi olduğu gibi kabul edip sadece hayatla "olmak" ve yaşamla "birlikte kalmak" vaktidir. Kendini serbest bırakmak insanın kendisini hakikaten içsel olarak olgunlaştığını ancak bunu hızlandırmasının mümkün olmadığı bir tamlık haline götürür. Bu arada da en beklemediğiniz anda mükemmel çözümler ve yeni fikirler spontane olarak ortaya çıkmaya başlar, beraberinde de ev frekansınızın olumlu beklentileriyle coşku ve güven çıkagelir. Bedeninizin derinliklerine inip vücudunuzu sakinleştirdikçe, kendinize alan açıp birikintileri tekrar tekrar temizledikçe yüzeydeki konsantrasyon dağıtıcı titreşimlerden daha hızlı bir şekilde kurtulmaya başlayabilirsiniz.

Ev frekansınız titreşiminizi yapay bir yüksek vibrasyona çıkarmakla değil her an doğru ve dürüst olmak ve enerjinizin serbestçe akmasına izin vermekle, enerji akışına müdahale etmemekle bulunur. Ev frekansınızı kalbinizi açarak ve sevgiyle şefkat göstererek bulabilirsiniz. Ayrıca olası en kötü senaryoları en iyi senaryolarla karşılaştırmak, en gergin hallerle en rahat haller arasında gidip gelmek de faydalıdır. Böylelikle ev frekansı halinizi tespit edebilir ve düşük titreşimler sizi dağıttığı zaman kolaylıkla ev frekansınıza geri dönebilirsiniz. Kendinize karşı dürüst olmalı ve kim olmak, nasıl hissetmek istediğinize karar vermelisiniz. Bunu sizden başka kimse yapamaz ve bu işi başarmak için birçok bahaneyi ve durdurucu mekanizmayı gidermeniz gerekebilir.

Ev Frekansı Mesajı

Okuyucuya bölümünde sayfa 21'de açıkladığım gibi; her bölümün sonuna sizi normal hızlı okumadan daha derin bir deneyime götürecek bu ilham verici parçaları koydum. Bu mesajlar kanalıyla kişisel vibrasyonunuzu değiştirebilirsiniz.

Aşağıdaki mesajlar sizi Sezgi Çağındaki hayata yakın bir dünyaya taşımak üzere yazılmıştır. *Ev frekansı mesajına* geçiş yapabilmek için, daha yavaş, daha az telaşlı bir hıza geçmeniz yeterlidir. Yavaşça derin bir nefes alın, sonra yine yavaşça verin ve mümkün olabildiğince sakin ve sessiz olun. Bırakın zihniniz de sakin ve bir alıcı gibi açık olsun... Sezgilerinizi açıp dili derinlemesine hissederek anlamaya hazırlanın. Bakalım okurken daha derin gerçeklikleri yaşayıp hayata geçen halleri hissedebilecek misiniz?

Terimlere harcadığınız zamanla doğru orantılı olarak deneyiminiz daha da büyük boyutlara varabilir. Her bir kelimeye ayrı ayrı odaklanın, noktalama işaretlerinde durarak okuyun ve size bu mesajı -şu anda ve canlı olarak- aktaran zekâyla birlikte kalın. Yüksek sesle okuyabilir ya da gözlerinizi kapatıp bir başkasına okutabilirsiniz. Böylece kelimelerin üzerinizdeki etkisini görebilirsiniz.

KALP ALANIYLA BİRLEŞİN

Sizi çepeçevre çevreleyen huzur dolu, siyaha çalan lacivert kadifeden derin boşluğu hissedin. Gökyüzü yıldızları nasıl taşıyorsa bu boşluk da sizi öyle taşıyor... Sizi kucağına almış sallayan sessizliğe kendinizi tamamen vermişken ve tam ortada yüzercesine salınmaya devam ederken, sizi asla terk etmeyecek bir zeki bir Varlığın gücüyle anbean baştan yaratılacaksınız. Bu varlığın hep sevgi dolu olabilme yeteneği yaşamın bir hediyesidir, benliğin bir armağanıdır ve Kalbin esasıdır. Buradaki sürpriz şudur: Kendi kalbinizin içinde her kalbi yaratan ve her kalbin içinde yaşayan bu Varlık bulunur. Ve siz de bu muhteşem Kalbin içinde yaşayan bir varlıksınız.

Şunu hayal edin: İlişkileriniz eriyip gidiyor, işiniz eriyip gidiyor, sahip olduğunuz şeyler eriyip gidiyor. Yemeğe içmeye, paraya pula ya da onaylanmaya ihtiyacınız yok. Hiçbir hedefiniz, hiçbir ihtiyacınız hatta bedeniniz bile yok. Madde halinde ve yavaş olan her şey şeffaflığa bürünmüş... Hiçbir inancınız, doğrunuz-yanlışınız, hafızanız, anılarınız, hatalarınız filan yok, söyleyecek tek bir sözünüz bile yok. Geride kalan sadece pırıl pırıl ışığın vibrasyonu, bir sevgi dalgası... Parlıyorsunuz. Yüzüyorsunuz. Kalbiniz çarpıyor. İşte bu sizsiniz ve bu sizin bilme şekliniz ve bildikleriniz...

Şimdi de kozmos sahasına bakın; her bir parlak yıldız ışıktan bir kalp ve ışıktan bir Varlıktır. Dünya-sahaya yakından bakın: Parlak ışıkların her biri yaşayan ya da yaşamış olan birinin kalbidir. Biri iktidarını yitirmiş bir dünya lideri, biri açlıktan ölen bir anne ve annenin ölmekte olan çocuğu, biri ustalık seviyesini yükseltmiş bir duayen, biri öğle yemeği servisini yapan bir garson, biri bir türlü evine dönemeyen bir asker, biri askerin koruyucu meleği, biri en sevdiğiniz evcil hayvanınızdır, ölmüşlerdir veya yaşamlarına devam ediyorlardır... Daha yakından bakın; beden sahasında her bir parlak ışık noktası minik birer hücre varlıktır, ışık alıp veren, sevgi aktaran mikro kalplerdir, yaşamı şekillendiren sihirli tozlardır.

Uzaklardaki bir yıldızı bir kalp olarak gördüğünüzde, o yıldız da sizi kalbi olan bir yıldız olarak görür. Ölen bir çocuğun ölümsüz kalbini gördüğünüzde çocuk da sizin sonsuza kadar yaşayacak olan kalbinizi kutsar. Sadık hücreyi bir kalp olarak gördüğünüzde o da sizi kendisinin büyüteç altındaki hali olarak görür. Bu tanımatanışma hatları bilinçli kozmosu temasa geçiren titreşim halindeki sevgi telleridir. Bu dikkat bağları bizleri ışıldayan, çınlayan bir kalp sahasının içine işler; bu enerji filamanları bir oluşumuzun tanınmasıdır. Kalplerimizin ve kalp sahasındaki kalp hatlarının oluşturduğu ağın ne kadar devasa olduğunu hissedip bunu gözünüzde canlandırın. Bu ağdan sürekli olarak akseden sevgi dolu, hayat dolu, rafine tonu hayal edin. İşte bu "ev"in sesidir.

Hayal edin: Tüm kalpler size bakıyor ve sizi tanıyorlar. Bu sevgi dolu ilgiyi koşulsuzca kabul edin ve bilinçli ilginizi başkalarına yöneltirken bu sevgiyi onlara da verin. Alın, verin... Alın, verin... Kalbin ışığıyla dolun ve büyüyün, büyüyün, büyüyün... Siz kendinizi hatırlayın, dalga yoluna devam etsin, taşsın, kat kat olup halkalar yayarak uzayda yoluna devam etsin. Artık size daha çok kalp sevgisi geliyor. Alın, verin. Alın, verin. Kalp, kalp-sahasında atıyor, her dalgasıyla size içimizde bulunan ve hepimize destek veren varlığı hatırlatıyor.

6

Yaşamı 'Bilinçli Duyarlılık' İçinde Derinden Hissetmek

Gözle görülmeyen âlemlerle çalışan yenilikçi liderler kendi öznel algılarıyla hareket ederler. Böyleleri kapıya dayanan kaosu öngörmekte bilinçaltı ve görülmeyenle çalışır. Bu insanlar dönüştürücü bir değişimin gerçekleşebilmesi için kaosu yaratıcılığa dönüştürme ve düşüncelerdeki sonsuz değişiklikleri desteklemeyi bilirler.

KAREN BUCKLEY VE JOAN STUFFY

YENİ DOĞMUŞ BİR ANKA KUŞU olarak siz de şimdi dünyaya yeniden giriş yapma ihtimaliyle karşı karşıyasınız ve kendinizi sürprizler olabilecek yeni bir "normal" gerçekliğe adapte etmeyi öğrenme aşamasındasınız. Sürekli eşzamanlılık ve telepatiyi yaşayabilir, yapılması gerekeni bilincinizle fark etmeden doğru eyleme geçtiğinizi, normal kanallardan değil başka şekillerde bir şeyler öğrendiğinizi ve kendinize bir yön çizmek için enerji gelgitlerinden faydalandığınızı görebilirsiniz. Belki de daha önce hiç olmadığınız kadar hassaslaştınız ve bu size pek aşina olmayan farkındalığı nasıl dizginleyeceğinizi düşünüyorsunuz.

Duyarlılık; duygusal ve fiziksel hisleri fark edebilme yeteneğidir ve duyarlılığınız yükseldikçe sözel olmayan bilgileri beş duyunuzla ve bedeninizdeki minik gerilme, kasılma ve hareketler vasıtasıyla toplayabilirsiniz. Birazdan tanışıp geliştirmeye çalışacağınız *bilinçli duyarlılık*, fiziksel veya fiziksel olmayan kaynaklardan gelen belli belirsiz uyarım ve sözel olmayan bilgiyi anında sezebilmek ve o anda anlamına vakıf olabilmektir. Tamamen titreşimler kanalıyla bilme yetinizi artırdıkça hayatta daha birçok geliştirilmeye açık alan olduğunu fark edeceksiniz ve bu yeni farkındalık gücünün asla mümkün olmayacağını sandığınız şeylerde kullanılabileceğini göreceksiniz. Bu noktada bazı basit sorularınız olabilir: Dünyayla nasıl bağ kuracağım? Nasıl gezinip neyin anlamlı olduğunu nerden bileceğim?

Bağ Kurmanın Yeni Kuralı "Derinlemesine Hissetmek"tir

Dünyayla bağ kurmak şimdi önünüzde yeni türden bir öneri. Bu o kadar da hırsla, dikkat çekmekle, fethetmek ya da yüz yüze pazarlıklar yapmakla ilgili değildir çünkü daha çok insanlarla, nesneler, makineler, süreçler ve olaylarla ortak bir deneyime doğru el yordamıyla gitmekle ilgilidir. Doğrudan tecrübe (bilinçli duyarlılık), doğrudan bilme (sezgi), doğrudan iletişim (telepati) ve doğrudan sevmek (yüksek empati) gibi ev frekansınızın ve içinde bulunduğunuz şimdiki anın tüm fonksiyonları araştırmanızda, bilmek ve eyleme geçmenizde başlıca yöntem olacak.

Nasıl mı başlayacaksınız, işte şöyle: Ev frekansınızda odaklanın, sonra duyularınızı 360 derece çevirip bedeninizin arkasına getirin. Bunu yaparken belli başları şeyleri fark edin ve onları da dâhil edin. Sonra da her neyi fark ediyorsanız onu derinlemesine hissedin. Derinlemesine hissetmek, bir şeyin içine nüfuz edebilmek için hassasiyetinizi kullanarak onunla birleşmek ve kısaca o olmaktır. Bir şeyi derinlemesine hissederken, o şey de sizin bir parçanız haline gelir ve size aşina olan bu parçayı hemen tanırsınız. Bu biraz da rol yapmaya benzer.

Bedenimin ötesinde damarlarım görünür.

Antonio Porchia

Diyelim ki kendinizi açarken bir kanepeyi fark ettiniz. Kanepenin içine girerek onu derinlemesine hissedin. Kanepeyle birleşerek ve bir an için kanepe olarak, onun kendine has bilinciyle, bileceksiniz ki kanepe yastıklarının doldurulmasını istiyor. Sonra biraz daha açılın ve pencerenizin dışındaki bir ağacı fark edin. Ağacın içine girerek onu derinlemesine hissedin ve ağacın yerinde olup onun hayatını yaşayın. O zaman da başka bir ağacın gölgesinde kaldığını ve daha fazla ışık istediğini anlayacaksınız. Şimdi yine açılın ve şehrin sokaklarındaki bir otobüsü fark edin, sonra meclis binasında toplanan bir grup insanı, birkaç saat uzaklıktaki dağlardaki vadileri vs. ... Derinlemesine hissetmeye biraz zaman ayırdığınızda her şey size içini açacak, gerçek doğasını gösterecek. Bu bir çeşit ozmosla olur. Dikkatinizi verdiğiniz şeyle "bir" olurken, sizi çevreleyen yaşama derinlemesine inip her şeyle daha yakın bağlar kurarsınız.

Ev frekansınızı tanıyıp bu frekansta yaşayarak başka türden frekanslarla bir kıyaslama zemini oluşturmuş olursunuz. Kanepeyi, ağacı ya da herhangi bir şeyi derinlemesine hissedip titreşimlerini ve bakış açılarını üzerinizde denedikten sonra kolaylıkla kendi merkezinize dönüp kendi ev frekansınıza girebilirsiniz. Bir sonraki adım; titreşimleri bilinçli bir şekilde kıyasladıktan sonra bedeninizdeki değişik hali ve kişisel titreşiminizi çevrenizde olup biteni ölçmekte bir barometre gibi kullanmaktır. Unutmayın ki bedeniniz bir akort çatalına benzer ve rezonansını yakın çevresindeki ortama uymak için kolaylıkla değiştirir. Örneğin son derece canlı ve hareketli bir insanla tanıştığınızda, siz de heyecana kapılabilirsiniz. Bedeniniz başkalarının titreşim durumuna uyum sağlayarak veri toplar. Ama yeniden ev frekansınıza odaklandığınızda birdenbire o insanın muhteşem bir fikre sahip bir dahi mi yoksa ilacını almamış çift kutupluluk rahatsızlığı olan biri mi olduğunu anlayıverirsiniz. Bedeniniz vibrasyona dayalı bilgileri toplayan bir araç olur ve ev frekansınız da bunların şifresini çözer.

Bazen herhangi bir şeyi gözlemlediğinizin hiç farkında olmadan da vibrasyon bilgisi toplayabilirsiniz. Birden kız kardeşinizi aramak için dayanılmaz bir istek duyarsınız. Bir bakarsınız ki kızcağız iş yerinde bir kriz yaşıyor ve sizin desteğinize ihtiyacı var. Bedeniniz her zaman potansiyel tehlikelere karşı tetikte olduğundan, sizinle alakasız, yakınınızdan gelip geçen negatif enerjileri de toplayabilirsiniz ve bu sizde gereksiz bir strese neden olur. Mesela nedensiz yere endişeli olabilirsiniz. Ev frekansınızda odaklanarak sabah sabah insanlar otoyolda sinir harbi yaşadıkları için sabah duanızı gerginlik içinde yaptığınızı anlayabilirsiniz. Bu durum şu an tehlike arz etmediği için bu görünüzü bir kenara bırakıp rahatlayabilirsiniz. Hassasiyeti yaşarken ev frekansında kalmak ve kendinize gün içinde sık sık şunu sormak önemlidir: "Neyi fark ediyorum? Bununla ilgili halen bildiklerim neler? Bu bilgi benim için şu an faydalı mı?" Bu kontrolü alışkanlık haline getirin, bedeninizi dinleyip etraftaki önemli hissiyatı toplamak sizin için e-postanızı kontrol edip *spam* postaları silmek gibi bir şey olsun. Vibrasyonlara dayalı bilgileri bilinçli kılarak "ekranınızı" temizler ve gereksiz olumsuzlukları minimuma indirirsiniz. Ve böylelikle de hassasiyetiniz azar azar artar.

Bilinçli Duyarlılık Bir Şeyleri İlk Elden Bilmenize Yardımcı Olur

Bir insan, bir hayvan, bitki, bir yer, bir sorun ya da çözümle birleşip onu derinlemesine hissederek burada kodlanıp depolanmış sırlara doğrudan vakıf olabilirsiniz. Bir bitkiyi derinden hissedince, onun suya ya da gübreye ihtiyacı olduğunu anlayabilirsiniz çünkü siz de suya veya gübreye ihtiyacınız olduğunu hissedersiniz. Evde beslediğiniz hayvanı derinlemesine hissedin, yürüyüşe çıkmak istediğini anlayacaksınız çünkü sizin de canınız yürüyüş yapmak istiyordur... Bir yeri derinlemesine hissedin ve burada yer altı suları ya da mineraller olduğunu anlayacaksınız çünkü bu kaynakları kendi bedeninizin parçaları gibi hissedebiliyorsunuzdur. Bir sorunun derinlerine inin, belli bir yönde doğal bir gelişim arzu ettiğini göreceksiniz çünkü siz de herhangi bir sınırlama olmaksızın bu yönde ilerlemek istiyorsunuzdur. Eşinizin derinliklerini hissedin; kalbini yeniden açabilmek için ağzından bir bakla çıkarmak istediğini bileceksiniz çünkü *sizin de* kalbiniz sıkışmıştır ve konuşmaya ihtiyacınız vardır.

Ne kadar rahat ya da rahatsız hissettiğinize göre neye *evet*, neye *hayır* diyeceğinizi bilirsiniz. Bir süreç ya da durumun içine olanlara giderek daha fazla dikkat ederek girdiğinizde, işlerin nasıl yürüyeceğini görebileceğiniz bir yığın veri elde edersiniz çünkü her şey daha derinlerine nüfuz edebildiğinizde göreceğiniz gibi, kendi hikâyesinin tamamını içerir. Yaşamı derinlemesine hissetmek, bir eyleme kendinizi adamadan önce ev ödevinizi yapmaya benzer. Stratejik zekânızı ancak ödevinizi yaptıktan sonra devreye sokup öğrendiklerinizi araştırmada kullanabilirsiniz. Yine de yapılacaklar listenizi gözden geçirip verilerinizi analiz etmeniz gerekir ama artık uygulamada daha çok mantık ve organize düşünce yöntemi kullanılacaktır.

Duyarlılıkta uzmanlığınızı kazanıncaya kadar el yordamıyla sıradan seçenekleri gözeterek ilerlersiniz. Önünüzde alınacak büyük kararlar olsa ve bu yüzden baskı altında olsanız bile, hemen atlayıp kendinizi kaybetmeyin. Büyük kararlara doğru atılacak ilk adım küçük bir karardır. Kahvaltıda yumurta mı yoksa yulaf ezmesi mi istediğinizi anlamaya çalışın. Sonra randevunuza yetişmek için evden tam olarak kaçta çıkmanız gerektiğini sezin. Sonra da önce kime telefon etmeniz gerektiğini hissetmeye çalışın. Bu seçimleri bilinçli bir şekilde, çevrenizdeki enerjinin nasıl hareket etmek istediğine ve size neyin ev frekansınızla en iyi uyumu sağlayacak hissi verdiğine bakarak yapın. Büyük seçimlerinize varana kadar içinizdeki ve çevrenizdeki titreşimleri toplayarak okumakta ustalaşmış olacaksınız.

Dikkatinizi yoğunlaştırma gayretleri yıllarca sonuç vermez gibi gelse de, bir gün gelecek ruhunuzu tam bu çabalarınız oranında bir aydınlık kaplayacaktır.

SIMONE WEIL

Doğrudan deneyim aracılığı ile (zihnin müdahalesi olmaksızın hissetmek) size basitmiş gibi gelen ama anlam yüklü izlenimler edinebilirsiniz. Örneğin; üç iş fırsatı için görüşmelere gitmiş olabilirsiniz. En iyisi hangisi? Bedeniniz ilk görüşmeye üşüyerek tepki verdi, ikincisinde uyku bastırdı, üçüncüsünde ise burnunuza taze çiçek kokuları geldi ve beklenmedik bir şekilde kendinizi çok güzel ifade ettiniz. Sezgileriniz size bu üçüncü işi seveceğinizi söylüyor çünkü görüşme sıcak geçti ve doğaldı. Görüşmeden sonra arabanıza doğru yürürken binadan ayrıldığınız için hafiften hüzünlendiniz bile... Biraz daha araştırma gerekebilir ama izlenimlerinize güvenebilirsiniz çünkü beden yalan söylemez!

Belki de bir müşteri ile birliktesiniz ve telepatik olarak iç sesinizin size "beni dinlemiyor" dediğini duyar ve bir anda anlarsınız: Bu aslında müşterinin aklından geçendir. Hemen dersiniz ki: "Sizi doğru mu anladım? Belki de yanlış anladığım bir şeyler olabilir." Bu, başkalarındaki ışığı sevme hissi ve bu yüzden onlarla temas haline geçmenin, yani empatinin insanlar daha kendileri bile farkına varmadan neye ihtiyaç duyduklarını anlamanıza yardımcı olur. Belki de sebepsiz yere ailenizin beslenme alışkanlıklarını ve yemek saatlerini değiştirmesi gerektiğine karar verir ya da bir arkadaşınızın kendini yalnız hissettiğini ve dışarı çıkarılması gerektiğini bilirsiniz.

Şunu Deneyin!

Bir Nesne, Bir Makine ya da Bitkiyi Derinlemesine Hissedin

1. Bir nesne seçin. Dikkatinizi bu nesnede toplayın. Bilincinizi bu nesneden alacağınız her türlü izlenime karşı açık hale getirin. Nesneye hayat verin ve onu tanımak için sanki yeni bir arkadaş edinecekmişçesine merak duyun. Görerek başlayın ve nasıl göründüğünü inceleyin. Sonra dokunmaya geçin ve – aslında nesneye dokunmadan- ışık bedeninizi fiziksel bedeninizin dışına çıkarın ve şekillendirilebilecek bir enerji

yumağı olmasına izin vererek bir parçasını bırakın bir bulut misali nesneye doğru giderek onu sarsın. Gözlerinizin bulutun içinde olduğunu hayal edin. Nesnenin çok yakınına geldiğinizi, neredeyse moleküler düzeye indiğinizi düşünün. Böylece ışık huzmeleriniz nesnenin ışık huzmelerine girebilsin. İşte bakış açınız tam nesnenin yapıldığı maddenin yanı başında.

2. Enerjiniz ve farkındalığınızla nesnenin içine girin. Nesnenin bilinciyle selamlaşın ve ona bir süre onun alanını paylaşmanızda ve onu tanımanızda bir sakınca olup olmadığını sorun. Nesneyle birleşirken hisler, izlenimler ve içgörüler bedeninize ve zihninize anında nakledilecek. Gevşek ve rahat kalın ve merakı elden bırakmayın. Nesnenin tarihçesi, ömrü, potansiyeli, sembolik anlamı, yapısal mukavemeti, zafiyetleri ve ihtiyaçları konusunda veriler alabilirsiniz.
3. Zihninizde notlar alın. Nesneye takdir ve sevgi titreşimleri yollayın, var olduğu için ona teşekkürlerinizi sunun. Sonra geri çekilin, tamamen kendi bedeninize girin, fark ettiklerinizi ve öğrendiklerinizi gözden geçirin.

Şunu Deneyin!

Bir Hayvan ya da Başka Bir İnsanı Derinlemesine Hissedin

1. Bir hayvan ya da insan seçin. Şu an yakınlarınızda ya da uzaklarda olabilir. Sonra yukarıdaki işlemleri tekrarlayın. Alanlarını paylaşıp onları yakından tanımak için izin istemeyi ihmal etmeyin. Yaşayan bir canlıdan sağlık, duygusal ihtiyaçlar, alışkanlıklar, yetenekler, arzular, enerji akışı ya da tıkanması, düşünce şekilleri ve gelecekle ilgili düşünceler gibi izlenimler edinebilirsiniz.
2. Işık bedeninizi geri çekmeden önce bu varlığın bedenine ve ruhuna takdir ve sevgi gösterip kalbinizin enerjisini on aktararak ve "iyi ki varsın" diyerek teşekkürlerinizi sunun. Bedeninize dönün ve fark edip örendiklerinizi gözden geçirin.

Yaşamı Derinlemesine Hissetmek Yakınlık ve Özen Oluşturur

Yaşamı derinlemesine hissettiğinizde, her şeye özen göstermeyi öğrenirsiniz ve bunun karşılığını alırsınız. Zihninizin "ben değilim" diye etiketleyeceği mutfak masası gibi bir nesneyle karşılaştığınızda aklınızdaki kavramlara takılıp bu nesneye "mutfak masası" (ki bu sizi nesneden ayrı tutar) demezseniz, bu nesneyi sizin parçanız olan bir enerji olarak hissedebilirsiniz çünkü bu nesne sizin *kişisel alanınızda* bulunmaktadır. Kişisel alanınız fiziksel bedeninizin içinde ve çevresinde bulunan hissedilmesi zor enerjidir ve duygusal, zihinsel ve spritüel farkındalığınızı içerir. Fark ettiğiniz her şey anında kişisel alanınızın bir parçası haline gelir, dolayısıyla sizin bir parçanız olur. Yani isimsiz kalacak nesnelerin şekline bürünüp onlarla bir olduğunuzda, bu nesnelerin bakış açılarından doğan algılarınız olacak. Bu nesnelerin yaşam gücünü, uyumunu, güzelliğini, sevgisini, bütünlüğünü ve sağlığını hissedeceksiniz. Tahta ya da çelik olmanın, dört bacağa sahip veya keskin kenarları olmanın nasıl bir şey olduğunu anlayacaksınız. Önceden size yabancı olan bir makine ya da nesneyle bir bağ kurmuş olacaksınız. Ben otomobilimi, bilgisayarımı, bulaşık makinemi, saç kurutma makinemi hissetmek ve sevmek için hep zaman ayırırım. Ve inanın bana makinelerim yolumu bekler, aramızdaki bu ilişki sayesinde nadiren arıza yaparlar. Bana düşünceler yollarlar: "Lütfen filtremi değiştir," "Benim yağımın değişmesi gerek", "Bozulmak üzereyim, seyahate giderken beni yanına alma".

Duyularımızın yaşamına hakikaten açık olduğumuzda
–aslında hayvansı gözlerimizle bakar ve
hayvansı kulaklarımızla işitirken- dünyada çevremizde bulunan
hiçbir şeyin pasif ya da dilsiz bir nesne olarak
hissedilemeyeceğini keşfederiz. Her nesne,
her varlık bakışlarımıza kendi sırlarıyla karşılık verir...

DAVID ABRAM

İnsanlar ve eşyalarla birleşmeyi öğrenerek egonuza yapışmayı bırakır ve kimliğinizi daha da yaygın hale getirirsiniz. Farkındalığınız başka bir şeyle birleşir birleşmez ayrı olduğunuz duygusu gider ve bir karışım haline gelirsiniz. Az önce olduğunuz kişi değilsinizdir artık... Şimdi bilinçli bir masa gibi konuşabilirsiniz. Zamanla yaşamla o kadar iç içe hissedeceksiniz ki kendinizi, başkalarının duygu ve düşüncelerini okumaya başlayacaksınız –tabii eğer isterseniz... Uzun vadede bu size 10. bölümde üzerinde duracağımız kolektif bilinç ve dostluk hakkında muazzam şeyler öğretecek.

Japonya'da Boğulmak Bana Ne Öğretti?

Bu birleşme dersi bana bir Japonya seyahatim sırasında son derece dramatik bir şekilde verilmişti. Danışanlarıma her gün dur durak vermeksizin derinlemesine yaşam okumaları yapıyordum. Bir gün öğle saatlerinde yaya geçidinde bekliyordum. Benimle birlikte bekleyen elli kişi daha vardı ve karşıda da benzer bir kalabalık bekliyordu. Yeşil yanınca iki grup iki balık sürüsü gibi yoldan akarcasına karşılıklı geçmeye başladılar. Oradaki tek sarışın olduğum için millet çaktırmadan bana bakıyordu. Bana dokunmuyorlardı ama sanki beni bir kitap gibi açmış okuyorlardı. Haftalarca özel alanım bu şekilde istila edildikten sonra –bir de Japonların bilinçaltıyla her gün uğraşmaktan ve kendilerini kurban etme konusundaki binlerce fikirle dolduktan sonra, artık yorgun düşmüştüm.

Ateşim çıktı, kendimden geçtim. Nefes almakta zorlanıyordum ve bayılma noktasına gelmiştim. Kişisel alanım ile gerçekliğimi koruyabileceğimden emin değildim. Bir gece otel odamda tek başımayken aklıma gördüğüm tüm müşterilerin hikâyeleri ve kalabalıklar üşüştü ve kendimi boğuluyormuş gibi hissettim. Aşağılardan bir "el" çıktı ve beni yeraltına çekti. Sadece birkaç saniyelik bir görüntüde sulu bir enerjide boğulduğumu hissettim. Sanki öldüm, eski Amerikan, bireysel gerçekliğimden çıkıp yeni bir gerçeklikte "doğdum". Sıvı bir farkındalık denizinde tamamen sular altında kalmıştım ve burada her şey ve herkes birbiriyle bağıntılıydı. O günden beri biliyorum ki; çoğu Asya kültürü bunu normal sayıyor.

Bu duygu denizinden orayı terk etmeksizin çıkabilirdim, yükselen bir dalga misali uzayabilir ve farklı şekillere girebilirdim. Kendim olabilirdim veya bir müşterim olabilirdim ya da sokaktaki herhangi biri belki de bir ağaç... Başkalarının bedenlerinde uyandığımda onları sanki kendileriymiş gibi bilirim. Sonra da kendimi tekrar enerji okyanusuna bırakırım. Birden Japon gerçekliğini içeriden biri olarak anladım. O günden sonra kendimi kalabalıktan sıkışmış gibi hissetmedim çünkü artık işgal edildiğimi hissetmiyordum. Ateşim düştü ve normale döndüğümde görüştüğüm herkesle kendimi mutlu ve insanlarla temasta hissettim. Herkes bana ailemden biri gibi geliyordu ve hepsinin içsel gerçekliğini görebiliyordum. Herkes birbiri hakkında çok şey biliyor ve birbirlerini korumaya çalışıyordu çünkü bir kişinin çektiği acı herkesi etkiliyordu. İşte Japonların "itibarı kurtarmak" konusundaki hassasiyetlerinin sebebi de buydu: Biri komik duruma düşse, alay konusu olsa ya da huzursuz olsa bu herkesi incitiyordu. Bu deneyim beni baştan başa değiştirdi. Bu gördüğüm, bugün sadece Asyalıların değil, herkesin birden yaşamaya başladığı ve gelecekteki gerçekliğimizin büyük bölümünü oluşturacak insani bağlar gerçeğini ortaya koymuştu.

İhmal ettiğiniz hislerinizi kullanmaya başladığınızda, ödülünüz dünyayı yepyeni gözlerle görmek olacak.

BARBARA SHER

İçinizdeki Algılayıcıya Güvenin ve En Yüksek Rezonans Yolunu İzleyin

Bilinçli duyarlılıkla çalışmanın bir kısmı da ruhunuzun fark etmenizi arzu ettikleriyle aslında hiç de faydalı olmayan şeyler arasındaki farkı anlayabilmektedir. İçinizde bir güç var –buna İçsel

Algılayıcı, Kutsal Ruh, ne dersek diyelim... Bu ruhunuzun dikkatinizi yaşam dersleri almanıza faydası dokunacak şeyleri fark etmenize ve kendinizi gerçek anlamda ifade etmeye yönelten gücüdür. Kardeşimi iyi tanırım ve aynı anne babanın çocukları olarak aynı evde büyüdük ama yine de ikimizin çocukluk anılarını ne kadar farklı hatırladığımızı, dünyalarımızın ne kadar farklı olduğunu gördükçe kendimi gülmekten alıkoyamam. Belli ki İçsel Algılayıcılarımız ikimizin birbirine tamamen zıt şeyleri fark etmemize neden olmuş. Kız kardeşim annemizin tabağımızdaki her şeyin en azından tadına bakmamız ya da bir 'teşekkür ederim, istemem' porsiyonu almamıza dair ısrarlarına takmış durumda, oysa ben bunları adilane bulurdum. Kardeşim büyüyünce doktor olup beslenme konusunda uzmanlaştı, bense ne bulsa yiyen bir insan olup çıktım.

İçsel Algılayıcınıza ve fark etmenize neden olan olaylar zincirlerine güvenebilirsiniz. Bütün iş, fark ettiğiniz şeylerle cidden ilgilenip İçsel Algılayıcınıza "Bu insana niye dikkat ettim?", Bu fark ettiğimi nasıl kullanmalıyım" diye sormakta biter. Belki havaalanında beklerken sakat biri dikkatinizi çekti. Neden? Belki de bu insan sizin kendi yaşamınızda uygulamanız gereken bir cesaret örneği sergiliyordu. Ayrıca İçsel Algılayıcınızla pazarlığa da oturabilirsiniz. Mesela trafik kazası geçirmekten korkuyorsanız paranoyakça yaşayacağınıza şunu söyleyebilirsiniz: "Eğer beni bekleyen ciddi bir kaza tehlikesi varsa lütfen bunun farkına varmamı sağla ki kazadan kurtulabileyim. Eğer çevrede daha önemsiz başka tehlikeler varsa bunların farkına varmamı engelle. Sadece önlem alabileceğim tehlikeleri bilmem gerek." Bundan sonra yapacağınız şey rahatlayıp bilinçli duyarlılığınız ile İçsel Algılayıcınıza güvenmektir.

Duyarlılık ve titreşim ile araştırma gezisi yaptığınızda, size derinden huzur veren insanları ve fırsatları seçin ve ev frekansınızda uyum içinde rezonans üretmeye devam edin. Sizinle "güzel müzik yapan" insanları, yerleri ve cevapları ayırt edebilirsiniz. Bazı insanlar ve bazı durumların tınısı ev frekansınızla aynı tonda veya yakın notalarda olabilir. Ev frekansınıza uzak düşen insanlar ve durumlardan uzak durun ya da illa bir yakınlık kurmanız gerekiyorsa mesafenizi mümkün olduğunca koruyun.

> Biz algılayıcılarız. Biz bir farkındalığız; nesne değiliz, hiçbir katılığımız yok. Biz sınırsızız.
>
> DON JUAN / CARLOS COSTANEDA

Yeni insanlar ve yeni deneyimlerle karşılaştıkça gözden geçirmeniz gereken bazı gerçeklik kontrolleri vardır. Kendinize şunları sorun:

1. Bu benim dalga boyumda bir seçim mi? Ev frekansımdan yüksek oktavda mı yoksa daha mı alçak? Benimle uyumlu mu?
2. Karşılıklı etkileşim potansiyelini düşünün: Doğal bir akış, işbirliği, rahat iletişim ve ortak çıkarlar ve faydalar var mı? Bu etkileşim sayesinde kendimi daha iyi hissediyor muyum? Bu benim daha da duyarlı, empati dolu ve farkında olmamı sağlayan bir fırsat mı yoksa kendimi kapanmaya karşı korumaya almalı mıyım?
3. Bu deneyimin başarılı olması için eğitim ve destek almalı mıyım yoksa mücadele edip üzerime düşenden fazlasını mı yapmalıyım? Her koşulda kendimi feda mı edeceğim?
4. Bu katılımla verdiklerimden ve aldığım etkilerden neler öğreneceğim?

Baştan çıkarıcı önerilere hayır demekte hiçbir sakınca yoktur. Akordu uyumsuz titreşimlere hayır demeyi seçtikçe bu titreşimler sadece biraz bile uyumsuz olsalar, daha fazla enerjiniz olur ve hakiki yaratıcılığınız artar. Sizi daha önce bitirip tüketen bir işe dayanmayı başarmış olabilirsiniz ama artık boğulur gibisinizdir. Kendi tonunuzu siz ayarlayın. Başkalarını da sizinle daha yüksek frekanslarda çalmaya davet ederek yeni Sezgi Çağı yaşam tarzına daha fazla kredi kazandırmış olacaksınız.

Gerçekliğinizi Ev Frekansınıza Uyacak Biçimde Güncelleyin

Kendinizi nasıl iyi hissettiğinize tekrar tekrar bakıp hep bunu seçerek kişisel titreşiminizi ev frekansınızda tutmayı öğrendiniz. Şimdi de enerjinizi yayarak ve dünyayla daha fazla iç içe olarak ev frekansınızı korurken size tarih öncesi veya sıkıcı gelen birçok durumun, engelleyici ve yavaş süreçlerin ve sizin kadar ileride olmayan insanların farkına varacaksınız. Senkronu kaybettiğiniz, eskiden işe yarayan yöntemler, faydalı iş arkadaşları, eş ve dostla, müşterilerle artık aynı rezonansta olmadığınızı fark edeceksiniz. İnsanların ilkel, bilinçsiz ya da ahlaksız ve ilkesiz davranışlarının size ağır geldiğini göreceksiniz.

Her ikisi de spritüel anlamda bilge ve deneyim sahibi olan iki iş kadını geçenlerde benimle benzer hikâyeler paylaştı. Kadınlardan biri "yeşil" bir konut projesinin başındaydı, inanılmaz paralar kazanıyor ve duygusal hatalara düşen iş ortaklarını idare ediyor, belediyeler ve arsa sahipleriyle bitip tükenmek bilmeyen sorunları çözmeye çalışıyor, bir yandan da bütün bu yaşadıklarına rağmen projenin asıl ruhunu ve spritüel vizyonunu kaybetmemesi adına bir savaş veriyordu. Bir takım başarı dalgaları yaşandıktan sonra bazı gerilemeler de olmuştu. Şimdi de yeni bir finansman ortağı adayı ile karşı karşıya kalmıştı. Bu aday resmen kadını ekarte edip projeyi kurucuların ve bu vizyonu geliştirenlerin elinden almaya çalışıyordu. Ev frekansında kalabilme becerisine sahip olsa da iflas etmenin eşiğine gelmişti, çok fazla adrenalinden bedeni cayır cayır yanıyordu ve her şeyi oluruna bırakıp yeniden odaklanması gereken o kritik noktaya bir kez daha gelmişti.

İkinci kadın da benzer bir süreçten geçmekteydi. Sahip olduğu şirket piyasa altüst oluverince faturalarını ödeyememişti. Kilo almıştı, depresyondaydı, herkes kadına kızgındı ve iflas memuruyla görüşme halindeydi. Sonra bir gün, artık endişeleri bir yana bıraksa da bir şeyin değişmeyeceğini anladı... Sonuçta endişelenmenin ne faydası vardı ki? Çok geçmeden ürünlerinden biri kamuoyunda büyük ilgi gördü ve ulusal pazarda olduğu kadar uluslararası piyasalarda da iyi satmaya başladı. Dalga lehine dönmüştü. İşleri oluruna bırakıp rahatlayınca ev frekansını tekrar yakalamıştı ve yaşam önünde yepyeni ve daha hoş bir şekilde açılmıştı. Sağlığı yerine gelmiş, kilo vermiş ve borçlarını kapatmıştı. Şirketi ise namı yürümüş başka bir şirket tarafından satın alınmıştı. Yeni şirkette inandığı ürünleri üretmesine izin verilen bir departmanı olmuştu. Artık sezgileri eskisinden çok daha güçlüydü. Bir üründeki potansiyeli fark edip hemen işe koyuldu. Bu ürün önceki ürünlerinden çok daha başarılı olmuştu. Sonra yeni ortakları ona karşı sert bir hamle yaparak ürünü elinden aldı ve gelecekte bu üründen kâr etmesini engelledi.

İki kadında benzer dersler alıyordu. İkisi de onlara spritüel ilham kaynağı olan uğraşlarda hırsla çaba göstermişlerdi. Belki de bilinçaltlarında kendilerini hızla geliştirmeye karar vermişlerdi ve sonuçta ün, şöhret ve üstünlük peşinde olan insanlarla işbirliği yapmışlardı. Yüksek ev frekanslarının yaratıcılığını kullanarak sihirli sonuçlar aldıkları oluşumlarda bulunmuşlardı. Sonra aslında kendi frekanslarının çok altında titreşimlere sahip ortaklar bularak korkuların ve egonun –eski gerçekliğin- güzel şeyleri nasıl da mahvedebileceğini görmüşlerdi. İki kadında şimdi ev frekanslarını yeniden kurmak, kendi frekanslarıyla uyum içinde olacak yeni ortaklar seçmek ve yeni fırsatlara koşmak zorundaydı. *Frekans ayıklama* sürecine girmişlerdi.

Orijinal benliğimizin sesi genellikle boğuk çıkar
hatta başkalarının beklentilerinin sesleriyle boğulmuşlardır.
Orijinal benliğin dili kalbin bildiği ve kullandığı lisandır.

JULIA CAMERON

Dünyanızı Ev Frekansınızla Doldurun

Siz de benzer bir yerde olabilirsiniz. Titreşimlerin yaşamınızı ve başarınızı nasıl etkilediğiyle ilgili deneyler yapıyor olabilirsiniz. Ev frekansınızın yaratabileceği sihirli sonuçlar ve uyumsuz ilişkilerden çıkan olmayacak fırsatların getirdiği başarısızlıklar ve tökezlemeler yaşamış olabilirsiniz. Sizin de artık kendinizi ev frekansınıza adayıp yaşamınızdaki her şeyi bu frekansa zamanınız gelmiş olabilir, belki de artık gerçekliğinizin *her alanda* kolay ve neşe dolu olabileceğini bilmelisiniz. Uyumu bir yaşam şekli olarak kabul etmediğiniz oranda gerçekliğinizi zora sokacak ya da olumsuzlayacak insanları kendinize çekersiniz. Tam bir netlik içinde olmadığınız ya da eski sağlıksız duygusal alışkanlıklarınıza tutunduğunuz ölçüde de yaşamınız korkuya dayalı "eski gerçeklik" ile ruha dayalı "yeni gerçeklik" düşüncelerinin bir karışımı olacaktır.

Siz de bir önceki bölümde tanıdığımız Cameron ile benzer bir noktaya varmış olabilirsiniz ve şimdi enerjinizi gerekli yerlerde kullanmanız veya zor insanlara tahammül etmeniz gerekiyor olabilir. Enerjiniz başkalarını stabilize ediyordu ve yarın yine aynı şeyleri yapabilmek için kendinizi dengede tutmaya çalıştınız. Artan kapasitenizin farkına vardıkça, başarıya kavuşmak için de kendinizden vermenin gereksiz olduğunu anladıkça, "akort çatalınızın muhteşem sesini" hayal ederek ev frekansınızın vibrasyonunu çevrenizdeki sahadan dünyanızın organize edici frekansı gibi yollayabilirsiniz. Bunun gerçek ve mümkün olduğunu kabul ettikçe hayatınızdaki insanların ve olayların ev frekansınızla aynı rezonansa girdiğini fark edeceksiniz. Sonra da hayatın mucizevi bir şekilde daha iyi olduğunu göreceksiniz. Çok geçmeden de dünyada olabilmek için frekansınızı alçaltmanıza gerek olmadığını anlayacaksınız –ev frekansınızdan başarılı bir gerçeklik yaratmak ve sizi anlayan ve destek olan dostlarınızla iş arkadaşlarınızla birlikte olmak ne kadar kolaymış, göreceksiniz.

Şunu Deneyin!

Bir Güç Noktasını Hissedin

Bilinçli duyarlılığınızı kullanarak gücü olan ya da ev frekansınızla aynı dalga boyutunda yerler bulduğunuzda enerji seviyenizi maksimuma çıkarabilir, son derece sağlıklı olabilir ve hatta gelişiminizi hızlandırıp zihninizi berraklaştırabilirsiniz.

1. Merkezinize dönüp bedeninizi gevşetin. Her neredeyseniz orada başlayın –evinizde ya da bahçenizde, ofiste veya markette ya da yürüyüş parkurunda. Bulunduğunuz noktadaki doğal enerjiyi hissedin. Doğrudan topraktan ayaklarınızın altına geliyor ve çevrenizdeki alanı dolduruyor. Şimdi yavaşça hareket ederek çevrenize bakının. Bedeninizin durmak istediği bir yer bulun. Oradaki enerjiyi hissedin. Bunda ilginç olan nedir?
2. Şimdi tekrar bedeninizi bıkarın, hareket etsin ve dursun. Enerjiyi fark edin. Manyetik, en yüksek enerjiye sahip noktayı bulana kadar devam edin. Buradaki enerjiyle başka yerlerdeki enerjinin farkına dikkat edin. Bu güç noktasından alabildiğiniz kadar derin nefesler alın ve bu noktadaki toprağa sevginizi verin.
3. Bunu oturmak istediğiniz bir restoranda ya da doğada, mobilyalarınız yerleştirirken veya bahçenizle uğraşırken deneyin. Ne yöne doğru yürümek istiyorsunuz? Aksesuarlar ya da bitkiler tam olarak nerede olmak istiyor? Evinizdeki en sakin köşeyi seçin ve orada meditasyon yapın. Dayandığınızda düşünmenize yardımcı olan yaşlı, özel bir ağaç bulun.

Duyarlılığınızı Rafine Etmek İçin Beyninizin Üç Düzeyini de Kullanın

Aşağıdaki çizimde de gösterildiği gibi; beyninizin üç düzeyi vardır ve her birinin algısı farklıdır. Beyninizde yukarı aşağı hareket etmek, bir farkındalık merdiveninde çıkıp inmek gibidir. Üst *neokorteks* sağ ve sol yarılarıyla soyut-kavramsal algıyı idare eder. Sol yarı analitik düşünce ve dile hükmeder, sağ yarı ise şekiller, sezgi ve yaratıcılığı kapsar. *Orta beyin* duygusal algı seviyesidir ve benzerlikler ve sevgiyle dünya ile bağ kurmanızı sağlar. Alt *sürüngen beyin* yaşam kavgası vermekle alakalıdır ve içgüdüsel çekim-itim veya savaş-kaç tepkileriyle işler. Motivasyon ve doğrudan tepki vermekten sorumludur. Bedensel veriler omurgayı dik tuttuğu için sürüngen beyin bilginin bilinçli hale geldiği ilk noktadır. Daha sonra duyular bilgiyi algılarken orta beyinde ekstra bir boyut kazanır ve üst beyne taşıdıkça anlam kazanır ve büyük ölçüde bilmeyi oluşturur. Eğer merdiven imgesini aklınızda tutarsanız, bedensel duyarlılığınızdan sezgiye, sezgiden anlamı fark etmeye doğru yukarı aşağı kolayca gezinebilirsiniz.

Beyninizin Üç Düzeyindeki Duyarlılık Türleri

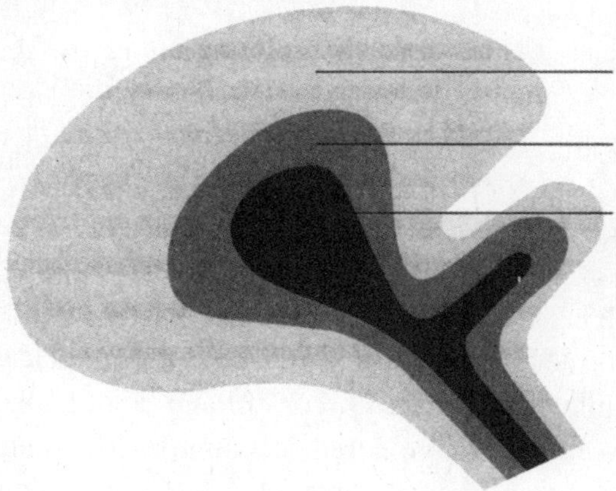

Duyarlılığı vurgulamak için merdivende bedeninizi tanımak üzere gezinin. Soyut algıyı vurgulamak için yukarı çıkın. Eğer tüm günü sol beyninizde geçirdiyseniz, kelimeler ve beta dalgalarıyla dolu olabilirsiniz, bu da kendinizi sinirli ve stresli hissetmenize neden olabilir. Beyninizin sağ yarısına ve oradan sezgi, hisler, benzerlikler ve sevgi bölgesi olan orta beyne hareket ettiğinizi hayal ederseniz, daha yavaş olan alfa ve teta dalgalarına geçip gerilimi azaltabilirsiniz. (Hatırlarsanız; delta dalgaları derin uyku esnasında ortaya çıkar.) Daha da aşağılara, içgüdülerin bulunduğu ve çevreyle doğrudan bağ kurmaya yarayan sürüngen beyne kadar inerseniz, stresin son kalıntılarını da giderebilirsiniz. Beyninizin "aşağılarına" inerek, bedeninizin daha da derinliklerine inerek kendinizi sakinleştirebilirsiniz. Sakinleşip kendinizi iyi hissetmeye başladığınızda, beyninizin ve bedeninizin tüm düzeylerinde bulunan ev frekansınızı hissetmeniz daha kolay olacaktır.

Beyninizin Üç Düzeyindeki Duyarlılık Türleri

Erken Tanıma **SÜRÜNGEN BEYİN**	Duyular ve Hisler **ORTA BEYİN**	En İnce Duyarlılık **NEOKORTEKS**
ince titreşimler içi hop etmek içine doğmak çekilme itilme yayılma/sıkışma rezonans/uyumsuzluk	koku/içsel koku duyusu tat/içsel tat duyusu dokunma/ dokunarak his işitme/gaipten ses duyma görü/falcılık empati/bir olma	rasyonel anlam anlayış parıltıları örüntüleri aniden kavrama mistisizm fiziksel olmayan varlıklar görme birleşik alan farkındalığı kolektif bilinç

Tüm belli belirsiz duyarlılıkları aktive edebilmek için gözlerinizi kapatıp görme duyunuzun altına inmeniz faydalı olacaktır –görme ve görünün içsel algısı *durugörü* olduğu için, neokorteksiniz ile yakından ilişkilidir- ve neredeyse anında dil, anlam ve kavramlara geçiş yapacaksınız. Duyarlılığı geliştirmek için bedenizle bir kalmalısınız. Sesleri dinlemeyi deneyin –içinizdeki ve çevrenizdeki, alçak ya da yüksek, yakın ya da uzak olanları. Sonra duyulabilen seslerin dışındaki sesleri duymaya çalışın. Organlarınızdan, arkadaşlarınızın seslerinden ya da bitkilerden mesajlar alabilirsiniz. Tanjantların dışına çıkmamaya özen gösterin çünkü *gaipten ses duymak* iç sesinize bağlıdır ve bu da kendi kendinizle konuşmanıza neden olabilir, böylece de üst beyne geçmiş olursunuz.

Bunun çaresi seslerin altına inerek elle tutulur bir farkındalığa varmaktadır. Gözleriniz kapalı olarak içinizde ve çevrenizde neler olduğunu hissedin, ısıya ve dokulara bakın. Başınızın ve ayaklarınızın normalden sıcak olduğunu, başınızın göğe erdiğini hissedebilirsiniz, havada ısı değişimleri olur ve dokular ellerinize uyuşukluk verir gibidir. İçinizdeki dokunma güdünüze geçin –*durudokunuş*- ve etkileşimleri almaya başlayın. Enerjinizin bir dokusu var mı? İçinde bulunduğunuz odanın enerjisi boğucu ve havasız mı yoksa elektrikli veya besleyici mi? Şimdi de şunu deneyin: İşitme ve dokunma duyularınızı birleştirin. Saatin tik-takları ya da çalan telefonun sesinin bedeninizde yarattığı fiziksel etkiyi hissedebiliyor musunuz? Gözleriniz kapalı kalsın, aldığınız kokuları fark edin. Ne kadar sakin ve sessiz olursanız belli belirsiz kokuları o kadar alırsınız. Mesela normal kâğıtla yazıcıdan yeni çıkan sıcak kağıdın kokuları arasındaki fark belirginleşir. İçinizdeki koku alma duyusuna geçerek bedeninizin sağlığının nasıl koktuğunu ya da sorun yaratacak bir şeyin kokusunu fark etmeye başlayabilirsiniz. Aynısını tat alma duygusuyla da yapabilirsiniz. Örneğin; bir durumun tadını alıp tatlı mı yoksa nahoş mu olduğunun ayırtına varabilirsiniz.

Kutsal İnancın her yeri saran eterde titreşen evrensel akımları bulunduğundan ve bu titreşimleri hissedebilen herkesin ilham alabildiğinden kuşkum yok.

RICHARD WAGNER

İnce algılara geçerek ve basamaklarda içgüdüsel duyularınıza doğru aşağı inerek (bkz: 2. Bölümdeki Günlük Titreşim Skalası) bilinçli duyarlılığınız gelişecektir. Duyarlılığınız size başka bedenler, nesneler, yerler, olaylar, trendler, zaman ve süreçlerle ilgili bilgi taşır – hatta yakın gelecekle de... Birdenbire duygusal yaralar ve şifa bulmanın, motivasyonların, davranışların arkasındaki karmaşık yapıların, sevinç-coşku gibi aydınlanmış duygusal hallerin doğasını ve yüksek farkındalık seviyelerinde neler olup bittiğini anlayabilirsiniz.

Şunu Deneyin!

Finansal Yatırımları Derinlemesine Hissedin

Eğer hisse senedi veya fon alıp satmayı düşünüyorsanız ya da bir takım yatırımlar yapacaksanız, seçenekleri kâğıt üzerinde sıralayıp başına oturun ve bunları sessizce inceleyin. İlk maddeye odaklanın: Bu fonu satmalı mı yoksa elinizde mi tutmalısınız? Geniş dokunma duyunuzla hissedin. Ne gibi izlenimler aldınız? Yüksek bir vibrasyon mu, hata yaptıracak gibi mi geliyor yoksa uzun vadede sağlam mı görünüyor? Batma duyguları alıyor musunuz yoksa bir yerleriniz sızlıyor ya da boşluk duygusuna mı düşüyorsunuz? Bu seçenek kendinizi mutlu hissetmenize mi neden oluyor yoksa sizi korkutuyor, geriyor ya da coşkuyla doldurup aklınızı başınızdan mı alıyor? Hatta fonun tamamen içine girip fonun kendisi olabilir, onu derinlemesine hissedebilirsiniz. Fonu dile getirip size söylemek istediklerini duyabilir, mesajı alabilirsiniz. Aldığınız izlenimleri maddelerin yanlarına yazın. Sonra diğerine geçin. İşiniz bittiğinde biraz araştırma yapabilir, başkaları ne demiş onlara bakabilir ve aldığınız içgörüleri doğrulayan neler var kontrol edebilirsiniz. Sonra da eyleme geçersiniz.

Ne Kadar Erken Anlarsanız, Duyarlılığınız Size O Kadar İyi Hizmet Eder

Vibrasyonlar vasıtasıyla size gelen sözel olmayan bilgileri ne kadar erken fark edebiliyorsunuz? Bir izlenimi ne kadar erken algılar ve deşifre ederseniz, o kadar bilinçli bir duyarlılık kazanmış olursunuz. Belki de kolayca ve erkenden fark ettiğiniz şeylerin bilincine vararak başlamalısınız. Çoğu insan gibi siz de sizce önemli ya da ilgi çekici olanlara karşı duyarlısınızdır. Eğer korkularınız ve endişeleriniz baskınsa, sağlığınız, maddi güvenliğiniz ya da evliliğinizin gidişatına yönelik tehditlere karşı aşırı dikkatli olabilirsiniz. Diğer yandan kendinizi gelişmeye adadıysanız, anlayışınızı genişleten bir terim, biraz güneşlenme arzusu ya da daha büyük keşiflere yol açacak yeni bir araştırma konusu gibi gelişmenize yardımcı olacak olumlu şeyleri fark edersiniz.

Şimdi de gün boyu bedeninizin neleri yakaladığına ve hızla aldığınız kararlarda hangi bilgi ve izlenimleri kullandığınıza bakın. Neden aniden çalışmayı kesip bir iki küçük işinizi halletmek için dışarı fırladınız? Neden sizi arayanlardan birini hepsinden önce aradınız? Normalde sevecen davrandığınız o insanla neden o kadar sert konuşuverdiniz? Sonra da duyarlılığınızı sizi ve sevdiklerinizi etkilemek üzere olan gizli güçler ve değişkenlerin farkına varmakta kullanacak kadar geliştirip geliştiremeyeceğinize bir bakın. Fark ettiklerinizin farkına vararak bilgiyi gerekli ve doğru eylem zincirine yöneltebileceksiniz.

Bedeniniz çevreden sözel olmayan bilgileri titreşim olarak topladığında, eğer bu vibrasyonun bilinçli olarak fakına varmaz ve eyleme geçmezseniz, titreşim yoğunlaşır. Ara sıra duyarlı olmadığınız zamanlar olur çünkü sol beyninizde fazlasıyla kalmışsınızdır, bir şekilde bir şeye odaklanmışsınız ya da bedeninizden çıkmışsınızdır. Ama ruhunuz sizinle konuşur. Ve söyledikleri de önemliyse, siz o mesajı alana kadar susmayacaktır. Diyelim ki iş yerinde bir gerginlik yaşandı ve eve dönene kadar kötü bir ruh hali içindeydiniz. Boğucu iş yükünüzün altında pek de başarılı olamadığınızı size fısıldayan ilk sinyalleri duymazdan geldiniz ya da flüoresan ışıkların altında fazla kalmanın sağlıksızlığını göz ardı ettiniz. Mesajı hemen alıp bedeninizin endişesini gidermek üzere anında eyleme geçmediğiniz için üzerinizde baskı oluştu, sonunda migreniniz tutacak gibi oldu.

İlk yayılma ve kasılma dalgalarını algılamazsanız, bu bilgiler daha da "tiz sesli" ve ısrarcı olur. Bedeniniz önce fısıldar, sonra boğazını temizler, kapınızı çalar, sonra kapınızı deliler gibi yumruklamaya başlar, en sonunda da kırmızı ışıkları yakıp sireni açar. Minik kasılmalar gerilim, gerilimden sancılar, oradan kronik ağrılar yaratır ve işin ucu felç ve travmalardan kazalara kadar gider. Her ağrı ve travmanın altında bedeniniz ve ruhunuzdan gelen, alınmamış bir mesaj vardır. Bu yüzden bilinçli duyarlılık vasıtasıyla ufak bilgileri erkenden alabilmek sizi bayağı bir ağrıdan ve endişeden koruyabilir!

Şunu Deneyin!

En Az ve En Çok Duyarlı Olduğunuz Şeyler Neler?

Aşağıdaki kategorileri farkındalığınıza taşımak hissettikleriniz karşısında daha bilinçli bir duyarlılık göstermenize yardımcı olabilir.

- "Damarınıza basan" şeylerin bir listesini yapın, sizi harekete geçiren şeyleri listeleyin.
- Sizi derinden korkutan ve endişelenmenize neden olan şeylerin bir listesini yapın.
- Başkalarında bulunan ve öğrenmek istediğiniz eylerin bir listesini çıkarın.
- Sizin duyarsız olduğunuz ama başkalarının fark ettiği ya da hissettiği şeylerin listesini yapın.
- Beş duyunuzu beğeni ve zevk duygularınızla eşleştirme yollarının bir listesini yapın.
- Gerilimi, acıyı ya da bedeninizdeki önemsiz hastalıkları ne kadar erken fark ettiğinizi yazın.
- Çevrede nelere duyarlısınız (ışık, rutubet, renkler, yiyecekler, çirkinlik, ısı, gürültü, yükseklik, vs.) ?
- Çevreden gelen sözel olmayan bilgileri daha erkenden nasıl fark edebileceğinizi yazın.
- En baskın duygularınız neler? Hangilerini daha da geliştirmek isterdiniz?

Gerçeğiniz ile Endişe Sinyallerinizin İnce Vibrasyonları

Yalana ve gerçeğe, tehlikeye ve güvenliğe karşı duyarlılığınız çok yüksektir. Bilgi sürüngen beyninize girip işlendiğinde iki şekil alır: *evet* ya da *hayır*. Bu ipuçlarını açılan ve kapanan içgüdülerinizle, hareket eden ve etmeyen enerjiyle fark edersiniz. Bunları bedeninizden geçen önemsiz hassasiyetler olarak düşünüp atlamamaya özen gösterin –bunlar tam da sizin bilinçli-duyarlılık sisteminizdir, basirettir!- Bir seçenek ya da eylem uygun düştüğünde ya da güvenli ve sizin adınıza anlamlı olduğunda yaygınlaşan bir enerji hissedersiniz: Enerjinin yükseldiğini, aktif ya da oynak bir hale geldiğini hissedebilirsiniz ve bunları genelde "canım çekti", "birden aklıma düştü", "başımı döndürdü", "içim hopladı" gibi terimlerle ifade edersiniz. Bu tepkiler sizin gerçek sinyallerinizdir ve bedeninizin çeşitli yerlerinde bunları hissedebilirsiniz. Bazıları bir sıcaklık hisseder, göğüs bölgelerine ısı yayıldığını duyarlar. Bazıları ise göğüslerinden, boğazlarından ve gözlerinden fışkıracak gibi dalgalanan ya da köpüren bir enerji hissederler ki bu gözlerini yaşartabilir. Bazı insanlar boyunlarına ve yüzlerine kan hücum ettiğini hisseder, kızarırlar ya da omurgalarında yükselen veya kollarından aşağı doğru inen bir enerjiyle ürperirler. Bütün bunların dışında bir şey hizalanmış ve yerine oturmuşçasına "tık diye" bir his duyduklarını söyleyenler de vardır.

Bir seçenek ya da eylem yanlış, uygunsuz, tekinsiz olduğunda ya da sizin adınıza bir anlam taşımadığında bir endişe sinyali alırsınız. Enerjinizin düştüğünü, içinizin daraldığını ve gerildiğinizi hissedersiniz. Belki de üşürsünüz ya da midenizde düşüyormuşsunuz gibi bir his doğar. Kendinizi geri püskürtülmüş hissedebilirsiniz, içinizi bir kasvet kaplayabilir ya da "taşa dönersiniz". Yüzünüz kıpkırmızı kesileceğine renginiz atabilir ya da kendinizi hüzünlü hissedebilirsiniz. Acı duyabilirsiniz ya da kelimenin tam anlamıyla saçlarınız diken diken olabilir. Sıklıkla karşılaşılan endişe sinyalleri şunlardır: Mide ağrıları ve bulantılar, baş dönmeleri, boyun kasılmaları ve ağrıları, göğüste sıkışmalar, baş ağrıları, karın boşluğunda düğümlenme hisleri.

Sınıflarımdan birindeki bir adam koku duyusunu gerçekler ve endişelere dair sinyallerle birleştirerek sorun çözmede kullanmak üzere bir egzersiz yapmıştı. Üç olasılık üzerinde çalıştı. Bir çözümü düşünürken nasıl koktuğunu hayal ettiğinde; burnuna biri kızarmış sarımsak, biri toprak, biriyse kesilmiş portakal gibi kokmuştu. Peki, ona en çekici gelen hangisiydi? Dediğine göre bedeni hepsini de sevmişti. Bu farklı kokuların ona sağlayabileceği enerji çeşitlerini ya da duygusal halleri hissetmeye çalışmasını söylediğimde, seçimi hemen portakal kokusuna yöneldi. Çünkü bu taze portakal kokusu ona büyük bir coşku veriyordu ve adam bunu pek seviyordu.

Bir eve girer de aslında fiziksel ısıyla alakasız bir şekilde üşüdüğünüzü hissederseniz bu ne demek olabilir? Belki yakınlarda bu evde biri ölmüştür, cinler-periler tarafından ele geçirilmiş bir evdir, evde yaşayanlar tatsız bir kavga etmişlerdir... Belki de bu evde bir hayal kırıklığı yaşamak üzeresinizdir, evde kalırken başınıza bir şanssızlık gelecektir ya da ev size eskiden yaşadığınız ve daha net bir şekilde anlayıp halletmeniz gereken bir olayı hatırlatıyordur. Potansiyel bir iş ortağıyla buluştuğunuzda kalbiniz hızla çarpmaya başlamışsa, bu ruh eşinizle karşılaştığınıza mı yoksa ev frekansınızı iki kere kontrol etmeniz gerektiğine çünkü bu insanın sizin için kılık değiştirmiş bir tehlike mi olduğuna mı delalettir? Bir telefon etmeniz gerekiyor ama bunu sürekli erteleyip duruyorsanız, bu aramanız gereken insanla ilişkilerinizi netleştirmeniz gerektiğini mi yoksa söyleyeceklerinizin anlamını değiştirecek bir şey söyleyebileceğinizi ve bu eksik veriyi henüz bulamadığınızı mı gösterir? İşte bunlar dikkat edilmesi gereken noktalardır ve deşifre etmek için pratik yapmak gerektirir.

Deniz kıyısında duruyorsunuz ve dalgalar kıyıya eski bir şapka, eski bir kutu, bir ayakkabı teki, ölü bir balık getiriyor ve hepsi öylece kıyıda duruyorlar. Siz: "Şansa bak, ne saçma!" dersiniz. Çinli kafası ise şunu sorabilir: "Bunların bir arada olmaları ne anlama geliyor?"

CARL JUNG

Duyarlılığı İş Hayatında da Uygulayabilirsiniz

San Francisco bölgesinde kurumsal personel alımları ve yönetim danışmanlığı yapan David, danışmanlık işini teknik eleman avcılığına başlayarak büyüttüğü ilk günlerde insanların ona günde en az elli müşteriyi araması gerektiğini söylediklerini anlatmıştı. Ama David hayatta her şeyin nasıl birbirine bağlı olduğu ve birlikte işlediği felsefesine dair bir deney yapıyordu ve bu yüzden de yeni işine başlarken masasını doğuya bakacak şekilde çevirmişti. Amacı Birleşik Devletler'in varını-yoğunu hissedebilmekti. Her sabah masasına oturduğunda gözlerini kapayıp tüm ülkeyle temasa geçiyordu. Topraklarını ta doğu kıyısı sahillerine kadar sıra sıra aydınlatan binlerce ışığı gözünde canlandırıyor ve içinde hissetmeye çalışıyordu. Işık düşen her nokta bir insana tekabül ediyordu, bu kişi de bir ışık huzmesiyle masasında oturan David'e bağlanıyordu. Sonra elindeki iş ilanlarının listesine bakıyor, nasıl birilerine ihtiyacı olduğunu hissetmeye çalışıyordu. Ve akşam yemeğine aileyi davet edercesine yemek zilini çalar gibi bu talepleri ışık huzmelerine yolluyordu. İnsanları evlerine, işe çağırıyordu... Bazı ışıklı noktaların büyüdüğünü hatta şiştiğini görüyordu.

Sonra bu imgeleri bırakıp kendini rahat hissediyor ve dikkatini "Aranacaklar" listesine çeviriyordu. Listede gözüne ilk çarpan kişiden aramaya başlıyordu. David çok geçmeden başarılarıyla bir fenomen haline gelmişti. Aynı işi yapan arkadaşları onun neden bu kadar ilgi odağı ve şanslı olduğunu bir türlü anlayamıyorlardı. Günde elli değil, sadece on arama yapıyor ama doğru adamları buluyordu! Doldurduğu pozisyonların birçoğunun nereden çıktığı bile belli değildi ya da birilerinin referansıyla gelen tiplerden oluşuyordu. Müşteriler David'in rahat hallerinden ve işlerin onun etrafında nasıl da sihirli bir şekilde yoluna girdiğinden bahsediyordu ve çok memnundular.

Başarılı girişimciler ve şirket genel müdürleri olan birçok müşterim bana duyarlılıklarını kullanarak nasıl da alışılmadık yöntemlere dayalı karalar aldıklarını benzer hikâyelerle aktarmışlardır. Bir yatırım firmasında yüksek bir pozisyona atanan Peter, kocaman bir departmanın başına geçtiğinde tahammül edemediği camdan bir çalışma alanına geçtiğini anlatmıştı. Camdan duvarlar onu diğerlerinden ayırıyordu oysa Peter'ın strateji oluşturma ve uygulama konusunda bildiği tek yol etrafta dolaşıp insanlarla konuşmaktı. Onlarla genelde sadece aileleri ve tatil planları gibi şeylerden söz ederdi. Bedeninin dile getirilmeyen bilgileri topladığını hissederdi, bu bilgiler de genel bir bakış açısına dönüşürdü ve "hücre"sine döndüğünde kafasında planlar kolayca beliriverirdi. Amaçsızca gezinebildiği sürece kendini rolünde rahat hissederdi.

Bedeniniz Etrafınızda Olanları Ölçen Bir Barometredir

Şunun kaç kere olduğunu sayamam bile: Ne yaşadığımı, neler hissettiğimi anlamak için bedenime dönerim, köşe yazımda ya da sınıfımda paylaşabileceğim bir farkındalık ya da enerji hareketini yakalamaya çalışırım. Bazen beceremediğimi ya da paniğe kapıldığımı hissederim ve bazen de içimi müthiş bir rahatlık kaplar. Belki yeni bir farkındalık seviyesine geçerek çığır açtığımı hissettiğim zamanlar da olur. Bu içgörülerimi paylaştığımda yığınlarca tepki alırım. Muhtemelen istatistiklerin tahmin edemediği düzeydeki bu cevapların çoğu şöyledir: "Bana da aynı şey oldu!"

Tanıdığım bir girişimci bir gün şirkete girip masasına geçmiş ve belli belirsiz bir rahatsızlık hissetmişti. Bir süre öylece oturup bunun ne olduğu ortaya çıksın diye beklemişti. Anladığı şey pek hoş değildi ama faydalıydı. Çalışanlarının canlarının sıkıldığını fark etmişti. Ne berbat bir durum! Bir şirket kurmuştu ama yarattığı çalışma koşulları insanları motive edebilecek kadar hoş ve enteresan değildi... Şimdi ne yapmalıydı? Biraz daha düşününce, bir şeyin daha farkına vardı: *Kendi de* çok sıkılmıştı! Bunu anlamak kadını şoke etmişti. Kendisiyle şirketinin çalışanları ne kadar da birbirlerine bağlıydı ki ofisteki herhangi bir duygulanım dalgası kendi tavrını değiştirecek kadar etkili oluyordu. Böyle anlarda insan "Tavuk mu yumurtadan çıkar, yumurta mı tavuktan?" diye düşünür. Kadının can sıkıntısı telepatik anlamda bulaşıcı mıydı, titreşimlerle çalışanlarına da mı geçmişti yoksa tam tersi çalışanların sıkıntısını mı kapmıştı? Ya da tüm sistem aynı anda tepki veriyor veya çevreye bağlı olarak enerji koşullarını mı değiştiriyordu? Cevap: D, yukarıdakilerin hepsidir...

Bedeninize tam bir sadakatle bakınız.
Ruh, sadece o gözlerden görmek zorundadır ve
gözler bulanık ise, tüm dünya da bulutlu görünür.

JOHANN WOLFGANG VON GOETHE

Philip kısa bir süre önce öfke problemleri olan bir kadınla evlenmişti ve eşi adamcağıza sürekli anlaşılmaz nedenlerden dolayı patlıyordu. İlişkilerinin başında kadının öfke nöbetlerini hiç beklemediği için şaşırıp kalıyor ve birdenbire göğsünün sıkıştığını hissediyor, karnına ağrılar giriyordu. Geçer diye bekledi, bu baskıyı yok saydı ve hiçbir tepki vermedi ama bedenindeki kasılmalar geçmek bilmiyordu. Böyle geçen bir yılın sonunda bedeninin kadının şiddetli patlamalarına karşı iyice tepki verdiğini, hatta irkildiğini fark etti. Sanki bedeni çevrede yükselen "ozon"u hissediyor ya da kimsenin fark etmediği bir gerilimi içiyor gibiydi. Bedeni ilişkisinin duygusal iniş çıkışlarla altüst ettiği atmosferi şaşmaz bir şekilde ölçen bir barometre olup çıkmıştı. Karısının artık klasikleşen patlama anlarını genellikle bir iki saat öncesinden sezebiliyordu.

Bedeniniz Başka Zaman ve Yerlerdeki Şeyleri Bilebilir

Bu türden deneyimler hiç de alışılmadık değildir. Bir kriz esnasında tepki olarak, sevdiğiniz birinin ölümü ya da hakikaten şansın olmadık bir şekilde döndüğü zamanlarda insanlar genelde, "Biliyordum. Bunun olacağını hissetmiştim" derler. Bedeniniz yakın çevrenizdeki malumatı toplar ya da olacak olan bir olayla ilgili bilgileri alır çünkü titreşim dalgaları bize sürekli olarak veri getirir. Belki de uzak ya da gelecekteki bilginin "kuantum varlıkları" zaman ve mekanı tamamen alt ederek dalgalara dönüşüyor ve bedenlerimizde izlenimler olarak ortaya çıkarak yeniden partikül haline geliyorlardır...

Bütünleşmiş alanda, mesafelerin önemi yoktur: Burada zaman işlemez. Bilmek anlıktır ve her yerde ve bir anda olur. Bedeninizi size göre evrenin merceği olarak düşünün. Benim bedenim benim için evrenin merceğidir. Merkezimiz budur. Ruhunuza işleyen daha ötelerde olan biten şeyler kişisel alanınıza girer ve bedeninizin merceğinde odaklanır. Burada da bilinçli olarak algılanır. Kristal bir küreye bakıp da her şeyi görür gibi.... Bu süreç yoğunlaşır ve siz bilerek ve isteyerek öngörü ve rehberlik peşine düştüğünüzde inanılmaz bir şekilde hızlanır.

İzlenimleri Birlikte Titreşen Gerçekliklerden Kolaylıkla Alabilirsiniz

Sizinle benzer yaşam öykülerini ve gelişim anlarımı paylaşarak ortak bir noktaya varsam, gerçeklerimiz de aynı rezonansta olur. Sizi *kendi* düşümlerimle tanımam, benim hissettiklerimden *duyduklarınızla* içselleştirmem daha kolaydır. Benzer bir enerji alanı paylaşırız. Fiziksel bir alanı paylaştığınız insanların benzer hayat dersleri aldığına tanık olmanız da böyledir. Aynı şirkette çalışan ve fazla mesai ödentisi bekleyen insanlar da bir bakıma kendilerini feda ettiklerini düşünmektedir. Bir diktatörün başında olduğu bir ülkede yaşayan halk da keza kendi iç disiplinini ve içsel samimiyetini bulmayı öğreniyordur. Ülkenizin siyasi eğilimlerini anlamak istiyor musunuz? Kendi enerjinizde, duygu ve düşüncelerinizde neler olduğuna bakın... Sizin meseleleriniz neler? Gelişiminizin en uç noktası nedir?

Hayal edilen gerçeklikler de ya birlikte titreşir ya da titreşmez ve bedeniniz size gelecekte olma olasılığı bulunan şeylerin tutarlı bir yanı olup olmadığını tam olarak söyler. Yeni ortaklarla iş yapmak ya da bir emlak yatırımı yapmak üzereyken neler olacağını bilmek mi istiyorsunuz? Bedeniniz gelecekte olabileceklere ciddi bir reaksiyon gösterecektir. Bir sürecin nasıl sonuçlanacağını mı bilmek istiyorsunuz? Süreci hayal edin ve bakın bedeniniz olası olayların akışını nasıl da "okuyacak".

Şunu Deneyin!

Uyumlu ve Uyumsuz Rezonansları Derinden Hissedin

1. Üç tanıdığınızı düşünün. Her birinin bedeninin sizin bedeninize doğru kendi kişisel vibrasyonlarıyla titreştiğini düşünün. Bir beden sizinkiyle karşılaştığında ve sizden geçmeye başladığın-

da kolayca senkronize oluyor mu? Yoksa bir şekilde "alakasız" mı? Kişisel vibrasyonunuzu düşünün: Ev frekansınıza odaklanmış olarak titreşiminize doğru ve içlerinden geçecek şekilde ışıyın. Rezonans kolaylıkla oluyor mu? Bu insan sizinle uyum sağlıyor mu? Çok küçük olsa da bir uyumsuzluk var mı, aynı rezonansta olmadığınızı hissediyor musunuz? Şimdi de aynı şeyleri en yakın arkadaşınızla deneyin ve farkı hissedin.

2. Tatilde gitmek istediğiniz üç yer düşünün. Bedeninizi oralarda hissedin. Bedeninizden gelen sinyalleri ve vibrasyonları her bir yerden aldığı rezonanslarla okuyun.
3. Yapmanız gereken üç işi listeleyin. Bedeninizi tek tek bu işleri yaparken hayal edin. Bedeninizi en yüksek rezonansı yaratan işle okuyun çünkü bu iş ev frekansınıza uyuyordur ya da evrenin yapılacak acil işler listesindedir veya size ihtiyacınız olan bir şey veriyordur. Bu işleri bedeninizin önceliklerine göre sıralayın.

Şunu Deneyin!

Belli Belirsiz Hisleri Tanımlayın

Aşağıdaki belli belirsiz hislerin nasıl olduğunu ya da bedeninizde bu duyguları nasıl ve nerede hissettiğinizi yazın.

- Bir şey kendini bilinir hale getirmeye çalışırken neler hissediyorsunuz?
- Bir sezgiyi kale almadığınızda neler hissediyorsunuz?
- Kişisel bakış açınızdan kolektif, dünya çapında bir bakış açısına geçtiğinizde nasıl hissediyorsunuz?
- Bir şey ters gidecekse neler hissediyorsunuz?
- Bir şey tam da yolunda gidecekse neler hissediyorsunuz?
- Başka birinin bedeninden bilgi toplarken neler hissediyorsunuz?
- Bir sembol ya da bir şeyin işareti olan bir şeyi fark ettiğinizde neler hissediyorsunuz?
- Veri içeren bir enerji dalgası alırken neler hissediyorsunuz?

İşte Bilinçli Duyarlılık Geliştirme Konusunda Bazı İpuçları

Enerji ve dalgalarla çalışırken, bir takım anahtar *frekans prensiplerini* bilmekte fayda vardır ve böylece dalgalarda ve titreşimlerde kodlanmış olan verinin şifresini çözebilirsiniz.

1. Derinlemesine hissederken iradenin doğru kullanımı: Duyarlılığınızı kullanarak anlamak için çevrenizdeki bir alandan dikkatinizi yayarken kendinizi zorlamayın. Sadece yumuşak, meraklı ve açık kalın ve duygularınızı yayın. Bırakın kendinizi, ortaya çıkmak isteyeni teslim alın. İç Algılayıcınızın size ne göstermek istediğine bakın. Sizin işiniz yayılmak ve görüp aldıklarınızdan etkilenmektir. Eğer mesela birinin gözlerinin içine bakarsanız, kendinizi bu kişinin gözlerinden içeri girmeye zorlamayın yoksa hiçbir şey göremezsiniz. Gözlerinizi rahatlatın ve gördüklerinizi kaydedecek şekilde alıcı olun. Böylece sürekli bir bilgi akışı olacak.

2. Derinlemesine hissetmekte dâhil etmek ile "birisine/bir şeye doğru gitmek" arasındaki fark: Dünya görüşünüz ayrılık üzerine kuruluysa, başka insanları, fikirleri, olayları ve hatta süreçleri hissetmek için ona "doğru gittiğinizi" göreceksiniz –yani bir "temastayken" doğrusal bir imgeniz olacak. Bir boşluktan aşmaktasınız ve bu da irade gerektirir, aynı zamanda da ne istediğinizi bulabilmek için kendi merkezinizden çıkmanız gerektiği fikrini de irdelemesiniz. Bunu yaparken her dalga baskınından sonra yeniden odaklanmalısınız. Kendinizi bu yolla anlarken yakalarsanız, kendinize gelip şunu demeyi ihmal etmeyin: Bununla ilgili ne düşünüyorum? Bu benim işime yarıyor mu? Kendi versiyonum nedir?" Eğer yeniden odaklanmazsanız, tanjantın dışına düşebilirsiniz. Kendinizi başka birinin gerçekliğini yaşarken bulabilir ya da tükendiğinizi hissedebilirsiniz.

Kendinize kendi özel sahanızın hep merkezinde olduğunuzu ve bu farkındalık alanını anlamak istediğiniz şeyleri dâhil edecek kadar yayabileceğinizi hatırlatın. "Evinizi" ve ev frekansınızı hiçbir zaman terk etmek zorunda değilsiniz. Alanınız sizin adınıza hissetmeye devam edecektir. Böylece de anlamak istediklerinizle birleşmeniz, bunları kendinizden bir parça gibi hissetmeniz, kalbinizi açık tutup bilinçli bir duygu ortaklığına girmeniz kolaylaşacaktır.

3. Bir şeyi sadece sizin hissettiğinizi düşünmek hatadır: Bir şeyleri anlarken, bu sorumluluğu başkalarıyla paylaştığınızda cevaplar (ve sorular da) bu alandan mucizevî bir şekilde, tam da ihtiyaç duyduğunuz gibi çıkıverir. Herkesin tek bir birleşmiş Benliğin ulakları olduğunu anlayacaksınız. Her beden, hatta hayvanların, kuşların, haşeratın ve bitkilerin fiziksel yapıları bile titreşimsel bilgileri aktarabilir.

4. Şu anda neye ihtiyacınız varsa –ne yapmanız gerekiyorsa- onu alırsınız. İyice uzak geleceğin içini duyumsamamanızın iyi bir nedeni vardır: Anlamlı şeyleri hissedeceksiniz çünkü algıyla ilgili bir ders görüyorsunuz. Bilgi size ihtiyacınız olduğu şekilde gelecek. Bilgiyi kullanır kullanmaz ve sağlaması gereken tecrübeyi edindiğiniz an bir sonraki fikre ve deneyime çekilirsiniz. Çok ilerisini göremeyebilirsiniz ya da gelecekle ilgili sezgileriniz doğru çıkmayabilir çünkü burnunuzun dibindeki önemli algıları göz ardı etmişsinizdir. Alana inmek için gökyüzünde sırasını bekleyen uçaklar gibi sıralanan algıları toplayıp kullanarak bakış açısını temizleyip genişletebilirsiniz.

5. Duyarlılık güven ve doğrulamayla güçlenir: Ruhunuz ve bedeniniz ile, titreşimler kanalıyla gelen bilgilere güvenmek, iletilmek üzere bekleyen bir mesaj olduğunu anlamaya yardımcı olacak ipuçlarını toplamak, sözel olmayan mesajları deşifre etmek, bu bilgileri daha iyi bir insan olma yönünde kullanmak üzere anlaşma yaparsanız bilinçli duyarlılık becerilerinizi optimize edebilirsiniz. Bedeniniz size duyarlılığı yoluyla bir mesaj verdiğinde, ona yüksek sesle teşekkür edin ve sarılıp okşayın. Bedenler duyusal verileri sever!

6. Duygular abartılı hassasiyet sinyalledir: Duygularınız gelişmiş olsa, size kendinizi iyi hissettirse veya gergin ve kötü hissettirse de büyük ihtimalle daha önceden size gelen ufak duyarlılık ipuçlarını yok saydınız ve bu enerji dikkatinizi çekecek ölçüde yoğunlaştı. Duygularınız sizi yönlendirmeye yarayan, ruhunuzun istediklerine dair ve dikkat etmeniz gereken hayat dersleri hakkında bilgiler içerir.

Bilinçli Duyarlılık Geliştirmiş İnsanın Nitelikleri

- Güçlü bir benlik duygusuna ve yumuşak başlı bir kişiliğe sahiptir.
- BEN ve BİZ olmak konusunda rahattır. Bir partikül, bir dalga ve bir farkındalık alanı olmaktan yana bir sorunu yoktur.
- Bildiğinin içine girer ve onunla bir olur.
- Derin bir şefkate sahiptir, son derece ilgilidir ve empatisini Öğretmen gibi kullanır.
- İnsanları dışarıdan göründükleri gibi değil iç gerçeklikleriyle algılar.
- Öznel görüşün nesnel gerçekliğe paralel olduğuna inanır.
- Fiziksel bedenin bilinçli ve tetikte olduğunu bilir.
- Kişisel titreşimi ihtiyaçlarını hızla gidermekte kullanır.
- Yaratmak ve şifa vermek için evrensel enerjiyle çalışır.
- Şifayı birlik ve sevgiyi yaratarak ve kurgulayarak verir, bunu yaparken tüm şüphelerden arınmıştır.
- Başkalarına kendine şifa vererek şifa verir çünkü başkalarının içinde olduğunu bilir.
- Yaptığı seçimlerde "tam" ve "doğru" zamanı bilir ve tam vaktinde hareket eder. Seçimleriyle son derece mutlu ve huzurludur.
- Hayattan kopmak onu perişan eder ve kendini yalnız hisseden insanlar ona acı verir.

Kısaca...

Yaşamda deneyimlerinizle birleşip duyarlılığınızı kullanarak yol alabilirsiniz. Böylece hayatı derinlemesine hissedersiniz. Bunu başarmak için çevrenizi adım adım gezmelisiniz. Karşılaştığınız olaylar ve insanlarla, nesnelerle, durumlarla ve süreçlerle birleşerek, tümünü kendinize dâhil ederek dolaşmalısınız. Onlarla bağlantı kurmak yerine bilinçli bir duygusal birlik içine girer, onları sizden bir parça olarak tanırsınız. Bu sevgi ve şefkati besler. Bu noktada "akort çatalınızın can alıcı notasını" hayal edebilmeniz ve ev frekansınızı kişisel alanınızdan tüm gerçekliğinizi organize eden frekans olarak gönderebilmeniz önemlidir. Bu da şu demektir: Sahip olmayı seçtiğiniz titreşimi ilişkilerinizin, işinizin ve kendinizi ifade etme biçiminizin temeli olarak kabul edebilmek için bir miktar temizlik ve öncelik sıralaması yapmanız gerek.

Her birimiz zaman-mekân ve doğrusal nedenselliği aşmış
bir farkındalık alanının niteliklerini sergileyebilecek kapasitedeyiz.

STANISLAV GROF

Berraklığınız uzak titreşimlerden ve bireysel fedakârlıktan kaçındığınız ölçüde artar. Neyin işinize yarayacağını kişisel titreşiminiz ile uyumundan, farklı kumaştan olup olmadığından ve oktavının ev frekansınıza göre yüksek mi alçak mı olduğundan anlayabilirsiniz. Dalgalar ve titreşimlerde kodlanmış olan belli belirsiz verileri bedeninizin tepkilerine göre yorumlarsınız: Ya bir gerçeklik sinyali (yayılma ve genişleme) ya da bir endişe sinyali (kasılma ve küçülme) veya keyif veren ya da rahatsızlık yaratan duygusal verilerle. Bu bilgileri ne kadar erken alırsanız, o kadar az stres yaratacaklardır. Bedeniniz çevrenizde olup bitenleri ve hatta yakın geleceğin havasını ölçen bir barometredir. Frekansları sizinkine benzeyen insanlarla doğrudan bilgi paylaşmak doğaldır.

Ev Frekansı Mesajı

Okuyucuya bölümünün 21. sayfasında da açıkladığım gibi; bu ilham verici parçaları her bölümün sonuna sizleri normal, hızlı okuma şeklinizden daha derin anlamlara yöneltmek üzere ekledim.

Buradaki mesajlar vasıtasıyla kişisel vibrasyonunuzu bilerek ve isteyerek değiştirebilirsiniz.

Aşağıdaki mesajlar sizi Sezgi Çağındaki hayata yakın bir dünyaya taşımak üzere yazılmıştır. *Ev frekansı mesajına* geçiş yapabilmek için, daha yavaş, daha az telaşlı bir hıza geçmeniz yeterlidir. Yavaşça derin bir nefes alın, sonra yine yavaşça verin ve mümkün olabildiğince sakin ve sessiz olun. Bırakın zihniniz de sakin ve bir alıcı gibi açık olsun... Sezgilerinizi açıp bu dili *derinlemesine hissederek* anlamaya hazırlanın. Bakalım okurken daha derin gerçeklikleri yaşayıp hayata geçen halleri hissedebilecek misiniz?

Terimlere harcadığınız zamanla doğru orantılı olarak deneyiminiz daha da büyük boyutlara varabilir. Her bir kelimeye ayrı ayrı odaklanın, noktalama işaretlerinde durarak okuyun ve size bu mesajı -şu anda ve canlı olarak- aktaran zekâyla birlikte kalın. Yüksek sesle okuyabilir ya da gözlerinizi kapatıp bir başkasına okutabilirsiniz. Böylece kelimelerin üzerinizdeki etkisini görebilirsiniz.

KENDİNİZİ EN GERÇEK DUYGUYA AKORT EDİN

Sandığınızdan ve fark ettiğinizden çok daha sınırsız, ayrıcalıklı ve hakkını alan bir insansınız! Her şey parmaklarınızın ucunda, hepsi hayata geçmek için sizden izin bekliyor... Tüm malumatın tek beklediği şey sizin merakınızın onu oradan çekip çıkarması. Hayatınızı içinde sürdürdüğünüz, sizi siz yapan yaşayan varlık alanı tek bir atomun bile arzularına duyarlıdır; en ufak ihtiyacınız için bile açılır, değişir ve harekete geçer. Kendini bu enerji alanının arzularıyla hareket edecek şekilde akışa bırakarak hak ettiklerinizi kolayca aldığınızı görecek ve size hizmet edilmesinin keyfini yayacaksınız. Evet; bilincin ve farkındalığın, ince hassasiyetin ve uyumlu rezonansların faydalarını keşfediyorsunuz – yaşamaya nasıl da değer olduklarını, hayatı ne kadar kolaylaştırdıklarını ve spritüel bilgeliğin gelişmesine katkılarını görüyorsunuz. Peki ama bilinçli duygu kardeşliği bizi aslında nereye götürüyor? Paylaşılan bilgi, paylaşılan duygular ve ortak motivasyonlarla AİT olmanın içine ve BİZ olmanın tecrübesine... Kardeş formlarla olan duygu ortaklığınız, size dünyanın hiç de bencil olmadığını gösterecek. Çevrenizdeki en küçük detaylara bakın ve nesnelerin motivasyonlarını hissedin. Neden varlar? Aslolan tek bir gerçek duygu vardır: Cömertlik...

Bir kafe sizi çeker ve bir kadının kırmızı ojeli ayaklarının mutluluğunu, bu mutluluğu ilan eden açık sandaletlerinin parlaklığını ve bir adamın cep telefonunu, başkalarıyla temas kurmasını sağlayan cihaz kulağındayken hesabını ödemek üzere elini cebine atmasını, bunu yaparken omuzlarını ve boynunun nasıl onun istediği yöne gittiklerini, aslında pek de bir yuvaları olmadığını fark edersiniz. Bebeklerin sevecen babalarının kucaklarından sarkan tombul ayakları sizi gülümsetir. Bir masanın üstü görevini görmek için parlatılmış granit parçası yığınla dirseği, bardağı, kitabı taşır ve sıcacık ekmek ve çöreklere ev sahipliği yapar. Ve sizin kentinize yeşil ve siyah damarlarının güzelliğini hep gösterebilmek için yaşadığı dağdaki ailesinden koparılmıştır... Bir kalemin çizdiklerinden ne kadar keyif aldığını, parmakların zarfları nasıl açıp kapatacaklarını bilmenin mutluluğunu taşıdığını, beyinden ve boyundan ve omuzlarla kollardan aldığı komutları yerine getiren bileklerin Oregon'da yetişmiş ve pek de uzun olmayan bir hayatın sonunda size düşüncelerinizi üzerine yazabileceğiniz bir kâğıt parçası olarak önünüze geldiğini fark etiğine inanın. Bunca fani şey kendini ve bu dünyada olmayı sever. Ve kendini ve bu dünyayı sevmenin VERMEK olduğunu ta içinden bilir.

İnsan kurallara sığmaz!

7

İlişki Rezonansında Ustalaşmak

"Ev" deneyimi ile uyandırılan, derin bağlantı ve aidiyet hissi ve evimizden ya da yuva dediğimiz bir yerden gelen birinin karşısında olmak, bir çeşit eşleşme, içimizde olan ile dışımızdaki arasında, geçmiş ile şu an arasında, önceden, şu an ne olduğumuz ve gelecekte ne olmak istediğimiz arasında yaygın bir rezonans yansıtır.

STEPHEN A. MITCHELL

FREKANS KİTABINI ELİNİZDEN BIRAKMADAN okuyorsanız, dönüşüm sürecinin birkaç aşamasını geçtiğimizi fark etmişsinizdir. İlk olarak frekansların terimleri ve farkındalığınızın nasıl hızlandığı üzerinde durduk, sonra da duyarlılığınızı neyin engelleyebileceği ya da bozabileceğini ve bu engelleri nasıl temizleyeceğimize baktık. Bundan sonra, içsel frekansımızı bulmaya odaklandık ve bilinçli duyarlılık yeteneklerinizi geliştirmekle uğraştık. Şimdi başka bir aşamaya geçeceğiz: Duyarlılığı ve frekans prensiplerini hayatımızdaki bazı önemli alanlara uygulamaya. Bunlardan ilki ilişkilerdir çünkü yaptığımız her şey –meditasyon bile- bununla ilgilidir.

İnsan ve hayvanlara ek olarak, paramız ve arabamızdan vücudumuza ve Yüceliğe ve Kutsallığa kadar her şey ile bir ilişkimiz vardır.

Harika bir özel ilişkiye sahip olmak, ruh eşi ya da ruhsal aile olarak sınıflandırabileceğimiz kişiler bile, bizim en idealist hayalimizdir. Başka biriyle aynı dalga boyunda olmaktan daha tatmin edici ne olabilir? Ya da birlikte uyum içinde çalışmak, diğerinin ihtiyaçlarını tahmin edebilmekten? Birinin iyileşmesine yardımcı olmanın ya da ihtiyaçları olduğunda yardım etmeyi önermenin ilkel bir hazzı vardır. Ancak her günkü ilişkilerimiz, bizlere en zorlayıcı sınamaları ve travmaları sunarak, bizleri sefil bir hale de sokabilir. Ne yapmalıyız? İlişkiler, geri kalan her şey gibi, titreşimseldir, böylece frekans prensipleri ile uğraşmayı bilmek, sorunlu etkileşimleri ruhun gerçek hediyeleri haline getirebilir.

Dünyanızda Kimler Var?

Etrafınıza bir bakın. Arkadaşlarınız, iş ortaklarınız ve sırdaşlarınız ne tür insanlar? Eğer şanslıysanız güvenilir, sevecen ve düşüncelidirler. Size ayıracak vakitleri vardır ve hakkınızda en iyisini isterler. Sizinle orta yolu bulurlar, en az sizin kadar uğraşırlar ve uyum sağlayabilirler, iletişim kurabilirler, üretkendirler ve katkıda bulunurlar. Diğer taraftan, incinmiş insanlarla, asalaklarla, suçlayıcı cezalandırıcılarla, ketum iletişimsizlerle, ya da pasif-agresif hükümdarlarla çevrili olabilirsiniz.

Dünyanızdaki herkesin orada olması için bir neden vardır. Tüm ilişkiler, en zor görünenleri bile, engelleri, yetenekleri ve tek başınıza keşfedemeyeceğiniz yeni yönleri bulmanıza yardım etmesi için ruhunuzun size sunduğu hediyelerdir. Bazı insanlar ilgi alanlarınızı paylaşarak ve yeteneklerinizi onaylayarak özgüveninizi geliştirmenize yardımcı olabilir. Bazıları hayat derslerinizi öğrenmenizde yardımcı olacak katalizörlerdir. Kimileri sizleri yeni fikirlere ve potansiyele ulaştırır. Yine de, bazıları da sadece bunun keyfi için sizinle beraberdir çünkü ruhlarınız beraber olmaktan hoşlanıyordur. Sorunlu ilişkiler sizleri sağlıksız duygu alışkanlıklarından kurtarmak için vardır.

Sevgi bizim gerçek kaderimiz. Hayatın anlamını bir başımıza bulmayız; bir başkası ile beraber buluruz.

THOMAS MERTON

İlişkiler Dönüşüme Giden Yoldur

İlişkiler dönüşümünüzü hızlandırır çünkü kendinizi; hem olumlu yönlerinizi hem de engellerinizi, daha hızlı ve daha net görmenize yardımcı olur. Temel konuların ortaya çıkışını ve iki insanın titreşim alanlarını birleştirmesi ile oluşan enerji ile güçlendirilmiş alanlardaki büyümenizi görmezden gelmek zordur. Bu yoğunlaştırılmış rezonans içinde, sağlıksız duygu alışkanlıklarınızı daha hızlı giderebilir ve sizleri geliştirecek kimliğinizin yeni yönlerini keşfedebilirsiniz. Kendinizi kısa sürede daha geniş ve daha karmaşık bir tür varlık olarak görebilirsiniz. Sevginin ve korkunun etkileri ilişkiniz boyunca anında size geri bildirilir, böylece kimin, sizin hayatınıza, daha çok ruh getirip getirmeyeceğini sınamak kolaylaşır. Ve ilişkiler; sorunu olanın sadece siz olduğu, sadece sizin belirli bir potansiyeliniz olduğu fikirlerinden öteye taşıyarak empatinizi geliştirir. Deneyimlediğiniz her şeyin başkaları tarafından da yaşandığını ve bunun tam tersini görürsünüz –ve bu güçlendiricidir.

Eğer egolarımızın istedikleri olsaydı, "Ben benim, sen de sensin ve bu ikisi asla bir araya gelmez" şeklindeki sınırlı görüşe mahkûm olurduk. Ancak artık dönüşüm içindesiniz. Bu da enerjiden ibaret titreşen bir varlık olduğunuzun ve hepimizin birbirimizin içine işleyen farkındalık alanları bulunduğunu bilebilecek durumda olduğunuz anlamına gelir. Şu an siz artık gerçekten nasıl her şeyi paylaştığımızı, bir diğerimiz hakkında bilgimiz olduğunu, bir başkasının var oluşunu desteklediğimizi, birbirimize bağlı olarak evrimleştiğimizi, asla yalnız olmadığımızı anlayabilirsiniz. Karmaşık gibi görünse de, birbirimizle olan ilişkimizin ne kadar zarif bir sadelikte olduğunu hissedebilirsiniz: özünde, hepimizin içsel frekansı birbiri ile tek bir içsel frekansta birleşir. Hepimiz sevginin evrensel titreşiminde titreşiriz.

Bir ilişkiyi derinden hissettiğinizde, nasıl oraya ait olan herkesin ortak geçmişini, yeteneklerini ve potansiyellerini içeren tek *ilişki alanına* ait olduğunuzu sezersiniz. Bu alan herkes için bir nevi rehber olur ve bir kez onunla birleşirseniz, ilişkinin bilgisini ve doğal özelliklerini, hayat derslerini ve kaderini kendi hayatınızın bir parçası haline getirebilirsiniz. Öyleyse, kendinizi birey olarak görmeye ek olarak, bir ilişkinin bilinci olarak da görme yolundasınız; aynı anda hem bireysel hem de kolektif bir kişiliğiniz olduğu bilgisi önünüze serilmeye başlar. İlişkiler havuzunuza yeni kişiler katmayı öğrendikçe kimlik, kendinizi birey olarak görme, ilişki, aile, ulus, şirket, insanlık gibi ölçütleri geçerek herkesin bütünleşmiş durumda birleşip Benliğin saf Farkındalık olduğu duygu durumuna geçersiniz.

Hayatınızdaki İnsanlar Sizin Frekans Eşlerinizdir

Duygusal olarak üzücü de olsa, mükemmel bir uyumla geçiyor da olsa ilişkilerinizde karşınızdaki insanın sizinkine benzer bir frekans kalıbı bulunur. Dünyanızda bulunan insanlar sizin frekans eşlerinizdir. Hayatınıza biri girer ve içsel algılayıcınız onu fark ederse, ortak bir kişisel titreşimi paylaşıyorsunuz demektir. Onlar sizin dünyanızda ortaya çıkıyorsa, siz de onların dünyasında ortaya çıkarsınız. Ortak bir amaç için birbirinizi beraberce yaratıyorsunuzdur. Tabii ki sizinle aynı değiller ama benzer frekansları paylaşırsınız. Bir kere bir araya geldiğinizde kişisel alanlarınız birleşir ve bir ilişki alanı var olur. Bu ilişki alanı, enerji, eski tecrübelerden edinilmiş bilgiler gibi ortak kaynakları size sunarak bir çift olarak yaşayacağınız deneyimleri besler ve yeni yeteneklere ulaşmanızı sağlar. Bunun sayesinde diğer kişinin bildiklerini bilmek mümkündür. İlginç bir şekilde, fazlaca uyumsuz titreşim tarzlarına ve çok az ortak noktaya sahip insanlar birbirlerinin gerçekliğinde yer almaz.

İstediğimizi değil, benzerimizi kendimize çekeriz.

JAMES LANE ALLEN

Bu eşleşme süreci kafa karıştırıcı olabilir, çünkü 1) bilinçli ya da bilinçsiz olabilir ve 2) eşler sıklıkla aynı konunun zıt tarafları gibi davranabilir ve altında yatan ortak konuyu görmezler. Beğendiğiniz birine benzediğinizi fark etmek harikadır ama sizi rahatsız eden ya da tehdit eden birine benzeyebileceğinizi kabul etmeyi istemeyebilirsiniz. Herhangi bir ilişkide, her an, ilişki alanının sesi her iki insanda da aynı temaya hitap eder. Kişilerden birinin iş için bir aylık bir yolculuk yapması gerekirken, diğeri bu gidişe itiraz ediyorsa, aslında ikisi de bağımsızlık ve alana ihtiyaç duyuyordur. Eğer bu iki kişi anlaşamıyorsa, ikisi de birbirlerini ilgilendiren bir konu hakkında tartıştıklarını fark etmelidir. Eşinize bu konunun onu ilgilendirmediğini söylemek mümkün değildir; diğeri ile ilgili her yorum aslında ikinizle de ilgilidir. İlişki alanından gelen mesajı bulmak ve olumlu ya da olumsuz da olsa beraberliğinizdeki ortak konuyu anlamak ilişkileri dönüşümünüzde kullanmanın büyük bir parçasıdır.

Başkaları ile Nasıl ve Neden İletişim Kurduğunuzu Keşfedin

İlişkilerin daha yüksek bir seviyeye evrimleşmesi ve birbirimize vermemiz gereken değeri verebilmek için, iletişim kurma sebeplerimizin altında yatan müthiş sevgiyi ve iletişime geçme şeklimizi harekete geçiren enerjiyi anlamamız gerekir. Popüler çekim yasası "Benzer benzeri çeker" der. Eski bir özdeyiş ise "Zıtlar birbirini çeker" der. Bir ilişki meydana gelirken olup bitenlere enerji alanı açısından biraz daha kesinlik içinde bakalım. Kişisel titreşiminizin ışıltısı olan etrafınızdaki alanı dolduran enerjiyi, kişisel alanınızın frekansını saptarsınız. İçsel frekansınızdan daha yüksek ya da alçak bir titreşim olabilir. Her iki şekilde de sizinkine benzer frekansta kişiler, ortak bir ihtiyaç ya da meraktan alanınızda ortaya çıkar ve o alana karışır. Siz de aynı şekilde onların alanında ortaya çıkarsınız. Bölüm 9'da çekim dinamiklerini daha derin bir şekilde keşfedeceğiz ancak şimdilik çekimi frekansların ortaklığı olarak düşünelim.

İnsanları, *gerçekten* bir mıknatısın demiri çektiği gibi çekmeyiz. Ruhlar doğal bir rezonansa sahip olduğunda, basitçe birbirlerine görünürler. Rezonans değiştiğinde görüntüden çıkarlar. İlişkiler hep ortaklaşa yaratılır ve yok edilir. Bir dilek listesi yapıp, çeşitli taktikler uygulayıp, bilinçli olarak birini çekmeye çalışabilirsiniz ama ruhunuzun istiyor olduğunu düşünerek bunu yapmanız daha olasıdır ve daha içerideki düzlemlerde hali hazırda işleme konmuştur. Ruhunuz birinin ortaya çıkmasını istiyorsa emin olun bu gerçekleşecektir. Hayat eşinizle buluşma vaktiniz geldiyse, ya da müşteri sayınızda bir artış gerekiyorsa, ruhunuz bunu ayarlayacaktır. Ve evet, sağlıksız duygu alışkanlıklarınızı temizlemek, arzularınızın neler olduğunu anlamak ve uyumlu zihinsel-duygusal dikkat uygulamak, gerçekleşme sürecini uygun hale getirebilir. Ancak aksi de geçerlidir: Ruhunuzun birine bağlanmaya ihtiyacı yok ise, ne kadar olumlama yaparsanız yapın bu gerçekleşmez.

Dünyada sevmekten daha kolay yüzlerce yol var.
Fakat daha kolayını isteyen kim?

MARY OLIVER

Bir sevgili, öğretmen ya da arkadaşa *şiddetli* bir çekim duyuyor ya da ondan etkileniyorsanız, bunun nedeni, ikinizin de *gerçekten* tıkanmaları temizlemek ve benzerlikleri doğrulamak istediğinizdendir. İyi niteliklerimiz ve hedeflerimiz ile uyum halinde olanların "benzer benzeri çeker" amacına uygun düştüğünü düşünürüz. Bastırılmış negatif titreşimlerimizle frekans eşi olanlar ya da bizim içinde sıkışıp kaldığımız kutuplaşmanın diğer yarısı gibi görünen kişiler hakkında ise "zıtlar birbirini çeker" diye düşünürüz. Adrenalinin sebep olduğu, romantizmin ilk aşamalarındaki güçlü seksüel "hayvani çekim" durumunda sıklıkla eşler birbirini korkutur çünkü bilinç altında karşısındakini geçmişte incitmiş birini temsil ediyorlardır.

Önceleri hiperaktif birinin kaya kadar sakin birini çekmesi ve bir bütünün iki ayrı kutbu rolünü yerine getirerek birbirlerini dengelediği durumlar da olurdu. Bugün ilişkilerimizi dönüştürebilmek için, hepimiz içsel dengeye sahip, hem aktif hem de sakin olabilmeliyiz. Şimdilerde, eğer sevgilinizin dinamizminden dolayı çekiliyorsanız, büyük ihtimalle kendinizi açmaya hazırsınızdır. Bir liderin sosyal haklarından mahrum insanlara gösterdiği cömertlik sizi harekete geçiriyorsa, geçmişinizde sizi etkileyen bir yarayı iyileştiriyor olabilirsiniz. İstismar ilişkilerinde, hem istismar eden hem de edilen kurbandır ve baskın olandır. Ruhları durumu bilinçli hale getirmek için dramatize eder, böylece bu sorunu çözebilir ve yeniden kalplerini açabilirler.

Şunu Deneyin!

İstediğiniz Kişilere Kendinizi Hazırlayın

1. Daha yüksek titreşimli birini bulmayı ya da yeni hayat eşinize, yeni iş ortağınıza, daha fazla müşteriye hazır olduğunuzu düşünüyorsanız, bu ruhunuzun, büyümenizin yeni bir fazını yönetmeye başladığının işaretidir. Bu zihninizi meşgul ediyorsa, gerçekleşmenin ilk aşamasındadır. Gerçekleştirmek için bir şeyler yapmak zorunda değilsiniz, sadece rahatlayın ve oluşmasına izin verin.
2. Oluşması muhtemel bu ilişkideki nitelikleri derinden hissedin. Enerji nasıl akıyor? Ortak duyarlılığınız nasıl çalışıyor? İletişim süreciniz ne kadar dürüst ve kolay? Bu iki vücut beraber ne kadar mutlu? *Elle tutulur* bir şekilde ve niteleyici detaylarla hayal edin. His tonunuz ya da ilişkinin titreşiminin sizin yeni titreşim seviyeniz olacağı konusunda açık olun. Bu, güncel kişisel alanınızın belirleyici frekansı olarak saptadığınız titreşim olacak. Söz konusu kişi ya da kişiler kim olursa olsun, bu frekansla örtüşecek ve bunun onların yeni gerçekliği olmasına hazır olacaklar. Rahatlayın ve onları ortaya çıkmaya davet edin. Gerçekleştiğini bilin. Mutlu bir şekilde bekleyin.
3. Şimdi yeni titreşim seviyenizin frekansını aktif olarak yayın. Üzerinizde bir deniz feneri olduğunu ve ışığının durmaksızın,

gece gündüz, dört bir yana yayıldığını hayal edebilirsiniz. Bu görü, insanların sizi bulacağından emin olmanızı sağlamak ve bir kez harekete geçirdiğinizde sürekli ışımaya ve enerjiyi salmaya, titreşiminizi sürekli kılmaya yardımcı olmak için aklınızda kalacak.

İlişkileriniz Korkuya Yansıdığında...

Bilinçaltı korkularınız alanınıza yansıyabilir ve korku temelli insanların, içsel frekansınızın maddeleştirebileceği sevgi dolu ruh eşleri ve ruh arkadaşları kadar kolaylıkla ortaya çıkmasına sebep olabilir. İnsanlar yanlış algıları ve sağlıksız duygu alışkanlıklarını paylaştıkça, aynı sorunda sıkışmış kimseler ile iletişim kurarak yöntemlerindeki hatanın üstesinden gelmeyi denerler. Hayatınızda sorunlu insanlar olması yüzünden cezalandırılmıyor, kendinizi seri bir şekilde dönüştürme fırsatını yakalıyorsunuz.

İlişkilerin uyumsuz hale gelmesinin birçok şekli vardır; korku dolu egolar etkileşimi bozar, acı üretir ve çiftin arasını açar. Eğer her ikisi de tek başlarına kaldıklarında geriliyorlarsa, bu örüntü bir araya geldiklerinde somut bir hal alır. Sonrasında her iki insanın birbirine direnmesi, birbirlerine görmek istemedikleri şeyleri yansıtmaları sıradanlaşır ve suçlamalara, cezalara ve reddedilmeye sebebiyet verir. Eğer sorunlu bir ilişki içindeyseniz, aşağıdakilerden herhangi biri buna neden oluyor olabilir.

1. İki taraf da bilinçaltında çocukluklarında saptadıkları, ebeveynlerinin birbirlerine ve kendilerine davrandıkları türden sözel olmayan şekillere tutunuyor, bu duygusal örüntüleri kendi hayatlarındaki tüm ilişkilere model alıyor olabilir. Şu anda neler olduğunu fark etmeksizin otomatik davranışlar sergiliyorsunuz. Ruhunuz size benzer sorunlu altyapıya sahip, kurban ya da yöneten rolünü oynayabilecek insanları getiriyor. Annenizin babasıyla arası açıktı bu yüzden babanızın bir tanesi oldunuz. Şimdi kolaylıkla erkekleri başka kadınların elinden alabiliyorsunuz, ya da onlar sizin elinizden alıyor. Ya da anneniz, babanız onun yanında olmadığı için ilgiye açtı. Şimdi bir kadına bağlanamıyorsunuz ve eğer bağlanırsanız onlar sizi yönetiyor ya da size bağlanamıyor. Ya da siz küçükken anne ya da babanız öldü veya sizi terk etti. Siz de şimdi ne zaman ilişki içinde olduğunuz kişinin kendi alanına ihtiyaç duyduğunu sezerseniz, ona sinirleniyor ve onu terk ediyorsunuz, ya da o sizi terk ediyor.

2. İki taraf da ruh halleri ile çatışan zihinsel ya da duygusal bir konuma takılmış olabilir. Ruhunuz fikirlerinizi daha net görebilmenize yardımcı olması için, bir şekilde görüşlerinizi kopyalayan ya da onlara meydan okuyan kişileri karşınıza çıkartır. Kendinizi bilimde iyice geliştirip dünyanızda olup biten her şeyi açıklamak için bilimi kullanırken, bilimin sınırlı olduğunu, artistik ve her şeyi oluruna bırakan bir kişi olmanın en iyisi olduğunu düşünen biri ile tanışabilirsiniz. Ya da evinizi ve bahçenizi dünyanın karmaşasından bağımsız bir sığınağa dönüştürdünüz. Fakat yan komşunuz sürekli gürültü yapıyor verandasında sürekli sigara içiyor ve döküntü arabasını sizin evinizin önüne park ediyor olabilir. Ya da küçükken neredeyse boğulduğunuz bir tekne kazası geçirdinizse, ruhunuz size deniz kıyısını, yelkenlileri ve yüzmeyi seven bir hayat arkadaşı getirmiş olabilir.

3. Birinizin ya da iki tarafın birden *karma*'sı -geçmişten gelen yarım kalmış bir işi- olabilir. Uzak geçmişte, şimdi değişiklikler yapıp anlamaya çalıştığınız bir şey yaptınız. Önceden kalbinizi kapattığınız bir duruma cömertçe yaklaşmanızı gerektirecek bir durum yaşamanızı sağlayan bir ilişki buldunuz. Ya da başka insanların geçmişindeki kötülüklerinden dolayı şimdi size iyilikler yapmasına izin veriyorsunuz. Başka bir yaşamında, ya da mevcut yaşamının önceki dönemlerinde, patronunuzdan çaldınız ve şimdi babanız size mirasından pay vermiyor. Başka bir zamanda, hayat eşinizi ve çocuklarınızı tek başına bırakıp genç yaşta öldünüz, şimdi ise anlaşması zor eşinizi terk etmek yerine, kalıp onunla ve onun problemli üvey evladı ile 'aklı başında' bir insanın dayanacağından uzun bir süredir uğraşıyorsunuz.

Karmaya dayalı ilişkiler başlarda otomatik ve hipnotik olabilir, sonraları ise bir tüneldeymişsiniz ve öbür uca ulaşana kadar çıkamayacakmışsınız hissi verir. Bir şeyi seçtiniz, yapmak istediniz, ama o kadar da eğlenceli değil. Bittiğinde kendinizi sarsıyor ve "Bana neler oldu?" diyorsunuz.

İki kişiliğin karşılaşması, iki kimyasalın teması gibidir.
Bir reaksiyon oluşuyorsa, ikisi birden dönüşmüştür.

CARL JUNG

İlişkileriniz Değişip Bittiğinde...

İki benzer şekilde titreşen kişisel alan birleşip bir ilişki yarattığı gibi, ilişkiler değişir ve birinin kişisel alanındaki titreşimi değiştiğinde de sıklıkla biter. Eğer alanınızın titreşimi, bir ruhsal çöküntü durumunun sonrasında olabileceği gibi değişirse, benzer bir çöküş yaşamamış bazı belirli kişiler artık alanınızda barınamaz ve büyük ihtimalle yok olurlar. "Çok sıkıcılar" ya da "Bir sebepten artık beni sevmiyorlar" gibi yorumlarla bu durumu söze dökeriz. Arkadaşlıklar biter ve bambaşka bir yerden yenileri doğar. Karmasal bir dönem bittiğinde, bir kişinin kişisel alanının titreşimi, ilişkinin formundaki ani değişimi yoğunlaştırarak, anında değişir.

Annem ve babam iletişim problemleri ve kutuplaşmalarla dolu bir evliliği sürdürdüler. İkisi de mutlu değildi ama sadece yan yana yaşayarak bunu telafi etmeye izin verecek nitelikte bir karmaya sahiplerdi. Her zaman babamın anneme sadık kalması gerektiğini ve ona büyük bir özgürlük tanıması, annemin de buna izin vermesi, onu affetmesi ve ona karşı cömert olması gerektiğini hissetmişimdir. Evlilikleri sürekli gerilimle dolu olmasına rağmen, iyi bir iş çıkarttıklarını düşünüyordum. Ve kırk dokuzuncu yıllarında, annem yetmiş iki yaşındayken birden ayrılmak istedi. Merak ediyordum: Kırk dokuz yıl sonra, neden şimdi?!!! Ama işimde bunu sıklıkla görüyordum. Eğer ruh bitmişse, bitmiştir. Geçen zamanın muhasebesini yapmanın anlamı yoktur; belki de bu ruha önemsiz geliyordur. Görünmez bir işarete ulaşılmış ve çiftlerden biri uyumdan, eski titreşim modeline dönüş yaşamıştır. Bu noktada, gerçeklik iki insan için de seri bir şekilde değişir. Genellikle yön değiştiren kişi kaderine daha hızlı varmasını sağlayacak bir sürece girer. İroni diğer kişinin de bu seçime uyum sağlayacağını anlayamayıp kendini kurban gibi hissetmesidir.

Ravi yıllarca eşiyle aynı işte çalıştıktan sonra, ruhsal bir yol izlemeye başladı. Hindistan'da bir guru ile çalıştı, metafizik ve yeni fizik üzerine kitaplar okudu ve öncü fikirler üreten düşüncenin hayranı oldu. Karısı, değerleri ailesine, maddesel güvenliğine ve Hint kültürüne adanmış bir şekilde geleneklerine bağlı kaldı. Bunlara saygı duymakla beraber, Ravi yeni bir kişilik edinmek için ilerlemeye ihtiyaç duyuyordu. İçten içe, "Eğer eşim bunların birazıyla ilgilense, onunla daha çok ortak nokta bulabilirdim" diye inliyordu. Ancak karısı onun bu ruhsal odağının aptalca olduğunu düşünüyordu. Kültürel programlanması onu bir rolde tutarken, içsel frekansı başka bir yöne sürüklüyor, onu yeni biri yapıyordu. Bir noktada, bu içsel karmaşayı daha fazla kaldıramadı ve ailesindeki herkesi kızdırarak boşanma işlemlerini başlatarak kendine çirkin bir itibar edindi. Evrimi için ödediği bedel korkunçtu ama bu değişikliği yapmasaydı öleceğini açıkça görmüştü. Hepimiz evrimleşiyoruz ve bu işaret noktalarının fark edilmesi, ister kişisel olsun ister profesyonel, her ilişkinin evrimleşeceği mi yoksa durağan mı kalacağını belirleyen en başlıca faktör oluyor.

Ne zaman bir kişinin dalgası, ilişkide olduğu kişinin dalgasıyla eşzamanlı olmaktan çıkıp daha yüksek bir frekansa ilerlerse, bu anında hissedilir. Eğer ilişki göreceli olarak bilinçsizceyse, geride bırakılan insan kızabilir, suçlayabilir ve eşini eski, rahat haline dönmeye zorla ikna ve kontrol etmeye çalışabilir ya da maddi zarar verebilir. Eğer eşler ev frekansılarında kalmayı denemeyi alışkanlık haline getirirse, beraberce evrimleşme şansları daha yüksektir. Anlaşmazlık üzerine konuşarak o anlaşmazlığı bilinçlilik haline getirebilirler. "Bir şeyler farklı, aramızda bir şeyler değişti. Bu nedir? Aramızdaki özgün anlaşmamızın şartları – amaç ve hedeflerimiz- yön mü değiştiriyor? Şimdi ne istiyorsun? Ben şimdi ne istiyorum? Daha yüksek titreşime sahip yeni bir alan yaratabilir miyiz? Yeniden görüşüp, ilişkimizin yeni titreşimimize, bu yeni form her ne ise, uyum sağlayıp vücut bulmasına izin verebilir miyiz?"

Eğer bir evlilik, arkadaşlık, aile, ya da iş ilişkisi akışkan, açık yürekli ve dürüst olabilseydi, yeni şekle uyum sağlaması daha huzurlu olabilir. Eğer ruhların amaçları mevcut düzenden farklılaşırsa, ilişki dağılıp, uygun olan şekil her ne ise ona, örneğin evlilikten arkadaşlığa, dönüşebilir. Ya da insanlar minnettarlıkla, tamamen farklı gerçekliklere ayrılabilir. İki ruh da ilişkinin biçimine karar verme aşamasına dâhil olduğundan, aslında ilişki bitişlerinin yıkım ve öfke içermesine hiç gerek yoktur.

Yalnız Kalmaya Direndiğinizde...

Eğer reddedildiyseniz, ya da bir ilişkiden ayrılmayı seçtiyseniz, kendinizi tek başınıza kaladığınız bir zamanın içinde bulursunuz. Aynı dönüşüm aşamanızın başındaki gibi, akışına bırakmanız, sessiz olmanız ve kendi içsel frekansınızın toparlanmasına, size yeni fikirler, motivasyonlar, bağlantılar getirmesine izin vermeniz gereken dönemde olduğu gibi. Lacey, tüm ihtiyaçlarını gideren erkeklerle ilişkide olmaya alışık, büyüleyici ve sofistike bir kadındır. Bir ilişkiyi kaybettiğinde, başka bir erkek bulmakta hiç sorun yaşamayan birisi. Fakat frekansı yükseldikçe, bu davranışı artık işine yaramaz oldu. Uygun bir erkek bulamıyordu. Aslında, ruhu ona altta yatan ve temizlenmesi gereken duygusal engelin modelini sunuyordu. Böylece eskiden erkeklere işlerini gördürmeye yönelttiği müthiş yaratıcılığını özgürce ifade edebilirdi. Yalnız kalmak zorunda oluşuna küfretti işkence ediliyormuş gibi hissetti. Yeni bir ilişki bulma saplantısı içindeydi. Ama bir kadın grubuna dahil olarak meditasyon yapmayı öğrendi. Yakınlardaki bir birlik kilisesinin toplantılarına katılmaya başladı. Adım adım sakinleşti ve sadece var olmaya izin verdi. Saplantısını, sevdiğini fark ettiği resim dersleri alacak ve yeni bir yeteneğini ortaya çıkartacak kadar uzun bir süre boyunca unuttu. Kısa süre sonra da kilise sayesinde, kendi dengi olan bambaşka tipte bir eş ile tanışınca, ruhunun ifade kazandı.

Yalnız olmak bir ilişkiniz yok demek değildir. Öncelikle, her zaman kendinizlesiniz. İkincisi, ruhunuz size ihtiyaç duyduğunuz şeyleri verir- bu ilişki yalnız zaman geçirmek de olabilir. Bir ilişkiniz olduğunda, göreviniz karşınızdaki kişinin ruhuyla ilişki kurmaktır. Yalnız geçirdiğiniz süreçlerde de, kendi ruhunuzla ve her varlıktaki yücelikle ilişki kurarsınız. Bir yiyecek ya da televizyonla bir ilişki deneyimleyebilir, ya da hayal gücünüze giderek, ışık bedeniniz ile, fiziksel bedeninizi ile ya da fiziksel olamayan varlıklarla ilişki kurabilirsiniz. Henüz tanımadığınız ve geride kalarak size o an ihtiyaç duyduğunuz alanı sunan kişileri sevebilirsiniz.

Tanrı'yı gördüğüm göz, Tanrı'nın beni gördüğü göz ile aynıdır.

MEISTER ECKHART

Yalnız geçireceğiniz süreç fazında "ilişki kurmak" başlangıçta soyut gelebilir ama farkındalık uygulayarak ve ışıktan, sevgiden ve cömertlikten her yerde haz alarak, kendinizi yeniler ve güçlendirirsiniz; bu biçimsel fazı ileride fiziksel ilişkinin yenilenip yeniden karşınıza çıkması izler. Öyleyse yalnız kaldığınızda, vücudunuzu, dünyayı, objeleri ve havayı hissedin ve her yerde evfrekansınızı bulun. Onunla uyum içine girin, ideal ebeveynle, görünmeyen sevgili ile, görünmez en iyi arkadaşınızla bir sevgi ilişkisi yaratın. Gerçek şu ki, yankılamadan ayrılmak ya da onu durdurmak mümkün değildir. Sizinle aynı şekilde titreşen varlıklarla ortak bir alana aitsiniz. En değerli ilişkiniz, en nihayetinde, ev frekansınızla ve kendinizin bir sonraki seviyesi iledir.

İlişkilerin de Ev Frekansları Vardır

İlişkiler, katılımcıların güçlendirici bir parçası ve, özellik ve titreşimlerini görmelerini sağlayan bir büyüteç olduğundan, iki insan aynı anda kendi ev frekansında kaldıkça, ilişkinin alanı sevme kapasitesinin normal olduğunu düşündüğümüz miktarının ötesine ulaşır. Unutmayın ki, ev frekansınız açık yüreklilik-tir. Hissetmeyi sevdiğiniz şekli hissetmek, sevmeyi sevdiğiniz şekli sevmektir. İlişkideki her eş ev frekansında olduğunda, kşilik farkları, stil, görüşler sorun olmaz, birbirinizi anlamayı ve bundan hoşlanmayı istersiniz ve gülmeye her zaman hazırsınızdır. Örneğin kendini gülmeye kaptırmış, yürüme çağındaki bir çocuğa sinirlenmek çok zordur. Sebebi de bunun çocuğun saf ve keyifli ev frekansından gelmesidir. O kadar güçlüdür ki tek yapabileceğiniz ona katılmaktır. Ev frekanslarının hepsi paylaşıldığında bunun gibi sonuçlar doğurur. Çünkü herkesin ev frekansı sevginin farklı versiyonudur, bir akkordaki notalar gibi uyumludur.

Görünmeyen bağlardan yapılmış bir kumaşla, hepimiz birbirimizle bağlıyız. Bu kumaş sürekli değişiyor ve evrimleşiyor. Bu alan doğrudan davranışlarımız ve anlayışımızla tasarlanıp inşa ediliyor.

DAVID BOHM

Her ilişki alanının dâhil olan insanların kalplerinin ya da ev frekanslarının birleşmesinden doğan bir ev frekansı vardır. İlişki alanınız ev frekansında yankılanmaya başladığında, siz ve eşiniz nadiren uyumsuzluk yaşarsınız ve sevginiz düzenli olarak büyür. Bir ilişkinin ev frekansı, merhametli hissedebileceğiniz, neden birlikte olduğunuzun tanımını yapabildiğiniz daha yüksek bir farkındalık sağlayan ve güvende hissedebileceğiniz ortak bir açık yüreklilik durumudur. İkinizin de sıcak kalpli, otantik ve doğal olduğunuzda nasıl hissettiğinizi düşünün. Etkileşim nasıl gözler önüne seriliyor? İkinizin de kalpleri açık olduğunda, ikiniz de, olabileceğinizin en iyisi olma yolunda diğerinizi desteklemekten başka bir şey istemezsiniz. Bir ilişkinin ev frekansında olduğunuzda, frekans uyumu sürecini açıkça görürsünüz. Spesifik konu ve özellikleriniz nasıl bir aradayken ortaya çıktığını hisseder, iyileşme ve arınma sürecinin altında yatan dinamikleri anlar ve birbirinizin kader tanımını nasıl tamamladığınızı görürsünüz. Aranızda oluşan bu empati, birbirinizin aklından geçeni okumanızı ve gelecek olay ve kararları sezmenizi, daha telepatik ve önsezili olmanızı sağlar.

Yüzeye çıkan bazı konular sizinle eşinizin uyumsuz olduğunu, birbirinize şefkat gösteremeyeceğinizi hissettirebilir. Fakat karşınızdaki kişinin ruh titreşimine baktığınızda ve ilişkinin sizin ev frekansınızdayken hissettiği şekle değer verdiğinizde, kalbiniz açılır, uyumsuzluk kavramı çöker. Karşınızdaki kişi geçici olarak ev frekansında kalmayı unuttuğunda, siz orada kalmayı başarırsanız, olumsuzluktan sıyrılmak çok kolaylaşır. Korku zaman içinde paylaşılan ilişki alanından sürüldükçe, ilişki haz, yaratıcılık ve sadece beraber olmaktan ibaret bir ruh deneyimi olmaya başlar.

Romantik, öncelikli ilişkilerde, eşlerin korku temelli hareketlerden kurtulmalarında ve ev frekanslarına dönmelerinde, cinsellik önemli bir rol oynayabilir. Cinsellik, önemli açık yüreklilik, güven, takdir ve oyuncu bir farkındalığın yeniden değerlendirildiği, dünyanın yüzeysel sorunlarının bir kenara konduğu kutsal bir alan olarak hizmet edebilir. Bir çoğumuz arınma, dengeleme ve dönüşüm işlerinin hepsini sadece hayal gücümüzde yapamayız –fiziksel bir temele oturtmak için doymuş bir ruh deneyimine ihtiyaç duyarız. Cinsellik bu tecrübeyi edinebileceğiniz yöntemlerden biridir. Buna ek olarak, eşlerin içindeki iyi -kötü ilişkisini dengeleyebilir ve cinselliğin daha saf tanımları ile eşinizle sizi sevginin ve sevilmenin daha yüksek boyutlarına bağlayabilir. Eğer sağlıksız hissetme alışkanlıklarınız cinsel yaşamınızı etkiliyorsa, bu alışkanlıkları temizlemek özellikle önemlidir. Kendi meditasyonunuzda ve özel yaratım zamanınızda olduğu kadar, bir başka insanla da, emniyetli ve güvenilir bir sığınağınız olmalıdır.

İlişkinizdeki ev frekansınız büyüdükçe, içsel doğrularınıza ve gizli kalmış yeteneklerinize o kadar çabuk ulaşırsınız. Ev frekanslı bir ilişki, en iyi ürünlerinizi yansıtma niyetlerinizi birleştirir ve ikiniz içinde daha geniş bir bilgi temeline oturmuş, daha yüksek kalitede deneyimler maddeleştiren aşırı doymuş bir alan haline gelir. Böylece ilişkiniz gerçekten uyanmış bir hayata giden bir yola dönüşür.

Ev Frekanslı İlişkilerin Özellikleri

Ev frekanslı ilişkilerde, insanlar:

- Birbirlerine zaman ayıran ve karşısındakiyle aynı oranda ilerleyen;
- Açıkça sevecen, düşünceli, ileriyi de düşünen ve takdir eden;
- Dürüst ve güvenilir;
- İyi niyetli hareketlerde karşılıklı, karşısındakinin ihtiyaçlarına adapte olabilen ve gerektiğinde lider ve destekçi bir role bürünebilen;
- Birbirleri için en iyisini isteyen, birbirlerinin ruhlarının ve kaderlerinin ifadesine destek olan;
- Suçlama, kıskançlık, gizlilik ve kurbanlık düşüncesi gibi sağlıksız duygu ve his alışkanlıklarını yok eden;
- Kalplerini açık tutmaya adamış ve korkuya yenik düştüklerinde açık yürekliliği yeniden geri getirebilen;
- İçlerinden biri bir sorunla çıkageldiğinde aslında ikisinin de aynı sorunla mücadele ettiğini bilen;
- Karşısındakini neyin korkuttuğu, mutlu ve motive ettiği hakkında iletişim kuran;
- Her an paylaşım ve katılımcıların rahat olduğu alanlarını genişleten deneyimler sayesinde doğal evrimi ve büyümeyi arayan;
- Alan, samimiyet ve sosyal ilişki ihtiyacının akışı ve çekilmesini onurlandıran;

kişilerdir.

Ev Frekansınızda Almak ve Vermek

Ev frekansınıza odaklandığınızda, almak ve vermek neredeyse heyecanlı ve büyülü bir niteliktir. Artık almak veya vermek zorunda hissetmezsiniz; onun için almak için vermek, almak için memnun etmek, ya da neyi nasıl aldığınızı kontrol etmenin önemi kalmamıştır. Kendinizi cömertçe, iki kere düşünmeden verirken ve istediğinizi ya da ihtiyaç duyduğunuzu bile bilmediğiniz şeyleri kabul ederken bulursunuz. Eşiniz için bir şey yaptığınızda, bunun tam da onun ihtiyacı olan bir şey olduğunu görürsünüz. Kendilerine hoş hissettiren şeyleri verirler ve siz bunun bulmacanın bir sonraki parçası olduğunu görürsünüz. İlişkinizin ev frekansından alışveriş yaptıkça, paylaştığınız alan, kafanıza fikirler, vücudunuza da dürtüler sokarak, bilinmesi ve yapılması gereken şeyleri düzenler.

Alış ve veriş tek bir aktivite döngüsünün kutuplarıdır. Hem almak hem de vermek, alandan, her ikinizin de fark edip tecrübe edebileceği bir şeyleri hızlandırır. Her iki rol de –alıcı ve verici- kendini keşfetmeyi sağlar ve eşlerin kendilerini gelişmiş hissetmelerine olanak tanır. (Ben + hediye = yeni bir ben). Bir yılbaşında, hediye paketlerini açarken, babamın bana hediye ettiği nakit parayı kaybettiğimi hatırlıyorum. Çılgınca bir arayıştan sonra, babama olanları anlattım ama sanki para kaybolmamış, onu harcamış, ondan kâr sağlamış ve para kaybolmamış gibi davranacağımı söylemiştim. “Bu yüzden lütfen üzülme” dedim. Neredeyse gözyaşı dökerek, öylece kalakalmıştı. Tabii ki bir saat kadar sonra, tüm bu dert geçip gittikten sonra parayı bulmuştum. Fakat bu dram yüzünden ikimiz de değişmiştik. Birbirimize olan takdirimiz artmış ve hem alıcı hem verici olmanın gücü hakkındaki anlayışımız açıklık kazanmıştı. Daha farkına bile varamadan, ondan kabul ettiğim şey ona bir hediye olmuştu.

Dönüşmüş algımızda, her şey yakından birbirine bağlı olduğu için, hiç bir şeyi boş yere vermez ve vermekle bir şey kaybetmezsiniz. Verici, hediye ve alıcının tümü sizin bir başka görünüşünüzdür, sizin alanınızda var olur. Bilinçli olarak vererek ya da alarak, ikinize de *hediyenin sunduğu deneyimi* harekete geçirirsiniz. Aslında ikinizin de hediyenin sunduğu deneyimi yaşadığınızı fark ettiğinizde, sadece artış vardır.

Bireyler bir kere birbirine bağlandıklarında başka bir şey olurlar... İlişkiler bizi değiştirir, ilham verir ve bizde bir şeyler uyandırır. Ancak başkalarıyla birlikte olduğumuzda yeteneklerimiz görünür olur, kendimize bile.

MARGERET WHEATLEY VE MYRON KELLNER-ROGERS

Bir İlişkinin Ev Frekansı Onun Amacını Belli Eder

İlişkinin ev frekansına odaklandığınızda, bu ilişki çok az tanıdığınız biriyle alakalı olsa da, neden yollarınızın kesiştiği ya da birlikte olduğunuz hakkında sezgiler bulmakta kullanacağınız bir bilgi temeli rolü oynar. Bu sakin, doğal, sevgi dolu bakış açısından, ikiniz için de geçerli temalar ararsınız. Bundan sonra, içinde bulunduğunuz bu ortak alan, aranızdaki öğrenme ve arınma sürecinin nasıl açığa çıkacağı hakkında sezgiler üreterek sizi eğitecektir.

Dünyanızda bulunan kişileri –medyada ve kitaplarda fark ettiğiniz aktör ve karakterlere kadar- bir kez daha gözden geçirelim. Temsil ettikleri temalar, her iki tarafın da dikkatini vermesi gereken şeyler hakkında bize ipuçları sunacaktır. Unutmayın, bir çifti oluşturanlardan birisi bir şey fark ediyorsa, bu ikisi ile de ilgilidir. Arkadaşlarınız çok fazla para kazanmaya ya da iflastan kurtulmaya mı çalışıyor? Hepiniz korkunun bir etmen olmadığı bir yöntemle mükemmelliğe ulaşmaya hazır olabilirsiniz. Ortağınız sıkılgan ve hayatındaki pozisyonundan memnun değil mi? İkiniz de kendinizi ifade etmenin bir başka seviyesine geçebileceğiniz bir kırılma anına hazır olabilirsiniz. Çok fazla Jane Austen kitabı mı okuyorsunuz? Belki siz ve eşiniz daha fazla romantizme, kıvılcıma ya da daha basit bir yaşama ihtiyaç duyuyorsunuzdur. Belki bazı yüksek kaliteli hayatlar yaşayan, hayatları dengeli üretken ve dünyada fark yaratan insanlardan etkilendiniz. Büyük ihtimalle bu kaliteyi hayatınıza entegre edip hayatınızda ve ilişkilerinizde daha geniş bir faza geçmeye hazırsınız.

Peki ya iğrenç karakter özelliklerini açığa vuran birisiyle bir ilişkideyseniz? Bu korkunç şey sizde de mi var? Böyle aldatıcı bir durumdaki amacı bulmak için, altında yatan duygusal ve duyusal alışkanlıkları bırakmalısınız. Hoşlanmadığınız davranış belki de karşınızdaki insanın henüz ulaşamadığınız, reddedilme ve ya üstesinden gelemediği bir korku gibi, bir sorunuyla baş etme yöntemidir. Paralelinde, belki de sizin de farklı bir tarzla üstesinden geldiğiniz benzer bir sorununuz olabilir. Örneğin, aile içinde cinsel tacize maruz kalmış iki insandan biri kendi cinsel yaşamında agresifleşirken, diğeri aşırı resmi ya da yumuşak başlı olabilir. Bu iki kişi, birbirleriyle karşılaşıp etkileşime girdiklerinde, bu ilişki çılgınca görünebilir ve birbirlerini ilişkiyi zora sokacak şekilde davranmakla suçlayabilirler. İlişkinin ev frekansına odaklandıklarında, bastırılmış hatıralarını ve ortak savunmasızlıklarını fark edebilirler. Sonrasında, nasıl birbirine zıt rolleri oynadıklarını ve nasıl birbirlerinin yerinde olabilecekleri hakkında anlayış ve kavrayış gelecektir. Bu farkındalığı da Şifa bulma izleyebilir.

Kendinizi İyileştirerek Başkalarını da İyileştirirsiniz

Hem gelip geçici hem de samimi ilişkiler, sizin nasıl geliştiğiniz ve iyileştiğinizle ilgili bilgi içerir ve bu bilgiler size iş hayatınıza ve çevrenizdekilere nasıl yardımcı olacağınızı öğretir. İçinizde kendiniz gibi gördüğünüz ne kadar fazla insana yer varsa, o kadar telepati ve empati yapma yeteneğine sahipsiniz demektir. Empati yeteneğiniz arttıkça, başka insanların acılarının nedenlerini daha kolay tespit etmeye başlarsınız. Eğer farkında olmadan onlara dâhil olmuşsanız, onların acısını kendi acınız gibi hissetmeye başlar ve *onları* düzeltip iyileştirerek bu acıdan kurtulmaya çalışırsınız. Aslında *hissettiğiniz zaten kendi acınızdır.* Her ne kadar doktorlar, bedendeki organları iyileştirmeye çalışsa da, bedensel acı ve hastalıkları ortaya çıkaran ruhsal ve duygusal yaraları da toplu olarak iyileştirmek, her insanın kendi içindeki laboratuarında, kendi hayatı ve bedeni üzerinde çalışarak tamamlayabileceği bir süreçtir. "Doktor, kendini iyileştir."

Ailesini genç yaşta bir otomobil kazasında kaybeden Sam'in terk edilmiş kadınları kurtarmaya karşı zaafı vardı. Kendi terk edilmişliğini, güvenli mesafeden bu kadınların üzerinde görmek için kendine izin verebiliyor ancak düşününce ıstırap duyduğu kendi kaybını hissetmemeye çalışıyordu. Bilinçsiz mantığı, kadınları iyileştirerek, kendi acısının çözülüp gideceği şeklinde idi. İronik olarak kadınlar kendilerini değiştirmeye çalışarak onlara haksızlık yaptığını düşündüklerinden ondan uzaklaşıyorlardı. Sonra onu terk edip yarasına tuz basmış oluyorlardı. Kendi yaranızı başkasında iyileştirmek işe yaramaz. Ve başkasının yarasını onun adına iyileştirmek de işe yaramaz. İyileştirme "gerçekleşmez" çünkü başka birinin deneyimini sahiplenmek gibi bir seçenek söz konusu değildir.

Karşılıklı olarak farkındalık ve enerjiyle ilgili alanları işgal ettiğimizden, kendi üzerinizde gerçekleştirdiğiniz ve etrafınıza gitgide yükselen bir titreşimle yaydığınız her şifa bulma, aynı oranda eşinizin –ve alanınızdaki sizin için önemli olan herhangi başka birinin- yaralarını da iyileştirecektir. Örneğin, kendi terk edilmişliğinizden duyduğunuz acıyı iyileştirdiğiniz zaman, bu acınızı başkasının acısıyla eşleştirmenize gerek kalmayacaktır. Eşiniz de artık daha kolay bir şekilde kendi acısını silebilecektir. Kişisel titreşiminiz, beden bedene iletişimde bir katalizördür. *İyileşme ruhlar ve bedenler arasındaki, gerçekten baskılanmamış telepatik bir iletişimdir.* Bunu, sanki sağlıklı birinin vücudunun, sağlıksız birine titreşim göndererek "Bak burada uyumlu bir sistem var. Sana sevgi dolu bir tını yolluyorum ve sen de bundan kendine ne istiyorsan kendi versiyonunu yaratabilirsin" demesi olarak düşünebilirsiniz. Kendi iyileşmiş yaranızı onlara deneyimlemeleri için sunarsınız; eğer onlar da hazırsa, iki vücut artık iyileşmenin nasıl gerçekleştiği ve sonrasında nasıl hissedildiği konusunda ince bir pazarlığa oturur. Eşiniz ya iyileşmek için şükran dolu bir adım atacaktır ya da olayı kendi haline bırakıp kendi acısıyla eşleştirebileceği başka bir acıya sahip birini bulmak isteyecektir. Bu, elbette ona kalmış bir şey. İyileşmek ya da yaralı kalmak kişisel bir seçim.

Sadece sevilmekten değil de
sevildiğimin söylenmesinden de hoşlanırım;
mezarın ötesindeki sessizlik alemi yeterince geniş.

GEORGE ELIOT

İnsanları Bilinçli Duyarlılıkla "Okuyabilirsiniz"

Yeni biriyle tanıştığınızda, ilk izlenimleri net bir şekilde alabiliyor musunuz? Belki de insanların hassas noktalarını sandığınızdan daha fazla yakaladığınızı fark edeceksiniz. Biriyle ilk karşılaşmanızda, telefonda ya da e-posta aracılığıyla bile olsa güvenilir barometreniz olan vücudunuz, onların kişisel titreşimlerinin tınısına göre genişler ya da büzülür. Belki onların duygusal durumları ile frekanslarınız aniden eşleşebilir. Eğer kendinizi mutlu, yetkili ya da tamamen kabul edilmiş hissederseniz, bu muhtemelen karşınızdakinin eğlenceli, yetkiyi dağıtan ve yargılamayan bir kişiliğe sahip olduğu anlamına gelir. Belki sevimli bir enerjinin kocaman bir şapırtıyla etrafınızı kapladığını hissedebilir, arkadaşınızın cazibesine kapıldığınızı görürsünüz. Eğer büzülmüş veya üşür gibiyseniz, belki de aniden o insanın gerginliğini hissetmişsinizdir, karşınızdaki çekingen ya da endişeli veya güvenilmez ve bir sır saklıyor olabilir, hatta belki de kendini baskı altında hissettiği için etrafındaki detayları inceliyordur.

Tıpkı insan ve hayvanların kendilerine bakıldığını fark ettikleri gibi, vücudunuz minik baskı değişimlerini bile yakalar ve minik enerjileri hissedebilir. Size set çeken bir dalgayı, rahatsız edici bir dalgayı, tehlike saçan büyük bir dalgayı ya da yaklaşan bir kutuplaşmayı ve karşıt enerjilerin patlayacağı hissini sezebilirsiniz. Ayrıca uyumlu insanların eşit, sabit, ahenk içindeki dalgalarını da hissedersiniz. Güvenilir insanlar genellikle "gerçek" ve uyumlu hisler yayarlar. Onların varlığını daha gerçekçi bir şekilde hissedersiniz. Gerçeği işittiğinizde, kişisel titreşiminiz sanki bir çan çalıyormuşçasına uyumlu bir ses dalgasını andırır.

Biri yalan söylediğinde, kişisel titreşiminiz düzensiz bir biçimde akar ya da kısa bir iç çekiş süresi kadar durur. Vücudunuz uyumsuz giden bir şeyler olduğunu fark eder ve içinizi biraz korku kaplar. Kendisiyle çelişen biriyle karşılaştığınızda hissettiğinize benzer bir hisse kapılabilirsiniz, karşınızdaki belki de size bir şey söylerken aklından başka bir şey geçiriyor olabilir ve bu yüzden yaydığı titreşim hâlâ yumuşaktır ve herhangi bir tehlike uyandırmıyordur. İçin için bir şeyler seziyor olmanıza rağmen başınızı sallayıp dikkatle dinlersiniz. Birkaç hoş satırı anlayabilirsiniz. Ancak hızlandırılmış enerji ve adrenalinle (korku) sağlıklı bir coşkunu arasında ince bir fark vardır. Tıpkı, sıcak, açık yürekli bir enerjiyle donmuş bir hareketsizlik arasındaki farkı hissedebildiğiniz gibi bunu da sezebilirsiniz.

Şunu Deneyin!

Kapalı Bir Kalple Açık Bir Yüreğin Farkını Hissedin

1. Birinin açık yürekli olup olmadığını nasıl anlarsınız? Sizi her yönünüzle kabul eden, anlayan, mutlu eden ve destekleyen biriyle birlikteyken vücudunuzdan ve kalbinizden yayılan ince hisler hakkında bir şeyler yazın. Ya da biriyle kahkahalar attığınızı, eğlenceli şakalar yaptığınızı ve güldüğünüzü düşünün. Peki ya vücudunuz ve kalbiniz, birlikte olduğunuz kişi sizi yargıladığında, sizin iyi yaklaşımlarınızı yanlış anladığında, sizi suçladığında ya da size karşı bir ithamda bulunduğunda, sizinle iletişimi kestiğinde ya da size sormadan sizi zor durumda bırakacak kararlar verdiğinde nasıl hissediyor?
2. Birinin sizi incittiği ya da kırdığı, "damarınıza bastığı" ve sizin de enerjinizi geri çekip kendinizi kapattığınız bir anı anımsayın. İçinizde nasıl bir his vardı? "Kalbinizin birine akıp gittiği" bir anı hatırlayın. Bu ince hisler hakkında bir şeyler yazın. Birinin açık yürekli olup olmadığını ve kendi kalbinizi kapatıp kapatmadığınızı anlamanızı sağlayacak ince sinyallerle ilgili birkaç gün boyunca bu düşüncelerle pratik yapın.

Andrew yetişirken ona bakmaya müsait olmayan annesi tarafından sürekli görmezden gelinmiş ve sonuç olarak büyüdüğünde kendisini dışlayan kadınlarla ilişkiler yaşayıp hep terk edilmişti. Birkaç yılını yalnız geçirmiş, kendi sorunları üzerine çalışmış ve kadınları nasıl seçeceği konusundaki inceliklere güvenmemişti ve sonunda hayatını birlikte geçireceği, kendine uyan kadını bulmanın zamanının geldiğine inanmıştı. Kendi doğum gününden birkaç gün sonra doğum günü olan bir kadının kendisine benzediğini düşünüyordu, ayrıca kadın oldukça çekici ve ilginç biriydi. Onunla birlikte geçireceği hayatı kolayca hayal edebiliyordu. Gelin görün ki o sırada konuyla ilgili biraz bilgi de su yüzüne çıktı: (1) kadın evsiz kalmıştı ve neredeyse bir yıla yakın bir zamandır arkadaşlarının evinde kalıyordu ve (2) başka biriyle evlenmek üzere olan biriyle hâlâ evliydi, üstelik kocasının evleneceği kadının da durumdan haberi yoktu. Andrew ona neden bu ilişkiyi sonlandırmadığını sorduğunda kadın kayıtsızca "Ha, resmi evrakla uğraşacak vaktim olmadı" demişti.

Neden bu kadının ortaya çıktığını ve neden ona sürüklendiğini düşünürken Andrew, kadının kendisiyle bir ilişki yaşamaya oldukça istekli göründüğü halde, aslına durumunun müsait olmadığını üstelik bu hareketiyle kocasından, yeni "karısıyla" da tam birlikte olmaya müsait olmasını engelleyerek garip bir intikam almaya çalışıyordu. Kendisine bile açık değildi, doğruları görebileceği ve merkezinde olabileceği bir alan yaratmak istemediği için bir evi yoktu. Andrew "Onun yaydığı ben-müsait-değilim feromonları benim için ilaç gibi bir seçim olmuştu doğrusu!" diyerek durumu şakaya vuruyordu. Kadının hiperaktif hallerini ve müsait olmayışını, çekici bir gizem olarak okumuştu ve gerçekleşmekte olan, ret edilme örüntüsünü çok iyi tanıyan bedeninin adrenalin ve korku ile verdiği tepki idi. Bu "yem"e hayır dedi ve güvenli bir şekilde evinde kalmayı tercih etti, ne de olsa artık sağlıklı bir ilişkiye hazır olduğunu biliyordu ve şimdi kendini buna çok yakın hissediyordu.

İnsanları ve İlişkileri Okurken Sorulacak Sorular

- Kendi içlerinde uyumlular mı? Kendilerini korkularıyla mı yoksa içtenlikle mi sunuyorlar?

- Kendilerini yanlış mı tanıtıyorlar; beni kendi egolarıyla mı ilişkilendiriyorlar?
- Enerjiyi doğru mu okuyorum? Göremediğim kör noktalar var mı? Gizli bir gündem etkisinde mi davranıyorum yoksa tarafsız olabiliyor muyum?
- Bende ilk olarak neyi açığa çıkardılar? Vücudum nasıl tepki verdi?
- Duyusal ipuçları alıyor muyum? Balık gibi ya da ekşi "kokuyorlar mı?" Ya da "sesleri" kulak tırmalayıcı, ince ya da yankılı mı?
- Bu insandan ne öğrenebilirim? Acaba içimde bu insana karşı neden bir dikkat doğdu?
- Güvenilirler mi? Dürüstler mi? Acaba içlerinde tuttukları ya da hakkında yalan söyledikleri bir şey var mı?
- Acaba bir ilişkiyi ya da bir işin gidişatını etkileyecek kişisel sorunları var mı?
- Kontrol etmeleri gereken bir şeyleri var mı, eğer varsa bu nedir ve nasıl kontrol edecekler?
- Bu benim için yararlı bir ilişki mi? Neden?
- Bu ilişkiyi güncelleme ya da değiştirmenin zamanı geldi mi? Bu ilişkiyi sonlandırmanın zamanı geldi mi?

Çatışmadan Enerji Akışına Nasıl Gidersiniz?

İlişki uyumunda ustalaşmanın yolu, etkileşim çemberini anlamaktan ve çeşitli içsel hareketlerinizin eşinizinkilerle paralel olup olmadığını sorgulamaktan geçer. Devamlı gidip gelirsiniz –kimlik aşamaları arasında, alma ve verme konusunda, saflık/sevgi ve güven/korku arasında, yer ve şekil konusunda ve içinizdeki yang/dayatan bilinç ile içinizdeki yin/kabullenici bilinç arasında... Hayat, tek yönlü değildir. Ne kadar akışkan olursanız – dalgalanmayı ne kadar azaltırsanız – o kadar dengeli olursunuz ve ilişkilerinizdeki akışkanlığı ve ruhu korumakta o kadar başarı gösterirsiniz.

İlişkiler eski çatışmalarla baş edebilir, diğer yandan, aşağıdaki diyagramda 1 ve 2 numaralı şekillerde sunulmuş figürlere bakarsak, bir ilişkinin dinamiğinde frekansın ve enerji akışının ne kadar önemli bir rol oynadığını da figürlerin 3 numaralı figüre nasıl dönüştüğünü de görebiliriz.

Karşı Koymaktan Sekiz Figürü Akışına Geçiş

Şekil 1

Şekil 2

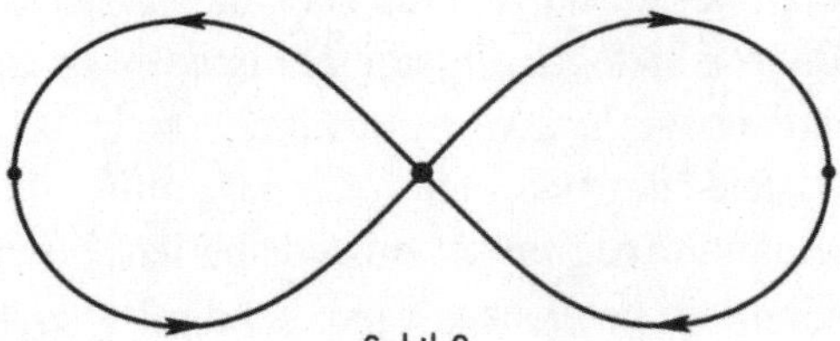

Şekil 3

Şekil 1 bir dalganın dip noktasını ya da bir çemberin merkezindeki hali temsil ettiğini de söyleyebiliriz. Bu sizin hem bireysel durumunuz hem de bir ilişkinizin gelişim evresi için birlik, alan ve yeniliklere gebe olma deneyiminin gerçekleştiği aşamadır. Eğer kendi özel sürecinizde iseniz, ara vermeye, hareketsiz kalmaya ve ev frekansınızla yeniden temasa geçmeye gerek duyacaksınız. Eğer bir ilişki içindeyseniz, bu sizin için, insanların birbirine bağlanmasını ve dış dünyayla bağlantılarını kesmesini temsil eder. Bir kere akış oluştuğunda, ego, akışı durdurmaya çalışır ve "hayatın bu olduğuna" inanmaya başlar. Bağlılıklar başlar. Kişisel gelişimde, kendinizi diğer insanlardan izole edilmiş gibi hissedebilirsiniz, kendi içinize kapanırsınız, kendinizi değersiz hissedersiniz ya da hiçbir şey olmadığı için depresyona saplanırsınız. Bir ilişkide, taraflar diğerine ve aralarındaki benzerliklere bağlanır ve birlikte haddinden fazla zaman geçirerek birbirlerinin hayatının içinde yaşamaya başlayarak kendi doğrularını yitirirler.

Şekil 2 bir dalganın zirvesini ya da bir çemberin dışa akan, yaratıcı bir halini temsil eder. Bu da sizin bireysel bir durumunuzu ya da bir ilişkinin başlangıcıyla ilgili bir durumu simgeliyor olabilir, bu sefer ilişkinin çeşitlilik deneyimi, keşif ve kişiselleştirme kısmı ortaya çıkar. Bir kere akış oluştuğunda, ego bunu durdurmaya çalışır ve "hayatın *bu* olduğuna" inanmaya başlar. Kişisel gelişim safhasında, bağlanma kısmı bu sahnede başlar, kendinizi hiperaktif, işi başından aşkın, yaratmaya bağlanmış ya da kendinize yabancılaşmış hissedebilirsiniz. Bir ilişkide ise bu, tarafların birbirlerinden "farklı" göründüklerini keşfetme dönemidir. Bir birlik içerisinde hareket etmekten, kutuplaşmış bir çıkmaza girmekten kaçınırlar ve anlaşamadıkları yerde şikayet edip suçlamaya başlarlar, karşıdaki insanın kendileri için doğru olmadığını hissedip sonunda işi kendilerini diğerinden soyutlamaya vardırırlar.

Gerçekte isteksizce, bir arada olma bağımlılığı ile ayrı olmaya karşı oluşturduğunuz bağımlılık arasında bir ileri bir geri sıçradığınız yeri acı içinde ve gereksizce kendi kendinize yaratırsınız. Eğer yaptığınız her şey bir anlam kazandığı anda bu dalgaların "döndüğünü" hissetmiyorsanız, o aşamayı uzatıyorsunuz demektir ve bu olumsuzluk doğuracaktır. Akışkanlığa ve hayatın salınmaya yönelik doğal eğilimine odaklanarak kendi doğanızı ve diğerlerinin doğasını bu iki ayrı döngüye ayırabilirsiniz. Bunun yolu şunları görebilmekten geçer, (1) akış asla durmaz, (2) dalga ya da çember devamlı sizi sarar ve dönmeye devam eder, (3) çemberin neresinde durduğunuzu fark edin ve neresinde olmak istediğinize karar verin, (4) içinde olduğunuz döngü, doğru zaman geldiğinde bir sonraki şeklini alacaktır.

Bir İlişki Nasıl Uyumla Dalgalanır?

Şekil 3 akış içindeki, dalganın sizi götüreceği yeri, daha önceki deneyimlerinizden hatırladığınız ve ihtiyacını duyduğunuz tecrübeleri edinebildiğiniz bir ilişkiyi temsil eder. Zihniniz donuk ya da çerçevelenmiş bir durumda değildir ve bir düşünce içinde tıkılıp kalmamıştır. Bunun yerine enerji döngüsüne güvenirsiniz ve etrafınızdaki yenilikleri fark eder, değerli bir şey olup olmadığını anlar ve kendinizi git-geller içinde rahat hissedebilir ve çift yönlü düşünebilirsiniz. "Birlikte olmak *gibi* ayrı olmak da iyidir. Farklı fikirlere sahip olmak, eğiticidir." En karşıt zamanda bile eşinizde sizi rahatsız eden davranışların sizde de olduğunu fark edebilir ve kendi "kozunuzu oynadıktan" sonra sıranın size geleceğinin bilincine erişip ilişkinizin frekansını yakalayabilirsiniz.

Eğer bir ilişkinin en bütünleşmiş zamanlarındaysanız (şekil sekizin merkez noktası), eşinizden ayrı kaldığınızda bu ilişkinin gitgide ilginçleşeceğini ve onun bir sonraki adımının bir şeyler yaratmak ya da öğrenmek olacağının farkına varırsınız ve takıntılı ya da güvensiz bir ruh haline girmezsiniz. Eğer ikiniz de bir ilişkinin en ayrı noktalarındaysanız (şekil sekizin uç noktaları), en çok yapmak istediğiniz şeyin "eve dönmek" olduğunu fark edersiniz ve deneyimlerinizi eşinizle paylaşıp, onun ne tepki vereceğini ve size neler anlatacağını merak edersiniz. Kendinizi dışlanmış ya da suçlanmış hissetmezsiniz.

> ... kalbin, herkesin kalbidir; burada doğada olmayan
> ne bir kapak, ne bir duvar, hiçbir kavşak yoktur, herkesin kanı
> durmaksızın sonsuz bir döngü içinde akar, dünyadaki tek bir
> deniz gibi aktığını düşün ve göreceksin ki hepsinin derinliği birdir.
>
> RALPH WALDO EMERSON

Önceliği ilişkinin frekansını yakalamak olan, dengeli bir iç huzura sahip iki insanın arasındaki ilişki; ikisinin de yönetmeyi ve uymayı bildiği güzel, ahenkli bir dans gibidir. İkisi de içten ve özel olmaktan hoşnutturlar ve ikisi de özgür *ve* sosyal olmayı severler. İkisi de akışa güvenirler ve birinin önem verdiği bir şeyin diğeri için de önemli olduğunu bilirler. Eğer eşiniz özel olarak hareketli olmaya ihtiyaç duyuyorsa, siz onun hareket edeceği alanı yaratıyor olursunuz. Bir sonraki seferde ise eşiniz sizi destekler. Eşinizin sizi bir şey için suçladığında, açık yüreklilikle cevap veren taraf olabilirsiniz. Sonrakinde, eşiniz sizi sakin karşılayacaktır. Karşıt dönemlerden geçerken devamlı aranızdaki dengeyi sağlamaya çalışırsanız ilişkinizdeki potansiyele erişmek için daha başarılı olursunuz çünkü tamamlanan her çember size daha çok güven ve paylaştığınız daha fazla alan olarak geri dönecektir.

İlişkilerde Başarılı Akışın Formülü

Birinci Aşama

1. Frekansınızın eşleştiği ve ruhlarınızın aynı şeylere odaklandığı birine anında kapılabilirsiniz. Çekim, sevgi ve hayranlığı deneyimlersiniz.
2. Sevgi, ilişkinizin önüne çıkan her şeyi daha fazla sevgiyle ortadan kaldırabileceğinizi gösterecektir. İki tarafın da yüzleşmekten bilinçsizce korktuğu şeyler olabilir. Karşıt roller oynayın ve farklı fikirlere kapılın, birbirinizi suçlayın ya da cezalandırın, problemlerinizi çözüp iyi geçinmeye başlayın ya da ayrılın. Bu genelde tekrarlanır, sürüncemede kalır ve çoğunlukla ilişkiyi sonlandırır. Başarılı olmak için, ilişkiyi ikinci ve üçüncü aşamaya getirmeniz gerekir.

İkinci Aşama

3. İlişkinizdeki ana frekansı yenilemeyi seçebilirsiniz, kalbinizi yeniden açmanın bir yolunu bulun ve suçlamadan ya da karşılaştırmadan ("Sen..." diye başlayan cümleler kullanmadan) karşınızdakine ne hissettiğinizi anlatın.
4. Ortak kırılganlıklarınızı arayın, yanlış anlaşılmalarınızı düzeltin ve *kendi içinizdeki* sağlıksız düşünceleri değiştirmeyi seçin (eşiniz de kendininkileri kendi hızıyla değiştirecektir).
5. İlişkide sizin için neyin değerli olduğunu yeniden olumlayın ve karşınızdakiyle birlikte olmanın size kazandırdıklarını, diğerini neşelendirmek istediğinizi hatırlayın.
6. Sevginiz büyüdükçe iki tarafın da zihnindeki bilinçsizlikler dışarı çıkmak için daha çok olanak bulacaktır.

Üçüncü Aşama

7. İkinci aşamayı tekrarlayın! Sevginin korkuyu her fethedişinde, bedenleriniz ilişkinin yüksek frekansına daha çok alışacaktır ve karşınızdaki kişiye sıkıcı ya da farklı olduğu için olumsuz titreşimler göndermeyi bırakacaksınız.

Kısaca...

Dünyanızdaki insanlar sizinle aynı frekansa sahiptir ve aynı titreşimleri paylaşırsınız. Bu, ilişkilerin hayatınızdaki amacını anlamanıza yardımcı olarak gelişiminizi hızlandırır ve diğer insanların olumlu yeteneklerini güçlendirmenizi ve mevcut hayat derslerini anlamanızı sağlar. Size yeni yöntemler öğretir ya da duygusal yaraları iyileştirmenize ve sağlıksız duygu alışkanlıklarını düzeltmenize yardımcı olur. Korkuyla başlayan ilişkiler, çözülmesi gereken benzer sorunlar içerirler ama oldukça farklı frekanslara sahip insanlar diğerinin hayatına girmezler. İlişkiler eşlerin titreşim ayrılığından ötürü değişir ya da sona erer – çünkü ruhlar başka aşamalara geçerler. Bitmiş bir ilişkinin ardından üzülmeye gerek yoktur çünkü birbirinizi geliştiremediğiniz bir ilişkinin iki tarafa da yararı yoktur. Yalnızken, hâlâ başka şeylerle ilişki içerisindesinizdir, etrafınıza tını yaymayı durdurmanız imkânsızdır. İlişkilerin de ilişkinin daha derin amacını ve eşlerin dönüşüm süreçlerinin olası açılımının işleyişini ortaya koyan bir ev frekansı vardır. Bir ilişkide, alış ve verişinizi ev frekansınızdan yaptığınız sürece, o ilişkide ancak gelişim beklenebilir. İlişkiler size genleşmiş bir kimlik deneyimi sunar; kendinizi düşünmeyi bırakır ve bireysel hislerinizi bir kenara koyup ilişki, aile, grup, organizasyon, ulus ve insanlık adına hissetmeye başlarsınız. Başkalarını iyileştirmek için, önce onlarda algıladığınız duygusal yaraları *kendi içinizde* iyileştirmeniz gerekir. Bilinçli şekilde gösterdiğiniz duyarlılık ve empati yeteneğinizde ustalaştıkça başkalarına dair ayrıntılı malumatı bedeniniz ve sezgilerinizle yakalayabildiğinizi göreceksiniz. Sağlıksız çelişkilerle karşıtlıklar üzerine kurulmuş ilişkilerden, sağlıklı bir akışla kurulmuş dalga prensibine dayalı ilişkilere geçebilirsiniz.

Ev Frekansı Mesajı

Okuyucuya bölümünde sayfa 21'de açıkladığım gibi; her bölümün sonuna bir takım ilham verici parçalar eklerken normal, hızlı okuma alışkanlığınızı daha derin bir deneyime çevirebilmeyi amaçladım.

Aşağıdaki mesaj sizi Sezgi çağındaki yaşama yakın bir deneyime götürmeyi amaçlıyor. *Ev frekansı mesajı*na geçmek için sadece biraz yavaşlayın ve daha telaşsız bir hale geçin. Derin bir nefes alın, sonra derin bir nefes verin ve mümkün olduğunca sakinleşin. Zihninizi yumuşak ve algıya açık olacak bir biçimde serbest bırakın. Sezgi gücünüzü açın ve onun dilini *içine girerek anlamaya* hazırlanın. Bakın bakalım, okudukça ortaya çıkacak derin gerçekleri ve duyguları hissedebilecek misiniz...

Deneyiminiz terimlere ayırdığınız zamanla ve dikkatinizle doğru orantılı olarak daha büyük boyutlara varabilir. Her seferde kelimelerin sadece birkaçına yoğunlaşın, noktalama işaretlerinde duraklayın ve bu mesajı size –şu anda ve canlı olarak- getiren akılla "birlikte kalın". Kelimeleri yüksek sesle okuyabilir ya da gözlerinizi kapatıp birinden size okumasını rica edebilirsiniz. Böylece kelimelerin üzerinizdeki etkisini göreceksiniz.

RUHUN BİR ÇEŞİT SEVGİ OLDUĞUNU HATIRLAYIN

Bir ruhla diğerinin derin uyumluluğu, aşinalığın tınısıyla başlar, birbirimizi neredeyse tanıyor olduğumuzu sezeriz. Konuştukça, fikirlerimizin yapboz parçaları gibi birbirini tamamladığını yavaşça fark ederiz, tek başımıza tanıyabileceğimizden çok daha ilginç ve tam bir dünyayı keşfetmeye başlarız. Romantik yüreği ve bedensel tutkuyu ateşleyen, birbirine işleyen ve birbirini uyaran zihinlerimizin heyecanıdır. Derinlerdeki o rahatlığa giden yolu keşfetme tutkusu, birbirimizi tanımak istememizle açığa çıkar ve bu yaşam boyu sürebilecek bir sevginin yakıtı olur. Zira, gizemli ahengimizin nedenine yaklaştıkça, o bizden uzaklaşarak bizi paylaşılmış benliğimizin daha büyük ve genleşmiş deneyimine çeker.

Zihnimizin yükselişi ve hareketi bize müthiş bir canlılık kazandırır; bu alış-verişin karşılıklı olma olasılığı, tüm zaman boyunca sürecekmiş gibi gelişi. Şaşkına döneriz, yüreklerimiz güven ve derin bir şükran içerisinde erir ve ne zaman yeni ve ani bir değişim hissedersek, kalbimiz yerinden fırlar! Sonra, dikkatimizin yavaşladığını ve kelimelere yetişemediğimizi her hücremizle hissederiz. Konuşamıyor; sadece teslim oluyor, anlıyor, birleşiyor ve güzellik karşısında kendimizden geçiyoruzdur. İşte burada fiziksel çekimin ritmi başlar, başta yavaştır, sonra büyük bir açlıkla birleşme hissini arar, sonunda da birleşme hissi gelir. Senin içinde kendimi kaybedebilir ve seni senden ayıran ve beni ben yapan şeyi bırakabilirim. Böylece özgür oluruz ve birbirimizin özgürlüğünden memnuniyet duyarız.

Ve günden güne, kişinin kendisinin ve eşinin şaşırtıcı varlığına duyduğu inanç ile, yakınlık büyür. Kolayca nefes almanın ritmiyle, birbirimize tutunup ilgi çekici bir biçimde diğerimizden ayrılmaya ve bilgi değiş tokuşuna başlarız. Büyürüz. Ve birbirimizi özgür bırakmaya ve arzulamaya devam ettikçe, sevginin tüm yönlerini açığa vuran bir güven geliştirmiş oluruz. Birbiri ardına gelen her şey, bizi güvenli bir yere götürür. Daha büyük doğrulara ulaşmaya yemin ederiz ve kendi özverimizle bağlayıcı sözleşmeler yaparız. Eşimizin görkemine inanmak için önce ruhumuzla, sonra kişiliğimizle bir adım atarız. Ruhu görebilmek için, aynı dikkati vererek birbirimizin gözünden bakıp diğerimizin sesiyle konuşmaya gayret ederiz – bu sahte bir çekimi ortadan kaldırmak, suçlamak ve reddedilmekten duyduğumuz yanlış korkuları yok etmek için gerekir. Ruhu Görmek, bizim dikkatimizi gerektiren günlük bir alıştırmamızdır ve tarih öncesi bir fenomeni reddetmek demektir; her zaman burada olduğumuzu ve olacağımızı diğerimize hissettiririz.

Yaratmaya ve sakinleştirip neşelendirmeye yemin ederiz, kalbimizin derinliklerindeki sıcaklıkla, bu frekansı yeniden merkeze alıp yapabildiğimiz sürece orda yaşamak isteriz. Bu evi terk etmek acı vericidir, ve diğerimiz hakkında olumsuz şeyler düşünmek ve hatta olumsuzca konuşmak Kendimize acı verir, korkuyla hareket etmek daha da fazla acı vericidir. Karşımızdaki bizim düşüncelerimizi duyar ve hisseder, yoğunlaşan duygularımızı hissedebilir ve sahiplenir. Mutluluğu ve coşkuyu Kendimize yararlı olmak için seçeriz. Fiziksel ve duygusal sağlığımızı da Kendimiz için isteriz. Yaratıcılığa Evet! deriz ve olabildiğince Kendimizi kutlarız. Ne yapıyorsak, "aşk yapmak" ve yaşıyor olduğumuzu içimizde hissetmek içindir. Karşımızdakine hatalarını hatırlatmanın hiç anlamı yoktur, bu sadece Kendimizi neyin yürümediğini düşünüp durmaya zorlamamıza yol açar. Bu da sevgi dolu bedenlerin boşa zaman geçirmesinden başka bir şeye yaramaz.

Şimdi biz kimiz? Repertuarımız diğerimizin yeteneklerini ve yönlerini de kapsayarak genişledi. Kemiklerimizde diğerimizden gelen genler var, birbirimizin çocukluğunu yaşadık, birbirimizin sorumluluklarını üstlendik, hatta birimizin ölümüyle diğerimiz de ölebilir. İkimiz, tüm bu ortak elementlere sahibiz ve bu birbirimize erişmemizi ve katlanmamızı kolaylaştırıyor. Artık istediğimiz zaman daha hızlı hareket edebiliriz. Ya da, yavaşlayabiliriz! Yeni bakış açılarına sahibiz. Artık meleklere benzemiyor muyuz? Kendi içimizde rahatladıkça, doğal olarak daha fazla hayat doluyuz, başkalarını da bizimle birlikte sevgi dolu bir aile olmaya çağırıyoruz ve biliyoruz ki kocaman kalpleri olanlar bunu başarabilirler. Birbirimizin sahibi değiliz ya da birbirimizi zorla tutmuyoruz; güven ve takdir, seyahat ettiğimiz bu beyaz yolu dümdüz, yürünebilir bir hale getiriyor.

8

Kaliteli Çözümler, Tercihler ve Planlar Bulabilmek

Mevcut bir paradigmayı değiştirmek için sorunlu modelin üzerinde oynamaya veya değiştirmeye gerek yoktur. Yeni bir model yaratır ve eski modeli yürürlükten kaldırırsınız.

R. BUCKMINISTER FULLER

ALGI, BİR KURUMSAL ŞİRKET EĞİTİMCİSİ ve danışmanı olan Patrick'i büyüleyen bir konu. Beş yaşlarında iken, kitabını okuduğu sırada, odanın diğer tarafındaki boşluğun farkında oluşunu hatırlıyor. Bunu "Tanrının gözü" olarak tanımlayan Patrick, aynı anda hem kendi bedeninden *hem de* Tanrının gözünden kendisini kitap okurken gördüğünü tecrübe etmiş. Kendi hayal gücüm değildi diyor, fiziksel bir durumdu ve gerçekti diye ekliyor. Bugün, şirketlerle çalıştığında Patrick birçok farklı durumu ve olasılığı, bu farklı olasılıkların birleşimleri ile nasıl sonuçlar oluşabileceğini neredeyse anlık bir zaman diliminde hissedebilme yetisine sahip.

"Zihnimde oldukça büyük bir boya fırçasının merkezden çıkıp geniş kavisler yaparak bütün bir panorama çizmesine benziyor. Serbest video enerji akışı, bir enerji filmi gibi. Öncelikle bilgi olarak geliyor, ardından 'orta bilinç' düzeyinde resimlere çevriliyor. Modelin akışını ve olayların farklı gelişmesi durumunda enerjinin nasıl değişeceğini hissedebiliyor, çalışması için her bir kişinin nasıl bir hedef ve amaç doğrultusunda hareket etmesi gerektiğini ve hatta kişilerin zayıf bir tercih olup olmadığını dahi anlayabiliyorum. Bazen katılımcılardan birine kayarak hızlı bir şekilde o kişinin sürecin nasıl işleyeceğine dair fikirlerini hissedebiliyor ve anlayabiliyor, sonrasında kendi bildiklerimle kıyaslayabiliyor ve sürecin ince ayrımlarında nasıl iletişim kurabileceğimi bilebiliyorum" diyor.

Patrick'in hikâyesine bayılıyorum çünkü enerjinin ve bilincin problem çözme ve planlama aşamasında kullanımı hakkında yeni bir yola örnek oluyor. Akış içerisinde tesadüfî gruplaşmalara ve kendiliğinden tercihlere açık ve sürecin kendi aklının oluşmasına izin veriyor. Empatiden korkmuyor, görünmeyen alemlerde kolaylıkla çalışabiliyor, enerjileri okuyor, onu açık tutuyor, bir an önce sonuca ulaşma çabası içerisinde olmak yerine ve sezgi ve duyarlılığı mantığa ek olarak kullanarak kendini onlardan bilgi almaya bırakıyor.

Yeni Bir Tür Titreşimsel Problem Çözme Hayatınızı Kolaylaştırabilir

Kendinizi titreşimsel olarak görmek ve frekans ilkeleri ile çalışmak, çözümlere, plan ve hedeflere ulaşmanıza giden yolları değiştirir. Cevapları bulmanın bu yeni yolunda egoya değil, ruha göre karar vermeli ve karar aşamasında sadece kendinize güvenmemelisiniz. Artık durumları avantajlı/iyi veya sorunlu/kötü olarak değerlendirmeyeceksiniz. Eskiden problem çözmede kullandığımız yol, sorunu tek başına ele alıp tüm akışı durdurmak ve tüm ilgimizi sorunu daha çok beğenebileceğimiz bir çözüme dönüştürmeye odaklamaktı. Veriler ve görüşleri toplardık, hepsini analiz eder, verileri geleceğe yansıtıp soruna çözüm olabilecek cevabı seçerek uygulardık ve sorunu listemizden kaldırırdık. İşte bu kadar! Şimdi sıradaki gelsin... Hedef koyma ve planlama üzerine eski düşünce şeklimiz bir görü sahibi olmayı içerirdi – bazen ilham sayesinde, bazen başka bir fikrin ilerletilmesi ile- ve o görünün gerçekleşmesi için atılması gereken adımların analizi gerekirdi. Sonra iyi-kötü o plana sarılır, zihinsel cesaret ve irade ile hedefe giden yoldaki sorunların üstesinden gelirdik. Bizler problem çözen ve plan yapan savaşçılardık!

Bu dönüşüm sürecinde farkındalığınız arttıkça, herkesin ve her şeyin o an içinizdeymişçesine bağlantılı ve uyum içinde olduğunu göreceksiniz. Cevaplar orada, kaynaklar ihtiyaç duydukça karşınıza çıkıyor ve gördüğünüz gibi hayat size hep daha iyi bir şeylere yönlendiriyor. Sorunlar ilginizi durduran şeylerden, ilginizi yeni bakış açılarına yönlendiren biçimlere dönüşüyor. Sezgi Çağında, problem çözmek demek, neler olmasını istediğini enerji akışı ve kolektif bilinç danışmanlığında görmeye çalışmaktır. Karar almak demek, ilişkilerinizde ve grup iletişimlerinizde kendi frekansınızla uyumlu olanları seçmektir. Hedefler, planlar ve stratejiler taşa kazınmış gibi değil, organik, sürekli gelişen holografik bir filmin, sizin de uyumlu olduğunuz parçalarıdır. Planlamak için, daha yüksek frekanslı enerji akımlarına kendinizi uyumlamalı ve daha karmaşık alanlarla birleşmeli, sonra da gelecekte ne olmasının istendiğinin farkına varmalısınız. Geniş ölçekli –daha yüksek frekanslarda yankılanan- çözümler üretme kriteri daha ziyade, ruhun akışını serbest bırakan, frekans ilkeleri ile uyumlu çalışan, sadece iki taraf için "kazan-kazan" tecrübeleri değil, konuyla ilgili herkes için "kazan-kazan-kazan" tecrübeleri üretebilen sonuçlar çıkartmaya dairdir.

> Bu karmaşık dünyada problemleri çözmemizi mümkün kılan tek şey sezgisel sıçrayışlardır. İnsanın bilgisayara karşı en büyük üstünlüğü budur.
>
> TOM PETERS, ROBERT WATERMAN

Kaderinizi Bulmak Ruhun Tek "Sorununu" Çözer

Genel planlama ve problem çözümünün arkasındaki frekans ilkelerini keşfetmeden önce, ruhun tek "sorunu" ve onun çözümü için gereken strateji üzerine eğilelim. Ruhun sorunu şudur: " Yönünü bölünmüş ayrılığa dayalı sezgilerden, birliği yaşamak ve birleşmiş bir tecrübeye değiştirmende nasıl yardımcı olabilirim?" Sorunu yaratan ruhun bölünmüşlüğüdür, sonuçta, ruhun problemi çözüldüğünde diğer tüm problemleri de bertaraf eder. Ruhun bölünmüşlüğe getirdiği çözüm, kaderinizi gözler önüne serip o kaderi tamamıyla yaşamanıza yardımcı olacak bir birleşik-öngörü açığa çıkartmaktır. Kaderiniz sizin en yüksek frekansa sahip, sınırı olmayan yeteneklerinizi keşfettiğiniz ve en çok keyif aldığınız şeyleri yaptığınız hayatınızdır. Kader ile uyumlu enerji akışlarıyla, doğru zamanlama ve Bir'liğin size neler sağladığını ve attığınız her adıma nasıl rehberlik ettiğini tecrübe edersiniz. Sorunlar, ruhunuzdan gelen mesajlar ve o sorunların çözümleri basitçe "yaşam" haline gelir. Hayatın size ihtiyacınız olanı mükemmel bir biçimde vermek için uğraştığını, geleceği kontrol etmeye çalışmanın zaman kaybı olduğunun farkına varırsınız. Siz ruhunuz oldukça, kaderiniz yaşamınız olur.

Zaman-mekanda benzersiz biri olduğunuz için, vücudunuz dünya üzerindeki enerjiyi kendine göre filtreleyen özel bir merceküdir. Belki sizin filtreniz enerjiyi mimari bir eserle, güzel bir mücevher ile ya da çocuklarla olan tecrübelere veya karmaşık organizasyonlarla biçimlendiriyordur. Belki siz bir amaç için uluslararası seyahatler yapmak için yaratılmışsınızdır, belki de toprağı sevmek ve güzel besinler üretmek için. Yapmak için yaratıldığınız eylemi yaptığınızda, kaderi deneyimlersiniz, bu da birleşme tecrübesi oluşturmaya başlar. Kaderinizle bütünleştikçe, en değerli rüyanız gerçekleşiyor gibi hissetmeye başlarsınız. Bunu başaracak mıyım? Sorunlar? Ne sorunları? Bunu başaracağım! Göreceksiniz ki, tüm sorunların gizli amacı yanlış öngörüleri düzeltmek, bakış açınızı netleştirmek ve kaderinizde ne varsa yaşayabilmeniz için sizi aydınlatmaktır. Yani ruhunuza sorununu çözmede yardımcı olursanız, o da sizin geri kalan sorunlarınızı çözecektir.

Bir sorun elinizden gelenin en iyisini yapabilmek için karşınıza çıkan fırsattır.

DUKE ELLINGTON

Sorunlara Bakış Açınızı Değiştirebilirsiniz

Kader, içinde bir dizi sıradan sorun ile karşılaşıp, onları teker teker, engellerden fırsatlara ve rehberlere dönüştürdüğünüz kademeli bir yolculuktur. Şu andan itibaren ne zaman bir sorunla karşılaşırsanız, ruhun güdülerine bakın. Ruhunuz size doğrudan tecrübe ederek öğrenmenizi amaçlayan durumlar yaratır; mesela, paranızın olup olmamasını önemsemez. Yaratacağınız deneyim veya alacağınız ders, paranızın olup olmaması hakkında olacaktır. Bir sorunu fark ettiğinizde ve içinize baktığınızda, enerji akışınızı durdurduğunuzu görürsünüz. Neden? Ruhunuz henüz tam anlamıyla tecrübe etmediğiniz bir şeye işaret ediyordur ya da hayatınızda olmaması gereken bir öngörü ile yanlış bir yere gelmişsinizdir. Genellikle, bir sorun ilginizi kazanmanız gereken bir deneyime yöneltir. Böylece sorunu yaratan durumu değiştirecek stratejiler ve eylemler aramak yerine, rahatlayıp ruhunuzun neyi fark etmenizi istediğini görmeye çalışın.

Mesela, Nancy'nin patronuna daha fazla sorumluluk ve daha fazla para konusunu açmaya dair büyük kaygısı, aslında, onun şirketten ayrılıp bağımsız bir danışman olma arzusu ile ilgili olabilir. Belki de Harry'nin, sigara dumanları kendi yatak odasına giren oda komşuları ile ilgili hissettiği rahatsızlık aslında kendi evine sahip olma isteğindendir. Joan'ın geçmek bilmeyen bronşit iltihabı, kocasının ölümü yüzünden duyduğu büyük kederle ilgili olabilir. Bu kişiler sorunlarını yeni bir kavrayışa kavuşmaları için basamak yaparak ruhlarını anlamaya ve kaderlerine giden yolu temizleyebilirler.

Zihniniz bir sorun üzerine düşünürken durduğunda, çözüm ararken aşağıdaki yöntemleri dikkate alın:

1. Sorunun çerçevesini size yararlı olacak şekilde yeniden çizin. Böylece, dirençten kaynaklanan baskıyı üzerinizden kaldırır ve çözüm oluşmasını sağlayacak boşluğu yaratırsınız. Ayrıca, sorunu ruhunuzun bir işlevi olarak görün, sadece fiziksel, duygusal ve mantıksal olarak değil. Sorunun iç dinamiklerini düşünürken kendi iç frekansınızı odaklamayı unutmayın. Bunu yapmak anlayışa ulaşmanızı hızlandıracaktır.

2. Sorununuz aslında bir sorudur. Bu soru ruhunuzun yaşamanızı istediği bir tecrübeyi keşfetmenize yardımcı olur. Sorununuzu, sizi sevmediğiniz bir gerçekliğe hapseden durağan bir hale getirmektense ("Yeni bir arabaya ihtiyacım var fakat param yetersiz") ruhunuzun size hazırladığı yeni deneyimi irdeleyebileceğiniz bir ya da bir kaç soruya dönüştürün. Sorular hareket yaratır. Yeni bir araba bana nasıl bir tecrübe katar? Yeni bir arabanın sağlayacağı güvenlik, özgürlük ve güç üzerine olan fikirlerimin yenilenmesi sayesinde yaşayacağım deneyim bana ne gibi bir içsel ders verecek? Şu an dünyada daha fazla gezinebilmek ve yeni yerlere gitmek konusunda daha güvenli olmamı sağlayacak ne gibi deneyimler edinebilirim?

3. Sorunu önce içinizde, hayalinizde çözün. Gerçek bir araba alana kadar beklemenize gerek yok. Kendinizi yeni bir araba sürerken hayal etmek, hızlandığınızdaki gücü, yeni bir motorun güvenilirliğini, yükselmiş özgüveninizi ve gururunuzu hayal ederek, ruhunuzun sizin için hazırladığı tecrübeyi yaşıyor olursunuz. Özellikle hayal ederken tüm duyularınızı kullanırsanız, vücudunuz bu tecrübeyi gerçekmiş gibi değerlendirir. Şimdi kendinizi pozitif karakter özelliklerinizin normal olduğu, gerçekten özgür olduğunuz, iyi ve verimli hissettiğiniz ruhsal bir gerçekliğe ulaşma konusunda güçlendirdiniz. Hayalinizde yeni bir araba sürme tecrübesi kaderinizi yaşamanın nasıl bir his olduğu durumuna dönmenize yardımcı olacaktır.

4. Sorunun işaret ettiği içsel tecrübe yaşandıktan sonra, dışarıdaki fiziksel problem hızlıca çözülebilir. Yeni bir araba alma durumunda, bir kez bu cüretli enerjiyi ve yeni bir arabanın size sunacaklarını keşfetme arzusunu hissettiğinizde, arabayı alabileceğiniz parayı edinmenizi sağlayacak ideal ödeme planlı bir kredi planı yapabilir, ya da kendi sedanını spor bir arabayla değiştirmek isteyen bir arkadaşınızın arabasını çok uygun bir fiyata almayı planlayabilirsiniz. Bu aşamada hayali tecrübeniz fiziksel gerçekliğe kök salar ve hayatınızın bu dersi tamamlanır.

Bazen sorunlar yanlış yönleri işaret eder ve ruhunuzun size yaşatmak istediği tecrübeyi yaşar yaşamaz semptomlar ortadan kalkar. Belki vücudunuz ağrımaya başlar ve bir şeylerin yanlış olduğunu düşünürsünüz. Doktorlar bir şey bulamaz. Eğer sorunu rahatlayıp ele alırsanız, vücudunuzun sadece biraz daha fazla hareket etmek istediğini bulabilirsiniz. Yemekten sonra yürüyüş yapmaya başladığınızda ağrılar diner. Ruhunuz, vücudunuzun daha fazla enerjiyi iletebilmesini ve sizin bir sonraki büyüme evrenize geçmenizi istemiştir ve dikkatinizi çekme yöntemi budur.

5. Sorunlar her zaman dalgada bir "dönüş" ve kaderinizi ilgilendiren bir titreşime işaret eder. Ruhunuzun açığa çıkartmak istediği şeyi gördüğünüzden emin olun. Sorunun sizi yönlendirdiği tecrübeyi bir kez yaşadığınızda ne ile yüzleşiyorsunuz? Bundan sonra ne olmak istiyor? Ruhun asıl niyeti nedir? Bu sorunu çözmek size olasılıkları genişletmede ve yenilemede nasıl yardımcı oldu?

6. Eğer bir seferde birden fazla sorun meydana gelirse, genelde altında yatan tek bir sebep vardır. Sorunlar daha çok sorun üretmiş, engeller üst üste çıkagelmiş gibi görünen zamanlar vardır. Kendinizi lanetlenmiş gibi hissedersiniz. Büyük ihtimalle yüzleşmeye karşı direndiğiniz büyük bir konu bilinçaltınızdan yüzeye çıkıyordur ve ruhunuz açıkça size bunu halletme zamanınızın geldiğini söylüyordur. Her kaçış yolu tıkanmıştır. En küçük şeyler bile ters gidiyordur. Bu olaylar yüzeye çıkan sorunun sizin kendi frekansınızla uyumsuz olduğuna dair bir işarettir. En iyisi her şeyi tek tek çözmekle uğraşmayın, durun ve daha derindeki gerginliklerle büyük soruları hissedin. Hangi tecrübeyle hayatınızın sonuna kadar yaşamaktan korkuyorsunuz? Hangi tecrübeyi umutsuzca yaşamak istiyor ve normal olacağınızı biliyorsunuz ki? Konunun özünü açığa çıkartmak genelde sorunları tek hamlede çözülebilecek hale getirir.

7. En dünyevi sorunlar bile ruhsal rehberlik içerir. Yazıcımın makarasında çıktıların bazı kısımlarının boş kalmasına neden olan bir sorun vardı. Kartuştaki mürekkep çok kurumuş. Bilgisayarım ben yazı yazarken kendiliğinden kapanmaya başladı. Böylece güç kaynağının değişmesi gerektiğini fark ettim. Aslında tüm bunlar ruhumun benimle ilgili bir sorunu fark etmemi sağlamaya çalıştığı sembolik şeylerdir. Daha zekice yazma yeteneğimi engelleyen bir algılama sorunu mu var? Daha fazla duygusal ilgiye mi ihtiyacım var? Ya da durup, dinlenip, gücümü toplayıp, daha iyi bir iş çıkartmak için yeniden çalışmaya mı başlamalıyım. Ruhum bu sorunlarla ilgilenmemi, her küçük detaya daha sevgi dolu bir ilgiyle yaklaşmamı ve ideal hallerine döndürmemi istiyor. Bunu yaparken de kendi ideal halimi hatırlamamı ve hayatımı kaderime göre yaşadığımı teyit etmemi istiyor.

Evet dünyada birçok sorun olduğunu görüyoruz.
Ancak, insan yüreği ile harekete geçirilebilen evrensel bir gücün her şeyi düzeltebileceğine inanıyoruz. Bu sevginin ilahi gücüdür: Kalpleri yeniler, halkları yeniler ve nihayetinde dünyayı yeniler.

MARIANNE WILLIAMSON

Hangi Çözümler Sezgi Çağında Olduğumuzu Hissettirecek?

Sezgi Çağında çözümler tümüyle var olmanın vahiyleridir. Hiç aklınıza gelmeyecek kadar mükemmel şekillerde, geri planda ya da ikincil öğe ve yeteneklerin ana nesneler haline geldiği, yapılan her şeyin bir amacı olduğu ve her birinin mutluluk yolunda bir rolü olduğu açığa çıkabilir.

Carmen kardeşlerini öfkeli babasından koruyan sorumluluk sahibi bir abla olarak büyümüştü. Güçlü ve mükemmel olmayı öğrenerek kendisine güzel bir hayat sağlayacak kadar para biriktirmişti. Kendisini gülerek "hedonist" olarak tanımlıyor. Oysa işinin çeşitli dallarında hâlâ iyileştirme ve kurtarmaya odaklı. Sorunu ise, kendisini sıkışmış ve çok ciddi hissetmesi, aslında farklı bir yaşam istemesi. Mantıksal olarak zihni ona şu yanıtı sunmuş: "Ben insanları kendilerini tam anlamıyla ifade etmeye ve güçlü bireyler olmaya teşvik edebilirim." Bu onun bugüne kadar geçirdiği sürecin mantıksal bir uzantısı. Ancak çocukluğunda ruhunun asla kutlanmayan bir bölümünü yitirmiş.

SORUN DEVAM EDER	SORUN DÖNÜŞÜR
• Durumu kötü olarak nitelendirip zihinsel akışı durdurursanız. • Bu durum gerçekmişçesine o gerçekliğe sıkışıp kalırsanız. • Sorunun merkezinde yatan deneyimi görmezden geldirseniz. • Çok ileriye atlamaya çalışıp bir anda cevabı ararsanız. • Ruhunuzun niyeti ile uygun düşmeyen bir gündeme sahip iseniz.	• Ruhun nedenlerine bakarsanız: "Neyi öğrenmeye ve tecrübe etmeye çalışıyorum?" • Sorunu doğal bir dönüm, seçim noktası, gelecekteki olayların habercisi, belirticisi olarak görürseniz. • Sorunu soruya veya sorulara çevirerek daha derine inmeye çalışırsanız. • Zihinsel akışa devam edip ve ruh ile uyuşmanın yakında yararlı bir sonuca sizi ulaştıracağına inanırsanız.

Ben, aslında Carmen'in hayatının gerçek yönünün güzellik ve yüksek kaliteden zevk alma yeteneği ile bağlantılı olması gerektiğini hissettim. İhtiyacı olan herhangi bir şeye neredeyse hiç çaba göstermeden ulaşabilme yeteneği sayesinde başkalarına bunun ne kadar kolay olduğunu bulaşıcı bir biçimde iletebilir. İnsanların yanında olarak, onları severek ve takdir ederek, neyi nasıl yapmaları gerektiğini hatırlamalarına yardımcı olabilir. Üstelik, herhangi bir çaba harcamaya veya birilerini iyileştirmeye ve kurtarmaya da gerek kalmadan. Carmen maddi dünya zevklerine kendisini bırakmanın aslında ruhani bir şey olduğunu ve dünyayı severek aslında insanları da sevdiğini görebilir. Sonunda, yeni bir tür para kazandırma koçu olmaya ve insanlara para kazanmanın ne kadar eğlenceli olabileceğini göstermeye karar verdi. Carmen'in sorunu, ağır "çocukluk" dönemlerinden ve rolünden çok kendisine mutluluk veren ancak varlığını unuttuğu, hedonizm adını takarak önemsizleştirdiği bir konuya eğilerek çözülmüş oldu.

Sezgi Çağı çözümleriyle, en iyi ve en doğal cevap ruhun odaklandığı ihtiyaca mükemmel biçimde karşılık vererek basitçe açığa çıkar ve genelde olumlu anlamda şaşırtıcıdır.

Sorunlar ruhunuzdan gelen ve yönelmeniz gereken yola dikkatinizi çekmeye çalışan rehberlerdir. Çözümler sıklıkla kişiliğinizin şaşırtıcı bölümlerinin ve değişkenlerinin farklı kombinasyonlarını kullanarak en beklenmeyen şekillerde mucizevî yollarla ortaya çıkar; Bir seferde bir kaç problemi birden çözer ve yüzünüze şaşkınlık dolu bir gülümse bırakarak kaybolur.

Şunu Deneyin!

Çözüme Doğru Gevşeyin

Sizi etkileyen bir sorunu düşünün. Aklınıza getirdiğinizde içsel merkezinizden bir anda çıkıp gözünüzün önüne yansıdığını hissetmeye çalışın. Şuursuz varsayımlar çözümün dışarda bir yerde olduğunu ve onu yakalamamız gerektiğini, ya da cevabın bir şekilde bize geleceğini öngörür. Bunun yerine rahatlayın ve sorunun ilk çıktığı zamana dönmesine, kaynağını size göstermesine izin verin. Dikkatinizi bu sorunun ilk olarak nasıl sorun haline geldiğini anladığınız noktaya dönmesine izin verin. Orada biraz durup düşünün. Sorunun cevabının da orada yattığını fark edeceksiniz. Bunun farkında olduğunuza kendinizi ikna edin. Aklınıza basit ve açık bir cevap gelmesi an meselesidir. Sorun ve çözümler, ruhunuzun yaşamanızı istediği bir deneyim olarak, her zaman birlikte var olurlar.

Nasıl Karar Verirsiniz?

Kararları genelde şöyle görürüz: A,B,C veya hiçbiri. Siz seçenekleri ölçüp biçerken, karar verme genellikle şu şekilde gerçekleşir: Eğer A şıkkını seçersem şu kötü olaylar ve şu iyi olaylar gerçekleşecek. Eğer B şıkkını seçersem şu kötü olaylar ve şu iyi olaylar gerçekleşecek. Hangi seçenek en çok iyi ve en az kötü olayı beraberinde getirir? Anlık bir karar vermemek için veri toplanır, analiz edilir ve artıları eksileri belirleyerek yapılabilecek seçimler düzenli bir zaman çizgisine sıralanır. Sadece zihnin gerçekliğinde kaldığı sürece bu kafa karıştırıcı ve sınırlandırıcı olabilir. "Emekliliği nerede geçirmeli?" Bir bölge su kaynakları açısından zayıf ancak birçok sanatçı barındırıyor. Bir diğerinin doğal alanları çok iyi ancak kültürel anlamda zayıf. Bir başkasının civarında ise şahane üniversite kasabaları var ama rakımı fazla olduğu için sağlığa zararlı olabilir. İmdat! Özellikle kurumsal ve politik kararlar çok daha karmaşık görünür, oysa sorunlar yine birçok insanın ruhunun ihtiyaçlarını içeren küçük sorun kümeleridir. Sorunun sözde zorluğuna rağmen baskı hissetmeyi reddedip, iç dünyanızda kendi ev frekansınıza –hayatın basit olduğu yere- odaklandığınızda, duyarlılığınızı kullanarak en karmaşık durumların bile doğru perspektife yerleşmesini sağlarsınız.

> Bir çelişki ile karşılaşmamız ne kadar harika,
> şimdi biraz ilerleme kaydetme umudumuz var.
>
> Niels Bohr

Sophia'nın hükümet kontratları ile yürüyen şirketi kesintiler yüzünden iş kaybetmeye başlamıştı. İlk kez yılsonu bütçeleri tutmuyordu. Ne yapmalıydı? Kısıtlı işten çıkartmalar mı, maaş zammı yapmamak mı, kalan az sayıdaki çalışanla daha uzun mesai mi? Acaba çalışanların maaşından kesinti mi yapmalı? Bir proje üstüne çalışan programı kapatarak oradaki herkesi işten mi çıkartmalı? Yoksa zaten yorucu bir programda çalışıp ailesine zaman ayıramazken, yeni gelir kapıları açacak yeni projelere mi vakit ayırmalı? Başka insanların hayatları da etkileneceği için, Sophia seçiminde fazla özgür olmadığını hissediyordu. Ancak sorumluluk almalıydı. Çıkmazdaydı: on yıllık bir başarısı olmasına rağmen, kendisi tam olarak farkına varmasa da, içine işlemiş planı –düşünceleri, duygusal ihtiyaçları, hayalleri ve ruhsal motivasyonları yön değiştiriyordu. Ruhu onu şirketi için yeni bir işe ve örüntüye yönlendirmekteydi. Sorunu ve içini burkan kararları, kendini nasıl ifade ettiğini yeniden değerlendirmesini sağlamak için ortaya çıkmıştı ama kendisi henüz fiziksel daralmanın boyutu ve acil günlük sorunları çözmeye çalışmayla dağılan dikkati nedeniyle ruhunun bu durumu yaratma nedenini göremiyordu.

Onu kendi iç frekansına dalma, başarısız olma ya da başka insanları yarı yolda bırakma konusundaki korkularını askıya alarak, gerçekte kim olduğunu anlama konusunda cesaretlendirdim. Birden kendiliğinden, kendisini bu işi severek yapmaya iten her şeyi listeleme fikrini buldu. Heyecanı ve on yıllık hedefi eyalette bu konu üzerine çalışan en iyi şirketi kurmak üzerineydi. Şimdi bu hedefe ulaşmışken, gerçekten istediği, daha yaratıcı düşüncelere, eğitimsel programlar tasarlamasına ve diğer profesyonelleri sürü gibi gütmektense devlet denetimleri ile uğraşmaları konusunda bilgilendirmekte kullanabileceği bir özgürlüktü.

İçsel Şablonunuzu Şekillendirmeye Zaman Ayırın

Biz konuştukça ilginç sonuçlar ortaya çıkmaya başladı. Öncelikle, yangını söndürmeye koşuşturan bir itfaiye aracı olmaktansa, kendince, sürecin ne hakkında olacağını görmesi için bir soluklanma odası yarattık. Sophia titreşimini değiştirdiğinde, dünyadaki her şeyin de buna paralel olarak değiştiği fikrini gözden geçirebilirdi. İşinin belli bir yönde daha fazla büyümek istememesinin arkasındaki gizli anlamları görebilirdi. Eğer korkudan, ruhunun ne istediğini hissetmeye bir geçiş yapsaydı, harika –büyülü- çözümler bulması olasılığının arttığını anlayabilirdi. Onu bu konuda neyin heyecanlandırdığını gözden geçirdikçe, şirketine yeni bir hayat aşılamaya başlayacak yönler hakkında ipuçları bulmaya başladı. Her zaman olduğu gibi yeni fırsatların karşısına çıkacağını sezdi. Yeni trendler yüzünden, sunduğu hizmetlerin modasının geçmekte olduğunu, bu nedenle büyük kontratlarının bir yıl içinde sona ereceğini sezmeye başladı. Şirket bir çöküş yaşayacak ama hızlıca toparlayacaktı. Kesin olarak nasıl olaylar yaşanacağını bilemese de sürecin her adımını hissedebiliyordu.

> Gelecek hakkında kararlar alırken, beynimizin mantıksal bölümünün bize rehberlik ettiğine inansak da, çalışmalar aynı hayvanlar gibi insanların da bu tip kararlar için duygularını ve sezgilerini kullandığını gösteriyor.
>
> LYNNE MCTAGGART

Sophia'nın yeni içsel şablonunun, hayatında nasıl sağlıklı bir enerji akışı sağladığını anlamak için harcadığı azıcık zaman, yaşamında yeniden sağlıklı bir enerji akışı oluşturdu. Şimdi ilhamı harekete geçmiş, kendisi de yeni gelişmeleri bekler olmuştu. O an için yeni işin neye benzeyeceğini bilmesine gerek yoktu ama bu iş ona hayal gücünü daha fazla katacağı alanı ve özgürlüğü tanıyacağı için rahatlamıştı. Kontrolörü ile buluşup, Kemerlerin sıkılacağı bir dönem olacağını bilerek, büyük kontratlarının sonlanmasına doğru devreye girecek ve çalışanların farklı alanlarda eğitilmesini aşama aşama sağlayacak bir plan geliştirmeye başladılar. Nihai çözümün bir anda değil bir dizi karar sonucunda geleceğini biliyordu. Alacağı her karar kendi iç frekansına en uyumlu olan ve kendince en olması gerekene dair kök-titreşimi taşıyan kararlar olacaktı. Böylece şirketi ve çalışanları onunla uyum içinde kalma konusunda gelişecekti. Şirketini daha isabetli bir vizyonla yeniden yaratıyor olacaktı.

Şunu Deneyin!!

İçsel Şablonunuzu Güncelleyin

Hayatınız rahat ya da değildir, ne olursa olsun, içsel şablonunuzun son hali ile bilinçli olarak uyumlu olamayabilirsiniz. Ruhunuzun sonra ne yapmanızı istediğini sezmek için, aşağıdaki sorulara cevap olarak ilk izlenimlerinizi yazın:

- Hayatınızda önceden elinizden kayıp gitmesine izin verdiğiniz bir hayaliniz var mı? Bu hayalin yeni bir hali halen aklınızı çeliyor olabilir mi?
- Daima elde edeceğinizi düşlediğiniz ama gerçekte artık göbekten bağlı olmadığınız bir hayaliniz var mı? Eğer o hayali aklınızdan çıkartıp yeni bir hayale yer açarsanız, kendinizi ne yaparken görüyorsunuz?
- Hayatınızın neresinde sıkıldınız? Hangi fikirleriniz ve meraklarınız bilincinizin kıyısında daha fazla açığa çıkmayı bekliyor?
- Hedefiniz ya da hareket planınız başarıya ulaştı mı? Eğer o hedef ve ya hareket planını aklınızdan çıkartıp yenileri için yer açarsanız, kendinizi sonra ne yaparken görüyorsunuz?
- Bir başkası size yeni bir gerçeklik oluşturmakta yardım etse ve para ve yaş sınırlayıcı bir unsur olmasa, hangi alternatif varoluşu keşfetmek istersiniz?

Bu sorular yeni fırsatların oluşması için zihninizde yeteri kadar yer açar. En güncel içsel şablonunuz ile uyumlu olmanın en önemli kısmı, değişimi ve yeni fikirleri hoş karşılamak, akabinde her an neyin ilginizi çektiği, neyin sizde coşku ve uyum ürettiği ve kendinizle gurur duymanızı sağladığı ile ilgili özgün seçimler yapın.

Seçeneklerinizi Bilinçli Duyarlılıkla Tartın

Daha yüksek bir kişisel titreşimle aranızda bulunan engelleri kaldırdıkça, dünyada var olan birçok farklı titreşimin daha fazla farkında olursunuz. Ayrıca kaç seçeneğiniz olduğunu da görürsünüz.

Geçen gün bir arkadaşımın üç yaşındaki çocuğunun da kendisine bir şey yapması söylendiğinde dediği gibi: "Ama *seçim yapabilirim ben* !" Şimdi hepsini gördüğümüze göre, ne yapacağımıza nasıl karar vereceğiz? Sophia'nın gelişim yöntemi tam da doğru olandı; aldığı her kararı içinde hissettiği gerçek doğru ile karşılaştırmaya söz vermişti. Filtre gibi davranırken şu anın muazzam gücünü hatırlamak önemlidir: Tek bir anda sadece tek bir düşünceyi gözden geçirmeniz gerekir. O boşlukta o düşünceyi tamamen benimsemelisiniz. Aslında İçsel Algılayıcınızın size ihtiyacınız olan fikir ve seçenekleri, ihtiyaç duyduğunuz sırada sunmasını sağlayabilirsiniz. Bu şekilde hangi yöntemle hareket edeceğinizi kolaylıkla seçebilir, karmaşık verilerin labirentinden adım adım çıkmayı başarabilirsiniz.

Seçeneklerinizi tartmanın bir kısmı kendi gerçeğinizi endişe işaretlerinizi ve bilinçli duyarlılığınızı, sezgilerinizin katmanlarını ve kendisini size nasıl sunduğunu fark etmekte kullanmaktır. Örnek olarak, birisi size yeni bir hareket planı yapmanız konusunda fikir verebilir ama bilinçaltı duyarlılığınız size bunun tam bir cevap olmadığını söyler. Daha fazla bilgiye veya daha derin bir bakış açısına mı ihtiyacınız var? Çözümün halen var olmayan bir anahtar adımı mı var? Bu başka insanların bakış açılarıyla uyuşacak büyük çözümün bir parçası mı? Aslında daha içsel bir düzeyde, bilinçli olarak fark ettiklerinizden daha fazlasını bilirsiniz. Eğer bu bilinçaltı bilgileri bilinçli hale getirme konusunda pratik yaparsanız, karar verme aşamanıza kısa yoldan ulaşabilirsiniz.

Şunu Deneyin!

Bilinçli Hassasiyet Karar Vermenize Nasıl Yardımcı Olur?

Anlamın alt katmanlarını nasıl fark ettiğinize dikkat edin. Aşağıdakilerden her birini sakin ve odaklanmış bir şekilde içinizden geçirin ve duyarlılığınızın sizi "derin bir rahatlıkla" karar verebileceğiniz bir tepe noktasına nasıl getirdiğini görün. Örneğin, sizin için iyi olmayan bir iş teklifi aldığınızda karın boşluğunuzda bir düğümlenme hissetmiş olabilirsiniz. Bir şeyin çabucak söylenmesi ya da yapılması gereken zamanlarda vücudunuzun zihninizden bağımsız hareket ettiğini düşünebilirsiniz. Aşağıdaki durumlarda karar vermede duyarlılığınız size nasıl yardımcı oluyor:

- Çözüm zarif mi ve birçok sorunu aynı anda çözüyor mu?
- Cevap yeterince derine gitmiyor mu ya da önemli bir bilgi mi eksik?
- Yöntem yanlış ya da yüksek başarısızlık ya da tehlike ihtimali içeriyor mu?
- Mecburi bir durum ya da süreç söz konusu mu?
- Harekete ne zaman geçmeli? Ne zaman beklemeli? İlk, ikinci, üçüncü olarak ne yapmalı?
- Bir şeyi ne zaman dert etmeli ne zaman yükünden kurtulmalıyız?
- Ne zaman bir şeyin sonuna kadar gitmeli ve ne zaman yarıda bırakıp önümüze bakmalıyız?

Bilinçli duyarlılığınızla ne kadar çalışırsanız, yani vücudunuzun size verdiği işaretleri ayırt edip dikkate alırsanız, daha geniş ölçekli çözümler bulmanız ve iyi kararlar vermeniz kolaylaşır.

Doğal Dalga Hareketini Kullanarak Plan Yapabilir ve Hedefler Koyabilirsiniz

Vücudunuzdaki enerji o kadar ivme kazanıyor ki değişim ve evrim fiziksel şekillerden daha tutarlı oluyor. Artık fikirler kuyularda kilitli kalmıyor ve çözüm, bir kez saptandığında, kısa süre-bazen aylar yıllar yerine günler- dayanıyor olabilir. Şöyle düşünün: her saniye, bir seçim yapıyorsunuz. Şimdi ayağa kalkın, şimdi yemek yiyin, sola gidin, sağa gidin. Bu sırada diğer herkes de seçimler yapıyor. Sizin seçimleriniz onları, onların seçimleri de sizi etkiliyor. Bu olay, sanki herkesin bir arada oynadığı inanılmaz karmaşık holografik bir video oyunuymuşçasına, kocaman bir aynı anda gelişen seçenekler yumağı. Bundan bir yıl önce hayat planımın seminer vermek için deniz aşırı yolculuklar yapmamı içermesine rağmen, başka birinin bu pozisyona gelmesi ve dünyanın benim bunu yapmama ihtiyaç duymaması ile değişebilir. Bunun yerine dünya benim kitap yazmama ihtiyaç duymaya başlamıştır. Eğer seyahatleri içeren ilk vizyonu iş planımın büyük bir parçası haline getirip, hiç güncellemez isem, etmezsem, hayal kırıklığına uğramış ve deniz aşırı işler çıkmadıkça kendimde sorun arayan biri haline gelirim.

> Olaylara bakış açınızı değiştirdiğinizde,
> baktığınız olaylar değişir.
>
> Max Planck

Bugünü planlamanın püf noktası şu ana konsantre olmaktır. Anı terk etmenize gerek yoktur çünkü o an genişletilebilir bir şeydir. Bunu sizinle nefes alan lastik bir top gibi düşünün. Siz "nefes aldıkça" veya zihninizi esnettikçe, mevcut an daha fazlasını kapsamak için genişler – daha fazla süreç, daha fazla alan, daha fazla kolektif akıl, daha fazla enerji. İşte bu gibi anlarda, kaderiniz için olan vizyona ya da *içsel şablonunuza* erişir ve her şeyin koordineli ve birbirini destekleyen bir halde olduğunu görürsünüz. "Nefesinizi verdiğinizde", ya da zihninizi tek bir odağa konsantre ettiğinizde, an daralır ve daha az zaman, alan ve vizyon içeren genel bakışa müsait olur. Vücudunuzun ve kişiliğinizin, belirli bir hedefe ulaşmak için fiziksel bir eylem yapmaya hazır olduğunu hissedersiniz. Mevcut anı her genişlettiğinizde, geniş açılı bir merceği açıyor gibisinizdir; kişisel gerçekliğinizi daralttığınızda, daha dar, daha detaylı bir görüntüye yakınlaştırmanız gibi. Devamlı soluk alıp verir, içeriye ve dışarıya hareket eder, mevcut anınıza az ya da çok evrensel bilgi katarsınız.

Tek bireyde yapacağınız büyük bir devrim,
bir toplumun kaderini değiştirmenizi sağlar ve dahası,
insanlığın kaderini değiştirmeyi mümkün kılar.

DAISAKU IKEDA

Hem bireysel gerçekliği hem de kolektif bilincin gerçekliğini aynı anda zihinde tutmak zordur o yüzden iki arasında isteyerek gidip gelmek yararlıdır. Genişler ve vizyonunuzu kontrol edersiniz, olabilecek potansiyel realitenin neye benzeyeceği hakkında izlenimler edinirsiniz. Sonra vücudunuza sıkışırsınız, belirli bir hedefi sezer ya da belirli bir şekilde davranmak için bir dürtü hissedersiniz. Eyleme geçip hedefe ulaştığınızda, tekrar dalganın sonundaki boş alana ulaşır ve tekrar vizyonunuza genişlersiniz. Vizyonunuzu kontrol ettiğiniz her an, o artık yenidir. *Sizin* vizyonunuz *herkes* için olan Plan'ın bir kısmıdır ve bir kaç saat, gün, ay, yıl önce en son ziyaret ettiğinizden beri evrim geçirmiştir. Daha sık kontrol ederek, arzularımın gizemli bir şekilde yön değiştirdiğini fark edebilirim; artık deniz aşırı seyahat etmek istemediğim, evde kalıp gevşeyerek kitap yazmakla daha iyi hissedeceğim gibi. Herkesin ihtiyaç ve kararlarının yarattığı alan, benim, hepimizin istediği şeyi yapmama yardımcı oluyor ve bu bana olabilecek en iyi, en mutlu edici karar gibi gelmesini sağlıyor. Deniz aşırı seyahat etmemenin bir fedakârlık gibi olduğunu hissetmek yerine, bir başkası bunu yaptığı için mutlu oluyorum. Güncellenmiş içsel şablonunuza kavuştuğunuzda, her zaman daha doğal, ilginç bir yeni adım gibi gelecektir.

Vizyonunuzu bulmak ve söz gelimi bir iş planını beş yıl boyunca korumak, bir zamanlar işe yarardı. Sophia bu duruma iyi bir örnek. Şirketinin gelişimi için uygulanabilir bir plan yaratmıştı ve on yıl boyunca başarılı olmuştu. Fakat sonrasında iş gelişimini yeni bir düşünce ve çalışma şekline göre yapılandırma ihtiyacı duydu. Bu sırada aşması gereken zorlu sınavlar ise: (1) Bunun farkına varmak, (2) güncellenmiş bir vizyon ile kendisini tekrar düzenlemek ve (3) yöntem ve sistemini bunu yansıtacak biçimde tasarlamak. Vizyonunu yaratıcı bir şekilde genişletmeye odaklanmış ve bunu hayata geçirmişti. Ancak geriye gidip vizyonu düzenli aralıklarla denetlemedi çünkü her şey zaten iyi gidiyordu. Bu nedenle planı işlevini kaybetmeye başladığında oldukça şaşırmıştı. Eğer vizyonunuzu sıklıkla kontrol ederseniz, değişime paralel güncellemeler yapabilir ve uyum sorunu ya da hedeften sapma gibi sorunlar yaşamazsınız.

Zaman ve Süreç Deneyiminiz Değişiyor

Sezgi Çağının akışkanlığına doğru yöneldikçe, zaman algınızın değiştiğini fark edebilirsiniz. İlk olarak dünyanın çok hızlı hareket ettiğini ve sizin daha fazla kendinizi zorlayarak ve hızlanarak dünyanın bu hızına yetişmeniz gerektiğini hissedebilirsiniz. Bir işi bitirdiğinizde on tane daha görevin sizi bekliyor olduğunu bilmek, başarılarınıza veya yaratıcılığınızı kullanarak yaptığınız işlere sevinecek zaman bulamamanıza neden olur. "Yapılacaklar" listeniz yakın gelecekteki birçok şey ile dolup taşmıştır. "Eski iyi günlerde" her şeyin ne kadar da sakin ve güzel olduğunu düşünmekten kendinizi alamazsınız. Zihniniz dinlenmek için geçmişe ve planlarınızı koordine edebilmek için geleceğe gider. Çok nadiren şimdiki zamanı yakalar ve anı yaşarsınız. Bu nedenle kendinizi baskı altında hisseder, kendi ev frekansınızı yakalayamaz ve sınırsız enerji rezervinizden faydalanamazsınız. Kendinizi sık sık bitkin ve tükenmiş hissedebilirsiniz. Algının eski yolunda zaman ve süreçlere ilişkin deneyimleriniz bir görecelilik fonksiyonu yaratır; geçmişi bugüne ve bugünü geleceğe kıyaslar.

Sezgi Çağında ise bunun tam tersi yaşanır-geçmiş ve gelecek genişlemiş bir şimdiki zaman tarafından yutulur ve böylece ortada görecelik ya da kıyaslanacak herhangi bir şey kalmaz. Sadece ihtiyacınız olan her şeyi barındıran daha büyük bir varlık ve dikkate doğru sizi yönelten sonsuz bir şimdiki zaman vardır. Her şey anın içindeyken ve şu an gerçekleşirken enerji ışık hızında hareket eder. Şimdiki zaman ve gelecek hareket ve sonuçları arasında hayal ettiğiniz boşluğu dolduran duraklama zamanı ortadan kaybolur. Böylece bir sorunu çözerken, kararlar alırken veya hedefler belirlerken eğer özellikle sürece dâhil olan insanlar konuyu tamamen anlamış ise ve gerekli mantıksal süreç sağlanmış ise çok daha kısa zamanda sonuç alınabilir. Bir kez "hiper-uzaya zıplama" deneyiminden geçerek genişlemiş Şimdiki Zaman'ı yaşadığınızda, kendi ev frekansınızı oturtabilirsiniz ve yaşamınız sakinleşerek zaman neredeyse sonsuz bir hale gelir.

Kişisel gerçekliğiniz ile yüksek vizyonunuz arasında bilinci olarak salınarak, zaman çizelgesi ve trendler hakkında doğal bir duyu geliştirebilirsiniz. Daha kapsamlı düşünen, potansiyelleri önceden fark eden ve daha fazla değişken arasındaki iç bağlantıların daha fazla farkında biri olabilirsiniz. Bir yolun diğerlerine göre önceliği olabileceğini sezebilirsiniz. Yeteneklerinizle sürece olan etkinizden mutluluk duyabilir ve dalgalanmaları, hızlanma ve yavaşlamaları yönlendirmenizden keyif alabilirsiniz.

Zaman çizelgesi, yaşayan ve kapsadığı herkesin ihtiyaçlarını özgün ve değişken bir şekilde yansıtan bir olgudur.

Şunu Deneyin!

Zaman Çizelgesinin Yolunu Hissedin

1. Sorumluluğunu alıp üstleneceğiniz bir proje veya süreç düşünün. Bu bir gezi, yeni bir ürün gelişimi veya hangi üniversiteye gideceğinize karar vermek gibi bir süreç olabilir. Kendi içsel merkezi frekansınıza gidin ve tüm süreci yüzeye çıkarın, ilk anından en son ulaşacağı gerçekliğe kadar kendinizle birlikte süreci boşluğa yayın. Bir yanınız artık olacakları çoktan gördü ve tecrübe etti bile, gevşeyin.
2. Sürecin enerjisini hissedin ve bedeninizin olayların akışına göre doğruluk ve endişe sinyallerini yaymasına izin verin. Tüm işlemin içinden geçerek, olabilecek her ihtimali, her noktayı tecrübe ediyorsunuz. Nerede yavaşlayıp nerede hızlanacağınızı, diğer insanların dâhil olabileceği yerleri ve iş akışının nerede duraksayacağını izleyin ve test edin.
3. Zaman çizelgenizi çizin, bir kâğıda bir nehri resmeder gibi. Genişlemeleri, daralmaları, artış ve azalış ile hızlanabileceği

yerleri ekleyin. Farklı hareket ve eylemlerin, enerjilerin farklarını belirtin. Akışın değişimine etki edebilecek şeyleri hissetmeye çalışın ve isimlendirin. "Tartışma", "kayıp", "pozitif enerji", "senkronizasyon", "iyi şans" gibi etiketler kullanın.

4. Güncelleyin, tekrar tecrübe edin, nasıl gelişmesini istediğinize göre zaman çizelgenizi tekrar tekrar yapılandırın.

Sorunları Meydana Gelmeden Fark Edebilirsiniz

Zihniniz durağanlık ve tanımlamalardan hoşlandığı için enerji akışındaki değişimlerin erken sinyallerini görmezden gelmek kolaydır. Düşünmenin eski yolunda buna "sorun çıkarmak" diyorduk. Bilinçli hisleri kullanarak ve görünebilirlik eşiğinde daha tetikte olarak problemleri önceden sezebilirsiniz. Hislerinize kulak verirseniz, çalışanlarınızın davranışlarına ve çevresel etmenlere dikkat ederek takip edebilirseniz, yaklaşan olayları isabetli bir şekilde etkileyecek eylemleri önceden fark edebilirsiniz. Hayatın ve sürecin bozulmaya bağladığını, tıkanmaları ve sıkışmaları görebilirsiniz.

Yaklaşan olayların gölgeleri kendilerinden önce gelir.

KADİM ATASÖZÜ

Sophia'nın durumuna geri dönelim. Geriye baktığında, erken uyarı sinyalleri almış olduğunu fark etti. Herkesin kendisinden beklediğini karşılamak için saatlerce çalışıyordu. Şimdiye kadar olduğundan on kat daha fazla stres yaşıyor ve genellikle hastalanmanın eşiğinde olduğunu hissediyordu.

Hayatında ilk defa bir ofis yöneticisi tuttu. İşini doğru yapamayan bu yöneticinin yaptığı hataları düzeltmek şirketi aylar öncesine götürdü. Ofisini daha geniş bir yere taşırken sayısız sorunla karşılaştıktan sonra bilgisayarları nihayet düzgün bir şekilde çalışmaya başladı. Çevrenizde veya kendinizde bir enerji sorunu olduğunu düşündüğünüz, mutluluğunuzun azaldığını veya sağlığınızın bozulduğunu hissettiğinizde ve aynı miktardaki çabalarınız artık aynı verim ve sonuçları vermemeye başladığında yapmanız gereken değişmektir!

Şunu Deneyin!

Demlenen Değişimi Nasıl Sezersiniz?

1. Dertler ve sorunlarla karşılaştığınız bir dönemi hatırlayın. Erken uyarı sinyalleri var mıydı? Eğer daha duyarlı olsaydınız, süreçte bir yön değişimi olduğunu fark edebilir miydiniz? Sorunlar yüzeye çıkmadan önce bedeninizde ve çevrenizde neler hissediyordunuz? Eğer gerçekleşmeye çalışan olayları fark edebilseydiniz nasıl tepkiler gösterebilirdiniz?
   - Bir sorunu fark etmek için hangi duyularınızı kullanırsınız? Bunlar vücudunuzda nereye kaydoluyor?
   - Bir olayın sorun haline dönüşeceğini nasıl bilebilirsiniz?
   - Bir problemin şu an var olduğunu veya potansiyelini, bu değişimi sürecinin ne kadar sürede gerçekleşeceğini nasıl bilebilirsiniz?
   - 'Tam doğru' bir çözüm sizi nasıl hissettirir?
2. Bugünden başlamak üzere enerji bozulmalarını ve sürecin tıkandığı anları hissetmek, vizyonunuzu kontrol etme zamanının geldiğini anlamak, ne zaman ne şekilde hareket etmeniz gerektiği ve tam bir perspektif geliştirmek için daha çok bilgiye ihtiyaç duyup duymadığınızı anlamak için pratik yapabilirsiniz.

Kaliteli Çözümleri Nasıl Anlarsınız?

Kaliteli çözümler etkilediği tüm insanların ruhsal ifadelerini en üst düzeye çıkaran çözümlerdir. Temellerini yaşamın içerisinden alır ve bu nedenle uzun vadede zararlı olabilecek, var olan gerginliği çabucak yok etmek için kısa yollar yaratmaz. Canlı bir sistemin parçaları olduğunuz ve bir parçadaki sorunun diğer her şeyi ve herkesi de etkileyip zarar verebileceği gerçeğinin anlaşılması temeline dayanır-buna dünya ve yaşamın tüm formları dâhildir-. Korku temelli davranışlara veya intikam, gizlenme, hile yapma, yalan veya çalma gibi negatif duygu ve düşüncelere kaliteli çözümlerde yer yoktur.

Kaliteli bir çözüm her zaman iyileştirme ve doğruluk üzerine kurulur. Önemli bilgilerin yüzeye çıkmasına, taze yaratıcı akımların ikilemler ve karmaşaları göz önüne alarak bir düşünce yapısı oluşturmaya yardımcı olarak zihnimizi siyah-beyaz, doğru-yanlış gibi kesin hükümlere varmaktan kurtarır. Kaliteli çözüm sorunun eski modelini daha kapsamlı bir model izle değiştirir; Örneğin çözümün spiritüel etkisini dâhil eder. Kaliteli bir çözüm bulmak için kendinize şu soruları sorun:

1. Bu sorun öğrenilecek yeni bir şey ya da büyüyebilecek bir fırsatın habercisi olabilir mi? Hayatınıza ya da ekibinize deneyim olarak ne katmaya çalışıyor?
2. Sorun böyle kalır ve olaylar gelişirse neler olabilir? Sistemi doğal akışına bıraktığınızda neler yaşanabilir?
3. En kötü senaryo gerçekleşirse, alınması gereken dersler ne olur? Kendi hayal gücünüz sayesinde alınması gereken dersi çıkarabilir misiniz yoksa yaşayarak mı öğrenmeniz gerekir? "Başarısızlık" olduğunda, işleri tekrar pozitife döndürmek için neler yapılabilir?
4. Enerji akışını nasıl daha iyi bir yola yönlendirebilirsiniz? İradeniz ve fikirlerinizden bağımsız olarak nasıl bir süper çözüm gerçekleşmeye çalışıyor?
5. Hangi çözüm en derin rahatlığı sağlar ve çaba harcamadan bireyler, takımlar, kurumlar, müşteriler, toplum, çevre ve gelecek nesiller için fiziksel, duygusal, zihinsel ve ruhani boyutlarda fayda sağlar? Şu an için en iyi kazan-kazan-kazan durumu nedir?
6. Araçlar (sorunu çözme süreci içerisinde) sonucun kendisi kadar değerli midir?

7. Sorun alanı olarak sürecin çok ufak parçalarına mı bakıyorsunuz? Sorunun çok düzeyli (fiziksel, duygusal, zihinsel ve spiritüel) nedenlerini anlayabiliyor musunuz?
8. Bir çözüm bulamadığınızda, sorunu vücudunuza yönelterek birleşik bir alan yaratıyor musunuz? Görünmeyen gerçekliklerden yardım istiyor, ya da içgörülerinize kulak veriyor musunuz?

Şunu Deneyin!

Kaliteli Bir Çözüm Bulun

1. Şu an kaygı duyduğunuz bir sorunu düşünün. Çözüm olabilecek fikirleri listeleyin.
2. Sorunlarınızı ve muhtemel çözümlerinizi yukarıdaki sekiz maddeye göre isimlendirin. Notlar alarak bir seyir defteri tutun.
3. Bu sekiz düşünceye ek olarak, çözümlerinizi çok fazla irade gücü veya düşünmeden hareket etme, fedakarlık, başkalarına veya dünyaya vereceği zarar, bedeninizin kapasitesinin üzerine çıkabilecek ve onu bozabilecek bir çaba olup olmayacağı, korku veya diğer modası geçmiş nedenler ile motivasyon sağlamaya çalışıp çalışılmayacağı gibi ölçeklere göre test edin. Bu ölçeklere göre elenen seçeneklerden sonra geriye hangi çözüm yolları kaldı?
4. Hayati bir bilgi ya da bir sezgi eksikliği var mı? Çözümü ve süreci nasıl etkileyeceğine dair farkındalık yaratabilecek bir ifade elde edebilmek için bu soruyu sorun.

Bu soruları sormayı ve cevaplamayı bitirdiğinizde, ulaşacağınız geniş ölçekli çözüm size sevindirici bir rahatlama ve yenilenmiş bir enerji sağlayacaktır.

Öyle çok zeki değilim,
yalnızca sorunlar üzerinde daha fazla duruyorum.

ALBERT EINSTEIN

Kısaca...

Titreşimsel sorun çözme ve planlamada sorunları ruhunuza ve kaderinize tecrübe katmak adına bir duruma yönlendirilmiş sorular olarak görürsünüz. Sorunu çözmek sağlıklı bir enerji akışını tekrar düzenlemek adına ne yapılması gerektiğini görmek ve yeni bir yol bulmak için enerjinizi hareket ettirmek demektir. Ayrılık algılandığında, sorunlar çıkar. Kaderini bulmak, bireyler için hayattaki en büyük çözümü sağlar, çünkü ruhunuzun yaşadığı gibi yaşadığınızda, birlikteliği tecrübe eder, gelecek sorunlar ve gelecek için planları ortadan kaldırmış olursunuz. Geniş ölçekli çözümler her zaman kazan-kazan-kazandır. Hayatın tüm biçimlerini önünüze sunar, fiziksel, duygusal, zihinsel ve spiritüel olarak birçok düzeyde etki eder.

Karmaşık durumlarda bile, karar vermek için kendi ev frekansınızda merkezlenerek bir süreliğine ve vizyonunuzu kontrol etmeniz gerekir. Hayatınızın yönü değişiyor, gelişiyor olabilir. Çok fazla seçeneğiniz olduğunda seçimlerinizi tartmak için bedeninizin incelikli doğrularını çağırarak kaygı sinyallerinize dikkat etmeniz gerekir. Hedefleri planlar ve seçerken, günlük kişisel gerçekliğiniz ile daha ileri seviye hayalleriniz arasında kasıtlı olarak ve sık sık gidip gelmek önemlidir. Kaderiniz herkesin kaderi ile ortak bir şekilde gelişir, bu nedenle planlarınız akışkan ve şu anda olmalıdır. Sezgi Çağı, zaman ve zaman çizelgesine ilişkin tecrübelerinizi değiştirir, geçmiş ve geleceğin genişletilmiş bir şimdiki zaman tarafında emilip yutulduğunu fark etmeniz, gerçekleştirme sürecini hızlandırır. Zaman çizelgeleri insanların seçimleri ve planları tarafından etkilenir ve sıklıkla kontrol edilmelidir.

Ev Frekansı Mesajı

Okuyucuya bölümünde sayfa 21'de açıkladığım gibi; her bölümün sonuna bir takım ilham verici parçalar eklerken normal, hızlı okuma alışkanlığınızı daha derin bir deneyime çevirebilmeyi amaçladım.

Aşağıdaki mesaj sizi Sezgi Çağındaki yaşama yakın bir deneyime götürmeyi amaçlıyor. *Ev frekansı mesajı*na geçmek için sadece biraz yavaşlayın ve daha telaşsız bir hale geçin. Derin bir nefes alın, sonra derin bir nefes verin ve mümkün olduğunca sakinleşin. Zihninizi yumuşak ve algıya açık olacak bir biçimde serbest bırakın. Sezgi gücünüzü açın ve onun dilini *içine girerek anlamaya* hazırlanın. Bakın bakalım, okudukça ortaya çıkacak derin gerçekleri ve duyguları hissedebilecek misiniz...

Deneyiminiz terimlere ayırdığınız zamanla ve dikkatinizle doğru orantılı olarak daha büyük boyutlara varabilir. Her seferde kelimelerin sadece birkaçına yoğunlaşın, noktalama işaretlerinde duraklayın ve bu mesajı size –şu anda ve canlı olarak- getiren akılla "birlikte kalın". Kelimeleri yüksek sesle okuyabilir ya da gözlerinizi kapatıp birinden size okumasını rica edebilirsiniz. Böylece kelimelerin üzerinizdeki etkisini göreceksiniz.

AKIŞA UYUN Kİ SORUNLAR ÇÖZÜLSÜN

Hayat hareket halindedir. Sizi dalgadan parçacığa, hareketten duraksamaya götüren bir eğlence trenidir. Dalga, akış ve gevşemenin neşesini getirir. Duraksama kendinizin -bireyselliğinizin, çoğulluğunuzun ve birlik olgusunun- farkına varmanızı sağlar. Dalga ve duraksama. Genişlemek ve büzülmek... Ayrık olmak ve yeniden birleşmek... Vermek ve kabul etmek... İletişime geçin ve bağınızı hissedin. Öğrenin ve bilgeliği tecrübe edin. Siz dalgasınız ve parçacıksınız ve tekrar dalgasınız ve tekrar parçacıksınız. Her seferinde, yenisiniz.

Zihni yanlış kullanmak gibi sağlıksız alışkanlık edindiniz. Bir dalgadasınız ve zihniniz "Hayat enerjidir ve ben hareketim" diyor. Sonra duraksayıp parçacık olduğunuzda, zihniniz yeniden tanımlaması gerektiğini düşünüp "Hayat katı ve ben sonlu bir bireyim" diyor. Tekrar dalga olmaya başladığınızda, zihin tanımlamasını yeniden "akışa" çevirme konusunda baskı altında kalır. Kendi alışkanlığı yüzünden inatçıdır. Sizin ve hayatın sadece tek yönlü olmasını, hayata ve kendinizin doğal parçacık-dalga sistemini tecrübe etmenize bu kadar takılmamanı ister. Zihin kendi kısıtlı bakış açısından dalga-akış durumundan parçacık-duraksama haline her geçişinde kendine "Ben hatalıyım. Bir şeyler yanlış. Bir sorunum var. Bunu beğenmedim. Bu değişimi kontrol etmeliyim" der. Korku üretir ve gereksiz sıkıntılar doğurur.

Kendinizi tecrübe etmenin en yeni halinden keyif almak yerine, sorun sahibi olmaya odaklanmak insanoğlunun en büyük çılgınlığıdır. Sorun sahibi olduğunuzu hissettiğiniz anların altında, akış da olsa duraksama da, bir sonraki, şu ankinden daha fazla keyif alınabilir bir deneyime doğru yön değiştirdiğiniz hissi vardır. Deneyime sınıflandırmadan geçin ve onunla bir iletişim kurun. Hareket edin, açıklayın, yaratın ya da duraksayın, tekrar merkezinize dönün ve takdir edin. Sonra da dış dünyanın kendisini bu enerji döngüsüne –hayalinize, filminize- doğal olarak uyum sağlamasını izleyin. Zihnin tereddütleri olmadan, dünyanın tereddüdü olmaz sorunlar ve cevaplar çözülür; varoluş yok oluş ve yeniden varoluş gerçekleşir bunun yerine. Yaşamdaki şekiller gelir ve geçer ve evrimleşir.

Zihninize tanımlama yapmasına son vermeyi ve şu an deneyimi ile "bir olmayı" öğretebilirsiniz. Zihninize, döngünüzün değişimlerini nasıl fark edeceğini, her aşamanın hazlarına uyum sağlamasını, "yanlış" kavramını, deneyimi mutlulukla kucaklayarak değiştirmesini gösterin. Zihninizin kopuk ya da dirençli olduğunu her fark ettiğinizde, boş verip mevcut faza yeniden katılmasını ve hazzı aramasını sağlayın. İleride bu derin hazlar, her farkındalık içeren her değerli anınıza sevgi katmanıza izin veren birleştirici prensip olacaktır. Ruhun hazzını düzenleyici prensip olarak ele aldığınızda yanlış bir şey, sorun, cevap kalmayacaktır. Hayat kendini bilgece geliştirir. Cevaplar zihnin ruhla buluştuğu, bu buluşmalarda, sonraki en uygun şeyi seçmenin keyfini yaşattığı anlık durma noktalarıdır. Sorun yaşamayı bırakabilirsiniz. Şimdi'ye kendinizi bıraktıkça, hiçbir şeye ihtiyaç duymazsınız.

İnsan kurallara sığmaz!

9

Yüksek Frekanslı Bir Yaşam Yaratmak

Gerçekte kim olduğumuzu bilme korkusuyla
kaderimizden kaçınır, yaratılışımızın kıtlığında aç kalırız.
Sonunda, uyuşuk, tutkusuz hayatlar yaşar,
ruhumuzun gerçek amacından koparız. Ama ne zaman
hayatınızı kim olduğunuzun özüyle şekillendirme cesaretine
sahip olursunuz, ateşlenip gerçekten canlanırsınız.

DAWNA MARKOVA

YÜKSELİŞTEKİ POPÜLER TREND OLAN, hayatımızı, ya da hayatımızdaki şeyleri, düşünce yoluyla kasten yaratmak ya da maddeleştirebileceğimiz fikri, asırlardır tarihin vurguladığı insanların tanrıların ve kaderlerinin çaresiz kurbanları olduğu görüşü göz önüne alındığında gerçekten oldukça radikaldir. Bu ruhumuzun düşüncelerimizin ve duygularımızın fiziksel gerçekliğimizi nasıl etkilediğini görebileceğimiz bir seviyeye, maddi olmayan şeylerin gerçekten maddi bir şeylerin oluşumunu sağlamasına- evrimleştiğimiz anlamına gelir. Maddeleştirme –birçok kişi bundan tezahür olarak bahseder- bir kişinin, irade gücü, arzu ve odaklanmış enerjisini kullanarak, fiziksel seviyede ortaya çıkmasını sağlamaktır. Bu bilgi çağlardır sadece avatarlar, büyücüler ve simyacılara sunulmuştur. Ama kısa süre önce, *çekim yasası* ortaya çıktı, önceden ezoterik ve metafizik olarak addedilen fikirleri konuşulur hale getirdi. Bu da bizlerin kişisel titreşimlerin gücünün, gerçekliğin şekillendirilmesine nasıl yardımcı olduğunu anlamaya umduğumuzdan daha fazla hazır olduğumuzu gösterdi. Çekim yasası temel olarak "benzer benzeri çeker", "Yaydığınız titreşim neyse benzerini yaratırsınız" ve "mutlu olmak hayatı istediğinizce maddeleştirmenizi (gerçekleştirmenizi) sağlar" cümleleriyle özetlenebilir. Bu, benim deneyimimde, temelde doğrudur ama anlayışın ilk aşamasıdır. Gelin maddeleştirme ve tam tersi işlem olan *maddesizleştirmenin* işleyişindeki nüansları keşfedelim.

Yaratım Çekim Yasasından Öte Bir Şeydir

Toplumun dönüşüm süreci, 3. aşama (Pandora'nın kutusunun açılması, ya da bilinçaltı şuuru), 4. aşama (bilinçaltı tarafından fark edilen korkuların bastırılması, daraltılması ve onlara direnilmesi) ve 5. aşama (eski yapıların kırılıp çözünmesi) arasında gezinirken, birçoğumuz kaybetme ve bir şeyleri bırakmanın yarattığı kaostan şiddetle kaçınmaya çalışıyoruz. Hayatı kontrol etmenin yanıtının, para ve sahip olduğumuz şeyler olduğunu düşünüyoruz. Günümüzde, aslında ruhsal gelişime işaret eden çekim yasası, maddesel başarı ve ilişkiler üzerindeki güvensizliklerin üstesinden gelmesi yönünde epeyce çarpıtılmış durumda –ve bu da ilkelerin ağırlıklı olarak korku temelinden hareketle uygulanması demek oluyor. Dönüşümün daha gelişmiş aşamalarına ilerlemek için, çekim yasasının altında yatan frekans ilkelerinin içyüzünü daha iyi anlamak gerek

Dönüşümünüzün 6. aşamasını geçmenin size katacağı niteliklerden biri –durup, ruhunuzun sevgisi içinde merkezinize odaklanıp kendi ev frekansınızın kişisel titreşiminizi ayarlamasına izin verdiğiniz durum- birliğe dayalı yeni bir dünya keşfetmenizdir.

Kendinizi bir enerji ve birleşik titreşim alanı olarak deneyimlersiniz. Her varlığın dünyayı en yüksek, en ortak vizyona göre maddeleştirmek için an be an ortaklaşa çalıştığını ve her şeyin mevcut an içinde nasıl çakışmış bir şekilde var olduğunu doğrudan yaşarsınız. Bu yeni bakış açısının anlamı, hedeflerinizin umutsuzluk içermemesi gerektiği ve ruhunuzu ifade etmenin kolay olduğu yüksek frekanslı yaşamın ya da kaderin, sizin doğuştan hakkınız olduğudur. Sonuç olarak, yaratım sürecine dair anlayışınız ve başarınız hatırı sayılır derecede değişir.

Sizleri bilmem, ben Sezgi Çağının yeni bakış açıları hakkında daha fazla şey öğrendikçe, falsolu notaları daha kolay duymaya başladım. Bazı günlerde "pazarlamacıların" zorlama bağırışlarla internet üzerinden satış stratejileri, başarı koçluğu servisleri, çabuk zengin olma taslakları ve hayatımı değiştirecek türünün tek örneği seminerler yağmuruna tutuluyorum. Birçoğu çekim yasasını dönüşüm sürecinde fazla ilerleyemeden destekliyor. Eğer gözümü açmazsam, toplumun ün, hızlı para ve maddi varlıklarıyla başa çıkmaya çalışırken kolayca kendimi tüketebilirim. Kendimi gergin seslerden kaçıp, barışçıl olanlara yaklaşırken buluyorum. Onlar kendilerini ev frekanslarından kazan-kazan-kazan sonucu için *hep birlikte* uyum içinde ifade etmenin hazzı içindeler. Bir taraf kulağımı tırmalarken, diğer taraf güzel bir müzik sunuyor. Burada zorlu bir sınav var: geçmişteki yüzeysel başarılarımızın ötesini görmek, yeni bir başarı olarak kaderimizdeki yerimizi bulmaya ve maddeleştirme ile maddesizleşmenin farkındalık dağarımızın normal bir kısmı olduğunu anlamaya yönelmek.

Dünyadaki koşullar, zamanımızın acılarına cevap bulmak için bizleri süredurumun ötesine bakmaya zorluyor. Dışımızdaki güçlere başvurduğumuz kadar içimizdeki güçlere de başvuruyoruz. Yeni, ruhsallık temelli bir sosyal aktivizm kendini göstermeye başladı. Bu hareketin özü yanlış olandan nefret edip onunla kavga etmek değil, olabilecekleri sevip onları daha ileriye götürmeye kendimizi adamaktır.

MARIANNE WILLIAMSON

Bugün, başarıyı sorgulayıp yeniden tanımlamak kadar, yaratım süreci sırasında neler olduğunu nasıl tanımladığımıza da dikkat etmeliyiz. Öyle ki; artık holografik süreçleri tasvir etmek için doğrusal modeller kullanmak yerine birleşik alan dinamiklerini kesin olarak somutlaştıran modeller geliştirmeliyiz. Doğrusal modellerin temeli hepimizin ayrı olduğu fikriyken, holografik modellerin temeli anın bütünlüğü ve hepimizin paylaştığı alandır. Zihinsel modellerinizi güncel tutmak, dünyayı maddeleştirme ve maddesizleştirme kabiliyetinizi kolaylaştırır. Neden? Çünkü olacak şeylerin gerçekleşmesine *nasıl* inandığınız, *neyin* gerçekleşmesini istediğinizi içeren planın altındaki içsel planınızdır. Eğer planlar birbiriyle uyumsuzsa engellerle ve biçimsiz sonuçlarla karşılaşırsınız. Örneğin, maddi bolluğu 'çekmeye' ihtiyacınız olduğunu düşünmeniz, birkaç yanlış algı içeren modası geçmiş bir modeldir.

İlk olarak, maddi bolluk ruhunuzun gerçek hedefi olabilir de olmayabilir de. İkincisi, algılamanın holografik şeklinde, siz ve istediğiniz şey aynı an ve mekândadır, bu yüzden gerçekte o şeyi çekemezsiniz çünkü zaten istediğinize sahipsinizdir. Bir şeyi çekmek bölünmüşlüğün doğrusal zihniyetinden gelen bir fikirdir: istediğiniz şey orada bir yerdedir ve siz irade ve zekâ kullanarak onun size gelmesini sağlarsınız. Birleşik bir dünyada, bir şeyi çekmek yerine, *hâlihazırda sizin gerçekliğinizde var olduğunu* fark eder ve ona dikkat etmeye devam edersiniz. Hiç çaba harcamaya gerek yoktur. Üçüncüsü, bir şeyi çekmek için iradeyi kullanacağınızdan, kişisel titreşiminizi ne kadar mutlu tutarsanız tutun, anında birleşmenin, sevginin, bir şey için var olmanın ve evrenin nasıl sürekli kazan-kazan- kazan durumunda olduğunun yarattığı tecrübeden kopmuş olursunuz. İrade gücü yüzeye çıktığında, ego gösteriyi yürüttüğünü düşünür, böylece yalnızlık ve zorluk fikri geri gelir. Bu ruh için bir gerilemedir çünkü bu ince irade gücü, artık ruhun size tam ihtiyacınız olan şeyleri sunacağına inanmayı bıraktığınız anlamına gelir. Böylece, enerji, bir şeyin neden orda olduğu anlayışınızı tamamen mükemmelleştirmek yerine, neye sahip olduğunuzu değiştirmeye çalışmaya, öne çıkarmaya, karşı çıkmaya harcanmıştır.

Ruh üstattır, hayal gücü alettir,
vücut ise şekil değiştiren malzeme.

PARACELSUS

İşte Maddeleştirme Böyle Başlar

Maddeleştirmenin ilk seviyesi bilinçli zihninizden bağımsız olarak, ruhunuzdan gelir; ruh, her zaman diğer ruhlarla beraber hareket ederek, hayatınızın gelişme planınız için ihtiyacınız olan önemli durumları maddeleştirir. Planlarınıza uygun olarak hareket edebilir veya karşı çıkabilir, hatalar yapabilir ve süreçte gecikmeler yaşayabilirsiniz ancak ruhunuz tıpkı bir derenin önü tıkandığında akacak yeni yollar bulması gibi doğruları bularak, planınızı kendiliğinden düzeltecektir. Gerekli olan irade tümüyle sizi kendine çekene kadar tekrar tekrar varlığını gösterecektir. Yaşam planlarınız silik bir şekilde çizilmiştir ve başkalarının gelişimlerine göre sürekli değişim göstererek yenilenir. Hayatınızın belirli bir bölümü için belirli bir ilişkiye ihtiyacınız var mı? Ruhlar buluşmaya ayarlanır. Yeni bir fırsata mı ihtiyacınız var? Belki ihtiyacınız olan kayıptır. Ruh koşulları ayarlayacaktır. Zamanı gelmiş bir ruhun ilerlemesine ne zihinsel ne de duygusal bir yoğunluk karşı çıkabilir. Koşullar ruhunuzun amacına tepki olarak doğan ve çöldeki seraplar gibi bir anda değişebilen hayat derslerini öğrenmeniz için yarattığı durumlardır.

Esasen, dünyanız kim olduğunuza göre maddeleşir. Kişisel titreşiminizin daha düşük bir oktavdaki uzantısıdır o. Yani korkularınız ve sevginizin bir karışımıdır. Ruhunuzun bir kısmı aydınlık ve doğrudur, ya da yüksek içsel titreşiminiz korku temelli duygularınızı ve kalıplaşmış fikirlerinizi eleyerek dünyanızı yaratır. Fakat kişisel titreşiminizin diğer bölümü ve sınırlandırmalarınızın yarattığı düşük frekanslı karartılar da dünyanızı çevreler. Problem olarak hissettikleriniz bu maddeleşmiş karartılardır ve hayat derslerini çıkarmak bu karartıları temizlemek ile mümkün olabilir. Yüksek frekans bir yaşam yaratmaya başlamak için, olumsuz ve gereksiz durumları maddeleştirmeyi durdurmak gerekir.

Maddeleştirmede zihniniz ve hisleriniz ikincil bir rol üstlenir ama çoğunlukla ruhunuzun amaçlarını ya sınırlamaya ve durdurmaya ya da hızlandırmaya yararlar. Bu durum sizin neye dikkat gösterdiğiniz ve gerçeklik kıldığınıza bağlıdır-sevgi dolu ruhunuza mı? Yoksa korku dolu egonuza mı? Sonunda korkularınız kaybolur ve karartılar temizlenir, böylece zihniniz ve hisleriniz daha yüce bir duyarlılık ve algı noktasına gelerek mükemmel bir iletken görevi görür. Ardından kişiliğinizin arzuları ile ruhunuzun amacı birleşerek özdeş hale gelir. İstediğinizi 'elde etmek' gibi bir durum söz konusu olmaktan çıkar; bir sonraki olması gereken doğru olay her zaman kendiliğinden ortaya çıkmaya başlar. Zihnin bu yapısında, yaratma ve çözünme işlemlerinin özelliği yüksek derecede bir oyunculuk, masumluk ve iyiliktir. Ve bu hafiflik sayesinde insanlığın evrimleşen kaderi ile uyum içinde akan geniş çeşitlilikte tecrübeleri maddeleştirmekte özgürsünüzdür. Yüksek frekansta bir yaşam, o halde, basit şeylerden alınan haz ile gelen doğal bir kaliteye sahiptir.

Dikkat, Enerjinin Maddeleşmesine Yol Açar

Enerjinin maddeleşmesini dikkat ve ilgi sağlar. Gerçekliğinizde hali hazırda var olan bir fikri tecrübe etmek istediğinizi fark ettiğinizde başlar. Fark ettiğiniz ve alandan çekip çıkardığınız için hayal gücünüzün içerisindeki bir "görüntü" olarak var olmaya ve bir çeşit fiziksel ağırlığa sahip olmaya başlar. Daha uzun süre dikkat edip daha çok enerjinizi bu fikre harcadıkça, düşünce ve duygunun oktavlarından biçime dönüşürken, fikrin titreşimi yoğunlaşır ve yavaşlar. Maddeleşmiş fikir zamanın ve mekânın uzak kadranlarından yolculuk etmez, basitçe kişisel titreşiminize doğru yankılanır, beyninizin üç bölümünden geçer, kademe kademe biçim ve duyusal veri toplar ve sürüngen beyninizce gerçek olarak algılanır. Maddeleşirken, fikir kişisel alanınızın dışına doğru yeni küçük ve istediğiniz zaman uzanıp tutacağınız mesafede duran ayrı bir titreşim olarak harekete geçer. Hayatı maddeleştirmek, bir fikri duygusal, ruhani, zihinsel ve fiziksel oktavlarda sizi ve fikri üç boyutlu "katı" gerçeklikte var olacak şekilde hissetmek ve birleştirmekten oluşan bir birlik işlevidir. İstediğiniz için var olan ve sevgi olarak işlevselleşen bir maddeleşmiş fikir, ihtiyacınız olduğunda birleşik alana doğru kaybolarak size istediğiniz boşluğu yaratır.

Tüm maddesel, yaşamsal, zihinsel ve hatta ruhsal süreçlerde yaşanan her şey enerji değişimini içerir... Her düşünce, her sezgi, her duygu enerji değişimleri tarafından yaratılır.

J.G Bennett

Maddeleştirdiğiniz her şey bir şekilde kişisel titreşiminizde somutlaşır. Fikir olarak fedakarlığa odaklanırsanız, maddeleşmiş gerçekliğiniz de bu fikre aynı derecede odaklanacaktır. Bu durumda, mağdur insanlar ile karşılaşabilir, kayıplar, ihanetler veya sizi takdir etmeyen benmerkezci insanlar ile ilişkiler yaşayabilirsiniz. Eğer mutluluğa odaklanırsanız, sizin için var olan hayat da eğlendirici bir şekilde oluşacaktır. Eğer çok çalışma fikrine odaklanırsanız, uzun çalışma saatleri ve düşük ödemeli işleri maddeleştirerek hayatınıza sokabilirsiniz. Eğer kendinizi ayrıcalıklı ve umursanıyor hissediyorsanız, bir mirası maddeleştirebilirsiniz. Benzer şekilde bedeninizi etkileyebilecek olumsuz duyguların temelinde kurduğunuz içsel planlar, hastalık ve yaralanmalara karşılık gelebilir. Örneğin, akciğer sorunları keder, boyun problemleri inat ve güven eksikliği, bacak problemleri dik durmak ve ilerlemek konusundaki tereddütleriniz ile bağlantılıdır. "kötü" olduğunuz için sağlık sorunlarını veya olumsuz durumları "çekiyor" olmanız değil, kişisel titreşiminizde bir yerlerde, çok insani olarak saygı görmeme, korkma, cezalandırılma veya terk edilme gibi insana özgü bir duygu alışkanlığı vardır.

Bedeniniz bir şeyi tamamı ile maddeleştirmek için öncelikle onu gerçek olarak algılamaya ihtiyaç duyar. Bu sezgilerinizin aktifleşmesi ve yeni amaç, durum veya deneyimi " normal" karşılamaya hazır olmanız anlamına gelir. Bilgisayarıma hemen şimdi dokunabilirim –sadece birkaç santim ötemde- ama bilgisayarımı değiştirip daha fiyakalı Macintosh'umu almaya karar verdiğim zamanı hatırlıyorum. Bir fikir olarak başlayıp bir görüntüye dönüştü. Onu kullanmayı, ödemeleri ne şekilde yapacağımı hayal ettim, satış yerine gidip bir gösterisini tecrübe ettim ve biriyle oynadım, gerçekten ona dokundum ve heyecanlandım. Hayatımı nasıl geliştireceğini hissedebiliyordum. Çalışma masamın üzerinde onu görebiliyordum. Çalışma masama geleceğini kesinlikle biliyordum. Ve onu satın alma sürecini başlattım. Şimdi vücudumda bu seviye bir ilerilik, bu hız, bu boyutta bir monitörün normal olduğuna ikna olmuştu. Başka bir gelişme çabasının zamanı geldiğinde, huzursuz olacağım, ondan da sıkılacağım, sonraki yeni modellerin reklamları dikkatimi dağıtacak ve tüm bu süreçten yeniden geçeceğim.

Tek Başınıza Yaratmazsınız

Arkadaşım Anne ile birlikte karşılıklı oturup gözlerimizi kapatarak bir meditasyon deneyi yaptık. Maddeleşmesini istediğimiz bir şeyin aramızdaki boşlukta ortaya çıkacağını hayal ettik. Kendisi, benim rahatlıkla öneremeyeceğim bol sıfırlı bir para meblağı hayal etmeye karar verdi. Bir hologram gibi, görümüzde ortaya çıkmasını diledik. Ondan paranın birçok özelliğini sesli olarak tasvir etmesini istedim. Kendisi tarif ettikçe, ben de gözümün önüne getirdim. Görümüzde para balyalar halindeydi, bende ondan balyalardan birini açıp paraya dokunup, duyumsadıklarını tasvir etmesini istedim. Bende benzer duyumları tecrübe ettiğimi hayal ettim ve eğer ben farklı bir duyumdan bahsedersem Anne'de o duyumu hayal ediyordu. Böylece bir süre devam ettik, parayı kokladık, etrafa saçıp yeniden düzenleyip toparladık, ikimizde zihnimizde paranın üstüne ışık tuttuk. Sonra görüye teşekkür edip çözünmesine izin verdik.

Gerçekleşmesi pek olası olmadığından ve o dönemki normal gelir seviyemin çok üstünde olduğundan, bu konu haftalar boyunca aklımdan çıkmıştı. Yine de beklenmedik bir olayda, yayıncıma bu kitabın teklifini sunmak için gittiğim bir gezide, kitabın zaten kabul edildiği ve bana bir avans vereceklerini söylediklerinde çok şaşırmıştım. Meditasyon deneyimimiz sırasında hayal ettiğimiz meblağ ile tam aynı tutardı! Anne'in süreci daha uzun sürdü ama bir kaç ay içinde, bozulan ekonomiye rağmen müşterileri arttı ve o da benzer meblağlar kazanmaya başladı. Alıştırmamızın başarısı, bizim kendimizi ifade etmede genişletilmiş bir faza geçmemizde, ruhumuzdan gelen bir mesaj gibi davranmıştı. Meditasyonu yapmak için bizi motive eden hiç bir korkumuz yoktu ve tekrar yapmak içinde hiç acele etmedik. İkimizin de aynı anda paranın gerçekliğine somut bir şekilde tanık olmamız ve vücutlarımızın ortak bir yankıyla aramızdaki gerçekliği güçlendirmesinin bu gerçekleşmeye yardımcı olduğunu gözlemledik.

Tek başınıza yaratmazsınız. Maddeleştirdiğiniz her şey diğer ruhlarla hatta dalga ve parçacıkların ortak çalışmasıyla yaratılır. Ve hepimiz gizemli ve hayırlı bir yüce güç ile ortak çalışan yaratıcılarız. Bazen bir grup parçacığın ihtiyacıma cevap verip "Evet! Haydi, bir süre Penney'in gerçekliğinde gezinip kendimizi onun için yeni bir bilgisayar haline getirelim!" dediğini hayal etmekten hoşlanıyorum. Gerçek şu ki, hepimiz istediğimiz şeylerin diğerlerinin istediği şeyleri de etkileyebildiğinde hemfikiriz. Açık olduğunuz sürece, örneğin, Yunanistan'a bir seyahat gerçekleştirmeyi hayal ettiğinizde, bunun olmasına yardımcı olabilecek herkesin arzuları doğal olarak yön değiştirecektir, böylece bunu maddeleştirmenize yardım etmeye ve bu tecrübeyi sizinle paylaşmaya hazır ve müsait olacaklardır. Bu onların da yararınadır.

İstediğinizi maddeleştirebileceğiniz birçok alan vardır. Başkalarını mahrum bırakmayan bir isteğiniz olduğunda; bizim kolektif arzumuz yön değiştirir, hepsi bu, böylece hepimiz hepimizin istediği şeyi isteriz. Başkalarının ihtiyaçları doğrultusunda aklınıza sokulmuş istekleriniz de olabilir, aklınızda bu olduğukça, berrak olmayan, boş kararlar almanın ortak ruhlarınıza katkıda bulunmakta pek de yardımcı olmayacağı aklınıza yatar. Ve birimiz geride kaldıkça, büyümeyi reddettikçe, bunların hepsini tek başımıza yaptığını düşündükçe ya da yeteri kadar kaynak olmadığı halde mevcut kaynakları kendinde toplarsa, hepimizin gelişimini belli bir düzeyde geciktirir. Sezgi Çağında, farkındalığınızı tutkuyla kullanacağınız, ruhun gerçekleştirdiği şeffaflık ve sevgi temelli bir dünya maddeleştirme işine hizmet edecek ya da engelleyecek birçok incelikli yöntem vardır.

Güç ve maddenin kendisini hayal gücü ve
iradeye dönüştürebilmesinin mucizesiyiz. İnanılmaz.
Form ile deney yapan Yaşam Gücü. Sen birisi,
ben bir başkası için. Evren kendini haykırarak canlı kılmış.
Biz de o haykırışlardan biriyiz.

RAY BRADBURY

Maddeleştirme ve Maddesizleştirme ile İsteyerek Nasıl Çalışılır?

Yüksek frekanslı bir hayat yaratmakla ve formları ve olayları maddeleştirme ve maddesizleştirme ile uğraşıyorsanız, sürecin daha kolay geçmesine yardımcı olacak bir kaç adım vardır.

1. Sahip olduklarınızın dökümünü alın, takdir edin ve kullanın; bunlar önceden yarattıklarınızdır. Size verilmiş olanları kullanmadan, gerçekten daha iyi ve yeni olan şeyler karşınıza çıkmaz. Güzel bir yemek yediyseniz, onu sindirmeden başka bir güzel yemeği yiyemezsiniz. Maddeleştirdiğiniz şey bir önceki soruna bir çözüm olur; formların sizin ihtiyacınızı karşılamak için var olduğu ve bunu adapte edebileceğiniz bir deneyimi bulmanız gerekir. Taşınmak istediğinizde; eski evinizi yeterince sevip değerini bildiniz mi? Size ihtiyaç duyduğunuz ne tür deneyimler yaşatmak için var olmuştu? Siz ona geri ne verdiniz?

2. Sağlıksız hissetme alışkanlıklarınız ve olumsuz düşüncelerinizi temizleyin ve yeni gelişiminizin yolunda duran önceki formları yok edin. Yeni bir ev mi istiyorsunuz? Neyi hak ettiğinizle ilgili olan engelleri ortadan kaldırmanız gerekebilir ve bunlara eski evinizden başlamalısınız. Bir gerçekliği maddesizleştirmek, bir şeyi maddeleştirmek kadar eğlenceli olabilir. Bir şeyin yok olmasını istediğinizde, ona ayırmış olduğunuz tüm dikkatinizi ondan çekin. Bıkkınlık arkadaşınızdır. Hayatınıza devam etmeden önce bir ilişkinin bitmesi gerekiyorsa, bağışlayıcılık ve takdir etme size deneyiminizi tamamlamada yardım eder. Bir işten ayrılmanız gerekiyorsa, motivasyon eksikliğiniz size iyilik yapabilir. Bir gerçekliği çözmek demek, gördüğünüz değeri sindirmek, dikkatinizi unutkanlığa çevirmek ve bir süre bu şekilde tutmaktır. Bir fikre ayırmış olduğunuz enerjiyi ondan geri çekmek fikri aydınlatır ve gittikçe daha şeffaf ve hayaletimsi olarak zamanla yok olur.

3. Enerjinizi toplayıp ruhunuzun sevgisinde merkezlenin, kendi ev frekansınıza uyum sağlayıp yeni vizyonunuzun nasıl göründüğünü ve hissettirdiğini kontrol edin. Hissetmekten hoşlandığınız şekilde hissederek, o hisle frekansı tutan bir vizyonu fark edebilirsiniz. Büyüme sürecinize yardımcı olacak, sıradaki ilginç tek bir fikre odaklanacak olsaydınız o ne olurdu? O fikre ulaşmak için hangi adımları atardınız? İsteğinizin sizin için faydalı olduğunu görürseniz, sahip olmanız kolaylaşır. Örneğin yeni bir ev, size daha konsantre ve gelişmiş bir benlik duygusu deneyimi sağlayarak, başkalarına katkıda bulunmanıza yardımcı olabilir.

4. Fikri fark edin, dikkatinizi verin, hayal edin ve derinden hissedin. Onu hayat verin, onu sevin. Dikkatinizi vermeye ve hayal etmeye devam ederek bu fikri daha büyük bir algısal gerçeklik haline getirin. Fikrin beyninize yerleşmesine izin verin, görün, duyun, dokunun, tadın, koklayın. Hayatınızın bir parçası olmaya davet edin. Sağlayabileceği deneyimleri hissedin.

5. Kişisel titreşiminizi en uygun hale getirin ve kişisel alanınızı birleşik alana bağlayın. Ev frekansınız kişisel titreşiminiz haline geldiğinde, vücudunuzu, duygularınızı ve düşüncelerinizi doldurduğunda, kendinizi bir akort çatalı olarak hayal edin ve "kendi tonunuzu bulun", sizin net titreşiminizin kişisel alanınızdan, ötenizdeki daha büyük olan bütünleşmiş alana yayıldığını hayal edin. *Kişisel alanınız, birleşik alan için talimatlar ya da filtreler gibidir.* Örneğin, dünyanın size davranışı, sizin kendinize davrandığınız gibidir.

6. Tüm varlıkları maddeleştirme sürecinize dâhil edin. Tüm ruhların ve parçacıkların yerine otruduğunu, kişisel titreşiminize ayarlandığını, böylece büyümenizin ve kendi büyümelerinin bir sonraki adımını maddeleştirmenize yardımcı olduklarını hayal edin. Onları samimiyetle karşılayın, hazzı ve minnettarlığınızı, başkaları için de aynı şeyi yaptığınızı bilerek, açıklayın. Rahatlayın ve bırakın alan kendini sizin yeni vizyonunuza göre şekillendirsin.

7. Maddeleştirme fikrine dikkatinizi verin. Fikrin vücudunuz hissedene ve yeni gerçeklikle mutlu ve heyecanlı bir şekilde uyum sağlamasını fark etmesine kadar içinize dolmasına izin verin. Yeni gerçeklik oluşana ve hayatınızın normal bir parçası gibi görünene kadar dikkatinizi vermeye devam edin.

Şunu Deneyin!

Üç Şeyi Maddeleştirin ve Maddesizleştirin

1. Önceden hayatınızın bir parçası olan üç nesne, kaynak, fırsat ya da kişi düşünün. Sonra da, artık ilginizi çekmeyen, bırakmaya hazır olduğunuz, maddesizleştirmek istediğiniz, örneğin bir bağımlılık, fazla kilolar ya da bir dağınıklık gibi üç şey düşünün.
2. Maddeleştirmek istediğiniz şeylerin olduğu listedeki üç şeyi sırasıyla ele alın: fikri fark edin, nesneyi hayal edin ve tanımlamanıza duyumsal detaylar ekleyin. Bırakın nesne bir deneyim olsun, bırakın vücudunuz nesne ile bir deneyim yaşamaktan heyecanlansın ve vücudunuz onun normal olduğunu düşünene kadar dikkatinizi nesneye vermeye ve onun gerçekliğini doldurmaya devam edin. Sonra bir sonrakine geçin.
3. Bitirdiğinizde, bütün bu üç nesnenin hayatınızın normal parçaları olduğunda nasıl hissettiğinizi hayal edin. Nasıl geliştiniz?
4. Sonra, maddesizleştirmek istediğiniz kalemlerin olduğu listenizdeki şeyleri sırasıyla ele alın. İlkine konsantre olun. Gerçekliğinizin normal bir parçası. Dikkatinizi ondan çekin. Ona direnmeyi bırakın ve ona karşı bıkkın ve ilgisiz hissedin. Nes-

nenin sembolik bir anlamı ya da duygusal bir bağı mı var? Bırakın solsun. Onu umursamadığınızı hissedin. Bu zamana kadar size verdiklerini takdir etmek, nesneye iyi şanslar dileyip, yoluna göndermek için kendinize izin verin. Hemen harekete geçmek zorunda değilsiniz, sadece zihninizde onu serbest bırakıp yok edin. Sonra da bırakın.

5. Dünyanızın bu üç nesne gerçekliğinizden çıktıktan sonra, onların yerinde kalan taze boş alanla nasıl hissettirdiğini hayal edin. Ruhunuz bu yeni alana nasıl yayılacak?

Nasıl Şanslı Olunur?

Beth bir ev düzenlemesi yarışmasına girmiş ve on iki finalistten biri olarak on bin dolar değerinde bir arka bahçe düzenlemesi ödülü kazanma şansı yakalamıştı. Farkındalığıyla tecrübe edeceği bu yeni fırsat hakkında heyecanla beni aradı. "Nasıl şanslı olabilirim?" diye sordu. Ona tavır ve enerjisini heyecansız ve akıcı hissetmesini, Ödül olan düzenlemeyi kazanmasının kendisi için doğal, kolay ve "kendisi gibi biri için normal", öyle ki "ben şanslı ve sık sık bir şeyler kazanan birisiyim. Ben doğal olarak açık ve kabul eden biriyim. Cömertçe sunarım bu yüzden aynı kolaylıkla da kabul ederim" diye düşünmesini tavsiye ettim. Eviyle ve bahçesiyle kaynaşabileceğini ve onlara birlikte bu gelişmeyi ve genişlemeyi tecrübe etmek için ne yapmanız gerektiği hakkında konuşup, bu düzenlemeyi cezp etmeye yardımcı olmalarını rica etmesini söyledim. Ve bu düzenlemeyi yapacak olan kişileri takdir edebildiğini, düzenleme yeni bitkilerinin büyümeye başlamasıyla çoktan yapılmış gibi hissedebildiğini hayal edebilirdi. Böylece Beth farkındalığını ve enerji seviyesini ayarlamaya başladı.

Ve Beth kazanamadı. Ona neden olmayacakmış gibi düşündüğünü sorduğumda, bana düzenlemeyi yapacak firmanın internet sitesine baktığını, firmanın, kendisinin özellikle istemediği düzenlemeleri yapmakta usta olduğunu fark ettiğini ve orada gösterilen sekiz düzenlemeden sadece bir tanesini zor da olsa beğenebildiğini, ona kalsa düzenlemenin on üstünden puanının dört buçuk olduğunu söyledi. Kendi istediği bir kaç düzenlemeden sadece biri için bir on bin dolar fiyat biçtiğini söyledikten sonra "Düşündüm ki biz –bahçem, ağaçlar, ev, doğa ruhları ve ben- bu desinatörün kısıtlı vizyonu ile mutlu olamayacağız" diye belirtti.

Bir süre sonra, Beth'den "Maddeleştirdiğim Şey!" başlıklı bir e-posta aldım. Diyordu ki, "Bir şeyi hemen ilerde daha iyisi karşıma çıkacak diye bırakıp gittiğimde evrenin bana verdiği karşılıkta büyük bir zarafet ve mizah anlayışı var. Eşimin doksan üç yaşındaki, samimiyetle sevdiğim teyzesi vefat etti. Son üç yıldır bahçesi ile biz ilgileniyorduk çünkü bu ona büyük keyif katmasına rağmen artık uğraşamıyordu. Bunu her hafta onun için yapmaktan mutluluk duyuyordum ve hep onun istediği gibi olmasını sağlıyordum. Şimdi aynı şeyi o bana yapıyor. Ev düzenleme yarışmasından iki hafta sonra vekili olan avukattan, onun mirasında pay sahibi olduğumuzu anlatan bir mektup aldım. Gerçekten istediğim bahçe düzenlemesini sağlayabilecek para artık var ve daha da iyisi artık yeni yapılacak bahçe bana onu ve birbirimize olan sevgimizi hatırlatacak. Tüm vücudum şampanya köpükleriyle dolu gibi, kendimi inanılmayacak kadar şanslı hissediyorum. O yarışmayı kazanmadığım için çok memnunum!"

Şans pekâlâ ruha ve o ana, ihtiyaçlarınızın karşılanmasındaki kusursuzluğa ve olayların zamanlamasına güvendiğiniz o bilinç hali olabilir. Ruhunuz size şanslı bir deneyim hazırlayabilir, böylece siz bunlar kendiliğinden oluşurken gerçekleşen detayları tecrübe edebilir ve ihtiyacınız olduğunda tekrar odaklanabilirsiniz. Beth'in olayında, yaşadıkları, onun zihnini gerçekten ilham verici bir sonuca odaklanmaktan alıkoymamış. Kendinizi her gün şanslı olarak görebilirsiniz. Sadece fırsatların kendilerini nasıl sunduklarına, belirli fikirlerin dikkat çekmek için yarattığı eşzamanlılığa, ya da her günün kendi akışının nasıl güzellikler barındırdığına bakın. Şanslı hissetmeyi seçerek, aslında ev frekansınızı seçiyor ve Sezgi Çağı'nın prensiplerini yeniden doğruluyorsunuz. Ve başınıza gelenlerin şanslı olarak addedilmek için ne kadar iyi ya da kötü olması gerektiğini karşılaştırmadığınız için, karşınıza çıkan her olayın kalitesinin katlanarak arttığını göreceksiniz.

Nashville eyaletinde yaşayan Henry, "gelecek için öde" konsepti ile bir deney yapmaya başladı. Belli bir kişiye 20$ veriyor ve yarısını kendisi için harcamasını yarısını ise bir başkasına vermesini söylüyordu. Her deneyinde, sonuçlar ona enerjiyi herhangi bir formda serbest bıraktığında, tekrar geri çekebileceğin bir şeyin parçası olduğunu gösteriyordu. İlk denemede bir öğrencisine parayı verdiğinde, genç adam Nashville Misyonerliğine gitmiş ve bir evsizin bir gecelik konaklama masrafını ödemişti. Sonraki hafta, aynı öğrencinin eline beklenmedik bir yerden 50$lık bir çek geçti. Henry bir arkadaşının aracının lastiklerini değiştirdikten iki hafta sonra serbest çalışacağı bir projede lastiklerin masrafının üç katı kadar maaş alacağını öğrendiği bir telefon görüşmesi yaptı. Böylece maddeleştirmenin serbestçe verme ve kabul etme meselesi olduğunu öğrenmeye başladı.

> Mutlu yaşadığımızda, bir şeyin bir başka şeye sonsuz bir dizi şeklinde bağlandığı yükselen bir skalada yaşarız.
>
> ROBERT LOUIS STEVENSON

Yeni Bir Yaşam Yönü Yaratabilir ve Bunu Gerçekleştirebilirsiniz

Alıştığınız gibi yaşama ya da çalışmanın, ya da titreşimleri sizinkinden düşük insanlar ile çevrili olmanın, farkındalığınızı uyuşturduğu ve kısmen sizi hipnotize ettiği zamanlar vardır. Belki de bir sonraki cesur adımınızı atarak, ne olduğunu bilmeseniz de, bir şeyleri başlatmak istediğinizi bilirsiniz ve zamanlaması yanlış gelir. Hayatınıza nasıl yeni bir yön kazandıracaksınız? Nasıl mutlu, gençlik dolu, iyimser benliğinizi yenileyeceksiniz? Kendinizi hızla akan bir nehre mi atsanız? Her şeye boş verip ceketinizi alıp buralardan mı gitseniz? Cepheden bir saldırı mı sahneleseniz?

Jim'in etkileyici bir yaşamı olmuştu. Avustralya'da bir çiftlikte büyümüş, birçok ülkede Barış Gücü askerleri için eğitmenlik, dans eğitmenliği ve kameramanlık yapmış ve şimdilerde Washington DC'de devlet dairelerinde meşgul, yüksek güçlü bir eğitmen olarak çalışan biriydi. Bıkıp usanmadan bilinçlilik ve kişisel gelişim ile ilgili her yeni gelişmeyi takip eder ve liderlik vasıflarıyla yeni fizik ve düşünce bilimini birleştiren fikirlerden etkilenirdi. Eğitimlerini sunduğu kitleler henüz başarılı olma konusunda hükümetin dar bakış açısına hapsolmuş olsa da, maddeyi eğitimlerinin içine dâhil etmenin özlemini çekerdi. Bu olay Jim'in kendi titreşimini daha düşük bir seviyeye çekmesine sebep oluyordu –uzun vadede de hiç eğlenceli değildi. Rengarenk ipliklerini nasıl birlikte dokuyarak kendi yüksek titreşimine uygun bir birikim, web sitesi ve müşteri portföyü oluşturabileceğine dair defalarca konuşmuştuk. Ancak onun için aynı derecede güvenli olmayacak bir durum için bu kazançlı kariyeri bir çırpıda silmek çok zordu.

Yakın zamanda, kariyerini gözden geçirmeye karar verdi ve bu güne kadar başardığı her şeye birer numara vererek listelemeye girişti. Yirmi iki ülkede yaşamış ve çalışmıştı, düzinelerce eğitim formatı oluşturmuştu, on binlerce insanı eğitmişti vs... Bu listeyi yaparak özgüvenini tazelemiş oldu. Sonra, beğendiği bir kitabın yazarını araştırmak için internetin başına geçti. Bir kaç bağlantı gezdikten sonra, Avustralya'da, ilgisini çeken, sevdiği fikirler üzerine yoğunlaşan bir konferansın ilanına rastladı. Hmm. Burada güzel bir eşzamanlılık olduğunu düşünüp, heyecanlandı. Zaten en favori fikirleri üzerinde halihazırda yaptığı işi yapacak olan konuşmacılar arıyorlardı! 'Düşünmeye gerek yok, bunu yapmalıyım' durumu! Sonra başvuru süresinin önümüzdeki bir kaç saatte biteceğini fark etti. "Yok artık", diye düşünüp "Yine de arasam ne olur ki? dedi.

Bir bayanla görüşüp, konferans konusunda nasıl heyecanlandığını, nasıl benzer fikirlerle çalıştığını, bir konuşma sunmayı ne kadar istediğini ancak son başvuru zamanını kaçırdığını anlattı. Nefesi kesilmişti, çünkü daha yeni tüm kariyerini gözden geçirmiş, istatistikleri dilinin ucunda, kim olduğu ve neler yaptığını açıkça anlatacak durumdaydı. Kadına bu sınırların ötesine yön gösteren fikirler hakkında konuştuğunda dinleyecek insanların olmasından ne kadar mutlu olduğunu ve başvuru süresini uzattıkları takdirde kendisini bilgilendirmelerini umduğunu söyledi. Kadın samimi bir şekilde "Uzatılmış bilin" dedi.

Böylece Jim konferansın oturma düzenini bile gözünde canlandırarak konuşmasının ana hatlarını hazırladı. Zihninde kristalleşen kocaman bir materyal buldu ve ömründe ilk kez yazma aşamasından keyif aldığını fark etti. Hiç çaba harcamadan gelen konferans davetinin akabinde, internet sitesini yaratmaya, bir makale hazırlamaya ve bir video klip hazırlamaya başladı. Konuştuğumuzda, Avustralya seyahatinin çoktan kendi masrafını çıkarttığını, hiç olmayacak şekilde şans eseri sunumu yapamasa bile yine de bu seyahate çıkacağını söyledi. "Yeni benliğini" nasıl göstermek istediğini bilemediğini fark ettiğini, hatta bazen "Yapabileceğini biliyorsun. Neyi ya da nasıl olacağını bilmesen de başaracağını biliyorsun" dediğini söyledi. Şaka yollu, kendisini düşüncelerinin odağına nasıl oturttuğunu, -çok heyecanlı bulduğu eşzamanlılıklar sayesinde- enerjisinin bu özel mevzu için aktığını ve onu bu yeni şartlara hazırladığını anlattı. Bir şekilde kapana kısılmış gibi hissettiği bir yerden, yeni gelişimlerin ne kadar olası olduğunu kesinlikle görebildiği daha enerjik yeni bir gerçekliğe geçiyordu.

Jim'in sürecine bakarak bazı anahtar dersleri öğrenebiliriz. İçgüdüsel olarak alışılmış yaşamının dışından hayatına bakmak için küçük bir adım attı. Başardıklarını özetleyerek, enerjetik bir fazı sonlandırdı. Sonra ilgisini çeken şeyleri fark etmek ve eşzamanlılıklara ve kendi kişisel titreşimlerine uygun yüksek enerjili bilgilere dikkatini vermek için kendisini açtı. Avustralya'daki kişileri arayarak hayır kelimesini cevap olarak kabul etmedi, ev frekansında kaldı ve bilinmeyene adım attı. Kendisini açıkça, beklentisi olmadan paylaştı ve bayana, ulaşmasına yardım edebileceği, sevdiği şeylerden bahsetti. Hevesini kaybetmeyerek, tüm hayatı boyunca uğraştığı yazma korkusunun üstesinden geldi ve eğitimindeki bu yüksek seviyeli içerik ortaya çıktı, böylece yeni sürecinin nasıl olacağına bir anlayış oluşup gözleri önüne serildi. Ruhu ona bir dizi deneyim hazırladı ve zihni görevini fark ederek, seçerek ve doğru zamanda hareket ederek başardı.

İnsan niyetlerinin genişliğinde büyür,
niyetlerinin sınırsızlığında küçülür. Tanrı bir erkek yaratır
ama erkek kendini tamamlamak zorundadır.

PEDER CHARLES H. PARKHURST

İstediğiniz Olmazsa...

Bir şeyi istemek ve bir süre niyet ederek pozitif duygularla onun hakkında düşünmek, ona sahip olacağınız anlamına gelmez. İstediğiniz şey ruhunuzun planı için gerekli bir şey olmayabilir. Ya da frekans prensiplerinin altında yatan başka sebeplere bağlı bir şey öngördüğünüz sonucun oluşumunu engelliyordur. Mark genç, fazlaca hevesli bir yönetim danışmanıydı. Yıllardır kendisini yeni bir tür iş uzmanı haline getirme hedefine adamıştı. Yakın zamanda danışmanlardan oluşan bir takımla çalışmış, büyük bir şirketin değerlendirilmesine dikkate değer bir zaman harcamış ve yeniden yapılanma planı için teklif hazırlamıştı. Anlaşma yapacaklarından emindi ama oyalanmanın Mark'ın ekibini tutmaktan daha pahalıya mal olacağını bile bile, şirket son dakikada hayır dedi. İhtimallerden birini de bu olduğu halde, bu anlaşmanın neden gerçekleşmediğini bir türlü anlayamamıştı.

Biz konuştukça, bu yüksek coşkusu ve şirketin neye ihtiyaç duyduğu hakkında başından beri içindeki anlayışın kendi oldukça sofistike kişisel titreşiminden geldiğini anladı. O şimdiki zamanda yaşamaya ve buna bağlı olarak sürecin çabucak gerçekleşeceğini varsaymıştı. Şirketin eski moda yönetim tarzını ve risk almaya isteksiz yöneticilerini hesaba katmamıştı. Şirketin kişisel titreşimi onunkinden yavaştı. Bu da yönetimin az zamanda yapılacak çok fazla şey olarak görünen bu öneri karşısında boğulmaktan korkmasına sebep olmuştu. Frekanslarındaki fark, şirketin olabilecekleri Mark'tan çok farklı bir biçimde görmelerine sebep olmuştu. Sanki iki ayrı dünyada ve Mark onların ilerisinde, şirketin geleceğinde yaşıyor gibiydi. Mark'ın ileride –dört ay sonra- şirketin yöneticilerinin kendi daha yavaş frekanslarının işleyişini tamamlayıp aynı sonuca vardığında anlaşmayı alacağını hissetmiştim. Eğer açık olup Mark'a güvenebilselerdi, anlaşma Mark'ın öngördüğüne uygun kısa bir süreçte yapılmış olur, böylece çözüm engellerle dolu olmak yerine daha zarif olurdu.

Hayatınızda istediğiniz ancak bunların tersine gelişen şeylerin başka bir kaç sebebi daha vardır. En iyi çözüm olmayabilir ya da ruhunuz seçtiğiniz yönün geleceğinizde büyümenize olumsuz etkisi olabileceğine dair bir şey biliyordur. New Orleans'a yerleşip emekli olmak isteyen arkadaşlarım vardı. Bilgi toplayıp, emlak fiyatlarını araştırıp, defalarca ziyaret ettiler. Tam da planlarını hayata geçirmek üzereyken, girişimci oğulları Colorado, Boulder'daki Harika Flatirons manzaralı evinin yakınına bir konuk evi inşa ettirdiğini açıkladı. Son dakikada, Louisiana'ya gitmeden önce bir kaç yılı aileleriyle geçirmeye karar verdiler. Colorado'ya taşınmalarından kısa bir süre sonra Katrina Kasırgası patlak verdi ve böylece onlar bundan korunmuş oldu.

Çok fazla irade gücünü bir şeyleri maddeleştirmeyi "denemek" için kullanıyor olabilirsiniz, ya da hayat enerjinizi maddeleştirme sürecini besleyip kontrol altında tutmak için kullanıyor olabilirsiniz. Bir şeyi zorlamak akımın uyumundan çıktığınıza ve bazı anahtar bilgilerden yoksun olduğunuza işarettir. Bazı girişimcilerin, girişimin anaparasını ilerde çıkartacağı umuduyla, projelerine kendi enerjilerinin bir kısmını vermesi yaygındır. Altıncı bölümde bahsettiğim, yeşil emlak projesi geliştiren bayan bir ölçüde bunu yapmıştır –bir ölçüde çünkü kendisi öyle vasıflı ve cömert, vizyonuna öyle sıkı sarılmış ki projesi artık *onun yaşayan bir parçası* haline gelmiş ve adeta projenin kutsal bir biçimde tamamlanmasını istiyor. Kendini ortaya koydu ve bazı ilginç yan etkiler yaşadı çünkü sonuçların evrensel enerjiden çıkıp maddeleşmesine izin vermemişti.

Ortakları, sübtil enerji boyutunda onun projeyi "çok fazla sahiplendiği"ni deneyimlediler, bu nedenle bilinç altından mevki ve güçte onunla rekabete girerek pes ettirmek istediler. Süreç aslında kendini onarmaya çalışıyordu ki eşit ortakların evrimden gelen ortak yaratısı olan yaşayan bir vizyon olabilsin. Bunun sıklıkla ilişkilerde gerçekleştiğini görürüm ama aynısı maddeleştirmede de geçerlidir: birine üç adım giderseniz o size bir adım gelir, iki adım değerinde reddedilmişsinizdir, böylece ilişkiye katkıda bulunan enerji sabit kalır. Maddeleştirmede, nihai sonuca iradeyle ya da bir çeşit kontrol edici enerji ile zorlama yaparsanız, alan sizi gereğinden fazla kullandığınız miktar kadar oyalar. Ta ki, planın öngördüğü akış baskı olmadan gerçekleşene kadar... Bir sonraki adım ise doğal olarak gerçekleşir.

Tam sevdiklerin kadar büyük, ve tam seni sinirlendirmesine izin verdiklerin kadar küçüksün.

ROBERT ANTON WILSON

Madden Gerçekleşmeye Birkaç Farklı Şekilde Müdahale Edebilirsiniz

Bir şeyin gerçekleşmemesinin bir nedeni de korku veya hırs gibi negatif duygular tarafından motive edilmiş olmanızdır. Belki de alternatifinden ölümüne korktuğunuz için bir şeye dua ediyorsunuz. "Evime ipotek konmasını önlemek için daha çok müşterim olması gerek." "Yalnız kalıp korku duymamak için bir ilişki istiyorum." İstediğiniz şeyi söylemek yerine en yoğun dikkatinizi korkulan fikrinizi beslemekte kullanıyorsunuz. Bu nedenle, korkulan seçenek maddeleşmiş seçenek haline gelecektir. Daha çok müşteri ya da bir ilişki bulmak için gerekli olan enerjiyi belirli bir süreliğine depo edebilirsiniz. Fakat korktuğunuz gerçeklik hâlâ oradadır ve tekrar yüzeye çıkacaktır. Altında bir sabotaj saklıdır: Bir gerçekten kaçmaya ya da istemeye "çalışırken", ayrılıklar, ego ve irade arasında sıkışır kalırsınız. Bunun üzerine bir de endişelenmeye eğilimli ve bu savunmasız durumdayken şüphe içerisinde olduğunuz gerçeğini ekleyelim; gerçekleştirilmeye çalışılan fikrin dikkat akışındaki bu kısa devre, davranışlar sonucu etkin bir biçimde engeller.

Bazen istediğinizi düşündüğünüz şeyi bedeniniz gerçek olarak hissedemediği için veya sonuç derin bir rahatlama tecrübesi yaşamanıza izin vermeyeceği için istediğiniz şeyler ortaya çıkmaz. Parayı maddeleştirmek bazen zorlu olabilir çünkü beden için para genelde üzerinde numaralar olan ve aslında belirli bir eğlence veya fiziksel bir tecrübeyi size sağlamayacak olan bir olgu şeklinde soyut bir kavramdır, dahası fiziksel olarak para genelde kirli ve pis kokuludur. Bedenler ilgi duydukları şeyleri maddeleştirme eğilimindedirler. Beck'in arka bahçesini yenilemesi motivasyonsuz bir bedenin sonucu engellemesine iyi bir örnektir. Bedeni hissettiği muhtemelen sonucu beğenmedi, -tasarımcının tarzı Beck'inkinden farklı bir frekanstaydı- ve bedeni besleyici olmayan bir şey ile yaşama fikrine takıldı. Bu ilke, öğrenim sürecine de eklenir. Eğer bilgi yalnızca zihinsel bir bağlamda sunuluyorsa, içinizden geçip gidebilir. Ancak hayal edebileceğiniz ve tecrübe edebileceğiniz bir şekilde duyusal bir örnek veriliyorsa, mantıklı fikirler, birçok ortaklıklar ve bağlantılar neredeyse anında kurulur. Beden fikirlerin modellerinin "gerçekliğini" tecrübe edemiyorsa, anlamlandırma ve maddeleştirme devresi tam olarak tamamlanmamış demektir.

Son olarak, bir şeyi onu hak etmediğinizi düşündüğünüz veya getireceği değişimleri aslında istemiyor olduğunuz için elde edemezsiniz. Bu daha önceki bir duygusal yaraya, karmik bir yoksulluk adağına veya kısaca kendinizi yeteri kadar zorlamayışınıza bağlı olabilir. Eğer belirli bir miktar gelire ve rahatlık olarak size sağladığı şeylere alışmış veya iş fonksiyonlarınızın yeterli olduğunu ve daha fazlasına ihtiyacınız olmadığını düşünüyorsanız, daha fazlasıyla hayatınız karmaşıklaşabilir. Ya da hayal gücünüz yıllar içerisinde kireçlenmiş ya da yeteri kadar egzersiz yapmamış olabilirsiniz ve bu yüzden daha büyük ve daha karmaşık şeyleri hayal edemiyor olabilirsiniz. Yaratmak istediğiniz hayalin bir uzantısında, enerji, faaliyet alanı, bilgi, fiziksel alan ve kendinizin yeni algısı ile bağdaştırmak için gerekli olan şeyleri de hayal edersiniz.

Eğer genişletilmiş bir hayatın boyunuzu aşacağını ve sizi bitkin hale getireceğini düşünürseniz, kesinlikle onu engellersiniz.

Maddeleştirme İşlemini Hızlandırmak veya Yavaşlatmak

MADDELEŞME ŞU SIRADA HIZLANIR	MADDELEŞME ŞU SIRADA YAVAŞLAR
• Bir fikri fark edip dikkatinizi ona yönelttiğinizde. • Bedeniniz fikri gerçek ve normal olarak tecrübe ettiğinde. • Yüksek içsel enerjinizi kişisel alanınızdan birleşik alana doğru yansıttığınızda. • Sizle birlikte yaratıma katkı sağlayan diğer varlıkları ve parçaları takdir ettiğinizde. • Kişisel titreşim frekansınız aradığınız eşya, kişi, durum, mekân veya tecrübe ile eşleştiğinde. • Sonuca olan inancınız mükemmel olduğunda.	• İstediğiniz şeyi sizden ayrı olarak gördüğünüzde. • Korku, endişe ve şüphe duyduğunuzda. • Sonucu çok zorladığınız veya olayları gerçekleştirmek için çok fazla kendi enerjinizi kullandığınızda. • Hak etmediğinizi düşündüğünüzde ve hayal etme eksikliği yaşadığınızda. • İstediğiniz şey ruhunuzun amaçları arasında olmadığında veya içten içe ruhunuzun ileride daha fazla zararı dokunabilecek başka bir sonuç yaratılabileceğini bildiği zamanlarda. • Zihniniz üzerinize düşen iş payından daha fazla iş yapmaya çalıştığında.

Yüksek Frekanslı Bir Yaşamda Başarı Nasıl Bir Şeydir?

Sezgi Çağında başarı şöyle başlar: Dünyanızı yüksek frekansta görebilirseniz, bu sizin de yüksek frekansa geçmenize yol açar. Kendinizi yüksek frekans gibi görebilirseniz, dünyanız da bu şekilde olur. Dönüşümden önce istediğimiz bir şey maddeleşmeyince hemen "Benim sorunum ne?" diyebiliyorduk. Dönüşümden sonra, "sürecin hangi parçasına gerekli saygıyı göstermeyi unutuyorum?" Sezgi Çağı'nda, kaderinizi yaşamaya motive olursunuz, bu da ruhunuzun en doğal ve istekli ifadelerini yansıtan maddeleştirmeleri yapmanızı sağlar. Başkalarının ve kendinizin duygusal etkisinin farkında olur, bu ilke ile herkesin yararlanabileceği şekilde şefkatle çalışırsınız.

Her şeyin gerçekleşebileceğini, sağlanabilecek şeylerin bir sınırı olmadığını, ancak önceki hayat tecrübelerinize göre almanız gereken bazı yaşam dersleriniz olduğunu, ihtiyacınız olan şeylerin doğru zamanda ve doğru şekilde size verileceğini anlarsınız. Hedefleri gerçekleştirmeye odaklanmışsınızdır ama bunu, kişisel değer duygunuzu katılaştırmaktan çok keyif için yaparsınız. Yaşamınız ile dans etmeyi, maddeleştirme ve maddesizleştirme dalgalarına tepkiler vermeyi, dikkatinizde oluşan gizemli birleşimleri, ani yön değişimlerini, Benliğinizin derinliklerinde sürekli gelişen çeşitli tecrübeleri eğlenceli bulabilirsiniz. Hayatın ve kendinizin ne olabileceği hakkındaki fikirlerinizi kısıtlamayı bıraktığınızda, kabuk değiştirmeye çok daha yatkınsınızdır; yaşam sizden ne olmanızı istiyorsa ona anında karşılık verirsiniz.

Tüm maddi varlıklar içsel benliklerinden duygu iletişimine geçerler; böylece duygularınız pozitif olduğunda, içsel niyetleriniz ile ahenk içinde olduğunuzu bilebilirsiniz.

ABRAHAM/ESTHER HICKS

Karşınıza çıkan ile bağlantı kurarsınız. Bir durum yaratma düşüncesi ortaya çıkabilir veya birisi arayıp bazı işler yapmak için sizi davet edebilir. Kaynağın içsel veya dışsal olması önemli değildir; tüm fikirler ruhumuzdan, kendimizden gelir. İçerisi ile dışarısının birbirinden ayrı olmadığını belirten *Karşılıklı İlişkiler Yasası*, sizde oluşan bir fikrin er ya da geç dünyanızda bir olay olarak var olacağını söyler. Ve tersine dramatik bir olay başınıza gelmişse, onu farkındalık düzeyinize çıkartan ona tekabül eden bir fikre sahipsiniz demektir. İçerisi ve dışarısını birbirine bağlayarak, "gerçekliğinizi okumak" konusunda yetenekli hale gelir, içinizde neler olduğu ile ilgili ipuçlarına ve düşüncelerinizin gerçekliğinizi nasıl yönlendirdiğine dikkat edersiniz. Her şey sizi eğitir.

Ruhunuzu somutlaştırdıkça, maddeleştirmeler de anında gerçekleşir. Yardıma ihtiyaç duyduğunuzda, bir uzman ortaya çıkar. Hayatın önünde durağan fikirleriniz ile durmazsanız, senkronize örgüler şeklindeki işleyişini sevmeyi öğrenirsiniz. Anın içinde yaşama ve hayatınıza yön verme sorumluluğunu her an her ışık zerresinden yükselen kolektif bilinç ile paylaşma yeteneklerinizi bilemek sizi büyüler.

En Güçlü Olanın Hayatta Kalması mı? Sonuca Götüren Yol Mubah mı?

Başarı hakkındaki mevcut düşüncelerinizi şununla karşılaştırın: En güçlü olanın hayatta kalması. En çok oyuncağı olan kazanır. Sonuca götüren her yol mubahtır. Bu eski düşünceler hayatla bir olmak yerine, hayatın gücü hakkındadır. "Avantaj" kazanmak için, başkalarından daha iyi olmamız gerektiğini düşünürüz ve iğnelemeler yapmakta usta olmak, laf sokmak, başkalarına zekice ve sert bir şekilde saldırmak moda oluverir. Egonun doğru tanımı bir silah gibi yansıtılır ve küstahlık bilgeliğe üstün gelir. İnsanlar sabırsızdır ve sahip olmaya hakları olduğunu düşündükleri şeyleri evrenin, kendi ev frekansı aracılığıyla, özgürce kendilerine sunmasına izin vermektense, çabalarıyla almayı denerler. Ruha karşı çalışmaktansa ruhla birlikte çalışmanın daha az enerji gerektirdiğini fark etmezler –ve kimsenin avantaja ihtiyacı yoktur çünkü hepimiz frekans ilkelerine eşit erişim ayrıcalığıyla doğduk.

Önceden bahsetmiş olduğum genç yönetim danışmanı Mark, bana, iki yaşlıca ve oldukça zeki mesleki rakibinden bahsetmişti. Bu ikili müşterileriyle görüşmelerinde, dışarıdan zekice görünen fakat gerçekte kendi kalitelerini gösterip müşterinin özgüvenini azaltacak sorular kullanıyorlardı. Mark bu yöntemin, müşterileri daha inatçı yaptığını ve bu süreçte kendisini o odada çok rahatsız hissettiğini fark etti. Bu ikilinin, enerjileri hızlı ve agresif olduklarından, frekanslarının yüksek olduğu sonucuna varmıştı. Gerçekte frekansları düşüktü çünkü insanlarla karşılıklı bağlantılarını hissetmiş değillerdi. Duygusal yaraları vardı ve bu kadar zeki ve agresif davranıp başkalarını da inciterek, kendi yaralarının acısını sürekli kılıyorlardı. Bu da mükemmel sonuçları gerçekleştirmeye ve alanı zarifçe yönetmeye engel olur.

Günümüzde, finansal ortamlardaki mücadeleler sayesinde, bencillik, irade gücü ve nüfuz kullanarak maddi varlıklar edinmiş rakipler ve ortaklar seçmek zorunda kalıyoruz. Nasıl sahip olduklarından kime ne, değil mi? Oysa, bireyselliğe dayalı eski doğrusal öngörü metotlarını kullanan ve hareketlerinin başkalarını nasıl etkilediğini umursamayan ya da hissedemeyen bu kimseler sağlıksız duygu alışkanlıklarıyla baş başa kalmışlardır. Bu, kişisel titreşimlerinin alçak olduğunu gösterir ve ne kadar dinamik görünseler de sofraya ne kadar ekmek getirseler de, çok uzak olmayan bir gelecekte içsel zamanlı bombalar sonuçlarını sabote edecektir. Bu insanlarla muhatapsanız, onlarla beraber batacaksınız demektir. Bunun sebebi; altta yatan yanlış algılamalar düzeltilmek için yüzeye çıkmayı beklerken, gerçeklik sağlıksız duygu alışkanlıklarına uyum sağlarken, irade gücü ve etkileyicilik olayların üstünü çok uzun süre örtebilir. Bu noktadan sonra, bu tür insanlar derslerini öğrenip dönüşümlerini tamamlayana kadar kayba uğrarlar. Günümüzde hızlanan frekanslar ve dünyadaki kolektif bilinç anlayışının hızlıca düzelmesiyle beraber, bu tarz çöküşler daha hızlı ve sık sık gerçekleşiyor.

Yine de bazı insanların henüz hâlâ beşinci aşamada (eski formların yıkılması) olmasına rağmen, bazılarının altıncı aşama ve onun da ilerisinde olduğunu hatırlamamız gerekiyor. Dünya batmıyor, burada bir denge var. Bütün yapmanız gereken ruhunuzun içsel huzuru ve sevgisi ile uyum içinde titreşimler yaymak ve eğer kafanız karışırsa, bunu tekrarlamayı seçmek. Korkmanıza gerek yok. Yüzeysel görünenlerin ötesine bakın –bu kişi ya da fırsat özünde nasıldır? Kitabın içiyle kapağı arasında çok fark var mı? Değerli zamanınızı nasıl insanlarla geçirmek istiyorsunuz? İnsanların yarattığı sonuçlar kadar o sonuçları yaratırken kullandığı yöntemleri de onaylayın. Sezgi Çağında süreç ve deneyim sonuçlardan daha önemlidir.

Önemli olan şu: Herhangi bir anda kim olduğumuzu olabileceğimiz kişilik için kurban etmeye muktedir olmak.

CHARLES DUBOIS

Sezgi Çağında finansal kaynakları maddeleştirmek her zaman için ilk olarak ruhunuza neyin eğlenceli ve ilginç geldiğini görmeye dair bir konu olacaktır. Sonra vücudunuzun bakış açısından doğal olarak motive olduğunuzu hissetmenize, *deneyimi* size ve başkalarına en çok kâr sağlayacak şey olarak düşünmek için kendinize izin verirsiniz. Paranın akışına, bir şey istemenizi ya da yaratmaya ihtiyaç duymanızı ölçmenize yarayan bir sembol haline getirip izin verir ve değerlerin sizin enerji akışınızı rahatlatıp kolaylaştıran bir yağ gibi bakabilirsiniz. Etrafımızda birçok akış vardır ve birçok deneyim bedavaya yaşanabilir. Gözünüzü istediğiniz eğlenceli deneyimin üstünde tutun ve eğer gerekiyorsa, para ilerlemenizi desteklemek için çevreden size yönelecektir. Sezgi Çağında, azına ve ya çok fazlasına sahip olmak, kolay bir akış içinde ince engeller olarak düşünüldüğünden, çevrenizdeki yoldaş ruhlara verilmiş bir zarar olarak görülür.

Yaşamınızın Nasıl Yön Değiştirebileceğini Hayal Edin

Yüksek frekanslı yaşamınız yani kaderiniz nasıl bir şekil alabilir? Şu anki hayatınızın koşullarını gözden geçirin: ilişkileriniz, işiniz, boş zamanlarınızı nasıl değerlendirdiğiniz, sağlığınız, tatmin seviyeleriniz ve ruhsal gelişiminizin sınırları. Hayatınızı enerji dalga ve frekansları olarak hayal edin; kontrol etmeyi denediğiniz yerler var, hareketin aktığı ya da durduğu yerler ve frekansların kendiliğinden yüksek ya da alçak ve yoğun olduğu yerler. Bu yerlerin altında uyumsuz duran ya da kontrol etmeye çalıştığınız sağlıksız duygu alışkanlıklarınız olduğunu göreceksiniz.

Farklı alanları ve işleyişlerini belirleyince, her alana fazladan enerji ekleyin. Her alanın sınırsız sevgi ile dolduğunu hayal edin, öyle ki kayıtsız şartsız sevdiğinizi, sevilebileceğinizi ve sevildiğinizi hissedin. Önce güvenli ve rahat, sonra mutlu ve meraklı, sonrasında ise maceracı ve yaratıcı hissedeceksiniz. Sevginin ve masumiyetin gücü aşağıda bahsedeceğim alanları doldurur, genişletir, yeniler ve söz edeceğim şekillerde dönüştürür.

- **Sorunlu veya daralmalar olduğunu hissettiğiniz yerleri belirleyin.** Bir şeye çok sıkı sarıldığınız, görmezden geldiğiniz, ya da başkalarının sizin kararlarınızı kısıtlayıcı bir şekilde etkilediği yerlerdir. Enerji katıp bu gibi alanları gevşetip hareketlendirdikçe kendinize dair sezgiler edinecek ve daha çok şey öğreneceksiniz.
- **Sıkıldığınız ya da içindekilerin size sıkıcı ve eski geldiği yerleri belirleyin.** Histen hisse geçtiğiniz, ya da huzursuz hissettiğiniz yerler nereleri? Orada hâlâ ne yapıyorsunuz? Hangi alanlarda tükenmiş ve yorgun hissediyorsunuz? Bu tarz alanlara enerji ekledikçe, elinizde olanlarda kazanç bulacak ve durumun yok olmasına izin vereceksiniz. Boşalan yeni alanda dinlenebilir ve ruhunuzla yeniden anlaşabilirsiniz.
- **Akışın kolay olduğu yerleri belirleyin.** Katılmayı beklediğiniz, kendi ev frekansınızın biriktiği yerlerdir. Bu alanlara enerji ekledikçe, ruhun kendini daha da iyi ifade etmesini güçlendirir hatta zaman zaman bir dönüş ya da sıçrama yaratır.
- **Bilinmeyene adım atmak istediğiniz yerleri belirleyin.** Rahat olduğunuz bölgenizin ötesine gidin, ya da bir sonraki cesur hareketinizi yapın. Bu alanlar daha çok enerji aldıkça, tereddütler yok olur, daha yetenekli ve ehil bir insan olmaya yaklaşmak daha kolay ve heyecanlı olur. Yeni yönünüz hakkında bir 'gerçeklik hissi' kazanırsınız.

Her alana gitmeye vakit ayırırsanız, limitsiz sevginin o alanları nasıl etkilediğini görürseniz, tüm sezgilerinizi bir araya toplarsanız, kaderinizin ve yüksek frekanslı yaşamınızın nasıl olabileceği hakkında bir fikir sahibi olabilirsiniz.

Şunu Deneyin!
Yüksek Frekanslı Hayatınıza Yoğunlaşın

Rahatlayın ve ruhunuzun, hayal gücüyle çalışarak, aşağıdaki sorulara vereceğiniz cevapların sizde nasıl izlenimler katmasına izin verin:

- Hayatınızın alabileceği üç beklenmedik yön nedir?
- Başınıza gelebilecek üç iyi şans örneği nedir?
- Bağlantıya geçebileceğiniz üç beklenmedik yer neresidir?
- Size cömertçe yardımcı olacak üç sürpriz velinimet kim olabilir?
- Kendinizle gurur duymanızı sağlayacak üç cesur eylem ne olabilir?

Kısaca...

Hayatınızda bir şeyleri maddeleştirmek ya da maddeleşmekten çıkartmaya yardımcı olmak için enerjinizi ve kişisel titreşimlerinizi kullanırken, bireyselliğe dayalı doğrusal modeller kullanmak yerine, birliğe dayalı holografik modeller kullanın. Çünkü bu süreci daha hızlı ve kesin yapar. Fikirler onları çektiğiniz için değil, onları çoktan alanınız içinde hissettiğinizden ve vücudunuza gerçek ve normal gelene kadar dikkatinizi onlara verdiğinizden maddeleşir. Sizin için önemli olabilecek büyüme derslerinizi ve durumlarınızı maddeleştirmenin birinci aşamasından ruh sorumluyken, hisleriniz ve zihniniz ruhu engellemeye ya da ruha yardım etmeye çalışarak ikinci sırada gelir. Yaratmak istediğiniz şeylere bilerek odaklanabilirsiniz ve onlar ruhun amaçlarına uygunsa maddeleşirler. İstediğiniz halde bir şeylerin maddeleşmemesi için, çok fazla irade gücü kullanmak, vücudunuzda sonucun gerçek olamayacağını hissetmek, veya ruhun, o sonucun gelecekte yaratabileceği negatif bir etkiyi bilmesi ve bu etkinin sizin amacınıza uymaması gibi frekans temelli birçok sebep vardır.

Tek başınıza değil, parçacıkların, dalgaların ve başka ruhların işleyişi ile yaratırsınız. Şans sadece, ruhunuza, ihtiyaçlarınızın karşılanmasını sağlayan yöntemlere ve olayların zamanlamasına güvendiğiniz bir farkındalık durumudur. Sezgi Çağında, başarıyı maddi zenginlik ve başkaları üzerinde üstün olmak ve kiminle beraber bir şeyler yapacağımıza dikkat etmekten fazlası olarak görmemiz gerekir. Tıpkı başarıyı tekilliğe dayalı inançlara dayalı yöntemlerle sağlamış insanların içindeki zaman ayarlı gizli bombaların patlayacağı ve ileride başarısızlığa sebep olacağı gibi. Kaderiniz yüksek frekanslı yaşamınızdır ve sağlıksız duygu alışkanlıklarınızı temizleyerek, sizi seçenleri seçerek, elinizdekilere tam bağlanarak maddeleşmesine yardımcı olabilirsiniz.

Ev Frekansı Mesajı

Okuyucuya bölümünde sayfa 21'de açıkladığım gibi; her bölümün sonuna bir takım ilham verici parçalar eklerken normal, hızlı okuma alışkanlığınızı daha derin bir deneyime çevirebilmeyi amaçladım.

Aşağıdaki mesaj sizi Sezgi Çağındaki yaşama yakın bir deneyime götürmeyi amaçlıyor. *Ev frekansı mesajı*na geçmek için sadece biraz yavaşlayın ve daha telaşsız bir hale geçin. Derin bir nefes alın, sonra derin nefes verin ve mümkün olduğunca sakinleşin. Zihninizi yumuşak ve algıya açık olacak bir biçimde serbest bırakın. Sezgi gücünüzü açın ve onun dilini *içine girerek anlamaya* hazırlanın. Bakın bakalım, okudukça ortaya çıkacak derin gerçekleri ve duyguları hissedebilecek misiniz...

Deneyiminiz terimlere ayırdığınız zamanla ve dikkatinizle doğru orantılı olarak daha büyük boyutlara varabilir. Her seferde kelimelerin sadece birkaçına yoğunlaşın, noktalama işaretlerinde duraklayın ve bu mesajı size –şu anda ve canlı olarak- getiren akılla "birlikte kalın". Kelimeleri yüksek sesle okuyabilir ya da gözlerinizi kapatıp birinden size okumasını rica edebilirsiniz. Böylece kelimelerin üzerinizdeki etkisini göreceksiniz.

MASUMİYET İÇİNDE BÜYÜMEK

Masumiyet ruhunuzun en az anlaşılmış güçlerinden ve niteliklerinden biridir. Boşluğu, çaresizliği ya da pasifliği ifade etmekten çok uzak, birleştirici ve harekete geçirici çok kuvvetli bir güçtür. Midas'ın dokunuşu gibi, içine işlediği her şeyde mükemmel bir hükmü, varlığı, güven tecrübesini ve bilgeliği hızlandırır. Bu yüzden, en iyi hayatı yaratmak için masumiyet içinde büyüyün.

Bebeklerin gözlerinin içine bakın: Orada ruhun ışığı gölgelerle sindirilmemiş, uyanıklık bağlarıyla engellenmeden açık haldedir. O ışıltıda: olabilirlik, bağlanma ve oynama isteği vardır. Bebeğin bakışında: içinize ortak bir alanı paylaşmak gibi işlediğinde, sizleri eski irfanlara götüren bir masumiyet vardır. Bebeğin bakışının meydana getirdiği uzayda seyahat edin, o bağlanmayı seven ışığı neyin motive ettiğini hissedin, bir kez daha masum olduğunuzu hissedin. Bunları yaptıkça frekansınız yükselir.

Masumiyet içinde herkesi karşılamaya, koşulsuz güvenmeye kısacası her şeye hazırsınız. Hayat hep yeniymiş gibi, hiç geride kalmadan hep hesapsızca karşılık verip, tekrar karşılık verirsiniz. Hediye olarak algıladığınız her şey sizindir. Bir şeyi algılamayı durdurduğunuzda, başka bir şeyi algılarsınız. Bir gerçeklik yükseldikçe diğeri soyutlaşır. Kaybetmek yoktur. Objeler sanki büyüyle gelmiş gibi gelir. Masumluğunuzu iki hatta üç katına çıkarttığınızı düşünün. Bu yoğunlukta, normalde olduğundan daha fazla parlarsınız, en iyiyi, sizinle ilgilenecek olanları beklediğinizi bilirsiniz. Sizinle olup ihtiyaçlarınızı karşılayacak olan sürpriz hediyelere ve onların size özgürce gelişine heyecanlanırsınız.

Masumiyetinizi daha da yoğunlaştırdığınızı hayal edin ve ölçüler, ihtiyaçlar, hatta kendi değeriniz gibi kavramların nasıl yok olduğunu hissedin. Şimdi sadece ilgi ve rahatlama var. Burası dünya ile sizin oyun arkadaşı olduğunuz, enerji paylaştığınız ve birbirinizi kardeşçe sevdiğiniz bir yer. Hayat ikinizin de için de sınırsız ve bütün olarak gelişiyor. Sürekli değişen manzaralarsınız, milyonlarca fikir, form ve deneyim sizin üzerinizden maddeleşiyor ve maddesizleşiyor ve her yaratıcı döngüyle daha bilinçli ve eğlenmiş oluyorsunuz.

Bir şey mi maddeleştirmek istiyorsunuz? Önce bir bebek gibi olun ve gözünüzü, zihninizi, kalbinizi ve vücudunuzu yumuşatın. Parıldayın! Gülümseyin ve sezgilerinizi eğlenmeye hazır bir masumiyetle tatlılaştırın. Yeni bir deneyim için olan arzunuzu düşünün ve zamansız masumiyetinizle, sizi şaşırtıp memnun edebilecek bir form bekleyin. Siz ve dünya, büyütülmüş masumiyetinizle birlikte, her an gelip sizi gıdıklayacak bir yaratım dalgası bekliyorsunuz. Ve işte geldi! Peki ya şimdi, tekrar deneyecek misiniz?

İnsan kurallara sığmaz!

10

Saydamlığa Doğru Hızlanmak

[Duino] Ağıtları bize... gözle görülebilen ve elle tutulabilenin... evrenin titreşimsel kürelerine... görünmez titreşime sürekli dönüşümünü gösterir. Zira kâinattaki çeşitli maddeler sadece farklı titreşim oranları demek olduğu içi, bu şekilde hazırlanıyoruz, yalnızca ruhsal bir tür yoğunluk olarak değil -kim bilir?- yeni bedenler, metaller, bulutlar ve yıldızlar olarak.

RAINER MARIA RILKE' NİN WITOLD HULEWICZ'E YAZDIĞI BİR MEKTUPTAN, 1925.
(İNGİLİZCEYE ÇEVİREN ROD MC DANIEL)

DÖNÜŞÜM SÜRECİNİZİN son aşamalarına ulaştıkça, iğne deliğinden geçtiniz ve ne kadar yol kat ettiğinizi anladınız. Gerçekten mükemmel. Kendinizi hepsi kendi ev frekansınızla aynı tonda, ruhunuzun tonunda titreşen bir dizi içsel farkındalık alanı gibi görüp düşünce ve duygularınızla tecrübe ederek, sadece katı fiziksel bir beden olarak görme fikrini değiştirdiniz. Kendinizi yaralı ve fedakâr birisi olarak tanımlamamayı ve duygusal ve zihinsel düzlemlerinizdeki engelleri ortadan kaldırmayı öğrendiniz. Gölgelerinizi yok edip, sizden gelip geçen dalgaları geride tutmayarak, her zaman içinizde olan elmas ışığı ve sevgiden ibaret gerçek siz olanı açığa çıkartmaya başladınız.

Siz saydamlaştıkça, ruhunuz kaderinizi yaratma konusunda rahatsız edilmeden kendini sizin aracılığınızla daha özgürce ifade eder. Sorunlar çözülüp basit yön ve düşünce değişimleri haline gelir. Artık düşünce ve hislerinizin dünya formunuzu anında etkilemesine alıştınız ve ruhunuza gerçekliğinizi şekillendirmede yardımcı olmak için neye dikkat etmeniz, neyi görmezden gelmeniz gerektiğini biliyorsunuz. Eskiden zor olan ne varsa artık ilginç ve eğlenceli. Kısıtlama olmadan kabul edip vermenize izin verdikçe, hayatın sürprizlerine açık bir kalple karşılık verdikçe, kişiliğiniz daha az sabit ve daha fazla akışkan olacak. Daha çok seçeneğin varlığını tecrübe edecek ve daha geniş ve yeni düşler kurmak için daha özgür hissedeceksiniz.

İşin doğrusu, tüm varlık form ve alanların bilinçli, merhametli ve ortak işleyişli olduğu, tek bir genişlemeye-kısılmaya müsait anda yaşıyoruz. Altın kural –kendinize nasıl davranılmasını istiyorsanız ya da Tanrı hepimize nasıl davranıyorsa, başkalarına öyle davranmak: oldukça mantıklı görünüyor! Artık en ince negatif düşüncenin bile canlı hayat akışının arasına girdiğini ve bu kadar küçük bir hasar bile vermek istemediğinizi anlayabilecek kadar hassassınız. Belki hiç mümkün olabileceğini düşünmediniz ama kendinizi anlamaya ve aydınlanmaya çok yaklaşıyorsunuz. Aslında, kendi ev frekansınızda dinlenmenin ne kadar estetik olduğunu, *var olmanın* basit hazzından keyif alabildiğinizi bilebiliyorsanız çok çok yakınsınız demektir.

Yokuş aynı zamanda bir iniş.
İleri giden yol da aynı zamanda bir dönüş.
İçimizdeki evren dışarıda fakat dışarıdaki evren içimizde.

ROBERT ANTON WILSON

Ruhsal Gelişim Aşamalı Dalgalarla Yayılır

Halen zaman alan bir süreç içindesiniz. Kırılma noktalarınız, çok şeffaf anlarınız ve derin sevgi deneyimleriniz var ancak kolektif bir şaşkınlıkta kaybolmuş olabilirsiniz. O zaman neyin aslen gerçek olduğunu, nasıl hissetmeyi tercih ettiğinizi hatırlayın ve doğruluğunuzda merkezlenin. Bir vücutta yaşadıkça, bu gibi bocalamalar yaşayacaksınız, ruhunuz gibi yaşadığınız ikinci doğanıza ve kendi ev frekansınıza dönmek zamanla kolaylaşacaktır.

Evrim sürecinde büyük şefkat vardır: Dönüşüme adım adım yaklaştıkça, en zor görevler bile kolaylaşır. Paulo Coelho'nun *Simyacı*'da yazdıkları doğrudur, birisi gerçekten kaderini yaşamayı deniyorsa –bu niyetle bir şeyler istediğinde- tüm evren onun bu isteğe ulaşmasına yardımcı olmak için birleşir. Bildiğiniz her şey rampadan çıkma hızına ermiş bir rokete benzeyen hayatınızda dağılıyormuş gibi görünse de, gevşemiş parçacıklarınız sessizce içinizdeki ışığı yayar, sizin aracılığınızla uzaya sürükler, ruhun irfanıyla sizi dengeler ve doyurur. İçinizde yumuşak ve sınırsızsınızdır. İçinizde bir şeyler ısınır, açılır ve ferahlar.

Dönüşüm süreci herkeste aynı zamanda olmaz. Başarılı dalgalar ya da çağlamalarla açılır. Bazı insanlar başlangıçta daha açık olur. Kimseden daha iyi değillerdir –basitçe ilk gitmeyi kabul etmişlerdir. Bu insanlar başkalarını etkiler, örnekleriyle daha fazla duruluğa olanak tanırlar. İkinci grup süreçten geçtikçe başkalarını etkileyecek bir başka grubu etkilerler. Sonuncu birinci, birinci sonuncudur deyişinde doğruluk payı vardır, çünkü açık oldukça, zaten tek bir ortak bilinç olduğumuz için, yüce bir güçle yeniden birleştiğimizi keşfederiz. Bu, özgürlüğe kavuştuğunuzda, doğal olarak geride kalanlara ve kafası karışık olanlara yardım edeceğiniz anlamına gelir. Ruhun, eve dönüş yolunda yanında sayısız korkusuz, eğlenceli oyun arkadaşı olmasından başka dileği yoktur.

Bizimki tüm dünyayı bir seferde düzeltme görevi değil, dünyanın erişebileceğimiz yerlerindeki bölgeleri onarmak için elimizi uzatmaktır. Bir ruhun bir diğerine yardım etmek, bu zavallı acı çeken dünyanın bir kısmına destek olmak için yapabileceği her küçük ve dingin şey, son derece yardımcı olacaktır. Bu dayanıklı iyiliğin ucuna eklenecek kritik olayların hangi eylemlerle ve kimler tarafından gerçekleştirileceğini bilmek bize sunulmamıştır.

CLARISSA PINKOLA ESTÉS

Eski yapıların çökeceği ve insanların her şeyi bırakıp "sadece var olma" evresine gireceği bir zamanı göreceğimize inanıyorum. Aynı zamanda, yaratıcılığı açık ve aktif, hayatları dengeli aydınlanmış insanların sayısında bir artış olacak. Bu bilinçli aydın insanların kritik kütlesi sayısız insanın da kendini anlamasını hızlandıracak güce sahip olacak. Modası geçmiş olan şeylerin tasfiyesinin ortasında mucizevî keşifler ve gelişmeler ortaya çıkacak, bir mermerin çatlaklarında yeşeren tohumlar gibi büyüyecek. Dramatik ve heyecanlı olacak gibi duruyor ama bu arada, şu ana dönersek, duru olmak o kadar da yüce ve göz kamaştırıcı durmuyor; sadece harekete devam etmeli, evrimin sevgi süreci ile uyum içinde sarsılmaz bir alışkanlık inşa etmeliyiz.

Hafifleyip Her şeye Gülebilmek İyidir

Yakın zamanda, sosyal görevli olan Liv ile birçok insanın hissettiği olumsuzluklar ve korkular hakkında konuştum. Birlikte çalıştığı insanların panik ve mağduriyetlerinden kaynaklanan davranışlarına mazeret olarak yaşadıkları en son korkunç kar fırtınasını gösterdiklerini söyledi. Her gün gerçek acı ve ıstıraplarla uğraşan birisi olarak, kendinde bir sorun olduğunu düşünmüş çünkü tek yapmak istediği gülmekmiş. Karşısındaki insanı hıçkıra hıçkıra ağlatan her hikâye onu eğlendiriyormuş ve bu "sapıkça" karşılık yüzünden utanıyormuş. Kimseyi gücendirmemek için ofisine çekiliyormuş. Ben de benzer bir şey yaşamıştım –haberler vahimleştikçe daha neşeli oluyordum. Başkaları nezleden yataklara düştükçe, taşınmak ya da iş değiştirmek zorunda kaldıkça, zor boşanmalar yaşadıkça hayat bana daha hafif geliyordu. Bu nasıl mümkün olabilir? Tüm dünya dönüşüm sürecinin en yoğun en umutsuz kısmını geçirir gibi görünürken ben nasıl daha duru ve mutlu hissedebilirdik? Duygusuz ve duyarsız mıydık yoksa sadece kaçık mı?

Bu hisler dönüşüm ile uğraşan ve ruhsal bir yola girmeye başlayanlar arasında daha da sıradan olmaya başlıyor. Aydınlanmak merhametin yok olması demek değildir, aslında, merhamet dramatik bir biçimde artar. Negatif düşünceyi dağıtmanın önemini bildiğiniz anlamına gelir. Ruhunuzu somutlaştırdıkça, insanların egolarının kendilerine önemli diye sunduğu üzüntüleri ve mağdur olma bilincini görmek kolaylaşır. Duruluk ve karışıklık arasındaki mesafe büyüdükçe bu iki gerçeklik daha da fark edilebilir olur. Başkalarının acılarını görüp hissedebilirsiniz ve bunun yanında acıyı güzelim ruhlarıyla tanımlamak yerine, zihinlerinde, nasıl anlamlı ve özel bir yere koyduklarını da görürsünüz. Bazen tam da olması gerektiği noktadan konuya baktığınızda, ruhun süzgecinde bu dünya hüznünün büsbütün şamata olduğunu fark ettiğinizde, bütün her şey büyük bir kozmik şaka gibi gelir. Belki de bu, uzun zamandır insanın yolculuğu olarak tanımlanan korkunçluğun üstündeki gerilimi dağıtma ve var olmanın basitliğine dönüş yöntemimizdir. Gerçek kahkaha anları yakalarsanız (hayata karşı değil hayatla birlikte) o anları kullanmak ve etrafınızdakilere yansıtmak kesinlikle iyidir. Doğrulukta kalmak ve başkalarını da dahil etmek kesinlikle iyidir. Kendinizi acı çeken insanlardan uzaklaştırmak zorunda değilsiniz –ne kadar zalim ve yıkıcı görünürse görünsün. Onlara sunabileceğiniz en müthiş hediye acı çekenlere açık kalbiniz, samimi ilginiz ve gerçekliklere yön verebilecek gerçek bilginizdir.

Aydınlanma da Ne Demek?

Dünyaya öylesine negatif duygular ve düşük titreşimlerle bakarken, aydınlık anlayış durumuna yaklaşıyor olabileceğimizi hayal etmek ne kadar zor. Eğer sinire, rahatsızlığa, tükenmişliğe ya da depresyona yeniden düştüyseniz –ya da asıl ilginiz aile, sağlık ya da kariyer üzerindeyse-gelecekte, kendini anlama ve aydınlanmanın bütün içeriği size saçma görünebilir. Şu an aklınızdaki son şey bunlar olabilir ama sizi temin ederim kalbinizin ve ruhunuzun ilk endişesi budur. Aşırı çabanızdan savunmanız düştüğünde ve zihniniz kontrolde olmadığında, belki içinizdeki bir sonraki seviyeye geçebilirsiniz: Ruhunuzun genişlemesine hiç bir şeyin engel olamadığı şeffaf bir farkındalık durumu.

Büyük Budist üstadı Dogen şöyle demişti: " Aydınlanmanızın illaki farkında olacağınızı düşünmeyin." Belki de aydınlanma durumunun bir son olarak yaklaştıkça gelişen bir hedef olduğunu düşündüğümüz içindir. Aydınlanma tarih boyunca, özellikle Batı'da, şarlatanlık ya da sapkınlık ile suçlanmamak için idareli kullanılmak durumunda olan bir kelimeydi. Batı'da kurtuluş konseptinden, doğuda nirvana, satori, mukti/mokshadan ve İslam'da Kuran'da huzurlu ruh olarak tanımlanan daha yüksek bir durumdan bahsedilir. Bu terimlerin ne ifade ettiği hakkında açık bir fikrimiz olmadığını ya da –sadece zihinsel değil- ruhsal aydınlanma durumunun gerçekte nasıl hissedileceği hakkında bir fikrimiz olmadığını düşünüyorum. Vücudunuzda olabilecek en yüksek frekanslarla yaşamaya alıştığınızda nasıl değişimler yaşayabilirsiniz? Büyük ihtimalle tüm inançların din adamları yüce bir güçle birleşme deneyiminin en yakınına gelebilen kişilerdir.

Aydınlanma veya kendinin farkına varma sık sık içinizdeki kutsallığa bir uyanış ve otantik kişiliğiniz ve bunun "gerçek doğası" üzerine bir algı sahibi olmak olarak tanımlanır. Dünyevi kişisel siz ve ikilik deneyiminiz solar, böylece kendinizi saf bilinç olarak fark edersiniz. Özlem, kızgınlık ve diğer ıstırap verici etkilerden yoksun bir zihin huzurunu tecrübe eder ve birlikteliği olduğu gibi ya da sevgi dolu sonsuz bir tanrısallıkla bilirsiniz. Aydınlanmış bir durumda, zihin, olanca berbat tutukluğu ve çatışma eğilimiyle halen mevcuttur ama onunla kendimizi özdeşleştirmeyiz: kendince davrandığını izleriz. William Blake basit aydınlanma tanımına birçok anlam sıkıştırmış ve "hayatınızın tam sorumluluğunu almaktır" demiştir.

Bazılarımız aydınlanmayı *göğe yükselme* , vücudun frekansının çok hızlı yükselmesi sonucu fiziksel gerçeklikten kaybolması ile karıştırabiliriz. Batıda, Nuh'un büyük büyükbabası Enoch için "Tanrı'yla yürüdü ama değildi, çünkü Tanrı O'nu aldı" denir. Benzer olarak, Hercules cennete yükseltilip Zeus tarafından tanrı yapılmıştır. Hıristiyan doktrininde Hz. İsa'nın yeniden doğuşundan kırk gün sonra cennete yükseldiği anlatılır. Doğu'da, Teosofi'nin mahatmalar olarak adlandırdığı, dilediğinde farklı şekillerde görünüp dilediğinde kaybolan, göğe yükselmiş üstatlar vardır. Belki de, birçoğumuz aydınlanmadan ya da kendimizin farkına varmadan önce –benim saydamlık, ya da tamamen içsel ışığımızdan yapılma hale gelmek olarak adlandırdığım durum- farklı düzlemler arasında yükselip alçalma kabiliyetimiz olduğunu ve istersek fiziksel bedenimizi de yanımıza alabileceğimizi keşfetmemiz gerekiyordur. Fiziksel gerçekliği maddeleştirme ve maddesizleştirme prensiplerini adamakıllı kavradığımızda, göğe yükselme eylemi o kadar da gayret gerektirmeyecektir.

İçime bakıp bir hiç olduğumu gördüğümde bu irfandır.
Dışarı bakıp her şey olduğumu gördüğümde, bu sevgidir.
Bu ikisinin arasında hayatım döner.

Sri Nisargadatta

Aydınlanma Biz Sıradan İnsanlara Nasıl Hissettirebilir?

Oldukça iyi eğitimli bir arkadaşıma aydınlanmak isteyip istemediğini sordum ve kaçamak halinden pek de sıcak bakmadığını anlayınca, şaşırdım... Kavramın cüretkâr olduğunu ve sonunda aydınlanmanın kendisinin kaldıramayabileceği kadar büyük bir sorumluluk getirebileceğini düşünüyor gibi bir hali vardı. Ben de ona aydınlanmanın kendisi için ne anlama geldiğini ve aydınlandıktan sonra hayatını yaşamanın neye benzeyebileceğini sordum. Gülerek kendi hayatına pek de benzemeyeceğini, ve genelde mağaralarda meditasyon yaptıkları veya sokakta yanımızdan geçip gittikleri ve onlar hiçbir faaliyet sırasında göremediğimiz için pek de fazla örneğe sahip olmadığını söyledi. İnsanların aydınlanmanın beyaz ışıklar, melek koroları, bir patlamada dünyanın tüm kolektif aklına sahip olmak gibi deneyimleri kapsayan en yoğun deneyim olduğunu ve sonsuza kadar aziz haline gelmek anlamına geldiğini düşündüklerini söyledi ve ekledi: "Peki sonra, kim senin arkadaşın olurdu?"

"Aydınlanmadan sonraki gün ne olur peki?" diye ısrar ettim. Arkadaşım düşündü ve:

" Muhtemelen şimdi yaptığım seçimlerin çoğunu yine yapardım ama bu konuda endişelenmezdim. Yeteneklerim hakkında endişelenmez veya yaratıcı dürtülerimi ve rehberliğimi sorgulamazdım. Cezalandırma ve fedakârlık yerine sevgi görüşü ve kazan-kazan çözümlerine doğal bir şekilde çekilirdim. Dünyanın adil olmadığını hissetmezdim. Olayların altında saklı gizli faydaları ve saklı anlamları kavrayabilirdim ve basit bir yaşam sürerdim. Her şey çok daha basit olurdu." Ne kadar da doğru... Çok farklı olmamakla beraber bir o kadar da farklı. Aydınlanmayı hayal etmek insanın kendisini çok zengin veya ölümsüz olarak hayal etmesine benziyor biraz. Günlük zihniyetinizden çok farklı ancak ironik bir şekilde de benzer- sadece ne kadar sınırsız olduğunuzu göreceksiniz.

Dünyadaki korkunç negatifliğin yerine, şeffaflık ve ruhani temizliğin daha yaygınlaşacağına ikna oldum; Daha çok insan dönüşüm sürecinden geçerek işlemi herkes için daha da kolaylaştıracak. Ev frekansınızda yaşamak ve dinlenmek sığ bir şeymiş gibi gelebilir ama frekansınızı bu birleştirici tona değiştirmenin deneyimi çok kuvvetlidir ve sizi dünyada cenneti görme durumuna taşıyabilir.

Aydınlanmaya Giden Yin ve Yang Yolları

Dünyanın ana dinlerindekilerden çok farklı bir ruhani gelişime varma anlayışına uzun zaman önce varmıştım. Belki bu durumun farkına varmamın sebebi Sezgi Çağı'nın yang eril ile yin dişil enerji ve farkındalığı arasına yeni bir denge getirişidir. Tarihsel olarak, dünya erkeklerin fizyolojik oluşumları ve beyin kimyalarına dayalı bir ruhani gelişim görüşüne sahip olmuştur. Bence, kadınların bu sürece dair farklı tecrübeleri var. Bunu herhangi bir feminist düşünce ya da ayrımcı yaklaşımla söylemiyorum çünkü çok daha karşılaştırmacı bir bakışın açıldığını hissediyor ve kadınların bedenlerinin ve beyinlerinin evreni nasıl anladığı ve aydınlandığını anlamanın herkes için büyük resmi tamamlamada daha yararlı olacağını düşünüyorum. Yin ve yang görüşlerini birleştirerek, cinsiyeti ne olursa olsun insanların en yüksek farkındalık seviyelerine ulaşmalarını sağlayacak birleşik bir yol bulabiliriz.

Özetle, erkek beyninde sağ ve sol loblar arasında daha az bağlantı yapısı olduğu için dünyayı "ya şöyle-ya böyle" şeklinde, bir seferde beynin bir bölümü ile anlamaya meyillidirler ve bu onlara doğal analiz etme ve sınıflandırma yeteneği kazandırır. Sağ beyin farkındalığı sıklıkla isteyip de etkinleştirdikleri bir haldir. Bu nedenle, İlahi olanı ayrım yolu ile anlayabilmeleri doğal bir his olarak mantıklı gelir ve yolları bu dünyadan olmak değil bu dünyada olmaktır. Erkeğin kendini gerçekleştirmesi, kısaca fiziksel "ayartmalardan" kendini sakınma, tefekkür ve çalışma, kişisel iradeyi bir hocanın ellerine teslim etme, fiziksel töreni yapılandırma ve manastır yalıtımı ile sağlanır. Zen ile örneğin, dünyadaki her şeye "hiçbir şey özel değil/her şey özel" mantığı ile yaklaşılır. Cennet ya da Saf Topraklar, bu dünyanın ötesindeki "yukarı ve dışarı" amaçlardır.

Öte yandan kadın, beyninin iki yanını birleştiren birçok bağlantıya sahip olduğundan birini diğerlerinden ayırmayı, dünyayı algılamayı ve hatta duygu düşünce ve ruhu anlamayı oldukça zor kılan iki taraflı algılama yeteneğine sahiptir. Kadın ilişki, iletişim, beslenme, kucaklanma, hissetme ve farkındalık ile gelişir. Kadının aydınlanma yolunun dünyadan ve insanlardan "aşağı ve içeriye" doğru oluşu akla uygun gelmektedir. Kadınlar dünyaları hem maddesel hem soyut olarak bedenlerinin parçaları gibi anlamaya meyillidirler. Onlar dünyanın "varlığı" ile alakalıdır. Başkalarının acılarını hissetmek çok kolay olduğundan beri hayat koruma ve kollama niyetindedir. Kadın için aydınlanma ayrı bir amaç değildir. Derinlerde, geldikleri yerdir, oralılardır.

Sezgi Çağında, bütün olarak insanlık sonunda kendi eşsiz algısını tam olarak oturtmaya başlar. İnsan ırkı olarak, bilinçli hassasiyet ve özgür irade bahşedildiği için özel bir potansiyelimiz var-hissetme kapasitemizi hisler aydınlanmış empati ve merhamet duygularına dönüşene ve Kaynak ile birleşme yolumuzu hissedene kadar geliştirebiliriz.- His ve duyarlılık beden ile bağlantılı olduğu için, görünmeyen alemleri algılayışımız çok daha gerçek ve kişisel olabilir. Bu Yüce Güç'ün kendimizi bilinçli bir şekilde mini hologramlar ve küçük evrenler olarak deneyimleyerek kendini gerçekleştirmiş bireyler olma "evrimsel deneyini" tamamlayabileceğimiz anlamına gelir.

Duyarlı olduğunuzda, bağlantı kurar, ekler ve tüm dünyaya, hatta yediğiniz yemeğe kadar bütünleştirisiniz. Tecrübeleriniz sindirildikçe, içindeki yüce besin değerlerini alırsınız. Karanlık ve aydınlığı birlikte aldıkça, her bölüm sizi geliştirir ve eğitir. Kişisel alanınızda elmas ışığın parçası haline gelmenizi sağlar. Bilgi kişiselleşir, karmaşıklık basitleşir, ahenksizlik yerini armoniye bırakır ve yaşamın tüm formları ile kendiniz arasındaki yakınlık ve benzerliği tecrübe edersiniz. Farklı dünya görüşleri daha büyük bir gerçeği birleştirir. Kendinizi o kadar içinde hissedersiniz ki bir süre sonra kendinizi tanımlamayı bırakırsınız. Yüce Güç size, siz Yüce Güç'e dönüşürsünüz. Her şeyi alma kimliği ile, tüm bu insanlığınızın içinde ne kadar tanrısal olduğunuzu biliyorsunuz.

İnsanlığın içindeki ilahiliği bulduğumuzda,
insanlık ve ilahiyat özdeş olacak.

ERNEST HOLMES

Aydınlanmada hem yin hem yang yolları işe yarar, ama her insan için eşit derecede iyi çalışan tek bir yol vardır: Kalp. Beyin ve hormonlar farklılaştığında, tüm kalp fonksiyonlarımız aynı kalmaya devam eder. Açık kalpli ve kalp merkezli olmanız sizin dünyayı hisleriniz aracılığı ile bilmenizi sağlayan, açık ve bilge içgörüler kazandıran kendi ev frekansınızdasınız anlamına gelir. Kalbiniz tekliğe açılan bir kapı gibidir.

Şunu Deneyin!

Dünyanıza Daha Neler Katabileceğinizi Yazın

1. Bir anlığına hoşlanmadığınız tatsız şeyleri düşünün. Yarım düzine kadarını listeleyin. Her biri hakkında endişelendiğiniz "negatif yüklenmeyi "fark edin ve fikirler ve imgelerdeki direnci kaldırın. Her birinin dünyanın ve sizin dünyanızın doğal bir parçası olmasına izin verin. Her birinin tecrübe etmeye ihtiyacı olan birinin alternatif gerçekliği olmasına izin verin. Daha sonra onları sevin ve iyimser olun.
2. Şimdi bir dakikalığına gücünüzün ötesinde gibi duran şeyleri düşünün, neredeyse anlaşılamayan veya çok uzak gerçeklikleri hayal edin. Her birine eklediğiniz "ulaşılmazlık yükünü" fark edin ve fikirler ve imgelerdeki direnci kaldırın. Her birinin onu yaşamaya ihtiyacı olan birinin alternatif gerçekliği olmasına izin verin. Daha sonra onu sevin ve iyimser olun.
3. Hayatınıza yeni kattığınız gerçeklikleri, nasıl yararlı olabileceklerini ve yalnızca sonsuz ruhların merakla hissetmeyi bekledikleri basit deneyimler olabileceklerini hissedin. Bunların bir parçanız haline gelmesine izin vererek, nasıl rahatladığınızı ve zenginleştiğinizi ve direnç göstermediğiniz için kendinize ne kadar daha fazla yaklaşabildiğinizi hissedin.

Empati ve Kalbin Gelişmiş Anlayışını Keşfedin

Dönüşümün son aşamalarına ulaşmanın doğal sonucu ince bir empati seviyesinin, empatik rezonansın tercih ettiğiniz algılama türü haline gelmesidir. Kendi ev frekansınızda olduğunuzda, bilinçli duyarlılık ile dünyayı hissederek oldukça yüksek bir empati seviyesine gelirsiniz. Empati bilindik tanımlamasındakinden çok daha fazlasıdır: Başkasının acısını hissetmek. Kocasını yeni kaybetmiş ya da piyangoyu kazanmış birisi gibi veya toplanmaya hazır olgun bir şeftali gibi olmanın neler hissettirdiği hakkında bilgi verir.

Empati titreşim yoluyla doğrudan bilgi edinmektir, kalbinizden süzülen duyarlılığınızdır.

Evrimleştikçe, kalp gerçek anlamda yeni beyin merkezi haline gelir. HeartMath [Kalp Matematiği] Enstitüsü kalbin elektromanyetik alanının fiziksel, psikolojik ve insanlar arasındaki sosyal bilgi iletişimi sırasında önemli rol üstlenebileceğini ortaya çıkarmıştır. Deneyleri sonucunda bir kişinin beyin dalgalarının bir diğerinin kalp atışına göre uyumlanabileceği görülmüştür. Araştırmacılar başkalarının kalpleri tarafından yaratılan elektromanyetik alanlar karşısında sinir sistemimizin bir anten şeklinde çalıştığı sonucuna varmışlardır. Daha ilginci, kalbin elektromanyetik alanının sezgisel algılamaya dâhil olduğu gerçeğini gösteren verilere ulaşmaları, hem kalbin hem beynin bir olay gerçekleşmeden önce gelecek olayla ilgili bilgi aldığı ve tepki gösterdiğini sonucuna ulaşmış olmaları. Deneysel olarak bildiğimiz şeylerin bilimsel verilerle örtüşmesi heyecan verici.

Empati kalbinizin kasılmasına neden olabilecek yaşamsal zararı olan seçimler yapmanıza engel olur. Örneğin, birine sinirlenerek onu hayatınızdan kesip atmanız hem sizi hem başkalarını üzer, ya da bir anı ile yüzleşmekten korktuğunuz için kötü bir alışkanlığı haklı çıkarmak, ya da içine kapanık biri olduğunuz için yeni şeyleri denemeyi kabul etmemek gibi. Empati bu kilitlenmelere karşı sizi uyarır ve enerji akışınız yeniden başlatmanıza yardımcı olur. Empati aynı zamanda muhteşem bir iyileştirme gücü de olabilir çünkü kendinizin geçmişteki yalıtılmış kırılgan birey şeklindeki benlik tarifinizi görmenize yardımcı olur. Acının içine doğrudan sızıp sevgi yoluyla onu buharlaştırarak ayrılıkların kaybolmasını sağlar.

Birisini sevdiğinizde, kirpikleriniz yukarı-aşağıya hareket eder ve içinizden küçük yıldızlar çıkar.

KAREN, YEDİ YAŞINDA

Doğuştan gelen, her şeyin içindeki ruhu görebilme yetisi olan empati, insanın en büyük yeteneği olabilir. Kişisel bağlılıkları yükselterek başkaları ve dünya hakkında size bilgiler vererek eğitir. Düzenli kullanıldığında, sizi derin ve sonsuz şefkate davet eder. Suratsız bir müşteri hizmetleri temsilcisi ile yapacağınız bir sonraki telefon konuşmasında onun gününün nasıl geçtiğini hissetmeye çalışın. Sonra gerçekten onu anlıyormuş gibi onunla konuşun. Sonrasında ikinizin de ne kadar daha iyi hissedeceğini göreceksiniz. Ya da gelecek sefere bir arkadaşınızla veya sevgilinizle beraberken, ikiniz de aynı anda birbirinize karşı empati ile yaklaştığınızda neler olacağını deneyin. Büyük bir takdir ve birbirine karşı değer verme hissi getiren şaşırtıcı bir deneyim olacaktır.

Şunu Deneyin!

Kalbinize Odaklanın

1. Bu egzersiz odaklanmanın gücü ile kişisel alanınızı değiştirmeyi öğrenmenize yardımcı olacaktır. Dikkatinizi nereye yönlendirirseniz yönlendirin, o yöne doğru ince bir enerji akışı olacaktır. Dikkatinizi kalbinize yöneltin ve oraya yönelen enerjiyi hissedin. Dikkatiniz ile minnettarlık hislerini birleştirin, kalbinize odaklanmışken minnettarlık hissetmeye çalışın. Kalbiniz işini yaptığı için, bedeniniz için, hayatınızdaki birçok belirli şey ve kişi için minnettarlık duyabilirsiniz. Bunları düşünürken ve minnet duyarken, kalbinize odaklanmaya devam edin.
2. Minnet hissinin yoğunlaşmasına izin verin. Ne kadar da muhteşem hediyeler almıştınız! Bu hissin artık yerinde duramayacağını anladığınız noktaya kadar yükselmesine izin verin. Kişisel alanınıza doğru akmasına ve onu doldurmasına izin verin. Onunla kalın ve bir olun. Kalbinize odaklanmaya devam edin. Yoğunlaşmasına ve parlamasına devam etsin. Hızlandırılmış evrimleşme frekansı ile uyumlu bir model kuruyorsunuz. Bunu sıklıkla yapmak kişisel titreşimini ölçülemeyecek şekilde yükseltecektir.

Her durumda ruhunuzun en derin ihtiyaçlarının mükemmel bir şekilde karşılanmasını sağlayan, evrenin ruhunuz aracılığıyla hareket eden empatisidir. Uzun zaman önce bana danışmak isteyen ve bunu agresif bir biçimde onunla bir an önce konuşmam gerektiğini vurgulayarak (beni programımı onunla öğleden sonra görüşebilmek için tekrar düzenlemeye zorladı ve ben de bunu yaptım) belirten bir danışanım sayesinde bunu keşfetmiştim. Bir saat sonra arayarak açık açık, "Şu an için size soracak sorum yok, demek ki sizinle seans yapmam için pek de iyi bir zaman değil" diyerek seansı iptal etti. Ben de tamam dedim ama rahatsız olmak yerine, onun bu kadar duyarsız davranmak için gerçekten de büyük sorunları olması gerektiğini düşündüm. Her işte bir hayır vardır, kendisinin neye ihtiyacı olduğunu öyle ya da böyle bir gün öğrenmek zorunda kalacaktır diye hatırlattım kendime.

Aradan yirmi dakika geçmeden yıllarca birlikte çalıştığım başka bir danışanım aradı. Meditasyondan yeni çıkmış ve sezgisel olarak kitap kulübü için önerebileceğim ne gibi kitaplar okuduğumu sorması gerektiğini hissetmişti. Seçimlerim grup için uygun olmayınca, şakayla karışık ona programı iptal eden saldırgan kadının hikâyesini anlattım, o da dedi ki: "Öyle mi? O halde neden ben gelmiyorum okumaya? Evet, yapacağım şey bu olacak. Şu an için pek sorum yok, ama bir seans yapmam için belki de en mükemmel zaman şimdi." Bunlar sadece dakikalar önce bambaşka bir gerçekliği anlatmak için kullanılan kelimelerle neredeyse aynı kelimelerdi! Hayat bana empatinin gücünü gösteriyordu. Kalbimi açtığım ve ilk kadına karşı nazik davrandığım için, evren bana asla gözümden kaçmayacak bir şekilde altını çizerek kendi kibarlığını ve cömertliğini gösteriyordu.

Yeni Evrimsel Güç: Şefkat

Bence, şefkat ile empati arasında hafif bir fark var; empati duyarlılık ve birlik hissetmek ile ilintiliyken, şefkat çok daha geniş ve soyuttur, sevginin her varlık ve durumun özü olduğu anlayışıdır. İnanıyorum ki devamlı empati ve şefkat göstermek bedenlerimizi değiştirerek bağışıklık sistemimizi ilerleyen kötü çevresel toksinlere karşı güçlendirebilir, ve hatta belki DNA'larımızı değiştirerek bedenimizin yaşlanma ve hastalıklara karşı bu kadar hassas olmasını önleyebilir. Benim görüşüme göre şefkatin, rekabeti aşarak Dünya'nın yeni evrimleşme yöntemi olması fazla sürmez. Hayatta kalmak artık güçlünün güçsüzü yok etmesine değil, uzay gemimiz olan bu dünyadaki komşularımızın kalplerini anlayabilmemize bağlı olacak. Şefkat dolu bir hayat yaşamak dünyamızın evrimleşmesi için hayati öneme sahiptir. Bu şekildeki bir anlayış benzerliklerimizi algılamamıza müsaade eder- özellikle farklılık ve acılarımızın ne kadar benzer olduğunu- ve savaşları bitirmemize, çevre tahribatının önüne geçmemize, gerçek doğamızı keşfetmemize yardımcı olur.

Bir mikrobiyolog olan Dr. Bruce Lipton, bir hücrenin kalbinin, çekirdeği değil, hücre duvarı olduğunu söyler. Hücre duvarındaki reseptörler, hücrenin çevre ile etkileşime geçmesini sağlar ve Lipton'a göre, hücre, çevrenin destekleyici olduğunu algıladığında, reseptörler hücreyi beslemek için açılır. Tehlike algıladığında ise reseptörlerini kapatır. Hücreler aynı anda bu iki durumdan sadece bir tanesinde olabilir, büyüme ya da korunma. Benzer şekilde, korku içinde yaşadığımız sürece, genel bir kapalılık veya büyüyememe durumu yaratır ya da sistemimizde evrimi engellemiş oluruz. Sevgi, empati ve şefkati besledikçe, dönüşüm ve saydamlığa doğru ilerleriz.

Çalışmalar ayrıca DNA molekülünün, bilim adamlarının "DNA'nın ruh ya da gölge enerjisi" dediği bir tür enerji alanıyla çevrili olduğunu gösterir. İlginç bir şekilde, DNA molekülü vücuttan çıkartıldıktan bir ay sonrasına kadar molekülün etrafında kalmaya devam eder. Bilim insanları bu enerjinin DNA oluşmadan önce orada olduğunu ve aslında DNA'yı yarattığını tahmin ediyor. Bu ne olabilir? İçsel planınızın, kişisel titreşiminizin ya da ruhunuzun ev frekansının bir parçası mı? "Kalp Matematiği" çalışması bizlere, DNA'nın yoğun olarak gösterilen duygulara, şeklini değiştirerek tepki verdiğini gösterir. Minnettarlık ve sevgi DNA'nın rahat, gevşek ve uzun durmasına sebep olmuştur. Öfke ve korku DNA'nın gerilmesine, kısalmasına ve birçok DNA kodunu değiştirmesine sebep olmuştur. Öyleyse, eğer şefkat duygusuna tepki verse, DNA'nız, bildiğimiz şekliyle hastalık ve yaşlanmaya karşı evrim geçiremez mi?

Şunu Deneyin!

İçinizden Sevgi ve Şefkat Akıtın

Önünüzdeki bir kaç gün boyunca, çeşitli durumlarda, kendinizi bir sevgi alıcı ve vericisi gibi düşünün. Etrafınıza bakın ve temel sevgi enerjisinin sizi ve etrafınızdaki dünyayı nasıl şekillendirdiğine doğal bir tanık olun. Bir kaç dakikalığına bunu her yerde görün ve hissedin. Sevgi ve şefkatinizde kabullenici, affedici ve koşulsuz olun. Tüm hücrelerinizle sevgiyi içinize çekin ve içinizden geçmesine izin verin. Her noktanıza dokunsun ve sizi aydınlatsın. Sonra cömertçe başkalarına vererek sevgiyi etrafınıza salın. Zor durumlarda, "Sevgi şu anda nerede?" diye sorun.

Başkalarını Ruh Olarak Tanımak ve Kendi Ruh Grubunuzu Bulmak

Empatik olmak insanları daha derinden tanımanıza yardımcı olur. Sadece dikkatinizi verip onlarla olarak, hassas noktalarını, neden nasıl sakındıklarını, neye ihtiyaçları olduğunu ve nasıl iyileşebileceklerini hissedebilirsiniz. En derin motivasyonlarını, hayat derslerini, yeteneklerini ve özlerindeki iyiliği anlarsınız. Geçen gün yürüteci ile bir restorandan yavaşça çıkan oldukça yaşlı bir kadınla göz göze geldim, aniden geriye saran bir film gibi, bebekliğine kadar geçen her süreçte nasıl göründüğünü fark ettim. O bir kaç saniyede onunla sevgiyi hissettim. Yılgın ve rahatsız hissetmek kolaydır çünkü insanlar sıklıkla korkar, cahil kalır ve kendileri göremez- ve bunu yaptıklarında, size en iyi ürünlerini sunamazlar. O zaman, bakış açınıza küçük bir ayarlama yapmalı ve karşınızdakini en iyi halindeyken gibi görmelisiniz. Empati kurmalısınız. Çoğu zaman insanların sizin bakış açınıza ulaşacak şekilde yaşadıklarını göreceksiniz.

İnsanları ruh olarak onurlandırdıkça, farklılıkları daha ilginç ve değerli görebilirsiniz. Asla hoşlanamayacağınızı düşündüğünüz insanlara bağlı hissedeceksiniz. Daha fazla insanla benzerliklerinizi buldukça, görünen ve görünmeyen şekillerde beraber çalışan ruhların doğasını anlayacaksınız. Hepimiz, fiziksel olarak parçacık enerjisi frekansına dayalı, birlikte yankılanan bir farkındalık alanı içinde, gelişmemizde bizimle paralel olan bir *ruh grubuna* aidizdir. O halde, ruh grubu, ortak bir frekansa evrimleşmiş bir varlıklar kümesidir, bu da demektir ki, çoğunlukla birbirleriyle uyuşan felsefe, bilgi seviyesi ve motivasyona sahiptirler. Bu benzer kafadaki insanlar kardeş gibi görünebilir, ya da benzer yetiştirilme tarzlarına, ilgi alanlarına, hayat akışlarına, hedeflere hatta benzer isimlere sahip olurlar. Onlar arkadaş, akraba, meslektaş ya da daha yüksek boyutlarda bulunan fiziksel olmayan varlıklar olabilirler. Onlarla karşılaştığınızda şiddetli bir rahatlık ya da heyecan duyabilir; onları zaten tanıdığınız ve ne olursa olsun onlardan hoşlanmak istediğinizi hissedebilirsiniz.

Küresel ve kültürel olarak bir inisiyasyon döneminden geçiyoruz. Bir bireyselleşme sürecinden... kahramanlar yolculuğundan başka bir yola giriyoruz. Bu arketip değişim ya da inisiye ortaklık ya da kabile yolculuğuna geçişimizle gerçekleşiyor. Ortaklık yolculuğu...işbirliği ve dayanışma ruhuna, ve ortak liderlik ve ortak irfan hakkında öğrendiklerimize ihtiyaç duyar.

ANGELES ARRIEN

Birçok insan ailesinin, gerçek ailesi olmadığını hisseder. Sezgisel olarak ruhsal bir ailesi daha olduğunu hisseder, her solukta "Benimkiler nerede?" diye mırıldanırlar. Hiç daha önce tanıdığınıza yemin edeceğiniz, fikirlerinizi ve hayat arayışınızı paylaşan biriyle karşılaştınız mı? Siz ve ruh grubunuzdaki o kişi o kadar uyumludur ki, onun ruh eşiniz, ruh kardeşiniz, ruhsal ailenizin bir parçası olduğunu hissetmek kolaydır. Sadece, bir ruh grubuna ya da ruhsak bir aileye ait olduğunuzu düşünmek bile size büyük bir teselli getirebilir. Tek başınıza olmadığınızı, sizi bilen ve yardım etmeye hazır, bilgi sahibi olan insanların var olduğunu bilmenize yardımcı olur. Ruh grubunuzda kimlerin olduğunu düşündükçe, değerlendirmenize uyan insanları, hem gerçek hayatta hem de düşlerinizdekileri fark edeceksiniz.

Nerede ve nasıl olduklarından bağımsız bir şekilde kendi ruh grubunuzu hayal ettiğiniz anda onlar da sizi hayal ediyordur. Birleşik alanda, tavuk mu yumurtamı ikilemi yoktur; ilgi eş zamanlıdır ve iki tarafa da akar. Her ikisini de aynı anda yaratır ve eşit olarak müşterek deneyiminizi yaratırsınız. Ruh grubunuzu hayal ederek, yardımcı hayali değişimler kazanabilirsiniz. Fakat bunu zihninizde canlandırdıkça, sizinle tam aynı dalga boyunda olan insanların sizi aramasına, kapınızda bitmesine, ya da yollarınızın çakışmasına şaşırabilirsiniz.

Bu kitaba başladığımda, yazma sürecinin beni yeni bir alana çekeceğini ve bazı konuların içyüzünü anlamamda ve yeni kavramları anlamada rehberliğe ihtiyacım olacağını biliyordum. Her gün ruh grubumu hayal edecek aralar yarattım ve konuya ilgisi olan herhangi bir ruh-yazarın bu ortak yazma deneyiminde bana katılıp katılmayacağını sordum. Takıldığımda, onlara "Herkese selam! Burada ne demeye çalışıyoruz? Doğru kelimeler neler?" diyerek onları çağırıyordum. Her seferinde, bu akım beni daha odaklanmış bir halde yeniden başlatıyordu.

Yakında Kardeşliği ve Grup Zihnindeki Rolünüzü Kucaklarsınız

Ruh grubunuzla çalışarak, kardeşlik uygulamasına başlarsınız; tüm ruhların arasındaki huşu uyandıran işbirliğini yaşarsınız. Kardeşliği gerçekten anlamak, artık kendinizi dünyadan ayırmıyor ve herkesi etkilemeye ve herkesten etkilenmeye açıksınız demektir. Uzakta, yakında, arkadaş, düşman fiziksel ya da ruhsal olsalar da. İnsanların gelişimlerinin sizin işinizi kolaylaştırdığını ve açıklığınızın onlara nasıl yardımcı olduğunu *bilmeniz* demektir. Kardeşliğin temeli müşterek bilinç birliğidir. Siz kız ve erkek kardeşleriniz koruyucu ve onlar da sizin koruyucunuzdur. Başkalarının ihtiyaçlarına hizmet ettikçe, sizin ihtiyaçlarınızın da büyülü biçimde karşılandığını öğrendiniz. Fikir, başkalarına onlar sizmiş gibi davranmanız ve bütün detaylarıyla onların vücudunda yaşayıp, dünyayı onların gözlerinden baktığınızı hayal etmektir. Sonra başkalarının da aynen bunu yapıp, sizin yerinize geçtiklerini hayal edersiniz.

Şimdi birbirimizin hayal gücünde nasıl tezahür ettiğimizi hissedebilirsiniz. Grup deneyimleri, herkesin ihtiyacı başka herkesin eylemleri sayesinde karşılansın diye yaratılır, burada kaderlerin birlikte yaratımı ruhsal mühendisliğin şaşırtıcı bir başarısıdır. Bir ekosistemdeki çeşitli canlılarda bu mükemmelliğe tanık olduğunuzda, diğer formların temel varoluşu ile desteklenmenin gereklilİğini anlarsınız.

Şunu Deneyin!

Birini ya da Bir Şeyi Kutsayın

Odaklanmış ilginizle pozitif düşünce ve enerjinizi yönlendirmenin fiili etkilerini fark ettikçe, "kutsama sanatının" insanları ve uyumdan uzak olayları iyileştirmeye etkisini fark edeceksiniz. Birini aklınıza getirin, ya da bir sonraki yemeğinizde yiyeceğiniz yemeği düşünün. Empatik rezonans ile o kişinin ya da yiyeceğin uyumsuzluğunu hissedin. Daha sonra ruhunu ve ideal planını hissedin. Bu uyumsuzluğa dikkatinizi verin ve enerjinizi boşaltmaya başlayın. Siz enerji ile doldurdukça, o kişinin ya da yemeğin idealinde vücut buluşunu izleyin. Bunun doğru olduğunu bilin. Görü tutarlı olana ve kendi başına yaşamaya başlayana kadar o kişi ya da yiyecek ile bağlantıda olun. Hatırlayın: idealizm ruhun gerçekliği ve saflığının hatırasından gelir.

Bir yönetim gurusu olan Tom Peters'in yaşadığı bir dostluk ve kardeşlik deneyimini nasıl tanımladığını anımsadım. Bir şirket, rakibine sırlarını vermiş ve olayı daha iyi "mücadele edebilecekleri" bir oyuna dönüştürmüştü. Üretim tesisindeki ekipleri birbirlerine yardım etmişler, aynı zamanda da mücadele içindelermiş, bu şekilde, herkes oyuncu bir ortak yaratım ruhu kullanarak daha yüksek bir seviyeye evrimleşmiş. Kardeşlik yaptığınız her şeyin bir diğerinizi bir şekilde daha ileriye götürebileceği fikriyle bir araya gelmektir. Kardeşlik sayesinde, dünya kazanmanızı ister çünkü o zaman hepimiz kazanırız. Kardeşlikle huzur seviyemiz arttıkça, ekonomik sistemlerdeki yeni gelişmeleri izleyin. Çeşitli değişim ve pazarlık metodolojileri olarak başlayabilir ve küresel olarak tam paylaşım ve hayırseverlik haline dönüşebilir.

Kardeşlik ruhuyla çalışmak, grup zihnine-bir grubun tüm üyelerinin birleşmiş farkındalıklarına- odaklanarak nelerin mümkün olduğunu görmenize yardımcı olur. Eğer bir grup kişisel titreşimini tek bir yüksek frekansa ayarlarsa ve sorular sorarsa ya da keşifler ve sorun çözümleri için yaratıcı anlayışlar aradığında, grup üyelerince sunulan bu eşsiz filtreler, hepsinin bireysel zihinlerinin toplamından daha büyük yeni bir tür dahi ortaya çıkarır. Hayal gücünü gruplar halinde kullanarak, grup zihni yeni ürünler ortaya çıkartabilir, dizaynı hayal eder ve süreci dener, hataların üstesinden gelir ve değişik pazarlardaki talebi ve ne kadar süreceğini görürler. Aynı zamanda grup zihni ürünün ömründe işler ve nerelerde ne gibi engeller çıkacağını da görebilir. Sonrasında, gerçek süreç başladığında, kolaylıkla ve hızlıca maddeleşir. Yıllardır bir masanın etrafına halka kurmuş çocukların toplanıp, zihinlerini ortak bir frekansa ayarlayıp, gelecek teknolojileri için inanılmaz fikirler üretmesi üzerine yinelenen bir vizyona sahibim. Bunu haberlerde görmeyi hâlâ bekliyorum.

Hayat yücedir, hayat sıradışı, inanılmaz,
mucizevi bir fenomen, bizim en değerli hediyemizdir.
Küresel bir beyin, küresel bir kalp ve küresel bir ruh yetiştirmeliyiz.
Bu bizim en ivedi mevcut evrimsel görevimizdir.

DR. ROBERT MULLER

Zaman, Mekân ve Boyutlararası İletişim Kurmayı Deneyin

Frekansınızı daha yüksek bir oktava, bu dünyanın ötesinde daha yüksek bir boyuta erişmenizi sağlayacak şekilde değiştirebilir ve fiziksel olmayan varlıklarla iletişim kurabilirsiniz. Bunu yapmak için, hayal gücünüzün, tıpkı bir sahne gibi, farklı gerçekliklere odaklanabileceğiniz zihinsel bir alan olduğunu anlamanız gerekir. İlginizi neye verirseniz, neyi düşünürseniz, hayal gücünüzün alanında ortaya çıkabilir. Bunlar sadece üç boyutu değil, tüm deneysel, boyutsal fiziksel gerçeklikleri daha yüksek boyutsal gerçekliklerin tüm tayflarını içerir (bkz: Bölüm 2) Ruhunuz evriminizi güçlendirecek öğretici deneyimleri yaratmak için tüm boyutları kullanır. Rüyalar ve meditasyon kişiliğinizin bu daha yüksek frekansa ve fiziksel olmayan deneyimlere göz attığı pencerelerdir.

Ev frekansınızda merkezlenerek ve kendi varlığınızın sessiz mutluluğunun tadını çıkararak başlayabilirsiniz. Hayal gücünüzde alan açın. Size ruhani öğretmen ve danışman olmuş birini-galaksiler arası bir bilim insanı veya evriminize katkı sağlamış bir iki melek bile olabilir- düşünün. Onların Kral Arthur'un yuvarlak masası gibi bir masada oturduğunu hayal edin, masada sizin için de boş bir yer var. Frekansınızı artırdığınızı hayal edin, yüzde 10 yükselttiğinizi, ardından yüzde 10 daha aydınlattığınızı, daha sonra yüzde 10 daha fazla işlenmiş hale geldiğini... Masada oturan ruhani varlıkların frekansları ile eşleşene ve masada boş yere oturacak duruma geldiğinizi hissedene kadar bu artırma işlemini sürdürün. Ardından sizin sorular sorduğunuz, fikirleri tartıştığınız, ihtiyaç duyduğunuz kimi bilgileri öğrendiğiniz veya enerji akışınız ile ilgili yardım aldığınız bir sahne oluştuğunu hayal edin.

Bir başka senaryo: Tanıdığınız ve ölmüş birilerini kafanızda canlandırın. Hayal gücünüzün alanında bu kişilerin buluştuğunu görün. Bunu yaparken, onlar sizi buluşma alanında görüyor. Tekrar, frekansınızı kademe kademe artırın, kendinizi daha aydınlık, parlak ve o kişilerle o alanda yürüyebilecek kadar şeffaf hissedin. Gözlerine bakın. Onların ev frekanslarını, kalplerini hissetmeye çalışın. Aranızda telepatik bir iletişim oluşacağı için muhtemelen konuşmanıza bile gerek kalmayacaktır. Konuşulması gereken her şey kendiliğinden ortaya çıkacaktır. Bu kişiler yerine tarihten hayranı olduğunuzu bir kişi ile bağlantı kurmayı da deneyebilirsiniz- belki Einstein, Buda veya Prenses Diana...

Ah, sahte yalanlarla bizimle dalga geçiyorlar,
Bu iyilik dolu toprakları gözyaşlarından bir nehre çevirenler;
Eğer ruh ölümsüz ise,
Bu ölümsüz yılların başlangıcıdır.

ALICE GARY

Belirli kişilerle bu diğer boyutlardaki buluşmaları denedikçe, başkalarının kişisel titreşimleri ve neler bildikleri hakkında ince ve anlık bir duyarlılık geliştirme yolunda büyük bir adım atabilirsiniz. Çabuk! Madame Marie Curie, Konfüçyüs, Napolyon, Katherine Hepburn ve İsa olsa ne yapardı, hissedin. Maddesel veya maddesel olmayan bir kişi, fikir veya grubun neler hissettiğini anlama yeteneği, çok daha yüksek belli şeylere kendinizi uyumlandırabilirsiniz: Örneğin 1705 Londra'sında yaşamak nasıldı, ya da 1254 de Batı Çin'de neler oluyordu, veya Güney Afrika'da ilk insanlar dünyanın yeni bölgelerine göç ederken neler hissediyordu? Zamanda yolculuk yapmayı öğrenebilir ve birinci elden tarihsel araştırmalar yapabilirsiniz. Frekansınızı antik Mısır rahiplerinin, Mikelanj'ın çıraklarının ya da yunus sürülerinin frekanslarına göre ayarlayabilirsiniz. Frekansınızı belirli mineraller, bitkiler, nesli tükenmiş hayvanlar, ya da bir müzik türü ile eşleştirebilirsiniz. Hangi sırları keşfedebileceğinizi kim bilebilir ki? Neler icat edilebileceğiniz ile oynarsanız, bu frekans-şekil değiştirmelerini yeni enerji kaynakları veya besin kalıpları, ilaç veya iyileştirme yolları, sanat, taşımacılık, çevresel yenileme ve bilim için kullanabilirsiniz.

Sezgi Çağı'nda "Normal" Neye Benzer?

Farkındalığın beşiği Sezgi Çağ'ında, kimliğinizi daha önce hayal edebileceğinizden çok daha genişletmeyi öğrendiğinizden beri, sıradan bilgi düzeyiniz artık gerçekten yüksek farkındalık frekans bantlar gibi yeni boyutlar içeriyor. Birbirinden ayrı olmadığı için birbirini etki altında bırakan "dışsal" ve "içsel" dünyalar hakkında muazzam, detaylı bilgilere sahipsiniz. Bir akşam yürürken sessizlikte bir kuşun şarkı söylediğini duyduktan sonra çevreden bir yerlerden ve aynı zamanda bedeninin içinden bir şarkı yükseldiğini hisseden Alman mistik ve şair Rainer Marie Rilke'yi çok severim. Siz de artık bu eşzamanlılığı biliyor ve mikro kozmos ve makro kozmosun birbirini nasıl yarattığını ve birlikte evrimleştiğini biliyorsunuz.

Bilim, sanat, ziraat, din, ticaret ve hükümet gibi farklı disiplinler, birleşti ve sonsuz bir etkililiğe ve makullüğe ulaştı. Eskiden paranormal veya doğaüstü bilinç becerileri olarak görülen (örneğin zihinler arasında direk düşünce paylaşımı olan telepati, zaman ve uzayda objelerin anında bir yerden bir yere transferini sağlayan ışınlanma veya zaman ve uzayın ötesinde görülemeyecek şeyleri görme yeteneği ve öngörü, objeleri sadece zihin gücüyle hareket ettirme yeteneği olan telekinezi) becerilerde, anlık ruhani iyileştirmede, fiziksel yapıların kendi içsel planlarından yenilenmesi gibi konularda ustalaşmış durumdasınız.

Sınırsız kaynak, imkân ve izine sahip olduğumuzda, yaratıcılık yeni zirvelere uçarak küresel kültür gelişimi ışık hızında gerçekleşir. Birçok insan kendi eşzamanlı kaderini yaşarken, toplumun kendi büyümeniz ile paralel bir şekilde pozitif bir dönüşüme girdiğini görebilirsiniz. Kendi frekansınızı yüksek ve düşük ölçeklere göre düzenleyebildiğinizden beri başka boyutlardaki varlıkları, zaman dilimlerini ve paralel evrenleri akraba olarak tanıyor ve onlarla birlikte daha iyi bir dünya yaratmak işin üretken bir şekilde çalışıyorsunuz. Hayal gücünüzde yolculuk etme yeteneğini kendinize öğretiyor ve bununla kendinizi eğlendirebiliyor, dünyanızda olayları maddeleştirme ve maddesizleştirme yolu ile gerçekleştirebiliyorsunuz. Ölüm ve yaşamı tecrübe etmeyeceğiniz bir hayatın yakında olduğunu hissediyorsunuz; siz ve diğer herkesin yükselip düşmeden girip çıkabileceği bir dünya. Sizin için dönüşüm geçirmiş bir dünyada birçok şaşırtıcı şey depolanmış durumda.

Ruhunuzun Bakış Açısı ile Zihninizin Bakış Açısını Ayırt Etmek

Önceki gün bir arkadaşım yemeklerdeki toksinler, emlak değerlerindeki düşüş, fiyatların yükselişi, kurumsal açgözlülük ve politika hakkındaki endişelerinden bahsetti. Düşük seviyede bir panik denizinde yüzüyordu, kendini dünyanın problemlerine ve yaşanabilecek en kötü sonuçlara kaptırmış, ailesine yansıyacak muhtemel negatif etkilerden dolayı endişe dolmuştu. Genellikle iyimser olan enerjisi, araba farlarının önünde donup kalmış bir geyiğinkini andırıyordu. Neredeyse bedeninin CNN'den gelen düşük frekanslarla eşleştiği için titrediğini hissedebiliyordum. "Neler olacak?" sorusunun yanıtını öğrenmek istiyordu. Ben de aynı şey ile mücadele ettiğim ve bir dizi savaş sonrası yıkılmış şehirleri ve insanların yaşadıkları vahşeti anlatan "ağır" filmler izleyerek bir süre geçirdiğim için "Her şey iyi olacak mı?" "Bu konuda neler yapabiliriz?" gibi sorularla ilgilenip bir bağlantı kurabilirdim. Belirli bir bakış açısından baktığımızda hakkında yazmaya çalıştığım şeylerin ne kadar naif gözüktüğünü düşünmekten kendimi alamıyorum. Ancak bir başka bakış açısına göre, kesinlikle her şey çok gerçek.

Arkadaşıma söylediğimi duyduğum şey: "Yapabileceğimiz tek şey kişisel titreşimlerimizi dünyaya akan ve aldığımız nefesi bile dolduran korkunun iğfaline kapılmayarak düşürmeyip sabit tutmak" oldu. İki tür hava var gibi- kirli/zehirli ve şeffaf/temiz- ve aynı boşlukta ikisi de birlikte var oluyor. Havayı temiz ve yenileyici olarak görmeli ve her nefesimizde bu kaliteyi yaşamaya çalışmalıyız. Önemli olan çalışma beden, duygu, zihin titreşimlerimizi ruh ve ruhani duygularımız ile eşleştirme çalışmasıdır. Eğer kötü gelişmeler bizi düşürmeye çalışıyorsa, buna izin vermemeliyiz. Onların farkında olmalı ama kendimizi yerle bir etmelerine izin vermemeliyiz.

"Aynı zamanda, eğer dünyada nasıl daha aydınlık bir şekilde yaşayacağımız hakkında fikirler zihninizde canlanırsa, yardıma ihtiyacı olanlara yardım edin veya toplumun dönüşüm işlemi sırasında yaratıcılığınızı kullanın ama bunları endişe ile değil neşe ve ruhani cömertliğiniz ile yapın. Yakıt emici aracınızı daha aklı başında bir tüketimi olan bir araçla değiştirin, yerli üretime rağbet edin, size çekici gelen bir yerde haftada bir kaç saat gönüllü olarak çalışın, daha yüksek bilince sahip adaylara oy verin. Sizi iyi hissettirebilecek ne varsa yapın-her birimizin kaderimizden gelen ve diğer insanların yaptıkları ile mükemmel bir şekilde eşleşen bir kendini ifade etme biçimi vardır. Dünyaya iyilik yapmak için kendi mutluluğumuzdan fedakârlık etmek zorunda değiliz. Eğer sadece bunun için yola çıkar ve ona yapışırsak, kardeşlik dünyayı evrimleştirecektir. Herkes politik aktivist olmak zorunda değil, ancak aynı zamanda, medya, hükümet, reklam ve tüketim komploları ile hipnotize edilmemize de izin verildiğini gördüğümüz an uyanmalı, gözümüzü açmalıyız."

Kendi korkumuzdan özgürleştiğimizde,
varlığımız kendiliğinden diğerlerini de özgürleştirir.

NELSON MANDELA

Konuşmamızın ardından biraz daha bu konu üzerinde düşündüm. Bir "Zihin" bir de "Ruh" bakış açısı var. Zihin karmaşıklığa, problemlere bakar ve fiziksel güvenlik ve yakınlıktan gelen rahatlığı arar. Bu aydınlanma fikrini saçmalığa indirgeyen, sadece gerçekçi olmayan insanların aradığı yetersiz bir bakış açısıdır. Bu bakış açısı yüzeyde bekler ve problemleri çoğaltır, dünyadaki kaosu muazzam bir büyüklüğe ve baskınlığa ulaştırır ve muhtemelen dünyanın sonuna neden olabilecek umutsuzluğa neden olur. Madem hiç umut yok, neden çaba harcayalım ki? Sonuçta çözümler *çok uzun zaman alacak ve ulaşması çok zor*. Bu bakış açısı her durumu siyah ve beyaz olarak, ya bu ya bu olarak görme eğilimindedir ve doğru ve yanlış insanlar arasında sonsuz bir çatışma üretir. Dikkatimizi emen, düşmanlara ve krizlere odaklanmış kutuplara çekilmiş güçlü liderler sunarak bizleri kandırır. Çünkü bu bakış açısı ile frekansımızı eşleştirdiğimizde, her şey çok gerçek gözükür! Kim bundan şüphe duyabilir ki? Eğer şüpheniz varsa, bu naif ve aptal olduğunuz anlamına gelir.

Diğer yandan Ruh'un bakış açısı ise sakindir ve basitlik, birlik ve şefkati arar. Dünyadaki "korkunç" olayları problemler olarak değil, dönüşümün sinyalleri olarak bir devirden diğerine olan bir hareket, dalga değişimi olarak görür. Ruh'un bakış açısı uzun ve derindir; berrak bir genel bakış avantajına sahiptir, Var olan her şeyin eninde sonunda Yüce Güç'e geri döneceği dışında bir ihtimali olmadığını bilir. "Problemleri" sadece dünyada oluşturduğu biçim içerisinde çözmek enerji kaybıdır, titreşim ve frekans yolu ile evrimi kestirme yollara sokabilir ve dönüşümü büyüsel bir şekilde anlık hale getirebilir. Hiçbir şey umutsuz değildir ve aydınlanma yakındır. Ruh hiçbir şeyin değişmek zorunda olmadığı ve yapılması gereken bazı önemli şeylerin olduğu ikilemini rahatça ellerinde tutar. Birlik-farkındalığına hareket amansızdır, bu işlem doğrusal ve zaman harcanan bir işlem değildir; İçine girecek kadar rahatladığınız anda gerçekleşebilir. Bakış açısını beğenmediğinizde ruhunuz sizi azarlamaz, sabırlı, gülerek, derin bir rahatlamanın olduğu seviyeye sizi davet etmeye devam eder.

Sevgi Öğretmeni Olun

Otobiyografisinde John Denver'ın şöyle söylediğini hatırlıyorum: "Eğer ben olmayacaksam, kim lider olacak?...Eğer ben değilsem, kim!?" Hayatınızın bazı yönlerinden tatmin olmayabilirsiniz ama işleri biraz düzeltmek adına her zaman "şu anda" yapılabilecek birçok şey vardır. Hissettiğiniz şekilde var olması için gerçekliğinizi bedensel, duygusal, zihinsel ve ruhani ev frekansınızı-sıcak kalpli, sevgi dolu- hissederek oluşturabilirsiniz. Dönüşüm ve şeffaf olma çalışmasının çoğu kişisel enerji ve farkındalık alanınızı basitçe toparlamaktır. Buna dikkat etmeyerek ve bu nedenle dağılmasına neden olarak, ev frekansınızda titreşmeyen şeyler ile, kendinizi elmas ışıktan geri kalanlar olarak tanımlayabilirsiniz. Zihnin karmaşıklığından, Ruh'un basitliğine doğru farkındalığınızın şekil değiştirdiğini düşünün. Sadece bunu yapmak bile lider olmak demektir.

Kendimize, çocuklarımıza ve geleceğe olan sorumluluğumuz,
kendimizi iyiliğin hayalinde yaratmaktır,
çünkü gelecek hayallerimizin asaletine bağlıdır.

BARBARA GRIZZUTI HARRISON

Yıllarca, bir Budist kavramı olan *beceri ile algılama* konusuna ilgi duydum: Kendi acılarını iyileştirmek ve dünyaya daha fazla acı katmamak. Bence Sezgi Çağı'ndaki liderlik yetenekli algılayıcılar ve maharetli vizyon sahipler olacaklar-Ayakları dünyaya sağlam basan, her hücrelerinde cennetin varlığı ile dolu olan insanlar. Bir lider, mucit, iyileştirici ya da doğruluk iletişimcisi olabilirsiniz. Yaşam biçiminizle paylaştığınız şeyler ve söylediğiniz sözler ile diğerlerine örnek teşkil edebilirsiniz. Ruhun sözcüsü olabilirsiniz. "İşte kalbim, işte ağzım. İşte ellerim ve ayaklarım. Beni istediğin yere hareketlendir. Söylenmesi gereken sözleri söylememi sağla."

Bir durumu başka birisinin gelip iyileştirmesini beklemek yerine, eğer yardımı dokunabilecek bir şey düşündüyseniz, o yardımı yapması gereken kişi de sizsiziniz. Kolektif bilinç, iyi bir amacı olan fikirlere dikkat etmenize yol açar. İdealist olmaktan utanmayın; içinizde titreşen en yüksek hayalinizdir idealiniz. Her gün yapmakla yükümlü olduğunuz görevler bir kenara, esas yapmak zorunda olduğunuz en önemli görev Sevgi Öğretmenliği, Sevgi Göstericiliği ve Sevgi Yayıcılığıdır. Kendinize yeniden bir doğru yaratıyorsunuz. Kendi ev frekansınızı yüksek tutarak ve BİZ'i kendinizin bir parçası olarak görerek BİZ'e yardımcı oluyorsunuz. Buna karşılık BİZ de aynı şekilde size yardım ediyoruz. Siz ve BEN öyle şaşırtıcı bir şekilde gelişiyoruz ki belki bir gün asla hayal bile edemeyeceğimiz bir noktaya gelebiliriz. Her birimizi insanlığın ve hatta evrenin bütün olarak bilinci haline gelebiliriz ve Rilke'nin aşağıdaki sonesindeki mistik ve efsanevi tek boynuzlu atı gibi, kusursuz özlerimiz onun potansiyelini sevdiğimiz ve ona yer açtığımız için basit bir varlık haline gelebilir.

O hiç var olmamış olan hayvandı.
Bilmiyorlardı, seviyorlardı yine de:
Pürüzsüz boyunlu, zarif endamlı,
Sakin sessiz bir ışık vardı gözünde.

Doğru, hiç olmamıştı. Ancak onu sevdiklerinden beri
saf bir yaratık haline geldi. Alan açtılar onun için.
Ve o yerde, o kadar temiz ve özgür ve bucaksız ki,
Kafasını kolayca kaldırıp, neredeyse hiç ihtiyaç duymadı,

Varoluş diye bildiğimiz şeye.
Beslediler O'nu, tahılla değil,
Her zaman Var Olma ihtimali ile.
Ve bu O'na büyük bir güç bahşetti,

Bir boynuz yükseldi kafasının üzerinden, Tek boynuz.
Bakir, parlak ışığa gitti-ve orada,
Gümüş bir aynanın ve O'nun içinde, var oldu.

RAINER MARIA RILKE, ORPHEUS'A SONELER 2/4

Kısaca...

Saydamlık, kendini gerçekleştirme ya da aydınlanma durumuna çok yaklaştınız. Zihnin ve ruhun gerçekliği arasındaki farkları kolaylıkla anlıyorsunuz ve kendinizi saf farkındalık ve sevgi olarak tecrübe ediyorsunuz. Dönüşüm bir bitiş noktası olarak değil, aşamalı dalgalar gibidir ve bir yol olarak gelir. İnsanlık halleri hakkında aydınlandıkça daha şefkatli oluyorsunuz. Sezgi Çağında kendini gerçekleştirmek, iyiyle kötüyü birleştirerek ruhsal gelişiminizi görmektir. Kalbin yolu herkes için evrensel bir yoldur. Yeni kalp-beyninizin sezgilerinin tercih ettiği yöntem empati ve şefkattir ve size ortaklığı hissetmeyi ve hayatı önemsemeyi öğretir.

> O halde maddenin başlangıcı nedir? Kendisini varolmanın katışıksız keyfi için sayısız trilyonlarca forma çoğaltmış, öyle ki bir gün kendisini sayısız gören bir varoluş.
>
> SRI AUROBINDO

Empatik yankılanma, yalnızlaşmanın üstesinden gelen şifa verici bir güçtür ve güvenliği, samimiyeti ve doğruyu daha kolay kavramanıza yardım eder. Evrimsel metodoloji olarak şefkat, rekabeti aşacaktır. Gerçekten kolektif bilincin bir parçası olmak için ruh grubunuzu, grup zihnini ve kardeşlik ilkelerini bulmayı ve onlarla çalışmayı öğreniyorsunuz. Sezgi Çağı'nda, zaman-mekan ve boyutlar arası gezebildiğiniz gibi ölmüş kişilerle ve fiziksel olmayan varlıklarla iletişim kurabilmeye muktedir oluyorsunuz. Şu an, yetenekli bir algılayıcı, becerikli bir hayalperest, ve bir sevgi öğretmeni olabilirsiniz.

Ev Frekansı Mesajı

Okuyucuya bölümünde sayfa 21'de açıkladığım gibi; her bölümün sonuna bir takım ilham verici parçalar eklerken normal, hızlı okuma alışkanlığınızı daha derin bir deneyime çevirebilmeyi amaçladım.

Aşağıdaki mesaj sizi Sezgi çağındaki yaşama yakın bir deneyime götürmeyi amaçlıyor. *Ev frekansı mesajı*na geçmek için sadece biraz yavaşlayın ve daha telaşsız bir hale geçin. Derin bir nefes alın, sonra derin bir nefes verin ve mümkün olduğunca sakinleşin. Zihninizi yumuşak ve algıya açık olacak bir biçimde serbest bırakın. Sezgi gücünüzü açın ve onun dilini *içine girerek* *anlamaya* hazırlanın. Bakın bakalım, okudukça ortaya çıkacak derin gerçekleri ve duyguları hissedebilecek misiniz..

Deneyiminiz terimlere ayırdığınız zamanla ve dikkatinizle doğru orantılı olarak daha büyük boyutlara varabilir. Her seferde kelimelerin sadece birkaçına yoğunlaşın, noktalama işaretlerinde duraklayın ve bu mesajı size –şu anda ve canlı olarak- getiren akılla "birlikte kalın". Kelimeleri yüksek sesle okuyabilir ya da gözlerinizi kapatıp birinden size okumasını rica edebilirsiniz. Böylece kelimelerin üzerinizdeki etkisini göreceksiniz.

SIK SIK BASİT YAŞAMA GEÇİN

Uzun ve dolambaçlı bir yolculuktasınız, en yüksek merdivene tırmanıyorsunuz, en derin denizlere yelken açıyorsunuz. Yine de sabit duruyorsunuz. Yıldızlar ve gezegenler doğup batıyor, yörüngenizde dönüyorlar. Gizemli bir güç tarafından çekiliyor gibi, yol ayaklarınızın altında akıp gidiyor, arkanızdan yok oluyor. Hiç değişmeyen bir film size sunuluyor, bir ışık şovu, o kadar tahrik edici o kadar heyecanlı ki gözlerinizi ondan alamıyorsunuz. Ve bunu siz yaratıyorsunuz! Marifetinizin bir parçası, bunun büyülü bir şekilde ortaya çıktığını, sizin yaratmadığınızı var sayıyor. Ne kadar yaratıcısınız! Kendi görkeminizden ipnotize oluyorsunuz.

Şimdi gözlerinizi kapatın. Hislerinizi kapatın. Uyarıcılardan ve değişken istikrarsızlıktan uzaklaşın ve zaman ve mekân arasında dolaşan dalgaları takip etmeyin. Onlar zaten sizin olmadığınız bir yere gitmezler. Dışarısı soldukça titreşiminizin değiştiğini hissedin; renk ve ışık ses olmaya doğru çözülüyor, dokunulabilir bir çarpıntı oluyor. Şimdi o da yok oluyor, sadece sabitlik kalıyor. Bu sessizlikte o kadar düzgün bir titreşim var ki nabzı yok, dalgaların arasında görülebilir boşluklar yok. Bu huzur. Onunla bir olun ve kendi uyumunda tatlılaşıyor. Durum kendi içinde gülümsüyor. O neredeyse kıvrık gülümseme içinde Yüceliğin tüm sevgi ve irfanını barındırıyor. Bu ruhunuzun ışıldamasının, parıldamanın ilk işareti... Sessizce ışıldıyor ve gülümsüyor çünkü buna engel olamıyorsunuz. Bu sizsiniz. Evet öyle.

Basit yaşam yaşayabileceğiniz, herkes için ortak olan, tek en gerçek deneyimdir. Sürekli değişen bir manzara değildir, hep eriyen ve gelişen o bükülebilir rüya değildir. Gerçek hayat her anın en dibindedir ve o filmdeki her an sizi oraya götürebilir. Neredeyse kıvrık gülümsemeyi hissedin. Yavaşlığı ve sessiz parlaklığı hissedin. Etrafınızda esişini hissedin. Sevgi her yerde ve sınırsız. En küçük parçasına bile sahip olmak zorunda değilsiniz. Hepsinin özgürce savrulmasını seviyorsunuz.

Sık sık basit yaşama giriş yapın ve zihniniz zamanı unutana kadar bu durumda kalmayı deneyin. Daha uzun kalabildikçe, buranın gerçek üstü kalıcı yuvanız olduğunu bilmek daha kolaylaşıyor. Orada gülümserken, sizi davet eden ve burayı donatmanızı isteyen o sürekli değişen manzara filmini izleyin. Filmi seviyorsunuz ama basit yaşamı tümüyle seviyorsunuz. Buradaki her şey berrak. Basitliği bilerek, frekanslarda ustalaşıyorsunuz. Parçacıkları ve dalgaları seviyor, onları sürüyor ve hareket ettikçe, bilginiz hareketlendikçe, onları kutsuyorsunuz. Sizi rahatsız etmiyor, tıpkı bir kelebeğin bir yaz gününden geçişi gibi, bulutların rüzgârda dağılıp yeni şekiller oluşturması gibi. Siz her yerdesiniz ve işte bu kadar basit.

İnsan kurallara sığmaz!

Sözlük

Yükselme: Maddesel ölüm gerçekleşmeden bedensel ve duygusal frekansı maddesel dünyanın ötesine yönlendirerek bedenin daha yüksek bir boyuta ilerlemesi. Alçalma ise, aksi bir süreç olarak, bedenin fiziksel doğum gerçekleşmeden şeklen var olmasıdır.

Uyumlama: Beden, duygu ve zihin titreşimlerini belirli, genellikle daha yüksek bir frekansa ayarlayarak uyumlandırmak.

Çakra: Eterik bedenin yedi ruhani merkezinin her biri. Omurgadan girdap şeklinde enerjinin aktığı güç merkezleri.

Gaipten duyma: Fiziksel ses olmadan, ses, müzik ve konuşmaları duyabilme hissi.

Gaipten haber alma : Dokunma, koklama, tat alma, fiziksel olmayan enerji alanlarını hissetmek veya sezmek, nesnelere dokunarak bilgi almak ve bedenin yardımı olmadan varlıkları veya bilgi yollarını soyutlaştırmak için kullanılan hisler.

Altıncı his, duru görü: İçsel görü sezgisi, geçmiş veya gelecek olaylar hakkında imgelemeler görme yeteneği. Beş duyu organı ile sezilemeyecek bilgileri sezme. Tıbbi duru görü insanların bedenlerinin içini görme ve hastalıkları sezme iken, röntgen ışını, uzak veya kapalı alanlar hakkında görebilmek için kullanılan duru görü sayılabilir.

Şefkat: Sevginin her varlık ve durumun merkezi olduğunu savunan olgu. Başkalarının acılarını hafifletme isteği uyandıran erdem.

Bilinçli birleşme: Kasıtlı olarak birisi veya başka bir şey ile kucaklaşmak. Uyum ve birliktelik içerisinde ortak bir deneyimi paylaşmak.

Bilinçli duyarlılık: Duyarlılık hem maddesel hem de duygusal hisleri içerir ve duyarlılığın gücünü uyarıcının gücü ile karşılaştırma deneyimidir. Bilinçli duyarlılık ise gerçekleştiği anda maddesel veya soyut kaynaklardan gelen hassas uyarıcıları çabucak algılayabilme yeteneğidir.

Tepe/Dip: Tepe bir enerji dalgasının en hızlı dönme noktası. Dip ise en yavaş dönme noktasıdır.

Kader: Var olma "amacı" doğrultusunda davranma, bundan keyif alma, mükemmel zamanlama ile uyumlu enerji akışı gibi sınırsız yetenek eşliğinde ruhun tamamıyla bilinçli bir şekilde beden, duygu ve zihin ile bütünleştikten sonraki yaşamı.

Elmas Işık: Ruhun özünü hayal etmenin farklı bir yolu. Elmas ışık saflık deneyimini, nihai berraklık ve şeffaflığı, bozulamama ve aydınlanmayı temsil eder.

Boyutlar: Maddesel ortam ile öz veya eterik arasındaki enerji akışı, farkındalık düzey veya frekans aralıkları ile Yüce Güç'e ulaşma katmanları. Farkındalık ve enerji farklı boyutlarda seyahat ettikçe, frekans artışı ve çok daha büyük bir birleşim tecrübe edilir.

Doğrudan Tecrübe: Analiz etmek ve karşılaştırmak için durdurmadan, olaylardan anında alınan tecrübeler ile dünyayla canlı bir bağlantı sağlar. Her an ve her durumdan çıkarılan anlık tecrübeler.

Yüce Güç: Yaratıcı, Tanrı, Nihai Varlık için kullanılan dindışı tanımlama. Gözlemlenemeyen güç, mükemmeliyet, evren ile birlik, en büyük gerçek ve sevgi.

$E=mc^2$: Madde ve enerjinin aynı varlığın farklı formları olduğunu kanıtlayan formülü. Enerji(E), kütle(m) ve ışık hızının karesinin çarpımına eşittir. Einstein'ın formülü maddenin açığa çıkarabileceği enerji miktarının belirlenmesini sağlar.

Ego: Bütünden ayrılmaya yönelik bireysellik algısı. Farkındalık ego tarafından yönlendirildiğinde, motivasyon araçları korku ve kendini koruma hissi olur.

Empati: Çok daha büyük ve şefkatli bir anlayışa sahip olmak için; bir kişi, grup veya nesne "ile" veya "birlikte", "gibi" düşünebilme yeteneği.

Aydınlanma: kendini fark etmek, daha yüksek bir akla sahip olma durumu. Varlıkların gerçek doğası hakkında edinilen bilgilerin, izlenimlerin tümü.

Eterik veya ince enerji: Maddenin bir seviye üzerindeki titreşimsel frekansı, enerjinin yoğrulabilir hali. Maddesel boyut için bir çeşit "tasarım kili" işlevi görecek enerji bütünü.

Evrim: Gelişim, büyüme. Daha gelişmiş bir biçime sahip olma işlemi. Bireysel kimlik üzerinden içsel bir bilinç oluşturarak sonsuz yüce farkındalık ile birleşmek.

Derinden hissetmek: Bir kişiye, objeye ya da enerji alanına sızma yeteneği. Bir kişi veya objenin bilinçli algılama yoluyla bedeninin öz bilgisine ulaşma yeteneği.

Hissedilen Duyu: Bilinçli algılama yoluyla bir kişi, obje veya alanın izlenimlerini veya doğrudan tecrübelerini sezgi yolu ile duyumsamak.

Akış: Hayatın ve her sürecin doğal devamlı dalga benzeri hareketi, kişiselleşmiş bir düşünce ve aktiviteye odaklanmış enerji ya da hisler. Dalmak, tam katılım ve süreçten memnun olma durumu.

Fraktal: Altyapıdaki tüm seviyeleri ile birebir benzerlik gösteren katı geometrik yapı. İkiye bölündüğünde, her bir parça bütünün birebir küçültülmüş bir kopyası olabilen geometrik şekiller.

Frekans: Belirli bir zaman aralığında belirli bir yerden geçen dalga sayısı. Herhangi bir şeyin ortaya çıkma miktarı, oranı.

Frekans ilkeleri: Aydınlanma ve günlük hayatı geliştirme için kullanabilen, özellikle dönüşüm süreci eklendikten sonra enerji ve bilinç fonksiyonlarının altında yatan dinamiklerdir.

Frekans eşleşmesi: İletişim amacı için bir bireyin titreşimlerinin bilinçli veya bilinçsiz bir şekilde başka bir bireyin titreşimleri ile uyuşması durumu.

Frekans yerleşimi: İleriki ruhsal ifadeler için ev frekansı ile uyuşmayan kişi olay veya fırsatları uzaklaştırarak yerlerine frekansın uyduğu kişi olay ve fırsatlar yerleştirme işlemi.

Ahenk: Parçaların mutluluk verici kombinasyonunun uyumlu ve benzer şekilde olması için parçaları uyumlandırmak.

Hologram: Lazer tarafından oluşturulan üç boyutlu imgeler; Maddesel evrenin muazzam bir zaman-boşluk hologramı olduğunu öne süren kuantum fiziği açıklaması. Her yüzünde bütünlüğü olması ve aynılığa sahip olması ile geçmiş, şu an ve geleceğin rastgele gerçekleştiğini, her mekânın her yerde var olabileceğini savunur.

Holografik algı: Doğrusal düşünmenin tersine, kişinin içsel alanında birbirine bağlı, bir parçası halinde, diğer her şey ile birlikte hareket ederek her şeyi anın içerisinde fark edildiği anlayışı. Bazen ölçü gözetmeksizin her parçanın diğerinin farkındalığını içeren farkındalığın genişleyip-kasılan yansıtıcı bir top şeklinde insanın içsel merkezinden geldiği için küresel sezgi olarak da adlandırılan anlayış.

İçsel Frekans: Beden, duygular ve zihin yoluyla ifade edilen, kişinin ruh titreşimi; Dünyada cennet deneyimini olabilecek en isabetli şekilde nakletmeye çalışan farkındalık ve enerji frekansı.

İçsel plan/şablon: Kişinin hayatı veya vizyonu ile ilgili o anki tasarıları olarak içsel planlar/şablonler sevgi ve korku, akıl ve cehaletlerimiz ile oluşur ve kişinin ne kadar kendini geliştirdiği ve dönüşümünü ne derecede gerçekleştirdiğine bağlıdır. Bu enerjik tasarı fiziksel hayatta olayları tetikler ve şekil verir.

İçsel Algılayıcı: Kişinin barındırdığı ruhunun gücü, bazen Açığa Çıkaran veya Kutsal Ruh olarak da bilinir. Kişinin dikkatini hayat derslerini öğrenmeye yardım edecek şeylere ve kişinin kendisini farklı bir şekilde ifade etmesini sağlayacak şeylere yöneltir.

Farkındalık: Kanıda ihtiyaç duymadan her durumda en doğru ve uygun şeyleri bilmek, beden, duygu, zihin ve ruhun aktif ve şimdiki zamana odaklanmışken algıladıkları. Yaşamın yaratıcı ve paylaşımcı doğasını tecrübe ederek tüm canlılar ile samimi bir şekilde bağlantı kurulduğunda kişinin algısal olarak "yaşadığını" hissetmesi durumu.

Farkındalık Çağı: Bilgi Çağı'nın devamındaki zaman, algının ve farkındalığın yükseldiği, direk bilginin ve duyarlılığın mantık ve iradenin önüne geçtiği, ruhun farkındalığının zihni emerek, gerçekliğin doğasına dönüştürdüğü zaman dilimi.

Karma: Bu veya diğer hayatında insanın yaptığı iyi veya kötü her şeyin kendisine geri döneceği inancı, pozitif veya negatif yayılan tüm enerjinin yayımcıya geri döneceği teorisi.

Çekim yasası: Pozitif veya negatif düşünce ve duyguların pozitif veya negatif deneyimleri beraberinde getireceği düşüncesi. Kişinin düşünceleri başına gelecekleri belirler.

Karşılıklı ilişkiler yasası: İç ve dış dünya birbirinden ayrı olmadığı için kişinin düşüncesi bir yerde var olmakta, ya da ileride bir şekilde dünyada bir olay olarak var olacaktır fikri. Tersi şekilde, dramatik bir olay yaşayan kişinin geçmişte bu olayın gerçekleşmesine sebep olan düşüncelere sahip olabileceğini öneren görüş.

Yaşam dalgası: Kişinin doğal yaşamının akışı, yükseliş ve düşüşler, genişleme ve daralmaları ile kişinin tüm yaşam hareketi.

Işık bedeni / Enerji bedeni: Daha yüksek bir boyuttaki fiziksel formuna uygun ve yakın paralellik gösteren, eterik enerjiden, genellikle görülemeyecek bir ışıktan, oluşan beden. İçinde çakraların enerjisi ve hareketleri koordine edilir ve sağlık ve hastalıklar renk, şeffaflık ve gölgeler olarak ayırt edilebilir.

Doğrusal Düşünme: Neden-sonuç ilişkisi ile şekillenen algılama, bir amaca ulaşmak için gerekli adımların analizi ve kişinin geçmişte aldığı sonuçlar için yaptığı çabaların aynısı ile gelecekte de aynı sonuçları alabileceği fikri.

Çoklu dünya teorisi: Fizikte, dünyanın kuantum seviyelerde sayısız ayrı gerçek dünya olarak bölündüğü ve var olduğu ve her birinin diğerinden habersiz olarak var olurken bir durumdaki tüm olasılıkların farklı dünyalarda var olarak birbirine müdahale etmeden yaşandığı görüşü.

Maddeleştirme: Bir fikri fiziksel tezahür haline getirme işlemi. Maddesizleştirme ise fiziksel bir fikri tekrar birleşik alana dağıtma işlemi.

Orta beyin: İnsan beyninin ortasındaki beş duyu organının işlevini sağlayan, benzerlik ve bağlantı kurmamızı ve etkilenmeleri algılamamızı sağlayan beyin bölümü.

Yanlış algılama: Kısmi veya yanlış bir şekilde, enerji bilinç ve hayat işleyişi hakkında sağlıksız hisler, alışkanlıklar ve istenmeyen acılara neden olan algılamalar.

Olumsuz titreşim: Düşük frekanslı veya ahenksiz duygu ve düşünceler. Kişinin kendisinin veya başkalarının titreşimlerini düşürmesine neden olur.

Neokorteks: İnsan beyninin en son ve en gelişmiş hali. Sol ve sağ küreler olmak üzere ikiye ayrılmış, dil, uzaysal muhakeme, bilinçli düşünme, model tanımlamaları gibi yüksek işlemleri elverişli kılar.

Bindirmeler: Kimi belirli davranışların hayatta kalmak için gerekli olduğunun üzerinde duran aile ve diğer etkileyici insanlardan miras kalan bilinçsiz ve sınırlayıcı inançlar.

Geçmiş ve paralel yaşamlar: Çoğunun dünyadaki tekil yaşamları deneyimlemek için insan suretine büründüğü, ruhun sayısız farklı parçadan bir araya geldiği fikri. Bir ruhun yaşam süresi zamanla her birinden ayrılarak sıralı olaylarmış gibi bir izlenim oluşturabilir.

Kişisel alan: Bireyin eterik, duygusal, mantıki ve ruhani enerji ile farkındalığını oluşturan insan bedenini saran enerji alanı. Kişisel titreşimin ışıması.

Kişisel titreşim: herhangi bir zaman diliminde kişinin ortalama titreşimi, kişinin çeşitli sınırlanmış ve genişletilmiş duygu ve düşüncelerinin birleşimi olan inişli çıkışlı frekans.

Yansıtma: Kişinin düşüncelerini geçmişe, geleceğe, kurgusal gerçekliklere, başka mekânlara ya da farklı insanların gerçekliklerine yönlendirerek şimdiki zamandaki bir deneyimden kaçınma. Kişinin kendisi ile fark etmek istemediği şeyler için başkalarını suçlaması veya kendinde göremediği özellikleri başkalarında görmesi.

Kuantum mekanikleri: Madde ve enerjinin atomik ve atomaltı düzeylerde hareketini açıklayan bir grup teorik fizik kuramları.

Sürüngen beyin: sürüngen yapı olarak da bilinen, üç bölümlü insan beyninin en eski ve ilk bölümü. İçgüdüler, duygular, motivasyon ve savaş ya da sıvış hayatta kalma davranışları ile alakalı beyin yapısı.

Rezonans/Ahenk/ Yankılanma: Başka bir nesneye göre bir nesnenin ürettiği titreşimin, nesnenin normal titreşimi ile aynı frekansta olması. Aynı uzunlukta dalgalanan titreşimler Rezonans oluştururken titreşimlerin dalgalanma sürelerinde farklar olduğunda dezonans, ahenksizlik ve uyumsuzluğa neden olur.

Şekil değiştirme: Yaş, cinsiyet, ırk veya genel görünüm olarak fiziksel değişimler geçirebilme veya insandan bir hayvana, bitkiye dönüşebilme özelliği.

Ruh: Ruhani (spiritüel) yaşam gücü ve özü, her canlının kendine özel bireyselliğini oluşturduğu Yüce Güç'ün tecrübesi. Tüm hareketlerimizi oluşturan bilinç. Doğumdan önce var olan ve beden öldükten sonra varlığına devam edecek olan içsel farkındalık.

Akort çatalına vurmak: Kişinin beden ve enerji alanının birleşik alanının ruhun frekansı ile oluştuğunu hayal ederek, bu rezonansı aktifleştirerek bedenin bir akort çatalı gibi titreşimleri dokunduğu her şeye yayacağı düşüncesi.

Bilinçaltı zihin: Duyusal veriler şeklinde depolanıp tecrübe edilen, farkındalık eşiğinin tam altındaki zihinsel aktivite ve faaliyetler. Kişinin korku temelli hatıraları burada saklanır ve bastırılır.

Senkronizasyon: Birbirine bir şekilde bağlı ve derininde hayat için daha farklı anlamlara ulaşabilecek rastlantısal olaylar.

Telepati: Düşünce, duygu ve görüntüleri bir zihinden diğerine fiziksel duygu ve algıları kullanmadan aktarabilme yeteneği.

Işınlanma: Nesnelerin veya temel parçacıkların neredeyse bir an içerisinde uzayda yolculuk etmeksizin bir yerden bir yere hareket etmesi.

Tını: Bir ses veya enstrümanı bir diğerinden ayırmamıza yarayan özel sesler, bir sesin tonal kalitesi.

Dönüşüm: Bir fiziksel şeklin veya maddenin tümüyle başka bir şekle dönüşmesi, gerçeklik işlevlerinde tümüyle bir değişim gerçekleşmesi.

Şeffaflık: Güven, doğallık ve her an akış ile birliktelik içerisinde olmak ile kişiselleşen açıklık ve berraklık durumu.

Doğruluk ve endişe sinyalleri: Duygusal ve bedensel yönden ince ve içgüdüsel kasılmalar veya genişlemeler. Kimi zaman beş duyu organı ile algıladığımız, ya güven ve doğruluğu gösteren, ya da tehlike ve uygunsuzluğu belirten sinyaller.

Sağlıksız duygu alışkanlıkları: Güven-sevgi, çocukluk dönemi sevinçleri veya geçmiş hayattan alınan zevk gibi deneyimleri zihinden kapatmanın sebep olduğu genellikle bilinçsiz şekilde yapılan tepkisel davranışlar; Ruh'un kendini ifade etmesini engelleyen korku-tabanlı düşük frekans davranışlar. Bu sağlıksız duygu alışkanlıkları azalıp kayboldukça, hiçbir duygusal alışkanlığa gerek kalmaz; Kişi her an oluşan uyaranlara karşı anında ve kendiliğinden tepkiler vermeyi öğrenir.

Birleşik alan: Fiziksel maddenin altında yatan evrensel enerji ve farkındalık alanı; Her şeyi tek bir birleşik tecrübeye bağlayan kesinlikle sabit bir varlık zemini, enerjisi. Yerçekimsel ve elektromanyetik alanlar, güçlü ve zayıf atomik kuvvetler ile zaman ve uzay olmak üzere doğanın tüm kuvvetleri bu durumun farklı koşullarıdır.

Kaliteli çözümler: Ruhun frekansı ile rezonans oluşturan, gezegenin ve insanların büyümesine katkıda bulunan cevaplar ve kararlar.

Dalgacık: Kuantum fiziğinde en basit seviyede madde-enerji hareketlerinin ikili doğasını tanımlamak için icat edilmiş bir deyim. Madde ve enerji çekirdeklerinde bir parçacık ve dalga olarak hareket edebilir. Kuantumun özü olarak da bilinir.

Ying ve Yang: Evrende birbirine denk şekilde var olan ve ikisine de aynı ölçüde ihtiyaç duyulan, birbirine eşit ve zıt kuvvetler. Yang enerjisi ve farkındalığı dışsal, olumlu, yaratıcı, sakin, kuru, parlak ve eril iken Ying içe dönük, anlayışlı, ıslak, karanlık ve dişildir. Her biri içinde diğerinden küçük bir parça taşır.

Yazar Hakkında

Penney Peirce, uluslararası bir duru görü uzmanı ve sezgisel gelişim koçudur. Çalışmalarında insan kapasitesini geliştirmekteki sağduyulu yaklaşımı, yüksek algısı ve spiritüelliğiyle tanınır. Devlet adamlarını ve şirket yöneticilerini, bilim insanlarını, psikologları ve spiritüel yolu seçmiş kimseleri 1977'den bu yana eğitmektedir. *The Intuitive Way* (Sezginin Yolu) ve *The Present Moment* (Şimdiki An) adllarını taşıyan iki kitabı daha bulunmaktadır.

Web adresi: penneypeirce.com

WORKSHOP

NLP

NLP her şeyin kendiliğinden, beklenenin de ötesinde bir kolaylıkla yoluna girdiği tesadüfi anların ardında yatan dinamiği inceleme ve uygulama bilmidir. NLP bu anların sizin seçiminiz doğrultusunda bilinçli olarak yaratılmasının bilmidir.

NLP ÖĞRENMEK SİZE NE KAZANDIRIR?

- Bütün ilişkilerinizde istediğiniz sonucu yaratacaksınız.
- Zihinsel stratejileri kolaylıkla çözümleyebileceksiniz.
- Fikirlerinizi net bir şekilde aktarabileceksiniz.
- Başkalarının sizi nasıl algıladığını fark edeceksiniz.
- NLP tekniklerini kullanarak yaşamınızı daha kaliteli hale getireceksiniz.

NLP tekniklerinin öğrenilmesi ve uygulanması kolay, yarattığı sonuçlar güçlü olduğu için sonuçları anında göreceksiniz.

NLP, iletişim kurmayı arzuladığınız her insanın kendine özgü dilini anlama ve o kişiyle kendi anladığı bireysel dilde iletişim kurabilme sanatıdır.

Edilgen insanın yaşamı tesadüflere bağlıdır.

Etkin insan yaşamını kendisi belirler.

Edilgen insan için anlaşılmak önemlidir.

Etkin insan için anlamak önemlidir.

Edilgen insan "Kimse beni anlamıyor" der.

Etkin insan "Seni anlıyorum" der.

NLP, "etkin insan olmak" sanatıdır.

WORKSHOP

Etkisel İletişim

İlk öğrendiğimiz şeylerden birisi konuşmak olduğu için iletişimi "bildiğimizi" varsayarız. Konuşmaktan çok daha öte olan iletişimi gerçekte ne kadar biliyoruz?

- NEDEN bazı insanlara anında kanımız kaynıyor ama en sevdiğimiz arkadaşımızın arkadaşı tanıştığımız an bizi rahatsız ediyor?
- NEDEN çocuklarımızdan birine kendimizi yakın hissederken diğerine aynı duyguyu hissedemiyoruz?
- NEDEN ilk bakışta sevimli bulduğumuz insan bir süre sonra bizi ilk anda çeken özellikleri yüzünden itici hale geliyor; gözümüze, bonkörlüğü müsrifliğe, rahatlığı sorumsuzluğa, kendine güveni ukalalığa dönüşüyor?
- NEDEN başka şirkette çalışırken bin bir zahmetle kadromuza aldığımız eleman, şimdi bize hiçbir işe yaramadığı duygusu veriyor?
- NEDEN yıllardır en derin sırlarımızı paylaştığımız dostumuzla artık iletişimin koptuğunu hissediyoruz?
- NEDEN iyi niyetli davranışlarımıza bile olumsuz tepkiler alıyoruz?
- NEDEN bazı insanlar karşısında zorlanıyoruz?
- NEDEN insanlar bizi yanlış anlıyor?
- NEDEN zaman zaman da olsa kırıcı olabiliyoruz?
- NEDEN sonradan pişmanlık duyacağımız tepkileri veriyoruz?
- NEDEN sık sık istemediğimiz sonuçlarla karşılaşıyoruz?
- NEDEN her zaman yeterince inisiyatif alamıyoruz?
- NEDEN insanlarla eşit ilişki kurmakta zorlanıyoruz?

Sözlü iletişim, iletişim buzdağının tepesidir. İletişimin yazılı olmayan "yasalarının" bilincine varmak, kişiyi şişe içindeki mesajını denize emanet etmekten kurtarır. Birey, iletmek istediği mesajın etkin taşıyıcısı haline gelir.

WORKSHOP

Doyumlu İlişkiler

Sürekli aynı ölümcül tuzağa düşüp ışığına çekildiği ateşte kavruluveren pervanelere dudak bükeriz. Peki ya biz? Bizi düş kırıklığından başka bir yere götürmeyen aynı kalıpları tekrarlayıp durmaktan ne kadar özgürüz?

Ya şu sorulara yanıtlarınız?

BEKÂRSANIZ;

- Bu kez farklı olacak diye başladığınız ilişkilerinizin sonu hep hüsran mı oluyor?
- Karşı cinsle iletişim kurmakta güçlük çekiyor musunuz?
- Kadınları/erkekleri anlamak mümkün değil diye mi düşünüyorsunuz?
- Aşk, tutku, alışkanlık ve sevgi arasındaki farkı biliyor musunuz?
- Kadınlar/erkekler konusunda şanssız olduğunuzumu düşünüyorsunuz?
- Geçmiş ilişkilerinizdeki partnerlerinizin ortak özellikleri var mı?

EVLİ YA DA BİRLİKTEYSENİZ;

- Eşinizle/sevgilinizle birlikteliğiniz tekdüze bir hale mi geldi?
- Eşiniz/sevgiliniz tarafından anlaşılmadığınızı mı düşünüyorsunuz?
- Eşiniz/sevgiliniz yaşamınızda bir boşluk mu dolduruyor?
- "Mutlu aşk yoktur" sözüne inanıyor musunuz?
- Birlikteliğin temeli olarak gördüklerinizin her insan için farklı olabileceğini hiç düşündünüz mü?
- Evlilik/birliktelik içinde yalnızlık duyuyor musunuz?

İlişkinizi farklı bir açıdan değerlendirip sorunlarınızın gerçek nedenlerinin farkına varabilir, kendinizi ve ihtiyaçlarınızı daha iyi tanıyarak daha sağlıklı ilişki kurabilirsiniz.

WORKSHOP

Özsaygı

Yüksek özsaygı, kişinin hem değerli hem yeterli olduğunu hissetmesidir. Sevmeye ve sevilmeye layık olduğunu derinden bilmektir. Hayatın her alanında kendi sorumluluğunu yüzde yüz alabilme gücüdür. Kendinin ve başkalarının içindeki iyiyi ortaya çıkarabilme yetisidir. Özdeğer, özgüven, özfarkındalık, özsaygı, özsevgi ve özsorumluluğun bir arada olmasıdır. Sevebilme ve empatik olabilme yetisidir. Hem alçakgönüllü hem cesur olabilmektir. Hayat boyu gelişime ve yeniliklere açık olmaktır.

Yüksek özsaygı, kendini beğenmişlik değildir. "Başkaları ne düşünür"e göre davranmak değildir. Kendini başkalarından üstün ya da aşağıda görmek değildir. İş hayatındaki başarılarla, ünle, parayla, konumla, unvanla geliştirilemez çünkü dışsal kaynaklı değildir.

0-6 yaş arasında temeli oluşan özsaygımızı bilinçlenerek geliştirebiliriz.

- ÖZSAYGI, "evet" demek istediğinde "evet", "hayır" demek istediğinde "hayır" diyebilmektir.
- ÖZSAYGI, evde tek başına iken aynada gördüğün kişiyi güvenilir bulmak, ona saygı ve sevgi duyarak gülümseyebilmek, bu insan benim dostum diyebilmek, karşı cins olsaydı onu eş olarak seçmeyi arzu edebilmektir.
- ÖZSAYGI, kendini beğenmişlikten kendini beğenmeye doğru yapılan bir yolculuktur.

Grup dinamiği oyunları ile değerlilik ve yeterlilik duygularınızı geliştireceğiniz bu bireysel gelişim workshopu, derin bir kendi gücünü keşif çalışmasıdır.

WORKSHOP

Amaç Belirlemek ve İnisiyatif Alabilmek

Amaç Belirlemek ve İnisiyatif Alabilmek workshopu, negatif bakış açısından *yararlanmanızı* ve pozitif bakış açısının bir adım *ilerisine geçmenizi* sağlayan devrim niteliğinde bir eğitimdir.

İş Yaşamında Başarı İçin:

- Gerektiği anlarda inisiyatif alabiliyor musunuz?
- Yaptığınız işten zevk alıyor musunuz?
- İşinizi nasıl zevkli hale getireceğinizi biliyor musunuz?
- Doğru zamanda, doğru kişilere, doğru soruları sorabiliyor musunuz?
- İş arkadaşlarınızın ilham kaynağı mısınız?
- Liderlik ve yöneticilik potansiyelinizi maksimum düzeyde kullanıyor musunuz?
- Takım arkadaşlarınızı nasıl motive edeceğinizi biliyor musunuz?
- Verileri, eğilimleri ve riskleri değerlendirerek optimal kararlar alabiliyor musunuz?
- İşyerindeki iletişiminizi, verimliliğinizi ve üretiminizi optimal kılacak eylem planları geliştiriyor musunuz?

Özel Yaşamda Başarı İçin:

- Öncelikli yaşam amacınızı tanımlayabildiniz mi?
- İnisiyatif alabiliyor ve cesaretle adım atabiliyor musunuz?
- Sıklıkla endişe, öfke, kızgınlık ve hayal kırıklığı gibi duyguların esiri oluyor musunuz?
- Kontrol edemeyeceğiniz şeyleri nasıl kabulleneceğinizi biliyor musunuz?
- Kontrol edebileceklerinizi zirveye taşımanın yollarını biliyor musunuz?
- Duygularınızı bastırmayıp sadece ve her koşulda kontrol etmeyi biliyor musunuz?
- Başkalarının içindeki en iyiyi ortaya çıkarabiliyor musunuz?

En iyi şeyleri hak ettiğinizin farkına varmanız; yaşamın her alanında en iyiyi elde etmeniz ve kendinizin en iyi versiyonunu yaşamanız için geliştirilen bu eğitimde yeteneklerinizi, kaynaklarınızı, zamanınızı, inisiyatif kullanma yeteneğinizi, cesaretinizi ve enerjinizi maksimum düzeye çıkarmayı öğreneceksiniz.

WORKSHOP

Kendinizle Yüzleşin

Fiziksel, duygusal, zihinsel ve ruhsal boyutlarıyla insan bir bütündür. Bu boyutlardan sadece birinde bile dengeyi sağlayamazsa mutsuz olur. Mutsuzluğunun nedeninin de kendisini tanımamaktan kaynaklandığının farkına varmaz.

İnsan, yaşamı boyunca karşısına çıkan olaylar, insanlar, koşullar sayesinde deneyimler kazanarak kendini tanıma (olgunlaşma) yolunda ilerler. Yaşlıların, "şimdi bildiklerimi keşke gençlik yıllarında bilseydim" diye yakındıklarını duyarız. Bu, onların eğer yaşamlarını yeni baştan yaşama imkânı olsaydı tercihlerini farklı şekillerde yapacaklarının göstergesidir.

Yani kendini tanımanın (olgunlaşmanın) bedeli uzun yıllar, hatta tüm bir ömürdür. Uzun ömrün bile olgunlaşmayı garantilemediği sıkça görülen bir gerçek. İnsanlar bedensel yetişkinliğe zamanla ulaşıyorlar ama ya ruhsal yetişkinliğe?

Kendinizle Yüzleşin workshopu "Hayatın Özet Panoraması"dır.

İnsanın yaşam alanını dört maddeye ayırabiliriz.

1. Bireyin hem kendisinin hem başkalarının bildiği şeyler.
2. Kendisinin bildiği ama başkalarının bilmediği şeyler.
3. Kendisinin farkında olmadığı ama başkalarının farkında olduğu şeyler.
4. Ne kendisinin ne de başkalarının farkında olduğu şeyler (olumlu ya da olumsuz)

İşte, uygulamalı egzersizler dizisinden oluşan workshop, özellikle üçüncü maddenin çoğu ile dördüncü maddenin bir kısmını bireyin bilincine çıkarmayı amaçlıyor.

İnsanlara "Kendinizi tanıyor musunuz?" diye sorduğumuzda çoğunun vereceği yanıt genellikle, "Tabii ki tanıyorum" olur. Oysa "tanımak" kavramı ile kastedilen, sadece birinci ve ikinci maddelerdir.

Yıllar sonra birikmiş "Keşke"leriniz olmaması için,

- Amaçlı bir yaşam için,
- Daha objektif, tutarlı ve isabetli yaşam seçenekleri için,
- Tepkisel değil etkisel, duygusal değil duyarlı bir insan olmak için,
- Kendinizle barışık olmak, kendinizi olduğunuz gibi sevmeyi öğrenmek için bu çalışmaya katılın.

Çünkü değerlisiniz.

WORKSHOP

Gölgelerden Aydınlığa

- Kendinizden sevgiyi nasıl esirgiyorsunuz?
- İlişkilerinizi nasıl sabote ediyorsunuz?
- Hayallerinizi neden gerçekleştiremiyorsunuz?
- Kendinizi, kendinizden (ve başkalarından) gizlemenin bedelini zihinsel, duygusal, fiziksel sağlığınızla ödediğinizin farkında mısınız?
- Enerjinizi tüketen ve sizi güçsüz kılan davranışlarınızı nasıl değiştirebilirsiniz?
- Geçmişinizle nasıl barışabilirsiniz?
- Kendinizi (ve başkalarını) nasıl affedebilirsiniz?

Geçmişin esaretinden özgürleşerek şimdiyle sağlıklı kucaklaşmak için iç dünyamızı iyileştirmek, kendimizi sevmenin, kendimizle barışık olmanın önkoşuludur.

İç dünyamızın dengeye gelmesi, dış dünyamızı da dengeye oturtur.

Olabileceğinizin en iyi versiyonu olmak en doğal hakkınız. Işığınız, gölgelerinizin ardında sevgiyle sizinle yeniden kucaklaşmayı bekliyor. Kendi ışığınızın yaşam yolunuzu aydınlatmasına izin verin. Gölgelerden aydınlığa çıkın. Yaşamınızı dönüştürün.

Kendi gücünüze, yaratıcılığınıza, "biricik"liğinize ve hayallerinize sahip çıkmak için yaşamınızı olumlu şekilde değiştirecek "Gölgelerden Aydınlığa Workshopu"na katılın ve en harika versiyonunuzla kucaklaşın.

WORKSHOP

Bütünsel Kinesiyoloji

PiKi Seviye 1: Zihinsel Denge

PiKi Seviye 2: Duygusal Denge

PiKi Seviye 3: Ruhsal Denge

Bütünsel Kinesiyoloji (kısaca PiKi) insanların hayatında derin dönüşümler yaratan bu harika yöntem nedir?

PiKi, Batı'nın keşfi olan Kas Testi ile Doğu'nun binlerce yıllık bilgeliğinin harika bir sentezidir.

Değişik kültürlerde Prana, Chi, Ki gibi değişik isimlerle bilinen yaşam enerjisi, bedenin meridyen denilen akupunktur çizgileri boyunca akar. Pi sonsuzluğu, Ki enerjiyi temsil eder. PiKi, dengesi bozulmuş yaşam enerjisini dengelemeyi amaçlar.

Bütünsel Kinesiyoloji bir enerji çalışmasıdır.

1. Beden/zihin/ruh daima dengeyi arar. PiKi bedene bu desteği vererek sağlığı koruma sürecini hızlandırır.
2. Bedenin dilini öğrendiğimizde, beden bize dengemizi sağlamak için yol gösterir. PiKi teknikleri size bedenin dilini öğretir.
3. Kas Testi ile beden/zihin/ruh boyutunda olanı biteni takip edebilir, bedeninizle doğrudan iletişime geçebilirsiniz.

PiKi eğitimleri ile hem yaşam kalitenizi yükseltebilir hem de sağlıklı bir yaşam sürme becerisi kazanabilirsiniz.

Nihayetinde bu alanda uzmanlaşarak eğitmen veya danışman olmak istiyorsanız Trainer eğitime katılabilirsiniz.

Kitapla ilgili düşünce ve yorumlarınızı, başka insanların da yararlanması için www.kuraldisi.com'a girerek paylaşın lütfen.

Teşekkürler.